中公新書 2550

伊藤之雄著

大隈重信（上）

「巨人」が夢見たもの

中央公論新社刊

はしがき

私は二〇一八年（平成三〇）三月末に京都大学法学研究科教授を定年退職した。送別会の場で、今後は執筆に専念できるので手始めに大隈重信《おおくましげのぶ》の伝記を完成させたい、と話した。すると、近代日本政治外交史が専門ではないが政治系エースの一人と目されている同僚教授が、私がこれまでに書いてきた『伊藤博文《いとうひろぶみ》』『山県有朋《やまがたありとも》』『原敬《はらたかし》』などの著作をほとんど読んでいると断りながら、大隈は有名な割には伊藤や原らと異なり具体的に何をしたかわからないから僕としては嫌いな政治家です、と言うので私は驚いた。彼の発言の意味は、大隈の政治家としての業績が定かでないうえに、福沢諭吉のように近代日本を導いた思想家としての功績があるわけでもない、ということであろう。

また数年前にも、京都大学公共政策大学院の授業の中で、早稲田大学法学部出身の院生が、大隈がどんな人でどういう功績を挙げた人か本当のところよくわからない、と答えたことがある。彼は県庁から公共政策大学院に派遣されて修士号を取ろうと勉励しており、優秀さが際立っていた。大隈について何も知らないからわからないというのではない。

大隈の功績がわかりにくいのは、死後一〇〇年近くも経ったからではない。大隈が死去した直後、一九二二年（大正一一）一月にも、当時の日本を代表する有力紙『東京日日新聞《とうきょうにちにちしんぶん》』の社説は、次のように論じた。

〔明治維新以来の大隈の〕政治家的生涯が、果して成功と目すべきものであったか否か、おそらく後世の歴史家も、是れが論定に苦しむであらう如く、吾輩も亦同じく論定に苦しむものである。（「噫《ああ》大隈侯」『東京日日新聞』一九二二年一月一一日）

なぜ大隈はわかりにくいのか。それは、大隈についての個々の事実から形成されるイメージが、論理的に統合された明確な像を結んでいないからであろう。

大隈は東京専門学校を創立し、同校の後身は大隈の晩年の一九二〇年（大正九）二月、早稲田大学として正式な大学となった。同大は慶應義塾大学と並び、現在も日本の私学の雄である。これが一つのイメージである。

もう一つは、佐賀藩出身で維新に向けて活動し、新政府に入って参議兼大蔵卿などの高官に昇進するが、一八八一年（明治一四）一〇月の政変で藩閥政府を追放された後は在野で活動した「民」の政治家というイメージである。一八八二年に立憲改進党を組織して自由民権運動に加わり、改進党はその後発展し、他の政派と合体し、一九一〇年代には立憲同志会

（のち憲政会、立憲民政党）となり、近代日本の二大政党制形成の端緒を作った。この間に、政党を背景に二度組閣した。ただ最初に政権を担当した際は、わずか四ヵ月ほどで内紛により内閣が倒れた。また二度目の時には、一九一五年総選挙で国民から絶大な人気を得て圧勝する。他方、同じ年に中国に対し、日本の利権の大幅な拡大をめざしたとされる対華二十一ヵ条要求を突きつけ、軍事力を背景に大半を呑《の》ませたことにより、中国のみならず米・英からも不信を招いてしまう。

また、大隈の発言は場所や時期によって変わり、一貫していないとのイメージもある。酒造家の集まりでは酒の効用を説き、禁酒団体の会合では酒の害悪を説く、といったたぐいの通俗的なものである。さらに、海外からの客が多数訪れ、大隈は国際問題への発言をたびたび行うので、国際通のイメージがある一方、大隈自身は一度も海外に行っていないという事実もあり、なぜそれで国際通になれたのか。

大隈重信

大隈には、一体どのような一貫した価値観があったのだろうか。あるいは、本当はなかったのか。

もう一つ特筆すべきは、大隈は中年になって爆弾で片脚を失う重傷を負いながら、その後も「元気」旺盛で、会う人々に元気を与える、というイメージである。この「元気」の源泉は何か。また本当に元気で病気知らずの体であったのか。

何よりも、一九二二年（大正一一）の大隈の葬儀に「百万人」とも報じられる国民が集まり熱烈に追悼の気持ちを表したのはなぜだったのか。

日本近代史上これほど有名で疑問に満ちた人物はいない。大隈を見直すことは、政治とは、政治家とはどうあるべきかを考える素材になり、また大隈に熱狂した人々を通し、明治維新から大正期までの日本の歩みを考え直す糸口にもなるであろう。

上巻◆目次

第Ⅱ部　飛躍編

下巻◆目次

大隈重信（上）

凡　例

本文中の表記に関しては、以下のように統一した。

一、旧暦の明治五年一二月三日が太陽暦の一八七三年（明治六）一月一日となる。旧暦を西暦で表すと年月日がずれるため、旧暦の時代は日本の年号を主とし、太陽暦採用後は西暦を主として表記した。

一、当時混在して使用された「朝鮮」「韓国」の表記は、原則として朝鮮国が国号を大韓と改め、高宗が皇帝に即位する一八九七年一〇月一二日の前は朝鮮国、それ以降は韓国とし、韓国併合後はその地域を朝鮮と表記した。

引用史料の文章表記に関しても、読者の読みやすさを第一に考え、以下のように統一した。

一、漢字に関し、旧漢字・異体字は原則として常用漢字に改め、難しい漢字にはふりがなをつけた。また、一般にカタカナ表記されるものを除いて、ひらがなに統一した。

一、適宜、句読点などをつけた。また歴史的仮名遣いのひらがなに、必要に応じて濁点を補った。

一、史料中の、史料執筆者による注記は（　）内に、伊藤之雄による注記は〔　〕内に記した。なお、史料を現代文で要約した部分についても、同様にした。

一、明白な誤字・誤植等については、特に注記せずに訂正した場合もある。

序章　大隈重信はどのように描かれてきたか

国葬の可能性はあったか

一九一六年（大正五）一〇月に大隈内閣は総辞職し、大隈は政治家としては引退するが、評論・講演活動は続け、一九二二年一月一〇日に八三歳で死去する。恩典のうえでは、大隈は公式には死の直前に従一位に進められ、大勲位菊花章頸飾《だいくんいきっかしょうけいしょく》を加授された（すでに、一九一六年七月一四日に大勲位に叙せられ菊花大綬章を授けられていた）。これは伊藤博文やまもなく死去する山県有朋と位階勲位などで並ぶものである。

死去に際し、大隈を国葬にしようとする動きもあったが、政友会の高橋是清《たかはしこれきよ》内閣には応じる意思がなく、実らなかったと報じられた（『報知新聞』一九二二年一月一二日）。

ところで、大隈の病状が悪化すると、宮中のことを実質的に決定する権限を持っていた西《さい》園寺公望《おんじきんもち》・松方正義《まつかたまさよし》両元老や一木喜徳郎《いちききとくろう》宮相らの間で、大隈を侯爵から公爵に上げることが話題にされたが、すでに大隈に菊花章頸飾を与えることが決定していたので公爵にするのは過分であるとの理由で、見送られていた。重病の元老山県有朋も同じ意見だったようである

（『倉富勇三郎日記』第二巻、一九二二年一月八日〜一一日）。

国葬にするのは公爵に上げることよりはるかに重いことであり、それまでに元老となるほどの藩閥官僚ですら国葬になったのは、伊藤博文《いとうひろぶみ》ただ一人であった。大隈の国葬問題が、権力中枢でまともに取り上げられた形跡はない。大隈が国葬になる可能性があったのに反対党の高橋是清内閣が妨害したとの報道は正しくなく、大隈の信奉者たちが意図的に国民に広げようとしたイメージにすぎない。

日本初の「国民葬」への道

さて、大隈が死去した日、大隈家は日比谷公園音楽堂前広場を「告別式」場として貸与されるよう東京市に申し出て許可された。また、同日夜七時に大隈家を代表して市島謙吉《いちしまけんきち》（大隈の腹心、前衆議院議員で早稲田大学初代図書館長）が、「国民葬の礼」をもってすることが最もふさわしい、と発表する。市島は、大隈は「全国的、否《いな》世界的デモクラシーの政治家」であるので、それが大隈の意思にかなう、とした。それを伝える大隈（憲政会）系『報知新聞』の同日の別面には、イギリスの首相を務めたグラッドストンが死去した際、ウエストミンスター（国会議事堂）で「国民葬」にしたので、多数の人（名刺だけでも五十幾万）が参列したことが紹介された。加えて、是非国葬にという声があるが、大隈を葬るには式場を一般に公開して「国民葬」にした方がふさわしいとも論じられた。同日の夕刊社説も、国葬よりも「国民葬」が適当と述べた。

一月一一日の朝刊には「国民葬」が一七日に行われること、葬儀委員長は同郷佐賀県出身の友人波多野敬直《はたのよしなお》（前宮相）であることが発表された（『報知新聞』一九二二年一月一一日夕刊〔一〇日夕方発行〕、一一日）。

さらにこの翌日、一二日の大隈系新聞は社説で、大隈は国民的にも世界的にも「大偉人」と言われているので、「国葬の礼」で葬送するのは当然ともいえるという。しかし、現内閣には国葬を奏請する意思がなく、大隈の志もそこにないとすれば、むしろ「開放的にして平民的」な大隈の素志を尊重して、大規模な「国民葬」を執行し、国民のあらゆる階級を自由に葬儀に参列されるのが最も妥当だ、と結論づけ、グラッドストンの例を説明した。

この日の別面では、後藤新平《ごとうしんぺい》東京市長が、大隈の「国民葬」は大隈に備わる一特典で、他の者には真似ようとしてもできないことであると、「国民葬」を積極的に評価し、早稲田大学でも校葬を取りやめて「国民葬」に合流する方向が発表された（『報知新聞』一九二二年一月一一日、一二日夕刊〔一一日夕方発行〕、一二日）。

なお、グラッドストンが「国民葬」で送られたというのは誤りである（君塚直隆『ヴィクトリア女王』）。その葬儀はイギリスの先例に従った正式な国葬（state funeral）であった。現在まで臣下でグラッドストン以外に同様の栄誉を受けたのは、トラファルガーの海戦に勝利し、同海戦で戦死したネルソン提督、ワーテルローの戦いでナポレオンに勝利したウェリントン将軍と、第二次世界大戦を勝利に導いた首相チャーチルなど限られている。また、グラッドストンを理想とした大隈が序文を寄せた『グラッドストン伝』（守屋貫教・松本雲舟著、一九一一年刊行）では、グラッドストンが「国葬」になったことを明示しているので（五一〇頁）、大隈の側近たちがその事実を知らなかったわけはない。グラッドストンを「国民葬」として大隈の「国民葬」と同じであると断言したのは、大隈の葬儀を意義あるものに見せようとする市島ら側近の演出だったといえる。イギリスの国葬の開放性を利用したのである。

こうして一月一二日までに、一定の形式にのっとり一般の人が参列できない国葬よりも、「国民葬」の方が大隈にふさわしいという見解が広まっていった。市島らは大隈の偉大さを演出するとともに、「早稲田騒動」で傷つきかけた大隈と自らの威信（第22章）を回復させ、早稲田の団結を高めようとしたのであろう。

その後、一月一三日には「国民葬」の準備が進む様子や、霊柩の前に天皇・皇后や摂政皇太子はじめ全部の宮家、朝鮮王族李家から贈られた大榊《おおさかき》が飾られ、祭壇に飾りきれない花は花壇を設けて並べたなどの記事が出た。また、この葬儀には服装や身分、大隈との面識の有無を問わず参列できるというので、「〔労働者の〕半纏《はんてん》着も礼装の人も遠慮無用で告別」と報じられた（『報知新聞』一九二二年一月一三日）。このように、天皇・皇后はじめ最も高貴な人々とつながること、多数の花で飾られた華やかさ、庶民の参列も大歓迎という組み合わせが、人々の関心を高めたと思われる。

「国民葬」での熱狂

葬儀当日の一月一七日朝、まず早稲田の大隈邸で告別祭が神式により行われた。その後九時半に、霊柩を乗せた自動車は大隈邸を後にし、日比谷公園に向かう。公園の前庭には早大教員や学生など一万三〇〇〇名、大隈が創設に協力した日本女子大学校生一〇〇〇名が並ぶ中、霊柩は一〇時半頃に到着、一一時半に霊前祭を終えるや否や、一般の人々が一気に祭壇の前に押し寄せ、早大生らに続いて拝礼した。その後も参列者は続き、午後三時には予定通り公園の正門を閉めたが、参列できなかった人々が公園の外にあふれ、神田橋のあたりまで続いたという。

その後、霊柩は自動車で護国寺の大隈家の墓地に向かい、夕方六時五〇分より埋葬式が始まった。嗣子の大隈信常《のぶつね》らの近親者に続いて、加藤高明《かとうたかあき》（前外相）・平沼淑郎《ひらぬまよしろう》（早稲田大学学長）・市島謙吉・副島八十六《そえしまやそろく》（東邦協会幹事などを務め、大隈が刊行した『開国五十年史』編纂者代理人）ら大隈に近い人々がシャベルを握り、七時二〇分に「従一位大勲位侯爵大隈重信墓」と記された墓標が立てられた。なお、日比谷公園に入りきれず参拝できなかった幾十万人の人々は、大隈の霊柩車が護国寺に向かう途中で遭遇し、拝礼して非常に喜んだという。

大隈系新聞は、早稲田の大隈邸から日比谷公園までの沿道、同公園から護国寺までの沿道に集まった人々は一〇〇余万人で、約一五〇万人といわれた明治天皇の御大葬以来の人出であった、と報じている。日比谷公園の葬儀場に参集した人数を、有力紙の『大阪朝日新聞』が二〇余万人、『読売新聞』が数十万人と報じているので、全行程の沿道も含めて一〇〇万人以上という数字は、非常に誇張したものではないといえよう。

このほか、大阪市（中之島の中央公会堂にて、大阪早稲田大学校友会〔同窓会〕主催、広い公会堂に身動きの取れないほどの人々が参列）・札幌（官民多数）・山形・門司・新潟（三〇〇〇余名参列）・「京城」（ソウル）（京城官民約一〇〇〇余名）・北京（小幡公使や在留日本人、早稲田大学出身の中国人ら）など、各地で告別式が行われた（『報知新聞』、『大阪朝日新聞』、『読売新聞』）。

以上のように大隈の「国民葬」には、主催者側の予想をはるかに超えた多数の人々が参列した。晩年の大隈は、労働運動や社会主義思想の拡大を恐れたが、その懸念を一時的にではあれ払拭《ふっしょく》するような一日であった。

この「国民葬」での大隈の人気沸騰の理由は何であろうか。当時の日本国民は、大隈の行ってきたことを十分に理解していたのか、それとも実像とは必ずしもつながらないイメージに、国民の期待や今後への不安を重ねて熱狂しただけなのであろうか。大隈に関わる著作は数多いが、現在でも大隈イメージははっきりしない。

これまで書かれた伝記の中の主な大隈論

第二次世界大戦以前の大隈論として、大隈侯八十五年史編纂会（代表・市島謙吉）編『大隈侯八十五年史』（同会、一九二六年）〔以下、『八十五年史』と略す〕は、基本的事実を明らかにしている点で、質・量ともに最も重要である。関係者による、この公式の伝記は、大隈の回想録である『大隈伯昔日譚《おおくまはくせきじつたん》』や『大隈侯昔日譚《おおくまこうせきじつたん》』に影響され、大隈を「民」の政治家として描こうとする姿勢で一貫している。

たとえば、明治十四年政変は薩長藩閥が大隈を政府から追放した陰謀であるととらえる。すでに政変と同じ年の一月に行われた熱海会議で、二、三年後に国会を開くことは大隈・伊藤博文・井上馨《いのうえかおる》らで合意していたが、保守派の黒田清隆《くろだきよたか》ら薩摩勢力に強く反対されて、伊藤・井上は変節し、最終的に大隈を政府から追放した、とする。

また、第一次世界大戦中に日本は中国に対して対華二十一ヵ条要求を行って、軍事力を背景に権益の維持・拡張を求める。これは、民本主義を唱えた吉野作造《よしのさくぞう》（東京帝大法科教授）ですら支持したもので、正当であるとする。中国の背後には、中国での利権を求める米・英が存在していたともみる。このような解釈は、日本の中国への利権拡張が批判されない戦前に出版された伝記であることも反映している。

さらに同書は、第一次世界大戦後に大隈は米国を警戒し、日英同盟を重視するが、「永久平和」への道として、国際連盟・民族自決・関税競争の緩和を支持した、とする。また、軍備は国力相応であることを論じたとも述べている。つまり、大隈は国際連盟など、アメリカ大統領ウィルソンの主義を支持したととらえているが、その数年前の対華二十一ヵ条要求やそれ以前の大陸政策との関連については触れていない。

『八十五年史』は、「民」の大隈という大隈像を形成し、その後に大きな影響を与えた。馬場恒吾《ばばつねご》『大隈重信伝』(改造社、一九三二年)は、『八十五年史』の枠を踏襲し、それ以上に「民」の政治家としての大隈を強調している。本文三九四頁の叙述のうち、一八九八年の第一次大隈内閣(隈板内閣)までに約八七%を使い、薩長との対抗など「民」の政治家としての大隈を論じる。

外交については、『八十五年史』と同じく、大隈は征韓論に反対であったと描き、条約改正には触れるが、その他は積極的には論じない。また『八十五年史』とは異なり、対華二十一ヵ条要求については具体的に触れない。

馬場の『大隈重信伝』は、昭和初期の軍部の台頭を抑制するため、薩長の権力を間接的な形で軍部のそれになぞらえ、軍部を批判し政党政治を守ろうとする意図で書かれたのであろう*。

*一九三七年七月の盧溝橋事件によって日中戦争が全面化した後に刊行された、五来欣造《ごらいきんぞう》『人間大隈重信』(早稲田大学出版部、一九三八年)は、馬場のものと異なり、軍部が台頭する当時の時勢に迎合したた(もしくは引きずられた)ものである。たとえば、それは大隈と「葉隠《はがくれ》」思想の関係に見られる。本書で述べるように大隈は形式主義を嫌い、主君のために命を捨てることを常に願って志すこと等を主張する「葉隠」の武士道は間違いだと考えていた。ところが、佐賀県出身の軍人が戦死したり自決したことを美化する記事がさかんに書かれたことにより、一九三二年以降に「葉隠」が全国的にももてはや

されるようになっていた（谷口眞子《たにぐちしんこ》「一九三〇年代の佐賀における『葉隠』の顕彰と学校教育」）。これを受けて、五来は、大隈の生涯を研究する時いたるところに葉隠の精神が表れている（二五頁）、とまで誤った断言をしている。五来は、一九一六年以降大隈の秘書となり、大隈が発刊した雑誌『大観』の主筆を務め、早稲田大学教授などとして晩年の大隈に接していたので、大隈の思想が誤解される一因を作っている。

第二次世界大戦後は、日本の歴史学で対華二十一ヵ条要求が強く批判されるようになった。しかし、大隈の伝記は、基本的に戦前の『八十五年史』や馬場のものを踏襲している。中村《なかむら》尚美《なおみ》『大隈重信』（吉川弘文館、一九六一年）と、二〇〇〇年になっても叙述が変化しない例として、木村時夫《きむらときお》『知られざる大隈重信』（集英社新書、二〇〇〇年）を取り上げよう。二つの伝記は、大隈を「先進性」がある、「反藩閥」の「民衆政治家」とし、イギリス風の政党政治をめざして「不屈の精神」を持って尽力した人物としてとらえる。

対華二十一ヵ条要求については、中村『大隈重信』は、最小限の叙述で批判的に言及した（三一二頁の本文のうち、四行のみ）。木村『知られざる大隈重信』は、『八十五年史』と同様に、吉野作造が支持したことを使って正当化している。

近年刊行された、真辺将之《まなべまさゆき》『大隈重信』（中公叢書、二〇一七年）は、新しい史料を使って大隈についての細かい事実について深めたが、大きな枠組みとしてはこれまでの大隈論と類似している。本文四四六頁の大部の著作であるが、対華二十一ヵ条要求問題については八頁

（約一・八％）で触れているにすぎない。真辺は、吉野作造でも対華二十一ヵ条要求を支持していたと論じるかわりに、「世論《せろん》」が同要求を支持しており、大隈は「民意の支持を得ることが必要であった」ととらえている。

真辺が「世論」が二十一ヵ条要求を支持していたという根拠は、近年の研究で、当時の新聞・雑誌などの多くが二十一ヵ条支持の論を主張している点が述べられていることにすぎない。しかし、本書で明らかにするように、大隈は同時代のジャーナリストたちよりも国民の要望をとらえる感覚が鋭い。二十一ヵ条要求の最後の段階と重なる形で行われた一九一五年三月の総選挙で、大隈は二十一ヵ条要求を宣伝して支持を獲得したのではない。日露戦争後から続いている不況の原因を、藩閥勢力と政友会の腐敗・情実、政友会の積極政策と公債による「借金政策」（いわゆる「大きな政府」）に結びつけ、国民の圧倒的な支持を得たのである。真辺は、大隈がどのように「世論」（あるいはもっと熟考された国民の意見としての「輿論《よろん》」）をとらえたのか十分に理解していないといえる。

この他、外国人の手になる大隈の伝記的な研究書、J・C・リブラ『大隈重信』（早稲田大学出版部、一九八〇年、英語版は一九七三年刊行）が出版された。この本も、大隈は「民主主義」を推進した「日本最初の民衆政治家」で、「型やぶり」で「変幻自在」の行動をしたと論じている。

他方、対象とする時期は限定されているが、ここ二十数年のうちに、多くの史料を加え、大隈の異なった像を出そうとする研究が刊行されたが、一つの大隈像を示すに至っていない＊＊。

＊＊大日方《おびなた》純夫《すみお》『自由民権運動と立憲改進党』（早稲田大学出版部、一九九一年）は、自由民権期の改進党について、大隈のブレーンの一人であった小野《おの》梓《あずさ》や鷗渡会《おうとかい》グループを中心に、その実態や大隈との関係について深めた。小野を中心とする鷗渡会グループは、東京横浜毎日新聞グループ（嚶鳴社《おうめいしゃ》系）・郵便報知新聞グループ（東洋議政会系）と並んで、民権期の改進党内の三大有力グループの一つである。同書から、初期の改進党が、大隈と小野の関係の深さにもかかわらず、党首の大隈を統合の中心とする、いわば中央組織の弱い連邦制的な組織であったことが推定できる。

五百旗頭《いおきべ》薫《かおる》『大隈重信と政党政治』（東京大学出版会、二〇〇三年）は、基本的に大隈の財政政策に絞り、実際の分析時期を明治十四年政変（一八八一年一〇月）後から第四次伊藤博文内閣崩壊（一九〇一年五月）までに限定し、大隈の実像の構築をめざしている。

同書は、この時期の大隈の財政に関する言説を数多く紹介している。そのうえで、財政政策や財政論等をめぐり、合併などで改進党が進歩党、次いで憲政本党と党名が変わっても、大隈はこれらの政党幹部たちとの間に様々な対立を抱えていたことを示した。大隈は、いわゆる大隈系政党を必ずしも十分に統制していなかったのである。このイメージは、改進党内の小野梓系のグループを分析した大日方と同じである。

また、大隈の外交論についても言及し、「しばしば機会主義的な様相を呈し」、ハーグ平和会議が開催されると「平和主義を感動的に語」り、「大陸進出の好機が訪れると強硬外交を唱えた」（二九九頁）などと論じている。大隈を一貫性のない機会主義的要素の強い人物としてとらえているといえる。他方、第二次大隈内閣成立前の「大隈人気」には「消極主義の確立」がある、と財政政策形成への一貫性を見る仮説を出している。本書で述べていくように、五百旗頭の後者の仮説は一面の真実を突いている。もっとも、大隈の「小さな政府」論は、一八八一年の明治十四年の政変前から萌芽が見られ、同政変で下野して立憲改進党を創設して以来一貫しており、第二次大隈内閣成立前のみならず、日清戦争後の「大隈人気」の急騰の理由でもあった。

大隈の実像をつかむための史料

以上のように、個別研究レベルでは『八十五年史』的大隈のイメージが揺らぎつつある一方で、大隈という大物政治家の実像は、ますますはっきりしなくなっている。これは、太平洋戦争(第二次世界大戦)をはさんで、歴史評価の基準が大きく変わったことに加え、大隈が直筆の文章を明治維新後にほとんど書かなくなったので、日記はもちろん、直筆の手紙や文書が残っていないことと関係している。

大隈の実像をつかむため、本書ではその全生涯について、できるかぎり史料を読んだうえで、特定の分野や時期に限定せずに大隈を検討し、大隈が近代日本と国民にとって、どういう存在であったのかを考えたい。

その際の一つの基軸は、一九二〇年代から三〇年代にかけて刊行された、日本史籍協会編『大隈重信関係文書』(全六巻)、同『大久保利通文書』・同『大久保利通日記』(合計一二巻)、同『木戸孝允文書』・同『木戸孝允日記』(合計一一巻)、同『岩倉具視関係文書』(全八巻)や、一九六〇年代以降に刊行された、立教大学日本史研究会編『大久保利通関係文書』(全五巻)

〔以下『大久保利通関係文書』〈立〉と省略〕、東京大学史料編纂所編『保古飛呂比《ほごひろい》―佐佐木高行日記』（全一二巻）、佐々木克《ささきすぐる》他編『岩倉具視関係史料』（全二巻）、吉田清成関係文書研究会・京都大学文学部日本史研究室編『吉田清成関係文書』（全七巻）などに含まれる大隈の動向に関連する史料を、厳密に読むことである。

また、先述の『大隈重信関係文書』を補完する形で最近刊行が終了した、早稲田大学大学史資料センター編『大隈重信関係文書』（第一巻〜一一巻）〔以下、『大隈重信関係文書〈早〉』と略す〕を、先入観を排してじっくりと読むことである。近年、大隈は維新後に長州出身の木戸孝允《きどたかよし》の下に結集した木戸派の政治家の一人であった、と政治史のなかで論じられるようになった。『大隈重信関係文書〈早〉』にも、明治十四年政変までは、木戸派（旧木戸派）の伊藤博文や井上馨らや木戸自身の手紙が相当数収録されている。それ以外でも、公家出身で藩閥政府実力者の岩倉具視《いわくらともみ》、薩摩出身の五代友厚《ごだいともあつ》・松方正義・寺島宗則《てらしまむねのり》・大久保利通《おおくぼとしみち》・黒田清隆らの手紙が、明治十四年政変までは多数残されている。これは、薩摩出身の大蔵官僚、外交官の吉田清成に関わる『吉田文書』と合わせ、「民」の政治家としての大隈イメージの再考を迫るものといえる。

二つ目の基軸は、大隈系（憲政本党から同志会・憲政会系）の新聞である『郵便報知新聞』とその後身の『報知新聞』を、四〇年分以上の長期にわたって読み、大隈の外交・内政に関する発言や動向の記事を集め、考察することである。また大隈の出身地佐賀市を拠点とする地元紙『佐賀新聞』は常に大隈に注目し、多くの記事を掲載していたので、それらから大隈の言動を拾い、検討することである。これらの新聞は、これまでの大隈研究に系統的にはほとんど利用されていない。

ところで、大隈は日露戦争前から談話筆記の形で様々な雑誌に自分の意見を発表し始め、とりわけ日露戦争後には頻繁になる。早稲田大学関係が編集した『大隈重信叢書』(一九六九、七〇年刊)の三巻分に収録された大隈の談話等の記事も、その時期、つまり大隈の六〇代半ば以降のものである。したがって大隈の伝記や大隈論も、老年になってから回想した談話を史料として構成しがちになる。『報知新聞』『佐賀新聞』を系統的に読むことにより、老年期以前、中年から老年にかけて大隈の考えや行動にどのような変化があったのか、またそれはなぜかを明らかにできる。

いうまでもないが、これらに加え、『東京朝日新聞』『大阪朝日新聞』『東京日日新聞』『大阪毎日新聞』など当時の日本の有力紙からも、できるかぎり大隈の発言や関連記事を拾う。もっとも『報知新聞』などと異なり、大隈がコントロールできないこれらの新聞は大隈の発言のトーンをどこまで正確に伝えているかの問題が残る＊。記事の時期の新聞の立場や大隈との関係に十分留意して史料として使いたい。

＊たとえば、大隈と対立する有力政党(政友会)系の『中央新聞』(一九〇一年三月三〇日)は、清国において列強を排撃しようとした結社による義和団の乱が鎮圧されても、ロシアが満州(中国東北地

方）に駐兵していることに対し、大隈はロシアを「一撃の下に撃退」して満州より撤兵させよと論じた、と「大隈伯戦争談」と題した記事を掲載した。しかし、大隈系新聞などにはそのような言動が確認されず（第14章）、この記事は事実に反しているといえる。

また先に述べたように、時期は大隈の老年期に限定されるが、大隈系の雑誌『新日本』『大観』などについても、同様の作業を行う。さらに、大隈系政党の機関誌『立憲改進党党報』なども利用する。それに加えて、大隈の回想である『大隈伯昔日譚』『大隈侯昔日譚』や、時期が十分にはっきりしない大隈の回想と発言を集めた『早稲田清話』、日露戦争中から戦後の大隈の発言を集めた『大隈伯百話』などからも、他の同時代の史料と比較して信用できると思われる部分を選び、大隈の人間性に迫りたい。

これらを通し、大隈の人間性や政治構想とその変化がわかるのみならず、それらとの関連する行動とその理由も知ることができる。

三つ目の基軸は、国立国会図書館憲政資料室や早稲田大学などに所蔵されている大隈関連の文書、大隈と関わった人々の文書・日記や手紙、代筆の大隈の手紙などから、大隈の考えや動向を探ることである。これらの重要史料からも、「民」の政治家にとどまらない、大隈の幅広い政治構想や活動が見えてくる。

こうして、とらえがたい大物政治家の代表のようにいわれる大隈という人物を、あらかじめ設定した基準で論じるのでなく、その根底にある価値観や行動原理を理解することによって、解明してみたい。

大隈をとらえる視角

その際にとりわけ重要な視角は、大隈が早い時期から一貫して持っていた目標と、国際環境や国内状況の変化に応じて形成され、また変化していく目標とを、区別することである。たとえば、イギリス風の政党政治をめざすという長期目標は、遅くとも岩倉使節団が帰国し、征韓論政変が終わった一八七三年一一月に大久保利通・木戸孝允ら政府首脳とともに大隈も持つようになったと思われる。明治十四年政変過程以降に大隈のこの目標はより明確になる。また、民間の活力を重視するため税負担をなるべく軽くする、いわゆる「小さな政府」論は、明治十四年政変で大隈が下野した後、基本的な大隈の政策となる。

さらに、大隈の経済論の特色でもある、中国市場を重視し中国との自由貿易や経済連携によって日本の経済発展を図るという考え方は、日本の国力がある程度ついた日清戦争後に展開する。そのためにも、日本はイギリスと連携して東アジアの秩序にも責任を持つべきとの考え方は、さらに国力がつく日露戦争後に本格的に論じられるようになる。

もう一つの重要な視角は、明治十四年政変後に藩閥政府の権力から離れた大隈は、自分を支持する必ずしも団結力の強くない諸勢力を束ねながら、藩閥勢力と対抗せざるを得なかったということである。明治十四年政変の前に、イギリス風の政党政治を実現するという構想に共鳴して大隈の下に集まってきた勢力も、外交や財政政策については一致しないことも多い。また、どのような段階を経てイギリス風の政党政治を実現するかについても、合意されているわけではなかった。そこで大隈は、自分の考えをそのまま述べるのではなく、考えの異なる諸勢力を束ねるため、多くの配慮をして発言していく。

このような大隈の思想や構想を、その動向とともに一貫させて検討したうえで、近代日本の形成に、大隈が果たした役割を考え、大隈の実像に少しでも近づいていきたい。

また、冒頭に述べた大隈の「国民葬」で、なぜ当時の日本国民が熱狂したのかについても、大隈の実態と関連づけた私なりの解釈が最後に提示できるだろう。

第Ⅰ部　青春編

第1章　人格の形成と維新への志――幕末の佐賀藩

佐賀藩大砲術隊長の長男

大隈重信は、天保九年（一八三八）二月一六日に、佐賀藩士大隈信保《のぶやす》と、三井子《みいこ》の長男として生まれた。数えで父が三五歳、母が三三歳のときの子である。この日は太陽暦では一八三八年三月一一日にあたる。幼名は八太郎といい、大隈は維新直後まで八太郎の名を使う（なお、本書では、特に言及しない限り、すべての人物に対し維新後に一般に普及した名前を用いる）。佐賀藩（鍋島《なべしま》家）は三五万七〇三六石の大藩で、父信保は佐賀藩石火矢頭人《いしびやかしら》（大筒組《おおづつくみ》頭《がしら》、すなわち大砲の砲術長）を務め、禄高三〇〇石で、物成（実収入）は一二〇石あったので、上級武士といってよい。家は佐賀城の東側、会所小路《かいしょこうじ》（現、佐賀市水ケ江二丁目）にあった。

江戸時代、幕府は西洋諸国との交易を、オランダとのみ長崎に限り認めていた。唯一西洋に開かれた重要な港である長崎を警備する役目は、佐賀藩と福岡藩に任され、両藩は一年交代で任務に当たった。なお、長崎の一部は、当時佐賀藩領であった。石火矢頭人としての祖父彦次郎《ひこじろう》や父信保の仕事は、長崎を防備する大砲の責任者であった。

祖父彦次郎の時代、文化五年（一八〇八）には、イギリス軍艦フェートン号が長崎に侵入し、オランダ人二人を捕らえるなどの事件が起こり、長崎奉行が責任を取って切腹した。佐賀藩主鍋島斉直《なりなお》は、長崎警備の怠慢を理由に、幕府から蟄居《ちっきょ》（出仕・外出の禁止）を命じられた。これ以降、佐賀藩は海防の強化に努めた。

大隈が生まれた翌年には、清国がイギリス商人のもたらすアヘンを禁輸したことにより、イギリスと清国の間でアヘン戦争が始まった。アヘン戦争のいきさつは、その次の年、天保一一年（一八四〇）七月に長崎に入港したオランダ船が、幕府に伝えた。アヘン戦争は清国の敗北に終わり、大隈が五歳（満年齢、以下、注記しない限り同様）になった天保一四年（一八四三）には、清国が広東に加えて上海など四市を開港、香港《ホンコン》を割譲したうえに、イギリス人の犯罪を清国が裁けず、イギリス領事が裁く治外法権（領事裁判権）も承認した。

アヘン戦争で清国が敗北したことを知り、佐賀藩はさらに海防の強化を進めた。嘉永六年（一八五三）にペリーが浦賀に来航するより前から、佐賀藩に列強に対する切実な危機感があったことは、注目に値する。

父信保は、ペリー来航の三年前の嘉永三年（一八五〇）に、急病により数え年四七歳で死去する。大隈が一二歳のときである。しかし、祖父・父の役目がもたらした家庭の雰囲気のもと、大隈の意識には少年時代から、日本が海で世界とつながっていることや海防が必要だという国際感覚と安全保障意識が、自然と培われていった。

後年、大隈は少年時代を、次のように回想している。「大砲・築城」などは少年時代に最も熱心に学んだことで、特に「大砲」という「思想」は最も心に刻まれている。これは自分の父が「長崎砲台の司令長官」であったから、幼少の頃から砲術に関する話を聞いていたからである、と。

また大隈は、佐賀藩が福岡藩と一年交代で長崎警備の責任を持っていたことで、海外の形勢事情を知るうえで他藩に比べると非常に便利であった、とも回想する。なぜなら、藩主をはじめ藩士でも長崎に行き来する者は、時には「外国の船将、又は領事」らと交際し、艦船の構造、兵制の組織など様々のことを見聞することができたからである。このため、佐賀藩の人々は、西洋諸国は「兵備、戦法、器械、化学」などの点で、大いに自分たちより優れていると理解していた（円城寺清著『大隈伯昔日譚』四、五、九、一〇頁）。

もう一つ、大隈の少年時代の性格形成にとって重要だったことは、生家のあった会所小路という場所である。この地域は佐賀城の東、城に比較的近い武家屋敷地であるが、近くに水運に使われた川が南北に流れており、川筋には蔵屋敷《くらやしき》や問屋、藩の役人や商人が集まる会所があった。会所小路と呼ばれるようになったのはそのためである。

のちに述べるように二〇代後半に大隈が長崎で英学を学んだ際に、兵制・軍備はもちろん、通商・貿易なども勉強した。その頃に、当時の武士にあった商売や金銭を卑しむ観念は消えていた、と大隈は後年回想している。大隈は、商人と結んで酒や米を取引することすら試みている（同前、八五〜八七頁）。英学が大隈の思想の大きな転機になったことは間違いないが、会所小路という場所で商人たちの活動を肌で感じながら育ったことも、商業に対する違和感をなくす役目を果たしたと思われる。

弘道館の厳しい「課業」標準

話は少し戻るが、大隈は六歳のとき、弘化元年（一八四四）に藩校弘道館《こうどうかん》の外生寮《がいせいりょう》蒙養舎に入った。

弘道館は天明元年（一七八一）に城下の松原小路《まつばらこうじ》に設けられたが、十分に教育の成果が挙がらなかったので、天保元年（一八三〇）に鍋島直正《なおまさ》が家督を継ぐと、改革に乗り出した。直正は文久元年（一八六一）一一月以降、隠居して閑叟《かんそう》と号すが、本書では叙述をわかりやすくするため、原則として直正で通す。

直正は弘道館を、藩士が藩の公職に就くための文武の修業の場と位置づけ、松原小路から城のすぐ北側の堀端に移転させ、面積を約三倍に拡張し、天保一一年（一八四〇）六月に竣《しゅん》工《こう》させた。生徒数は、少年は外生寮（通学生）約六〇〇人、年長者は内生寮《ないせいりょう》（寄宿生）約二〇〇人、拡充局の通学生約二〇〇人、合計一〇〇〇人を超えたという。生徒数に比べ、教師の数は少なく、徹底した自主学習主義であった。

弘道館の生徒時代、大隈は要領よく要点をつかむことができる秀才だったらしい。大隈の回想によると、母方の二歳年長のいとこの「非常の勉強家」に向かって、お前のような要点をつかまない読み方ではいくら読んでも仕方がない、「お前達の一年分の勉強」を自分は一日で済ませてみせる、と言い放ったという（「大隈侯爵座談」『大観』二巻二号、一九一九年二月）。

嘉永三年（一八五〇）八月になると、藩は「課業」（学習）の標準を定め、数えの二五歳までにその標準に達しないと、藩の役職に就かせないばかりか、家禄の半分を差し出させることとした。ところがこの制度はあまりにも厳しく、また「課業」の達成だけをめざす形式に流れたので、安政六年（一八五九）五月に中止された（『佐賀県教育史』第四巻、七〇〜八四頁）。弘道館が城の北堀端へ移って拡充されて四年経った頃、大隈は弘道館の外生寮で通学の生徒として学び始めた。厳しい「課業」標準が設けられたのは、一二歳のときである。大隈は嘉永六年（一八五三）一月に、一四歳で内生寮に入り寄宿生となった。「課業」標準が廃止されたのは、大隈が二一歳のときであった。大隈の青春は、弘道館の厳しい「課業」標準とともにあったといってよい。

大隈は、たまたま「高材逸足《こうざいいっそく》の士」（才能あるすぐれた人物）がいても、弘道館に適応しなければ才能を発揮することができないので、一つの藩の人物をすべて「同一の摸型」に入れ、才気がありかつ独立心に富むような気質を失わせてしまい、「凡庸」な人物にしてしまう、と批判的に回想している（『大隈伯昔日譚』二、三頁）。大隈は自らを「高材逸足の士」と言外に述べているのだ。

のちに大隈は、七〇代になってから勉強のやり方を回想し、ただ書物と首っ引きにむやみに勉強する者を「儒骨《じゅこつ》」と批判している。ただ事実を知っただけでは物知りにすぎず、その事実から推理し思考し想像してこそ、知識が活用されることになる、こうして覚えたものは決して忘れることはないと、知識を活用することの重要さを論じている（大隈重信「我輩は社会万般の智識的現象を如斯して頭脳に収む」『実業之日本』一三巻八号、一九一〇年四月）。大隈は、弘道館のやり方を「儒骨」を多く輩出するだけだと見ているのである。

もっとも、大隈は数えの「十六七歳頃」までは疑問を持つことなく「藩学」（朱子学）を学んでいたようである。しかし、ペリーが入港してから、人心が激動し、形勢が次第に変遷したのを見て、「頑固窮屈《がんこきゅうくつ》なる」朱子学より西洋の学を修める必要を感じたという（『大隈伯昔日譚』、六頁）。ペリーが来航したのは一五歳の年であるので、この回想は確かである。

母の三井子の影響

この間、すでに述べたように一二歳のときに父が病死し、大隈家は母三井子（佐賀藩士杉本牧太の次女）と、大隈と弟（のちに、岡本忠兵衛克寿の養嗣子となり、岡本欽次郎克敏《きんじろうかつとし》を名乗る）だけの生活となった。妙子・志那子という二人の姉がいたが、すでに佐賀藩士に嫁いでいた。

大隈は生まれながらにがっしりした骨格の丈夫な体に恵まれていた。この資質に加え、母の三井子は大きな影響を与えた。大隈はいう。父の死後、大隈は「母一人の手」によって育てられた。数えで一五、六歳の頃から「頗る乱暴者」であり、その頃からだんだん交際が広くなってきて、まるで「餓鬼大将《がきだいしょう》」のようであった。母は大隈の友人が遊びに来るのを好み、手料理や団子《だんご》・ぼた餅・柏餅《かしわもち》などを作ってご馳走《ちそう》した。大隈の家は友人たちの集会所のようになり、酒を飲み、「放歌高吟《ほうかこうぎん》」し、あるいは論争し、時には一日中、または明け方まで集まりが続いたことも珍しくなかったという。

また大隈は、好んで自分より年長の友人を選んだので、友人には五、六歳から一〇歳以上の年長者も少なくなかった。これは、先生や母から友を選ぶのは大切であることを教えられ、大隈が経験に富み学識が豊かな年長者を自然に友とするようになったからである。年長者と交際するには、いわゆる気兼ねと遠慮という多少の障壁を越えた後に、心から親しくなるのである。大隈は自分からこのようにしたのは、疑いなく「母の満足を買ひたるべし」と思う。さらに、同年以下の友はそれほど意識しなくても簡単に得られたので、学術・武芸・遊び・談論など、実に多くの良い友達と交わった、とも回想している（『大隈伯百話』一頁、『大隈伯昔日譚』二〇～二二頁）。

以上のように、母の助けもあって、大隈は一〇代半ばから年齢の壁を乗り越えて、多くの年長者と交際していたことがわかる。このような背伸びをした交際は、のちに佐賀藩の年長者や有力者、さらに維新のリーダーたちも含め他藩出身の人々や、商人など士族以外の人たち、外国人など、背景の異なる人々との間に意思を通わせ、相手からできるだけ好意を得るという人間力を育んだと思われる。

驚くべきことに、大隈やその同志への三井子の経済的支援は、大隈が数えの二四、五歳の頃（一八六一、六二年）になっても続いていたようである。三井子は衣服、調度品、櫛《くし》、かんざし、その他の道具を売り、「志士」たちの活動費用に充てていたという（『読売新聞』一八九五年一月五日）。これはおそらく、後述する万延《まんえん》元年（一八六〇）三月三日に幕府大老井伊《いい》直弼《なおすけ》が暗殺される前後の、尊王《そんのう》幕府批判運動に対する支援であろう。

母三井子からの影響で、もう一つ忘れてならないのが、「勤王の志」である。三井子は書物が好きで、建武新政や南北朝争乱を描いた『太平記』や、後醍醐《ごだいご》天皇に応じて挙兵した楠《くす》木正成《のきまさしげ》の活躍を記した『楠公記《なんこうき》』などを愛読していた。

幼い大隈は、毎日母から忠臣の話を聞かされた。母は毎朝皇居の方を伏し拝んで、天皇の無事を祈っていた。大隈は、自分が長じて「勤王の大義」を唱え維新に参画したのも母の感化の影響があったかと思う、と思い返している（『大隈伯百話』二～三頁）。

「思い切り」でけんかに勝つ

七一歳の大隈は、次のようにも回想している。

私は「遅鈍《ちどん》」な性質で、何事について「無造作《むぞうさ》」なやり方をするから、「何かにつけても感じが鈍《にぶ》い」。それで他人の目から見るとずいぶん危険な渦中に投じたことも何度もあったが、自分では危険とも何とも感じなかった。どんな事でも、その成功か失敗かは「決心一つで定まる」。けんかは腕力ばかりではできず、「智慮」が要る。また「智慮」ばかりでもできず、思い切りが大切である。すなわち早く思い切った方が勝つのである。（『報知新聞』一九〇九年七月二〇日「死生の境」六八）

私はけんかをして「決して人に敗けた事は無かった」とも言う。太ってはいないが、小さい方ではなく、骨格が人並みすぐれて丈夫で、腕力が強かったので、だれも私に向かってくる者はなかった。来れば一つかみ、うんと懲《こら》して懇々将来を戒めて許してやるのが私の流儀であった。こういう風であったから、けんかをしたことは少ない（同前、一九〇九年七月一四日「死生の境」七〇）。

けんかについて、このように大隈が考える背景には、一つには大隈家の家訓があった。大隈は先祖代々から強いということは「道徳の主なるもの」、弱いというのは「不道徳だ」と教わっていたという。もう一つは、中国の明代の儒学者王陽明《おうようめい》が始めた陽明学であった。「知行合一《ちぎょうごういつ》」を唱え、善いことは実行せよ、実行しなくては知ではない、との考え方で、幕末の佐賀藩では陽明学をすると「謀反《むほん》」でもするかのように思われていたが、大隈は「胸の中に陽明学を友人のように思」っていたという（『佐賀新聞』一九〇九年三月二五日）。

大隈は、広い視野で柔軟な知的能力や友人・先輩との関係を構築する能力に加えて、このような決断力と精神的な強さを、思想と実践を通して少年期から身につけていたのであった。それは、リーダーとなるのに重要な資質の一つである。

義祭同盟

ここで、勤王思想や開国論で青年期の大隈の思想形成に大きな影響を与えた、枝吉神陽《えだよししんよう》（杢之助《もくのすけ》）と義祭《ぎさい》同盟について簡単に見ていこう。

枝吉神陽は、文政五年（一八二二）五月二四日に、枝吉南濠《なんごう》（種彰）の長男として生まれた。父はのちに弘道館の教諭となり、日本には天皇の他に君主がいないという日本一君主義の思想を持った。神陽もそれを受け継いだ。神陽は天保一五年（一八四四）から江戸に遊学し、律令《りつりょう》や日本古代の歴史などを学び、奥州・北陸へも足を延ばし、嘉永二年（一八四九）に京都にも滞在して付近を歩くなどした後に帰郷、八月から国学指南として弘道館で教えた。神陽は律令格式や国史を教え、それを単なる学問ではなく実用に生かすという、新しい学風を弘道館に持ち込んだ（島善高『律令制から立憲制へ』二六〜七〇頁）。

神陽はペリー来航の三年前の嘉永三年（一八五〇）六月に国学教諭、八月には什物方《じゅうもつかた》（藩史の研究、地理や防衛の拠点を調査する職）、九月には什物方兼国学教諭に任命された。

その頃に神陽は、楠木正成・正行《まさつら》父子の像が、西河内村の曹洞宗高伝寺《そうとうしゅうこうでんじ》（佐賀市本庄町、鍋島宗家菩提寺《ぼだいじ》）の楼上に放置されていることを発見したという。それは本来、佐賀藩第二代藩主鍋島光茂《みつしげ》のときに、藩士の深江信渓が佐嘉《さかの》郡（佐賀郡）北原村の永明寺に安置していたものであった。そこでその像を修復し、同寺の別院梅林庵に安置して、信渓の子孫を祭主として祭ることにした。これが義祭同盟で、嘉永三年（一八五〇）から毎年、楠木正成の命日である五月二五日に会合することにした。その後、安政元年（一八五四）に城の北方の龍《りゅう》造寺八幡宮《ぞうじはちまんぐう》の境内にあった末社を取り払って楠公社としたところに、その木像は安置された。

龍造寺八幡宮所蔵の「楠公義祭同盟連名帳」は写しと思われるが、第一回の参加者として枝吉を含めて三八人の名前が見える（『佐賀県教育史』第四巻、三〇五頁、島善高『律令制から立憲制へ』七三～七四頁）。

この中に、大隈の名はない。大隈はまだ一二歳の弘道館外生寮の通学生にすぎず、同盟に関わることはなかったのだろう。この同盟には毎年三十～四十数名の参加があり、嘉永五年（一八五二）には一八歳の江藤新平《えとうしんぺい》（維新後に参議兼司法卿、佐賀の乱を起こし処刑される）の名が、翌年には二一歳の大木喬任《おおきたかとう》（維新後に司法卿・文相）の名が、安政二年（一八五五）には一七歳の大隈重信の名が現れる。大隈は、木像が城の西方約二・五キロメートルの高伝寺から、城の北方約一キロメートル、市街地内にある龍造寺八幡宮境内に移されてからの参加者であった。なお、大隈の母と大木の母は従姉妹《いとこ》でもあり、大木は維新後に、基本的に大隈と連携して動く。

大隈によると、鍋島直正の異母兄の鍋島安房《あわ》（当時の藩政の最高責任者の請役《うけやく》〔首席家老〕）が義祭同盟を積極的に推進したので、藩の役人の多くが同盟の参加者の中から抜擢《ばってき》され、藩政改革の中心となっていった。しかし、しばらくすると義祭同盟は形式化していったようで、単に形式的に参加する者と、真に尊王の意思を持ち日本のことを考えて議論し行動しようとする改革派との二つに分かれたという。大隈は改革派であった（『大隈伯昔日譚』二三、二七頁。木原溥幸《きはらひろゆき》『佐賀藩と明治維新』一八頁）。

結局、改革派は城北三溝《みつみぞ》にある黄檗宗《おうばくしゅう》大興寺《だいこうじ》（現、佐賀商業高校西側、佐賀城の北方約二・五キロメートル）で別に会合して議論するようになった。当時このあたりは城下から離れた一村落であり、彼らは人目を避けたかったのであろう。

明治維新への構想の根幹

神陽と弟の副島種臣《そえじまたねおみ》（副島家の養嗣子、維新後に参議、外務卿、内相）は、日本一君説を拡充して、将軍が外国と条約を結ぶことは誤っており、内政外交ともに天皇の親裁でなければならない、と論じるようになった。そこで神陽と副島は相談のうえ、安政五年（一八五八）六月、副島が遊学期間であったのを利用して、京都に上り公卿の大原重徳《おおはらしげとみ》を通して、朝廷は将軍に政治を委任するのを早くやめて、政権を手中に収めるべきだとの意見書を提出した。大原は幕府が日米修好通商条約の勅許を朝廷に求めてきたことに対し、岩倉具視らとともに関白九条尚忠《くじょうひさただ》の勅許文案作成に反対していた。

しかし、大原は副島の論理を正当と認めつつも、幕府を廃するのはあまりにも重大すぎるとし、副島に青蓮院宮《しょうれんいんのみや》（維新後の久邇宮《くにのみや》朝彦親王）を紹介した。青蓮院宮は出家した皇族としては型破り、かつプライドが高く現状に甘んじない性格で、才知が特にすぐれ、孝明天皇から信頼されていた（浅見雅男『闘う皇族』二一五～二二六頁）。数日後、副島は青蓮院宮に会い、詳しく意見を述べたという。

その後佐賀に帰った副島は、兄神陽らの義祭同盟改革派同志たちと大興寺でときどき集会して、時事問題について議論した。そこには、大木喬任・江藤新平ら維新後に政府で活躍する人物が参加しており、二人よりも五歳ほど若い二〇歳の大隈もいた。この年の九月には、幕府の大老井伊直弼（彦根藩主）によって、安政の大獄が開始され、翌年には吉田松陰《よしだしょういん》らが死刑になっている。大隈も神陽を通して、幕府に逮捕される可能性のある人々の末席にいたのだった。

ところで、神陽は日本一君説の立場から、幕府が朝廷の承認を得ずに日米修好通商条約を調印したことを批判したが、根本的には攘夷《じょうい》論でなかったことは、注目すべきである。

鍋島直正は、鎖国をやめて貿易を行い海外に雄飛発展すべきとの意見を藩内に広げるため、

鍋島直正

「船考」を近侍の一人に編集させた。神陽は万延元年（一八六〇）「秋八月」（太陽暦の九月半ばから一〇月半ば）にその序文を書き、鎖国を支持する者を批判、古代日本で朝鮮の新羅《しらぎ》の船舶を模造した例を挙げ、鉄製で大砲を備えた船を作り、外国から侮られないようにして天皇の国を守るべきであると論じた（島善高『律令制から立憲制へ』八二、八三、八五、八六頁）。

大隈の回想によると、直正の思想は始めは「攘夷」であったが、「富を起して外国の長所を尽《ことごと》く我国に取り、其《そ》の精鋭の国力を以《もっ》て敢《あえ》て夷狄《いてき》（野蛮な異民族）を制御せんとした」もので、他の一般の攘夷家のように古くて偏狭な考えは持っていなかったという（「大隈侯爵座談」『大観』二巻一〇号、一九一九年一〇月）。これは、大隈の考えと同様で、維新後の新政府の立場につながるものであった。

枝吉神陽は、一九世紀半ばから列強の東アジア進出によって日本の危機が高まったことに対し、日本古代の歴史にもとづいて幕末の状況への取り組み方を講究し、対応策を導き出そうとした。その結論が、富国強兵のための開国と、天皇・朝廷を中心に日本の政治を再編して、国民の力を結集させることであった。幕府への批判は、開国批判ではなく、そのやり方に対する批判であった。

このように、維新より九年も早い安政五年という段階で、攘夷という国民結集のための表面上のスローガンとは別に、開国も見通した維新への構想の根幹が形成されつつあったのは、注目すべきである。

直正が、開国して日本を発展させるべきという考えの持ち主であったことが、神陽らに活動しやすい環境を与えてくれた。神陽は四年後の文久二年（一八六二）八月一五日に、コレラのために四〇歳で死去するが、大隈の幸運は、神陽に出会い、維新に向けての思想の根幹を形作ることができたことであった。なお、本書で触れるように、鍋島直正は幕府と連携する姿勢を最後まで捨てられず、佐賀藩は維新への本格的な参画が遅れ、それが薩長出身者に対して大隈の立場を困難にしていく。

藩校弘道館を退校させられる

話を大隈が義祭同盟に初めて加わった安政二年（一八五五）の一七歳の頃に戻し、大隈の回想によって当時の状況を見よう。

その頃、弘道館の生徒の中に、朱子学中心の教育に反発し教育の制度と内容を改革する運動を起こそうと主張するグループが現れ、いわゆる「南北両派の争」いを生じた。大隈はようやく一七歳。南北両派とは、寄宿生の入る内生寮が廊下を隔てて南北の校舎に分かれていたことからついた呼び名で、互いの競争意識が生まれていたのである。大隈がどちらの寮にいたのかは不明である。

南北両寮の争いは少しずつ熾烈《しれつ》になっていき、互いの殴り合いに至った。この中で大隈は、朱子学中心主義への反対派の首謀者の一人として、同二年（一八五五）六月、弘道館を退学させられた（『大隈伯昔日譚』二八頁、「故大隈侯年譜」、「大隈重信侯年譜」）。すでに述べたように、この時期は弘道館の「課業」を数えの二五歳までに終了しないと、藩の役職に就けないのみならず、家禄を半分に減らされることになっていた（大隈の回想では二割に減額）。この年は、大隈が義祭同盟に加わった年でもあった。

大隈は翌年一〇月から、蘭学寮に入って蘭学を学ぶようになる。この間、家禄が一年数ヵ月に限って減らされたのか、弘道館への復学の可能性を考慮して処分は行われなかったのか、不明である。大隈が家禄について特に回想していないのは、しばらく処分が猶予されていたからかもしれない。

大隈の回想に戻ろう。弘道館を退学になると、大隈はいよいよ朱子学中心主義反対の決意を固めた。退校処分を受けた友人らの多くは、「課業」を無事に終えて相当の地位を得るようになるのを望み、父兄や親戚の説得もあって、改悛したと称して弘道館に復学を許され、普通の道を歩んだ。大隈も、父はいないが親戚から訓戒を受け、また彼らは母の三井子に向かって脅迫のようなこともした。ところが母は、大隈がすでに決意している様子を見て、大隈に復学を強いることは言わなかった。このことは自分にとって「大なる幸福」だった。

大隈は、このときの自分の行動について、洋学を学ぶことが漢学より優っていると予知したからでもなく、先輩の助言に従ったからでもなく、他に目的があったわけでもない、むしろ自分の境遇の中での「感情」に従って行動したにすぎなかった、と振り返る。この行動によって、一時的に藩の信用を失い、親戚の感情を害し、多くの友人を失った。反面、少数ではあるが新たに友を得、この少数者の力は、失った多数者の力に勝る意味を持ったという。大隈はこの事件を、自分のために「一生の好時機」として記憶すべきもので、将来に少なくない利益をもたらした、と総括した。

弘道館を退校になったことで、大隈は生来の強気の性格をさらにたくましくしたのである。

蘭学寮での学び

弘道館を退校処分になった後、大隈は義祭同盟で関わりのあった枝吉神陽の所へ行き、大宝令《たいほうりょう》や『日本書紀』『古事記』を学んだ。その頃に本居宣長《もとおりのりなが》の『古事記伝』などにも一通り目を通した。神陽は非常に喜んで親切に教えてくれたので、国学の知識を振り回して「儒教」（朱子学）排斥を論じたという（大隈重信他『早稲田清話』四五三頁）。

こうして一年数ヵ月が経ち、安政三年（一八五六）一〇月、大隈は藩主鍋島直正の意思で蘭学寮への入学を許された（「故大隈侯年譜」「大隈重信侯年譜」）。大隈はまだ藩主に特に注目されるほどのものを持っていなかったので、おそらく枝吉神陽の推挙があったのだろう。

大隈によると、かつていた内生寮よりも蘭学寮の方が、食事がはるかに良かった。また、通訳の仕事も依頼され、蘭学を学び始めたばかりで十分な能力がないときでも、自分で適当にやったり、よくできる者にやらせたりして、お金を稼ぎ、金回りが良くなったという（『早稲田清話』三二一、三二三、四六九頁）。

蘭学寮での大隈の先生は大庭雪斎《おおばせっさい》であった。オランダのボイスが物質の構成、慣性、引力、天体、水、大気の成分、水蒸気、電気、磁気、夢などについて、わかりやすく解説した自然科学入門書を、『民間格致問答』と題して翻訳した人物である。大庭は大柄で坊主頭で、医者の子なのでいつも「八丈《はちじょう》」の着物を着ていたが、ひどく汚れてぴかぴか垢光《あかびか》りがしていた。酒を飲むと人目はばからず勝手気ままにふるまう人物であった。大隈は西洋の面白い話を聞きたいばかりに、よく訪ねて行っては酒の相手をしながら聞いたという（『早稲田清話』四六一、四六二頁）。

この回想からも、大隈の西洋への強い関心とともに、すでに述べたように、一〇代半ばから年上の友人を選んでいたことが功を奏し、年長者を気持ちよくさせる会話術が身についていたことがわかる。またこの頃から、知識のある人から聞いて自分の知識を蓄える、いわゆる耳学問が得意だったところに、後年の片鱗《へんりん》が現れている。

佐賀藩は全国的にも医学の方面で蘭学の先進地帯であった。大槻玄沢《おおつきげんたく》がオランダ語の入門書『蘭学階梯《かいてい》』を完成させ、日本で蘭学を本格的に始めてから約八年後の寛政三年（一七九一）に、楢林栄哲《ならばやしえいてつ》が蘭方医として初めて佐賀藩医となっている。大隈の先生の大庭雪斎は、シーボルトが文政七年（一八二四）に長崎郊外に開設した鳴滝塾《なるたき》で、伊東玄朴《いとうげんぼく》らとともに学んだ。大庭は蘭学寮の責任者であり、蘭方医としても地位が高かった（岩松要輔「幕末維新期における佐賀藩の英学研究と英学校」、木原溥幸『幕末期佐賀藩の藩政史研究』三七二頁）。

大隈の特別な地位と政治活動

文久元年（一八六一）に蘭学寮は藩校弘道館に合併され、大隈は蘭学教導《らんがくきょうどう》（教官）になる。その際の大隈の立場や行動が興味深い。

鍋島直正の信頼できる公式な伝記は次のように述べる。大隈は蘭学教導として学生を「鼓吹《こすい》」したが、受け持ちの課程はないので、「時に当局者を干し」（時には藩当局者に意見を述べ）、その委嘱を受けて長崎に行き来したりするが、所在がわからなくなることも数回あった。大隈は読書に明敏であるが、談論を好んで多くの時間を過ごしたので、大隈は怠け者だと言う者もいた。また秘密費を受け取ってしきりに放遊するとも噂《うわさ》されたが、かつて佐賀藩の貿易担当部署である「代品方《かわりしなかた》」のために英米の商人と交渉したことから、藩当局者の諮問に対して建議し、秘密で活動したのが事実であるという（中野礼四郎編『鍋島直正公伝』第五編、四二六頁）。

すなわち、大隈は蘭学教導となったといっても、藩の公職に就けるための名目で、決まった義務はない。かなり自由に、もしくは密命を受けて、佐賀・長崎や他の地域で活動できたのである。

ところで、大隈が蘭学教導になる二年前の年、安政六年（一八五九）に幕府大老井伊直弼が水戸藩主徳川斉昭《とくがわなりあき》に永蟄居の処罰を下すと、大隈らは幕府批判の気持ちを強めた。大隈らは斉昭の強い攘夷論には違和感を覚えていたが、天皇・朝廷を重んじ幕府を批判する姿勢に共鳴していた。しかし、佐賀藩主鍋島直正はむしろ井伊大老との連携を重んじているように見えたので、同志中の数人が江戸へ行き直正を説得しようとし、大隈家がその費用を出したという（大隈は藩の許可が出なかったため江戸へ行けず）。

その後、義祭同盟の参加者で江藤新平や大木喬任らの親友でもあった中野方蔵《なかのほうぞう》（足軽で鉄砲組頭の次男）は、藩命によって江戸にある幕府の学問所昌平黌《しょうへいこう》で学び、長州藩士久坂玄瑞《くさかげんずい》・木戸孝允（桂小五郎）らと交友し、幕府を否定し、天皇の下で諸大藩が中心になる政治体制を構想したという＊。大隈は中野について、「資性敏活」で諸先輩中でも「第一流の人士」と評価している。この中野が文久二年（一八六二）三月に幕府に逮捕された。大隈や同志たちはこのことを怒り、藩に中野を引きとることを求めたが、中野は五月二五日に獄中で死去した（毒殺ともいう）。

なお、木原溥幸の研究によると、直正は井伊直弼が暗殺されるまで直弼と連携していたが、それ以降は幕府からの距離を取り始めたという（木原溥幸『幕末期佐賀藩の藩政史研究』三三

一～三三五、四四八頁、『大隈伯昔日譚』三九～五〇、五八～六〇頁）。

＊大隈が評価した中野が、幕府（徳川勢力）を含めた朝廷中心の国家の構想を持っていたことはともかく、文久二年三月に幕府に逮捕される以前という余りにも早い時期に幕府を否定するまでの考えを持っていたかどうかは、同時期の一次史料では確定できない。列強の圧力に対抗するために幕府を否定する（討幕を考える）という考えを木戸孝允が持つようになるのは、慶応二年（一八六六）一月の薩長同盟、幕府の第二次長州出兵の失敗（同年九月の休戦講和）を経て、同年一二月という（齊藤紅葉『木戸孝允と幕末・維新』四二、一二五、一三九～一四二頁）。土佐派の尊王攘夷派であった谷干城《たにかんじょう（たてき）》（維新後に、農商相・熊本鎮台司令官）も、討幕の意識を持つようになったのは慶応二年（一八六六）一二月からの長崎・上海出張をきっかけにしてである（小林和幸『谷干城』三七、三八頁）。なお、他藩を少しでも味方につけるため、公式には言わないが、長州藩には元治元年（一八六四）七月の禁門の変に臨むに際し、倒幕の意識があった可能性がある。

このように大隈は文久二年（一八六二）頃には、天皇・朝廷中心の国家体制とし、列強と貿易して日本の国力をつけようというヴィジョンを固めていった。しかし、開国（貿易）という面では藩主鍋島直正の支持を得られたが、これまでのような幕府支配を否定する点では支持されなかった。もっとも直正は、大隈らの動きを容認し、情報収集や経済活動などで利用した。これは、幕府から距離を取りつつ、正面からの幕府批判には加担しないという直正の姿勢から来たものである。

「耳学問」の実力

ところで、大隈は政治活動に関心が強すぎて、外国語や欧米事情をじっくりと学ぶタイプではなかった。しかし「耳学問」を良くしたので、西欧事情を幅広く知り、オランダ語を訳すのに勘が働いた。大隈によると、「会読《かいどく》では何時でも上席を占めて居った」という（『大隈侯座談日記』一〇九、一一〇頁）。

大隈は勘でオランダ書を訳したのであり、オランダ語文法を踏まえた着実な講読能力は不十分であったようだ。しかし、鍋島直正をはじめ、オランダ語を知らない周りの人々は、大隈に一目置いていた。久米邦武《くめくにたけ》（佐賀藩士の三男、のちに帝国大学文科大学教授、日本歴史や地理・中国史を教える）は、大隈より一歳下で、同じ弘道館内生寮の生徒として学んだ。久米は、その状況を次のように回想している。

文久元年（一八六一）の四、五月頃に直正が蘭学寮に来たとき、大隈がオランダ憲法講義のうちで摂政の条を話したところ、直正は城に戻った後、徳永伝之助《とくながでんのすけ》（直正の御側の一人で、側頭として藩政の中枢にいる）に「今日蘭学寮で大隈八太郎〔重信〕がした講義は好かった」と、特にほめたという（久米邦武『九十年回顧録』上巻、六三九頁）。

大隈は二三歳ぐらいになると、隠居後も佐賀藩の実権を持ち続ける直正や藩の有力者に注目され始めたのである。先に述べたように、この文久元年に大隈は蘭学寮の教導に採用されている。

おそらくこの前後のことと思われるが、大隈はオランダ語で書かれた七〇〇頁ほどの分厚いナポレオンの伝記を、一年か一年半くらいかけて独力で読了したという。オランダ語の本をすらすら読めるほどの読解力は持っていなかったにせよ、本当に気に入った本は根気強く読み切った（『大隈侯座談日記』一一六頁）。

ナポレオンは、大きなリスクを冒しながら大人物になっていく英雄である。その生き方は、大隈の生涯にも重なる。

英学への関心

佐賀藩の洋学が蘭学から英学に変わるきっかけとなったのは、不平等条約である日米修好通商条約を結ばざるを得なかった幕府が、批准書《ひじゅんしょ》を交換するために、安政七年（一八六〇）一月一八日にその遣米特使新見正興《しんみまさおき》らを米艦で出港させたことであった（一月一三日には軍艦操練所《そうれんしょ》教授の勝海舟《かつかいしゅう》らも咸臨丸を操船して出港）。一行は太平洋を渡り、パナマ地峡を通って大西洋に出てワシントンに行った後、米国各地を視察して、喜望峰経由で帰国した。

佐賀藩はこの一行に、艦の運用方として五人、大隈の同志二人の計七人を派遣した。その大隈の同志小出千之助《こいでせんのすけ》（蘭学寮指南役）は、弘道館の秀才の中から選ばれて蘭学寮に移った人物で、学才もあり、オランダ語で外国人と意思疎通ができた。小出ら二人はその年の秋に帰藩し、英米の発展ぶりを具体的に語り、東アジアにもイギリスなどの勢力が迫っている情勢を伝え、英学の必要性を強く説いた。

この刺激で佐賀藩では、万延元年（一八六〇）秋以降、英学などを嫌う攘夷派と開国派が互いに相手を批判して激高する状況が高まっていった（岩松要輔「幕末維新期における佐賀藩の英学研究と英学校」、『早稲田清話』五〇〇、五〇一頁、『大隈伯昔日譚』五五頁）。

大隈の回想によれば、「余は多少の廃絶もありたれど、已《すで》に三四年来英書を手にしたる」状況だったので、元治元年（一八六四）段階で英書を読むのは、英学を始めたばかりの副島種臣より上手であった、という（『大隈伯昔日譚』八二頁）。

大隈は、訪米した小出らが帰藩した翌年の文久元年（一八六一）か二年頃より、断続的ながら英語を自習し始めたのだ。大隈は新しい時代の流れを敏感にとらえて、飛びつきたがる性格であった。次に述べる貿易活動も同様で、むしろ英学よりも本気で入れ込んでいく。

貿易活動に乗り出す

大隈が英語を自習し始めた文久元年前後の激動する日本の政治状況を、まず簡単に見ておこう。安政五年（一八五八）、日米修好通商条約の勅許を得られないまま、幕府の大老に就任した井伊直弼は調印を進め、翌安政六年（一八五九）に反対派を処刑するなど、大弾圧を行った。ところが井伊は、万延元年（一八六〇）三月三日、水戸・薩摩《さつま》浪士らによって江戸城の桜田門外で暗殺されてしまう。

幕府の権威は大きく動揺した。このため、老中安藤信正《あんどうのぶまさ》らは幕府が中心となって政治を主導することをあきらめ、幕府と朝廷が連携して政治を行う公武合体路線に方針を変えた。しかし朝廷は、公武合体に合意しつつも、攘夷を幕府に求める。文久二年（一八六二）一月一五日には、安藤が江戸城坂下門外で水戸浪士らに襲われ負傷、まもなく罷免された。

幕府は権威を回復するため、七月六日に才能や知識が卓越していると評判の二四歳の徳川慶喜《よしのぶ》（一橋慶喜、次の一五代将軍）を一四代将軍家茂《いえもち》の将軍後見職《こうけんしょく》という新たなポストに任命し、公武合体路線を進めようとした。

ところが、文久二年を通して攘夷論が全国で高まり、朝廷を中心とした政治を行い攘夷を実行しようという論が強まってきた。このため幕府は、求心力を確保するため、同年一一月に攘夷の勅旨に従うことを決定、翌文久三年四月には五月一〇日を攘夷期限とすることを上奏した。

他方、同年八月一八日には幕府が中心となり京都で公武合体派によるクーデターを行い、長州藩や攘夷派の中心である三条実美《さんじょうさねとみ》ら七人の公卿を追放した。すでに長州藩は、朝廷・幕府が決めた五月一〇日の攘夷期限に応じ、同日以降、下関で砲台から列強の艦船を砲撃していた。

このように、枝吉神陽や大隈の考えるような、積極的な開国を行い、天皇・朝廷を中心に日本の統一を強めて、列強に対抗していこうという路線は、攘夷論の予想外の高まりで展開しなかった。

こうした状況下でも、鍋島直正が実権を持つ佐賀藩では、藩士に英語を学ばせるなど、積極的な開国路線の準備を進めた。まず、文久元年(一八六一)二月一一日、蘭学寮指南役の小出千之助らの運動により、佐賀藩は秀島藤之助《ひでしまとうのすけ》・中牟田倉之助《なかむたくらのすけ》(のちに海軍中将、軍令部長)・石丸虎五郎《いしまるとらごろう》に、長崎で英語を学ぶことを命じた。さらに文久二年には四名を追加した(ただし秀島と中牟田の二人は病気のため一年ほどで中止)(岩松要輔「幕末維新期における佐賀藩の英学研究と英学校」)。

なお、文久二年三月には、右のうちの二人、中牟田・石丸と元野周蔵《もとのしゅうぞう》(村田若狭《わかさ》家来、のちに軍艦購入を担当する軍艦取入方掛合)らが長崎のフルベッキの住む崇福寺に行って、フルベッキから英語を学ぶことになっている。

フルベッキは一八三〇年にオランダで生まれ、二二歳のときにアメリカに移り、神学校を経て宣教師として一八五九年、二九歳のときに長崎にやって来た。翌年には自宅のある崇福寺に英語を教える私塾を開いた(「年表」W・E・グリフィス『新訳考証 日本のフルベッキ』)。

佐賀藩から英語習得を命じられた同藩士と、この時期のフルベッキとの関係はわからない。しかし、大隈が英語を自習し始めて一年ほどの文久二年に、同じ佐賀藩士のつながりで、この後に大隈とフルベッキが知り合えるルートができたのである。

さて、日米修好通商条約によると、まず一八五九年七月四日を期限として長崎と神奈川を開港することになっており、外国人の借地のための長崎地所規則も万延元年（一八六〇）八月一五日に調印された。

大隈の回想によると、長崎での貿易の準備が整うと、文久元年頃、「代品方《かわりしなかた》」（正式には器械収入方か）は、貿易に従事する者を募り、才幹のある商人が貿易に参加した。この貿易は、佐賀藩が外国から艦船や機械を輸入し、特産品の輸出で支払いを行おうとするものである。大隈は、読書や見聞によって知った貿易の利益について、長崎で英語を習い始めた石丸虎五郎らに説明し、外国商人の紹介を依頼して、直接交渉で貿易をした。失敗することもあったが、意外なほどの利益を得たという。

大隈は蘭学寮を拠点に、藩財政を担当する蔵方《くらかた》と「代品方」を説得して、貿易のため佐賀と長崎を行き来し、藩の幹部との面識ができた。たとえば友人の江藤新平は「代品方」に勤めていたので、殖産興業を担当する原五郎左衛門・横尾文吾（慶応二年〔一八六六〕より軍艦取入方付役）らの上役とのつながりを持つようになった。原は地方経済に才幹があると言われ、城下外の代官となって白蠟《はくろう》（白色の日本蠟）の製造を奨励し（『鍋島直正公伝』第五編、五六～五七頁）、これを大隈の周旋で外国商人に売ったという。

さらに、この文久元年（一八六一）から文久三年の間、おそらく文久三年に、大隈は藩政府の重役の鍋島河内《なべしまかわち》（トップの請役に次ぐ請役申談）を通して経済策を藩当局に建白した。大隈の意見は、「代品方」の長崎での外国との貿易は、上方《かみがた》と連携しないと「代品」の値段を有効に支配できないので、そのために金四〇万両を使うべきというものである。安政五年（一八五八）の条約により、一〇年後には「大坂・神戸の開港」（実際には神戸の開港、大阪の開市）となるので、神戸一帯の地を買い占めておくべきだとも建言した。

鍋島河内らは大隈の建言に熱心に耳を傾け、直正にも伝えたので、直正は大きなことをしたいと気持ちを動かされた。藩主や藩政府の重役も関心を持った。こうして大隈は、佐賀の船問屋「北風某」と連携して、兵庫と九州を結んだ商業活動もするようになる。佐賀藩の用達商や藩に関係のある兵庫や佐賀の商人も、大隈の活動を支援したという（『鍋島直正公伝』第五編、四二六〜四三〇頁、「大隈侯爵座談」『大観』二巻一〇号、一九一九年一〇月）。

文久元年か、その後まもなくといえば、日本国内で攘夷論が高まっていく時期である。このような早い段階で、大隈が長崎の外国商人と貿易の交渉をしていることは注目される。それまでに身につけていた年長者ともうまく交際する能力に加えて、こうした経験を積むことによって、大隈は藩幹部との交渉や外国人とのつきあいに慣れたのである。

政治活動を本格化する

元治元年（一八六四）は、幕末の歴史の一つの大きな転換点である。

その理由は、禁門の変が起きたことである。朝廷では前年の八月一八日に孝明天皇の意を受けた幕府など公武合体派によるクーデターが起こり、尊王攘夷の急先鋒であった長州藩は御所の警備役を解かれ、京都から追放された。そこで長州藩は地位を回復すべく出兵し、元治元年七月一九日に御所の諸門で幕府方と交戦し、敗退した。

徳川家康が元和元年（一六一五）に大坂夏の陣で豊臣方を滅ぼして以来、大名が幕府の許可なく藩外に兵を動かして幕府軍と戦闘したのは初めてである。禁門の変の四年前の万延元年（一八六〇）に大老井伊直弼の行列が桜田門外で水戸浪士らに襲われ、直弼が暗殺されたことも、徳川幕藩体制を揺るがす事件であったが、今回は長州藩兵としての大部隊での行動であり、さらに深刻な大事件だった。幕府の藩に対する統制が崩壊し始めたことを示す事件といえる。

禁門の変での長州藩の行動に対し、幕府は朝廷から長州追討の勅命を得、西南二一藩に出兵を命じ、第一次長州征討を行うことになった。長州藩は前年に攘夷の勅命に応じ、下関砲台から米国など列強の艦船に向けて大砲を撃ったので、元治元年八月に英・仏・米・蘭の連合艦隊から同砲台が砲撃を受け、占領された。この事件は講和を結んで一応解決したものの、長州藩は禁門の変および四国連合艦隊下関砲撃事件での敗北に加えて、一〇月には幕府軍が藩境に迫るという危機を迎えた。

以上のような日本の政治状況の変動は、大隈の行動にも影響を及ぼし、大隈は藩政や国政にさらに積極的に関与しようとするようになる。

大隈の回想によると、第一次長州出兵の報を聞くと、大隈らは、挙国一致で国難にあたるべきときに長州出兵を行うことは、幕府自ら内乱のきっかけを作るものである、と考えた。幕府は長州を討った後には、薩摩藩に向かいさらに佐賀藩にも向かって来るかもしれない。幕府は佐賀藩を優待しているように見えるが、内心では憎み嫌っているところがないわけではない。佐賀藩は幕府と長州藩の間を斡旋《あっせん》して和解させるのに便利な地位にあることを活かして、幕府を説得して撤兵させるべきである。大隈は、このように藩当局に訴えかけた。すでに四国連合艦隊が下関に来襲する前に、大木喬任は木戸孝允から、長州藩の危急のときには佐賀藩に助けてほしいと依頼を受けていた。大隈やその同志はなすべきことを行い、藩当局を動かそうとしたが、効果を収められなかった（的野半助『江藤南白』上巻、一六六～一七〇頁。『大隈伯昔日譚』七二～七四頁。木原溥幸『幕末期佐賀藩の藩政史研究』四四八頁）。

長崎で視野を広げ英学に転向する

大隈やその同志は、藩政の実権を握る鍋島直正が、幕府と長州藩の間を調停するよう動かなかったことで、非常に失望した。しかし直正は、大隈らの長崎遊学と洋学研究は奨励していた。

大隈がいつから英学を本格的に学ぶようになったのかは、文久元年（一八六一）か遅くとも文久二年という見方と（『新訳考証　日本のフルベッキ』一三五頁）、慶応元年（一八六五）以降のこととの見解（岩松洋輔「幕末維新期における佐賀藩の英学研究と英学校」）があるが、すでに見てきたように、文久年間の大隈は英学に関心を示した程度で、後者の見解が妥当であろう。

大隈が英学や情報収集・貿易のため、継続的に滞在するようになった慶応元年前後の長崎の状況と、当時の大隈らの関心について、大隈の回想で見てみよう。もっとも、文久年間・元治年間と慶応元年以降についての大隈の記憶には、時期の混同があるようだ。回想されたできごとの厳密な時期はわからない。

大隈によると、江戸に近い開港場の横浜は警備が厳しく、商人でなければ出入りができなかったが、長崎は各藩の人々の往来が盛んで、外国人と接触するにも非常に便利であった。薩摩藩・佐賀藩は五、六隻、それ以外の大藩ならば少なくとも一、二隻の汽船を保有し、それぞれ江戸・横浜・大坂（維新後は大阪）・長崎などを往復していたので、江戸の様子や各藩の事情を知ることができた。また各藩が武器・弾薬・艦船などを購入する場合、多くは長崎で取引をしたので、各藩の武器購入状況や計画なども伝わってくる。さらに、当時は毎月一回、欧州からの船が到着したので、欧米各国の事情や世界の大勢もほぼ聞き知ることができたという。

このように、見聞を広げることができ、佐賀の同志とも互いにきめ細かく意思疎通を図った。佐賀と長崎の間は三〇里（一二〇キロメートル）ほどの距離で、船に乗れば一昼夜で行くことができたので、同志たちは常に往来し合っていた。こうした中で、大隈は藩士たちに英学を学ぶよう説得し、十数名の同志を得たという。この中には、副島種臣もいた。大隈らの「英学研究」は、各自、徐々に進歩していき、欧米各国の歴史や現状がどんなものか理解していったという（『大隈伯昔日譚』八〇～八三頁）。「英学研究」に打ち込んだという慶応元年以降にも、大隈は商人との接触や商業活動も行っていたようである。

大隈は慶応年間までに、商人について二つの発見をした。第一に、多くの商人は利益を求めることのみを考えているが、中には多少の知識を持って「公共的の事業」に注目し「義侠心《ぎきょうしん》」に富むような、理想を持ち自律心のある者がいることがわかったことである。

第二に、商人との交際と精神的なつながりを深めたことである。商人らは、初めは大隈らの言説に多少疑惑を抱き、躊躇《ちゅうちょ》するところがあったが、次第に大隈らの主張が「過大誇張」でないことを理解し、大隈らに期待するようになっていった。特に日本商人は、外国商人と交渉するようになって、外国商人の示す大らかな態度、商機を見る鋭敏な目、活発な商品の処理に加え、約束を厳正に守り、時間をとても大切にするなどの行動に感銘した。

このように、大隈たちを通じて視野を広げ自覚を高めた日本商人たちの中には、英学を学ぶ必要を感じて、大隈らが英学を学んでいる塾に入りたいと願う青年が現われた。また、中国人と交際して、密かに上海あたりに行って商売をしようと計画する者や、外国人と「密売買」を行って思いもよらぬ多額の利益を得ようとする者も出た。大隈らが日本商人たちの

「元気」を「発揚」したので、彼らは大隈の活動に多少の援助をするようになっていく。

大隈にとっては、商人らから金銭援助を引き出したことに加え、商業や商人に対する見方が変わったことが大きな成果であった。大隈らは当初、商業は「ぬれ手に粟《あわ》を摑《つか》む」ような、苦労しないで大金を儲《もう》けることと思っていた。しかし、彼らの仕事ぶりをよく見ると、商品の売買で彼らが手にする金銀は多額であるが、それは商品仕入れ費用の支払いで、またすぐに出て行ってしまうことがわかった（『大隈伯昔日譚』八五～九一頁）。

当時の常識では、武士の家に生まれた者が商人と提携することを考えるのは「異常の事」であり、批判されるべきことだったが、商業の初歩を理解しながら、大隈は、維新前に商人に対する偏見を捨てていった。

なお、長崎で大隈はフルベッキらから「英学」として欧米の智識を学び、佐賀藩の英語学校を作った＊。しかし大隈は政治・貿易活動に忙しかったため、読む・話す・書くといった英語の基礎学力を十分に習得するには至らなかったのである。本書で適宜示していくように、英語ができ外国通であるとの現代の大隈イメージと異なり、維新後に大隈は英文を翻訳させて読んでおり、英文を十分に読みこなし、通訳なしで英米人と英語で話せたという事実は確認できない。

＊大隈らが中心となり、長崎に「英学研究」を行う佐賀藩の学校である蕃学稽古所《ばんがくけいこしょ》を作る動きを具体化させたのは、慶応三年（一八六七）八月以降であり、一一月下旬にオランダ生まれのアメリカ人宣教師

フルベッキを雇い入れることが決定し、一二月中旬に三〇名の生徒が発表された（翌年九月に致遠館《ちえんかん》と改称）。したがって『大隈伯昔日譚』で、大隈・副島らが長崎で英学伝習を行って、慶応三年以前に彼らの力で「致遠館」を設立したように述べているところは、訂正しなくてはならない。この誤りは、『八十五年史』『鍋島直正公伝』などに継承されている（岩松要輔「幕末維新期における佐賀藩の英学研究と英学校」）。ところで、遅くとも明治二年（一八六九）二月には、新政府で外国官副知事（のちの外務次官）となっていた大隈を中心に、フルベッキを新政府に雇い入れる動きが生まれ、フルベッキは四月に東京の開成学校（のちの大学南校）の語学及び学術教師となった（岩松要輔「英学校・致遠館」、フルベッキ関連年表『新釈考証　日本のフルベッキ』）。

大政奉還のため脱藩、上京

慶応二年（一八六六）に打ち寄せてきた最後の「時運の潮流」が、大隈を商業・貿易活動や「英学校」から再び政界に連れ戻すことになった（『大隈伯昔日譚』一一三頁）。最後の潮流とは、同年に幕府が第二次長州出兵を実施したが、逆に長州藩に撃退され、将軍家茂の死を理由として出兵を中止、すっかり威信をなくしたことである。

すでに同年一月には、坂本龍馬《さかもとりょうま》の斡旋で、西郷隆盛《さいごうたかもり》（薩摩）らと木戸孝允（長州）の間に、幕府に対抗するための薩長同盟の密約が結ばれていた。この同盟は、幕府があくまで長州藩の復権を拒否した場合、薩摩藩は武力行使すら有り得るなど、倒幕に結びつく要素を含んでいた。

大隈は第二次長州出兵が起きた際に、それは内乱のきっかけになるので、直正に幕府と長州の間に立って調停することを求めたと回想している。佐賀藩は長州出兵を拒み、幕府が出兵を中止するなら幕府を助け、調停を受け入れないなら全力を挙げて長州を助けるべきである。調停が成功すれば、佐賀藩は労せずして政治上の高い地位を得て、内乱の危機を転じて全国の一致結合を図り、「改革の偉業」（朝廷中心の体制を整え、開国して貿易で国を富ませ、西欧的な近代国家に生まれ変わる内政改革を進めること）も達成することができる。しかし、大隈らの意見では、直正は動かなかった（『大隈伯昔日譚』一一三～一一五頁）。

翌慶応三年二月、三月頃には、薩長や土佐の志士らが幕府を倒す陰謀のため、西国諸藩に遊説してきた。他方、幕府からも佐賀藩に密使がしきりに送られてきた。佐賀藩内には、このまま形勢を観望していては、佐賀藩は朝廷における発言力を失うだろう、と憤慨する者もいた。大隈は長崎から佐賀に戻り、これまで秘密を語っていた藩政府の要人鍋島河内（文久元年に請役申談〈次席家老〉）に薩長同盟の実情などを告げ、政局の変化に機が熟そうとしていると話した（『鍋島直正公伝』第六編、三〇、三一頁）。大隈のめざしたものは、幕府に大政を奉還させることである（『大隈伯昔日譚』一一六～一一七頁）。

このとき慶応三年初頭、一五代将軍となった徳川慶喜は、兵庫開港の勅許を得るなどのために上方に滞在していた。そこで同年三月、慶喜に大政奉還を勧めようとし、大隈は副島とともに脱藩して密かに京都に赴いた。しかし、まもなく佐賀藩士にとらえられ、五月に佐賀に送還された。大隈と副島は、直正の特旨によって死罪を免れたが、謹慎を命じられた。以後大隈は一室にこもって読書に明け暮れる。

実権者の鍋島直正に上京を進言

こうしているうちに、土佐藩の建白があり、慶応三年(一八六七)一〇月一四日に一五代将軍慶喜は大政奉還(将軍職返上)の上表を朝廷に提出した。慶喜ら徳川勢力は、将軍職は返上するが、日本の最も有力な勢力として、朝廷を中心とした政治の主導権を握ろうとしていた。この動きに対し、一〇月一三日、岩倉具視らは薩摩藩と長州藩に討幕の「密勅」を下した。これは、一部の中堅・下級の公卿が関わって出された「密勅」であり、朝廷の公式な手続きを経たものでなく、また一五歳の天皇の意思は問われていない。しかしそのことよりも、薩摩・長州両藩に徳川勢力(旧幕府)を打倒する名目ができたことが重要である。さらに、一二月九日には朝廷は王政復古を宣言し、御所内の小御所《こごしょ》で会議を開き、長州藩の復権と、慶喜に納地・辞官を命じた。これは薩摩藩や、薩長両藩を支持する岩倉具視らの公卿による徳川勢力の打倒の動きであった。

状況が切迫すると、大隈は直正の前に召され、時勢について意見を求められた。大隈のような「書生」(身分が高くなく藩の要職にもついていない若者)が藩主に謁見を許され、政治の意見を述べるのは、「実に破格の特例」であった。

大隈は、直正に積極的に行動を起こすことを勧めた。直正が京都に出て、覚悟を固めて強い調子で国制についての意見を述べるなら、佐賀藩の国力から考え、薩長は必ず喜んで迎えるだろう。もし、薩長が異なる志を持っていたとしても、直正が厳然と京都にいるなら、かれらは直正（佐賀藩）の動きを無視できない。かえって佐賀藩とともに、くたくたになるほど力を尽くして「皇室の尊栄」を図り、国家の基礎を確立するようになるだろう、と（『大隈伯昔日譚』一五二、一五三頁）。

大隈は、佐賀藩が重要な役割を果たし、薩長や全国に対して存在感を示し、改革のリーダーに加わるべきとあらためて提言したのである。

大隈の友人でもあった山口尚芳《やまぐちなおよし》（蘭学を学び佐賀藩翻訳兼練兵掛、フルベッキに英語を学び、維新後に外務少輔《しょうゆう》〔次官クラス〕）も、佐賀に戻って鍋島上総《かずさ》（文久元年には藩政府トップの請役〔首席家老〕、二万一六〇〇石）を説得し、鍋島上総は直正を動かそうとした。また、大隈は伊東治兵衛（同、請役相談役〔家老〕、一五〇石）・中野数馬《なかのかずま》（同、請役相談役〔家老〕、長崎仕組方・番方相談役、六二五石）らに説き、彼らを通して藩論を動かそうともした。直正もようやく京都に上ることを決断したが、すぐには出発しなかった。大隈は慶応三年末の二九日でも三〇日でも上京すべきと論じたが、容れられなかった。こうしているうちに年が明け、鳥羽・伏見の戦いが始まってしまい、佐賀藩は維新への参画の大事な機会を失ってしまった。

直正が決断しなかった理由の一つは、直正が「温厚な雅量」を持った性格だったからである。大隈は、直正が「剛毅の精神」を兼ね備えていたなら、疑いなく維新の功臣中の第一流の地位を占めていただろうと悔しがっている（同前、二六頁）。

もう一つは、直正に京都や関東の状況を報告する藩幹部が、幕府方の言葉を信じ、薩長のみを敵とみなして、幕府の基礎は依然として強固であると伝えたことである。五三歳と当時としては高齢の直正が「老年病衰」のため「成るべく閑静の日月」を送ろうという気持ちが強かったため、京都や関東の形勢について、大隈らと考えの異なる人々の報告を信頼したからでもあるという（同前、一五六、一五七頁）。

この後の大隈の生涯を見ると、大隈は直正を反面教師として果断に生きたといえる。

美登との結婚と長女熊子の誕生

大隈は政治・商業・貿易などの活動に尽力する一方、この間に佐賀藩士の娘美登《みと》と結婚した。美登は佐賀藩士江副杢之進《えぞえもくのしん》（切米二〇石、諸整方）の長女。天保一四（一八四三）五月一九日生まれで、大隈より五歳下であった。

上級武士の大隈家に対して、江副家は下級武士といってよく、はるかに家格が低かったが、職務の関係で佐賀と七浦郡音成村（現・佐賀県鹿島市音成）に家を持っていた。大隈は職務で長崎に行くたびに、途中で音成村の友人の実家に立ち寄った。その隣家に江副家があり、大隈は美人の美登に惹かれるようになったのが、二人のなれそめという（末岡暁美『改定増補大隈重信と江副廉造』)。大隈は文久元年(一八六一)に蘭学寮の教官に採用され、長崎と佐賀を往復するようになったので、この結婚は文久元年か翌年、大隈が二三歳か二四歳のときの可能性が強い。

美登の弟江副廉蔵《れんぞう》は、大隈と美登が結婚して数年後、慶応三年(一八六七)一二月には長崎でフルベッキが教える英学校である蕃学稽古所の生徒の一人となっている。舎長は大隈の友人副島種臣、大隈は舎長を助けて三〇人の生徒を指導・監督する立場であった(岩松要輔「幕末維新期における佐賀藩の英学研究と英学校」)。廉蔵は明治維新後、煙草《タバコ》輸入商として財をなす。

大隈と美登の間に、文久三年(一八六三)一一月一四日には、長女熊子《くまこ》が生まれている(堀部久太郎編『大隈熊子夫人言行録』九、九三、九四頁)。熊子は幼名を犬千代《いぬちよ》といい、のちに熊子と改めた。これは大隈の母三井子が、熊子の次には男子が欲しいという願いから、当時の迷信にしたがって獣の名をつけたのであった。

第2章で述べるように、大隈は維新後に外国官副知事(次官)などの政府高官に就き、明治二年(一八六九)二月に、三枝綾子《さえぐさあやこ》と再婚し美登と別れる。熊子は佐賀で育てられていたが、明治四年に大隈の母三井子と従者久松信親にともなわれて東京に来て以来、大隈の家で三井子・継母綾子とともに暮らした(奥島孝康・中村尚美監修『エピソード大隈重信』一〇〜一一頁)。

大隈は数多くの回想を本や新聞・雑誌に発表しているが、美登との最初の結婚についてはまったく触れていない。数年で離婚という形で終わった最初の結婚については、娘熊子や妻綾子の手前もあり、公に語りたくなかったのであろう。

第2章　列強との交渉で抜きんでる―維新後のキリシタン・財政問題

藩代表として長崎へ

大隈の献言にもかかわらず、佐賀藩は、鳥羽・伏見の戦いに関与する機会を失し、明治維新の大変革の主人公の一人として参加する絶好の機会を逃した。大隈は非常に残念に思った。しかし、藩の最高実力者である鍋島直正や佐賀藩政府の最高幹部に、大隈の時勢に対する見通しの確かさを強く印象づけたことから大隈の運が開ける。

それは、佐賀藩と関わりの深い長崎で始まる。長崎では鳥羽・伏見の戦いに旧幕府勢力が敗北した報が伝わると、慶応四年（一八六八、明治元年と同じ）一月一五日、長崎奉行河内《かわち》伊豆守《ずのかみ》ら旧幕府の役人は、ひそかに長崎を引き揚げてしまった。こうして長崎は一時的に無政府状態となる。

その後、長崎にいた薩摩・長州・土佐・佐賀など一六藩の代表の会議で、行政・政治を処理することになった。薩摩の代表は野村盛秀《のむらもりひで》（パリ万国博覧会に薩摩の代表使節として派遣され、のち長崎県知事）・松方正義（幕末に軍艦役兼軍職役として長崎との間を往復して、軍艦・武器の購入に尽力、のち参議兼大蔵卿、首相）ら三人、長州は楊井謙蔵、土佐は佐佐木高行《ささきたかゆき》（大監察、のちに参議兼工部卿）ら二人、佐賀は大隈と重松善右衛門《しげまつぜんえもん》の二人であった（『保古飛呂比―佐佐木高行日記＊』三巻、四一〜四三頁、慶応四年一月一五日）。

＊佐佐木高行の日記は、各年月日の部分に後の事実の記事や史料が掲載されていることもあるので、日記の年月日と記事の年月日は必ずしも一致しない。しかし日記の年月日は、そこの記述の事項の起きた時期の大体の目安となる。

大隈が藩命を受け、いつ長崎に到着したのかは不明であるが、一月二〇日頃には長崎にいたようである（『大隈伯昔日譚』二六九、二七〇頁、『保古飛呂比』第三巻、九八、九九頁、慶応四年一月二〇日）。その頃、長州藩士楊井謙蔵は、佐賀藩は「佐幕論」（幕府支持論）であったと発言した。大隈は「立腹して、吾藩は藩祖より尊王の義は一藩の趣旨なり」と反論した。するると楊井は佐賀藩が「佐幕」であった事実を掲げて攻撃した。こうして大論争になりかけたので、その席に居合わせた各藩士が仲裁して収めたという（『保古飛呂比』第三巻、七九頁、慶応四年一月一八日）。

大隈は義祭同盟《ぎさいどうめい》の影響もあり、朝廷中心の国家を作るべきと考えており、「尊王」論であった。しかし鍋島直正の意向で積極的に動かなかった佐賀藩は、「佐幕」と批判されても仕方ないところがあった。大隈は今後佐賀藩が新政府内で不利にならないよう、強気の反論をしたのだろう。

長崎裁判所参謀助役

大隈が長崎に着いて半月もしない二月一日に、長崎裁判所が設置された。長崎奉行が逃亡した後の長崎の行政・外交実務・裁判などを処理するためである。二月二日、一月に九州鎮《ちん》撫総督《ぶそうとく》に就任していた沢宣嘉《さわのぶよし》（公卿）が、長崎裁判所総督の兼任を命じられた。二月一四日、沢宣嘉が参謀井上馨《いのうえかおる》を従え、長崎に到着した（上陸は翌一五日）。一六藩士で仮政府を運営していた大隈らは、その経過を伝えて沢に引き継いだ（『大隈伯昔日譚』二七三頁、『保古飛呂比』三巻、一五六〜一五八頁、慶応四年二月一四日、一五日、一六日）。

その後まず二月一六日に佐佐木高行が裁判所参謀助役に任じられ、まもなく大隈と松方正義も選抜されて、参謀助役となった。佐佐木は鳥羽・伏見の戦い以来、新政府に参加した土佐藩の出身で、藩でも大監察《だいかんさつ》という高い地位にあり、大隈や松方より数歳年長であった。このことから、まず佐佐木が参謀助役となったのであろう。すなわち、維新直後の新政府（長崎裁判所）内での大隈の地位は、井上（長州）・佐佐木（土佐）の下であり、おそらく薩摩の松方と比べても少し下に見られていたのだろう。

大隈は参謀助役として、外交事務を行うよう命じられた。当時長崎には、ポルトガル・イギリス・プロシア・アメリカ・フランス・ベルギー・オランダ兼スイス・デンマークの各国領事が駐在していた。ここで大隈は、本領を発揮する。

長崎では、各藩と列強商人との貿易をめぐる数年来の訴訟が、解決されないまま、数多く残されていた。大隈はその処理を任され、列強商人に向かって、取引その他で日本人に対し債権を有する者は二ヵ月以内に各領事を通して日本の合議事務所に要求するよう、呼びかけた。また、二ヵ月を過ぎたら債権を有していてもそれは消滅すると各領事に伝えた。大隈は提出された書類に従って裁断を加えていき、二ヵ月間で処理している。

この間、外国人は絶えず不服を唱え、各国領事が連合して事務所に迫った。松方らは非常に憂慮したが、大隈はいったん裁断したものは決して変えず、毎日外国人と論争して、ようやく切り抜けた。これまで大隈はこのような事務をした経験はなく、また多年の訴訟を二ヵ月で終わらせたので、調査不十分で裁断に誤りのあるものもないわけではなかった。しかし、裁断において最も必要な「公平」という基準は決して失わなかった。外国人もそのことを理解すると、やがて大隈の行為に信頼を置くようになったという。

また不平等条約の下、当時裁判権は日本ではなくその外国の領事にあったので、外国人が不正を行った場合に領事が事件にふさわしい裁判を行わなかったら、大隈は長崎の日本商人に命じ、共同でその外国人を拒絶させた。つまり、穀物や織物などを売らせないようにして、不正な外国人の行動を阻害したのである。大隈の予想以上に外国人たちは驚いた。各国領事はだいたい若くて経験も少ない者たちであったので、大隈らの勢いにたじろぎ、数年来の難事を一挙に適切に解決することができたという。

これが、大隈が最初に行った「外交事務」であった。新政府は成立して間がなく、長崎に注意を向ける余裕はなかったので、大隈は自分の思うままに外国人に対応し、自分の望むように解決し、かつ彼らの心情と技量を知ることができた。大隈はのちに、ありあまる血気に任せてことを処断した「少年〔若者〕時期の終」と回想する（『大隈伯昔日譚』二七〇～二七三頁）。長崎での経験は、小さなことであるが、外国との交渉を自分独りの判断で解決したことで、リーダーとして成長していく貴重な体験となった。また、新政府の中で抜擢されて飛躍していく壮年期を準備するものであった。大隈はすでに三〇歳になっていた。

参与兼外国事務局判事に昇格

大隈は慶応四年（一八六八）三月一七日、新政府の最も重要な三職の中で、総裁・議定に次ぐ参与に任じられた。参与には、西郷隆盛・大久保利通・木戸孝允ら有力藩を代表する藩士、各藩の代表、公家が就任していた。

また参与の職務分担として、大隈は同日に外国事務局判事に任じられ、引き続き長崎在勤を命じられた。これは現在の外務省の局長クラスのポストである。新政府の実権を握っていたのは、三条・岩倉らの倒幕に活躍した公家の議定と、西郷・大久保（薩摩出身）、木戸・広沢真臣《ひろさわさねおみ》（長州出身）、後藤象二郎《ごとうしょうじろう》（土佐出身）らの薩長土三藩の有力参与たちであった。

長州出身の井上馨や伊藤博文は、大隈よりも早く参与に任じられ、外国事務局判事にも、一ヵ月近く早い同年二月二〇日に就任している。ともあれ大隈は、ここで新政府の要職に就くことができ、井上・伊藤に並ぶ。

大隈の回想によると、沢総督に付いて来た参謀の井上馨が、「天下の名士」〔大隈〕を長崎に置いておくのはよくないと、しきりに木戸に推薦したという。薩摩からも、小松帯刀《こまつたてわき》（前薩摩藩家老、慶応四年三月二日より木戸と同じ総裁局顧問）や、大隈が会ったこともなかった黒田清隆（奥羽征討越後口参謀）が、しきりに大隈を中央に推薦してくれた。しかし、次に述べる浦上キリシタン問題解決のため、沢総督が大隈を引き留め、京都へ上るのが遅れたという（「大隈侯爵座談」『大観』第一巻七号、一九一八年一一月）。

なお大隈と井上・伊藤の交流は、幕末に始まっていたらしい。坂本龍馬らとも交遊し、一緒に長崎の丸山花柳界《かりゅうかい》に〔芸娼妓と〕遊んだこともあるという。また維新後に、井上が同志で薩摩藩士の中井弘《なかいひろむ》（のちに京都府知事）の妻に恋をしたとき、大隈が仲立ちをして、井上と中井の妻を結婚させたという（『報知新聞』一九二二年一月二六日「大隈侯の逸話集」〔その二〕）。次章で述べるように、大隈・伊藤・井上・中井らは、木戸を盟主に大蔵省を中心とした木戸派の中核となり、急速な近代化を進めていく。

大隈が要職に就けたもう一つの理由は、これまで新政府に対してはっきりとした態度を示さなかった佐賀藩が、慶応四年二月にようやく協力姿勢を示し、藩主らが議定などの要職に就いたからである。佐賀藩は近代装備による強力な軍事力を持っていたので、旧幕府勢力の打倒のために新政府に積極的に協力することを期待されていた。

大隈以外の佐賀藩士も、副島種臣は参与兼制度事務局判事（三月一三日）・大木喬任は参与兼外国事務局判事（閏《うるう》四月四日）に任命された（藤野保『佐賀藩』一〇七〜一〇八頁）。

浦上キリシタン問題

話は三年ほどさかのぼるが、慶応元年（一八六五）に、隠れキリシタンが長崎の大浦に創建された天主堂でフランス人神父に信仰を告白する事件が起きる。その後、大隈が佐賀藩の代表として長崎に派遣される約半年前の慶応三年（一八六七）六月、長崎奉行徳永昌新《とくながまさよし》の配下の者が、浦上の隠れキリシタンの主だった者六八名を捕縛したので、各国領事らは長崎奉行に彼らの釈放を求めた。要求の中心となったのは、カトリック国のフランスであった。

列強の圧力に配慮し、八月上旬、幕府は全員を牢から出して村預《むらあずけ》とし、他郷への往来を禁止することで決着させた。しかし、神父による教会の正規の布教が信徒に対して行われるなど、幕府の規制はまったく守られず、信者は増加していった。当時は日本人の間にキリシタンを排斥する攘夷思想が根強く残っており、新政府がこの状況を黙認すれば、列強に対して弱腰であると、新政府に対する批判が起こりかねなかった。

沢宣嘉長崎裁判所総督は政府に対し、慶応四年（一八六八）二月一八日付でキリシタン対策意見も含む伺いを作成した。沢はキリスト教を「邪教」とし、信徒の中心人物は厳刑に、軽罪の者は流刑その他にし、キリスト教を圧倒するため皇国固有の「教法」を早急に確定すべきであるとした（家近良樹『浦上キリシタン流配事件』一五〜二六頁）。大隈によると、沢は「攘夷の念を除却せざるの人」であった。

三月下旬から四月上旬まで、沢総裁と外国事務局判事井上馨・町田久成《まちだひさなり》（薩摩出身、大目付として幕末渡英し留学生を監督）・佐佐木高行（長崎裁判所兼九州鎮撫使参謀）らは、浦上村のキリシタンの中心人物数名を長崎裁判所に召し寄せ、キリスト教を棄てるように説諭した。しかし、「頑固として少しも動ぜず」、まさに「石地蔵」に向かって説得する景況であった。とりわけ井上は立腹し、大声で叱りつけたが効果はなかった。そこで、中心人物のうち四、五名を磔刑《たっけい》（はりつけ）に、その他は軽重を考えて処置することにし、朝廷に了解を得るため井上を京都に派遣することになった（『保古飛呂比』三巻、二四一頁）。

ここまでの経過で注目すべきは、短気な性格の井上が沢総督と同様にキリシタンを禁圧する強い姿勢をとっており、またキリシタンの禁圧に大隈が積極的な形で登場しないことである。

木戸の方針形成に影響

大隈の回想によると、この時点で大隈は、キリスト教はこれまで日本人が思っていたような「邪説魔法の分子」を含むものでなく、「等しく社会の人心」に向かって「道徳を保持するを目的」とするものであることを知っていた。これは慶応元年（一八六五）頃から、宣教師でもあったフルベッキらから英語を学ぶにあたり、副島種臣とともに約一年半キリスト教のことも研究したからである。その頃、大隈の住居の机の上には、フルベッキからもらったバイブルまであったという（『大隈伯昔日譚』一五七〜一五九頁、木村毅監修『大隈侯座談日記』七九頁）。

さて、新政府への長崎キリスト教問題への対処案を説明し指示を仰ぐため、四月八日井上馨が長崎を出発し、おそらく二日後に大隈も出発した。すでに四月四日に太政官の内国事務局から長崎裁判所に、大隈を横浜に来させるよう指令が来ていた。

当時木戸孝允は、参与で総裁局顧問兼外国事務掛の要職にあった。彼の四月二五日の日記には、キリシタン対策についての大阪行在所での会議について、次のような記述がある。重要な史料なので、読み下して現代語訳をつける。なお、大阪は維新後もしばらくは大坂の表記が使われるが、本書では維新後は大阪で統一する。

長崎裁判所判事肥前人大隈八太郎、三条〔実美〕・宇和〔宇和島藩主伊達宗城《だてむねなり》〕二侯之前に出、井上聞多〔井上馨〕等と浦上辺耶蘇之徒御所致《やそのとごしょち》之評議あり

【現代語訳】長崎裁判所判事で佐賀出身の大隈重信は、三条実美〔副総裁〕・伊達宗城

〔議定兼外国事務局補〕の二人の前に出て、井上馨らと浦上あたりのキリストの教徒の処置について評議した。

注目すべきは、長崎裁判所でのキリシタン改宗の説得と異なり、大隈が中心となって評議が進んだことだ。大隈は、沢総督が最高権力者である場では何を言ってもしかたないとおとなしくしていたが、沢ほど攘夷思想が強くない政府首脳に対しては、積極的に動いたのだった。

ところで、木戸はこの評議の前、四月一二日以降少なくとも三度井上に会ってキリシタンのことを話し、三条や伊達宗城らとも相談していた（『木戸孝允日記』一巻、五〜一一頁）。木戸は、長崎裁判所の意見を代表する井上に影響される形で、キリシタン対策の考えをほぼ固めていたようである。

しかし、すでに述べた四月二五日の評議で意見を聞いた後に、木戸はむしろ大隈の考えに近い結論を出した。つまり、①中心人物を長崎で「厳科」に処し、②残りの三〇〇〇人余りを尾張以西の一〇万石以上の藩に分配して預けることであった。「生殺の権」はそれぞれの藩主に任せ、キリスト教を放棄するよう説得させ、七年間は政府から一人一石半の扶助を与え、キリシタンの「巣窟《そうくつ》」をなくすよう尽力することであった。木戸の意見は、皆の同意を得た（『木戸孝允日記』一巻、一一、一二頁）。

これまでの研究では、この結論の①を「信徒の中心人物数名を長崎で死刑に」することと解釈されてきた。しかし木戸の日記には、「厳科」〔厳しい罰〕に処すとあるだけで、中心人物の人数や死刑にすることを明記しているわけではない。すなわち、木戸は大隈の意見を取り入れ、長崎裁判所の提言を、死刑についてあいまいにする形で若干緩和した方針をまとめ、参加者の同意を得たのである＊。

＊清水紘一「長崎裁判所の浦上教徒処分案をめぐって」や、家近良樹『浦上キリシタン流配事件』は、浦上キリシタン問題についてのすぐれた研究である。しかし、浦上キリシタンの処分問題での大隈の役割を過小評価している。また、四月二五日に決まった方針が明確に死刑を意味するととらえるので、列強の圧力で新政府の方針が閏四月一八日までに死刑を含まない方針に緩和されたと、新政府が揺れ動いているように解釈する。しかし、『木戸孝允日記』など関連する重要史料には、列強の圧力で方針の重要な変更を相談した形跡が確認されない。

なお、浦上キリシタンの処分は、翌月の閏《うるう》四月一八日、金沢藩以下三四藩に指令が出されて分配される信徒の人数や信徒の受け取り、また取り扱う注意が示された。しかし、諸藩は信徒の受け取りのための人員派遣を事実上拒否したので、信徒を山口・津和野・福山の三藩に分配せざるを得なかった。結局閏四月一八日の指令は取り消された。

英公使パークスと対決する

キリシタン対策についての慶応四年（一八六八）四月二五日の大阪行在所での会議を終えると、大隈は三条副総裁の命で江戸方面へ行き、一週間ほどで戻って来た（『木戸孝允日記』一巻、一二～一六頁）。大隈は能力を示して三条や木戸という大物から注目され、新政府の中で出身藩の枠を超えて認められる存在になったのである。

閏四月三日、外国事務局判事として大隈は大阪の東本願寺別院で、浦上キリシタン事件、新潟・大阪の開港問題、江戸の開市問題について、日本政府と英公使パークスらとの交渉に臨んだ。日本側の出席者は大隈のほかに、三条・岩倉（いずれも副総裁）、山階宮晃親王《やましなのみやあきら》（外国事務局督《とく》〔長官〕）、伊達宗城・坊城俊章《ぼうじょうとしあや》（いずれも外国事務局輔《ほ》〔次官〕）、木戸孝允（総裁局顧問）、後藤象二郎（総裁局顧問兼外国事務局判事）、伊藤博文・井上馨（いずれも外国事務局判事）ら一二名であった。

交渉は午前一〇時から午後四時までかかった。日本が主張を曲げなかったからである。大隈が最も「耶蘇《やそ》〔キリスト教〕之《の》論を愉快に談ず」と、木戸は評価した（『木戸孝允日記』一巻、一六頁）。

この交渉を大隈の回想を基に振り返ってみよう。大隈はこのときまでパークスに面会したことがなかったが、知り合いにパークスのことをたびたび聞いていた。それによるとパークスの性格は、非常に剛腹で自信家であった。「虚喝《きょかつ》〔空威張りして脅すこと〕手段」を使って、交渉の局面を素早く進める手法を身につけ、時にはほとんど「狂暴の行為」をなすことがあったが、胸中には「快闊《かいかつ》」なところがないわけではなかった。他の公使らもパークスの技量を認め、「東洋諸国との談判」ではパークスの「術策」に従うしかないとの意見を持っているようであった。つまり、パークスは日本駐在公使の中の「逸物《いつぶつ》」であり、また「厄介物《やっかいもの》」でもあった。

　これに対する大隈の名も、長崎で各国領事を相手に数々の「激烈なる談判」をしてきた男、としてパークスに伝わっていたに違いない、と大隈は推察している。

　交渉が始まろうというときに、突然パークスが、大隈のような地位の低い者は責任を有しないので大隈とは交渉しない、と叫んだ。しかし大隈は、パークスの慣用手段と思い、気にも留めなかった。列席した日本側上官が、大隈は日本政府の承認を経て交渉に臨んだのでその言葉は責任を有する、と述べて、パークスを交渉の席に着かせた（『大隈伯昔日譚』二八三、二八四頁）。

大隈の合理的反論の勝利

　列強は日本政府に対し、浦上キリシタン事件で囚われた日本人キリスト教信者を許すとともに、キリスト教の禁制を解除することを要求した。それに対し大隈は、今の日本の事情では行うことができないし、また一国の権利のうえから考えても日本の法律で日本の人民を罰することに外国の干渉を受けるべき理由はない、それゆえ我々はこのことに関してはパークスらと交渉する必要がない、と突っぱねた。

パークスは怒った。文明諸国では、どの国も「信仰の自由を承認」している。日本は罪のない人々を罰する法律を存続し、真理を受け入れようとしない。この態度は「野蛮国」以下であり、他国の行為を排斥する日本に将来はない、とパークスは大げさにテーブルを叩いた。

これに対し大隈は、ヨーロッパの宗教史の知識を背景に、次のように反撃する。

①キリスト教の歴史は戦乱の歴史、キリストは地に平和ではなく剣を送ったといえる。キリスト教を受け入れた帝王や教皇は、時に宗派の違う者たちを牢に入れたり残虐に処刑したりした。あなた方が言う単に見解を異にする者を処罰した事実が、現に欧米にもあった。近年に至って、欧米においては少しそういうことはなくなってきたようである。

②しかし日本の事情は大いに異なり、もし現時点でキリスト教の禁を解き、捕縛した多数のキリシタンを許したら、神道派・仏教徒が憤然と立ち上がり、流血の騒動が起こり、日本国内にどのような動揺を招くか、想像もできない。浦上キリシタン事件のごときは政府が好んで処罰したのではなく、各地の「人民」からの処分を求める訴えに応じたにすぎない。

（『大隈伯昔日譚』二八四〜二八七頁）

大隈が幕末に蘭学に次いで「英学」を宣教師フルベッキ等から学び、キリスト教の弾圧や宗教をめぐる社会不安の歴史を知っていたことが、この交渉で非常に役に立った。

パークスはますます怒った。大隈らは卑怯《ひきょう》であると言い、キリスト教は歴史上多少の弊害があったとしても、その結果現在の「文明を養成した」のであり、その「善良にして真理なる」は明らかだと言った。そして、試みにキリシタン禁令を解いて、数百の信徒を許すべきである、そうしないなら「日本国は必ず滅亡せん」とまで言い切った。

大隈は一笑し、いたずらに外国人の指揮に従ったときこそ、日本は滅亡する。私たちはあなた方より日本の事情を知り尽くしているので、道理を頭で考えただけの政策を取ってはいけないことがわかっている。一〇〇〇年もかかって形成された宗教心は、一朝一夕になくなることはない。多くの生命、「鮮血」と引き換えに、現時点でキリスト教を許可することはできない、と大隈は断言した（『大隈伯昔日譚』二八七、二八八頁）。

パークスは有効な反論ができなかったが、まだあきらめなかった。大隈の回想によると、午前一〇時に始まった会談は、弁論攻撃が「激烈」になっていき、昼食も食べずに夕方に至り、ついに「喧嘩《けんか》別れ」で終わった。しかし、パークスは感情を高ぶらせても「道理」のある人なので、そのために日本と列強の関係が破綻することはない、と大隈は読んだ。浦上キリシタンの処分は、当分このままにしておくのがよい、という大隈の判断で、新政府は一時的に難関を切り抜けることができた。

またパークスとの交渉で能力を示した結果、大隈は木戸・大久保利通・広沢真臣ら薩長を中心とする新政府の有力者と自由に談論できるようになり、「明治政府の間に一地位を占むる」ことに成功した、という（『大隈伯昔日譚』二八八〜二九〇頁）。

江戸の治安と幕府の負債

英公使パークスとの交渉を成功させると、大隈には新たな仕事が与えられた。その一つが、パークスとの交渉の結果を踏まえ、新政府内で話し合った外交方針を、大隈が代表して東《ひがし》久世通禧《くぜみちとみ》（公家、外国事務局輔〔まもなく外国官副知事〕）・鍋島直大《なおひろ》（佐賀藩主、横浜裁判所副総督〔まもなく外国官副知事〕）ら外交関係を扱う要人に伝えることであった（東久世通禧等宛伊達宗城書状、明治元年閏四月一三日、『大隈重信関係文書』一巻、二〜五頁）。

二つ目の、もっと重要な任務が、京阪、江戸方面に出張し、旧幕府の横須賀造船所をフランスから回収することなどであった。旧幕府は横須賀造船所ならびに土地を質とし、フランスから五〇万ドルを借りていたものが、期限がすでに過ぎていたからである。江戸方面への出張には、実質的な政府トップである三条実美副総裁（総裁は有栖川宮熾仁親王《ありすがわのみやたるひとしんのう》）の推薦があったことは間違いない（岩倉宛三条書状、慶応四年閏四月一五日、『岩倉具視関係史料』下巻、二一六頁）。

大隈の回想によると、江戸方面の出張案件のうち最も困難と思われたのが、横須賀造船所問題であった。まず大隈は大阪で商人を「脅迫」し、借金という形で二五万両の資金を得た。当時大阪にいた町田久成が長崎の井上馨・佐佐木高行らに宛てて書いた手紙によると、大隈は閏四月二七・二八日頃に汽船で大阪を出港するはずであった（『保古飛呂比』三巻、二六六頁）。その予定通りとすれば、閏四月末か五月初めに江戸方面に着く。

さて、大隈が海路「品川湾」に入ると、同湾に停泊していた旧幕府の軍艦が、荷物検査をしようとした。せっかくの二五万両も没収される恐れがあった。最後の将軍徳川慶喜がすでに四月一一日に恭順の意を表して江戸城を明け渡し水戸で謹慎していたので、大隈はそのことを主張し「理義」にもとづいて旧幕府軍艦の責任者を論破し、検査を拒絶、やっと上陸して征東総督府に入った。

だが大隈が持参した二五万両では、横須賀造船所をフランスから回収するのにまったく足りなかった。一方、江戸城が新政府に明け渡されたといっても、城内の西の丸も含め、江戸の治安はきわめて悪かった。そこで大隈は、二五万両でまず江戸の治安を確保する方が良いと考え、大村益次郎《おおむらますじろう》（長州出身、軍防事務局判事加勢兼江戸府判事）に話した。しかし、江戸にいた西郷隆盛（征東大総督府参謀）は勝海舟（旧幕府軍艦奉行）と連携しており、旧幕府残存勢力を強硬に鎮圧しようとしなかった。

大隈に協力したのは盟友の江藤新平（江戸府判事・江戸鎮台判事）であった。江藤も、江戸の治安の悪さを憂えていたので、昼夜兼行で京都に上って三条実美（輔相《ほしょう》）・岩倉具視（輔相）・木戸孝允（参与）ら新政府首脳から旧幕府勢力鎮圧の同意を得た。こうして上野山を拠点としている旧幕府の勢力、彰義隊《しょうぎたい》を鎮圧することになり、五月一五日、新政府軍は一日で壊滅させた。ここで佐賀藩兵のアームストロング砲が威力を発揮した。その後も、佐賀藩は北関東の旧幕府勢力の鎮定と治安維持に活躍した（『大隈伯昔日譚』三二九～三三七頁、『早稲田清話』七九頁、藤野保『佐賀藩』一九九頁）。

もっとも、佐賀藩の軍事力に関わる江戸や北関東の治安維持に関しては、岩倉には大隈の功績とは思えなかったようである。岩倉は同年六月八日付の三条宛の手紙に、佐賀藩が「大憤〔奮〕発」して多くの兵を出し、藩を挙げて新政府のために働いている、すべては副島・大木・江藤らの大尽力による、と書いた。ここには大隈の名は明示されていない（『岩倉具視関係文書』第四、一〇頁）。

江戸と横浜の治安が確保されると、次の課題は、横須賀造船所をフランスから回収することである。大隈が江戸から横浜に行くと、寺島宗則《てらじまむねのり》（薩摩出身、外国官判事）がおり、そこへ京都から小松帯刀（外国官判事）がやって来た。小松は維新後に、木戸・大久保や後藤象二郎とともに総裁局顧問を務めているように、大隈よりも地位が高かった。

三人で協議した結果、英公使パークスの紹介で、オリエンタルバンク横浜支店から「五〇万円〔ママ〕」を借りることができた。利息が一割五分というのは高かったが、横須賀造船所をフランスから回収できた。なお、大隈らがフランスに精細な計算書を出させたところ、負債は

「五〇万円」ではなかったので、「三〇万円《ママ》内外」の支払いで済んだという。

加えて、上野山の彰義隊を壊滅させたことで新政府の権威がいっそう増し、旧幕府がアメリカから購入した軍艦ストーン・ウォール号を、米公使が新政府に引き渡してくれた。外交上の問題解決を主目的とした大隈や小松の江戸方面行きは、目的のすべてを達成できた（『大隈伯昔日譚』三四〇〜三四六頁）。

八月、大隈と小松は京都に戻り、新政府に報告する。二五万両を彰義隊など旧幕府勢力の鎮圧に使うことにした決断力、横須賀造船所の負債額を五〇万両でなく三〇万両程度とフランス側に迫って確認を取った気迫と緻密さ、といった大隈の長所が、この出張で発揮された。

この間、七月に大隈は佐賀藩のために尽力した功績によって、「准国老」〔准家老〕に遇せられた（「大隈重信侯年譜」）。大隈の新政府での活躍は、佐賀藩の威信を高めたと評価されたのである。

英国人水夫殺害事件

大隈は京都で横須賀造船所問題などの報告をした直後に、今度は「昨年六七月」の間に長崎で英国人水夫が殺害された件で、長崎に行かなければならなくなる。日本に真相を究明することを求めるイギリスの要求が切迫してきたからであった（『木戸孝允日記』一巻、八二、八三頁）。

この事件は、約一年前の慶応三年七月六日に福岡藩士金子才吉《かねこさいきち》が、道路で酔って倒れていた英国人二人を斬殺したというものである（『保古飛呂比』四巻、一二五、一二六頁、明治二年正月二三日）。

長崎の英国領事は、暗殺者が土佐藩士ではないかと推測し、土佐藩が有力藩であるので新政府が処置することができないのではないかと疑っていた。そこで、英国側が軍艦で土佐に行き自ら捜索を行うという「不法なる脅迫」まで出てきた（『大隈伯昔日譚』三五八頁）。

大隈は外国官判事として、次のように主張した。証拠もないのに英国自ら土佐藩を捜索するという要求は、拒絶すべきである。しかし、事件が起きたのは長崎であり、京都で評議していても解決できないので、速やかに長崎に人を派遣し、真相を究明すべきである、と。

こうして、大隈自身が長崎に行くことになった。前土佐藩主の山内容堂《やまのうちようどう》も、真相を明らかにし犯人を厳罰に処すことを求め、土佐藩より林亀吉《はやしかめきち》（大監察）を派遣した。九月上旬、大隈は林とともに長崎に着き、幕末以来の人脈を使って捜査を始めた。

長崎府判事の佐佐木高行（土佐藩大監察として前年に同事件を捜査）も、捜索に加わった。ようやく一〇月上旬になって、犯人は福岡藩士金子才吉で、すでに自害していたことがわかり、同藩より申し出ることになった（『大隈伯昔日譚』三六一～三六四頁、『保古飛呂比』三巻、三三三、三五六、三九一頁、四巻、一二七頁）。

小松帯刀（外国官副知事に昇進）は一〇月二七日付の手紙で、犯人が見つかったことは、ひとえに「先生〔大隈〕之《の》御尽力故《ゆえ》」忘れ得ないほど心に感じた、と書いた。また、大隈が大阪に到着する際は出迎えたいが、東京の方より大隈を必要としているとの催促があるので、一日も早くそちらへ行ってほしい、とも述べた（『大隈重信関係文書』一巻、七頁）。このように小松の大隈への評価は高かった。

さて、真犯人がわかっても、英公使パークスは納得せず、この事件には他に共謀者がいるのに犯人を一人殺して責任逃れをしようとしているのではないか、と新政府に迫った。大隈は「断然、英公使の脅迫的要求を拒絶」した（『大隈伯昔日譚』三六四頁）。結局、新政府は翌明治二年一月に福岡藩より二人の水夫の妻子養育料を相応に差し出すこととし、金子に同行していた福岡藩士七人を禁固刑とし、七月にすべて落着させた（『保古飛呂比』四巻、一二四～一二七頁）。

パークスへの外国官としての対応も、外国官判事から外国官副知事に昇進した大隈（後述）に宛てた手紙によって、大隈が取り仕切っていたことがわかる（大隈宛外国官判事書状、明治二年二月二六日、『大隈重信関係文書』一巻、三八頁）。

東京遷都に関われない

この間、慶応四年（一八六八）閏四月、佐賀以来の大隈の友人の江藤新平（東征大総督府軍監）・大木喬任（軍務官判事）らは、岩倉具視（副総裁）に対して、明治天皇が早く江戸に行幸してそこを東京とし、京都を西京として、日本が東西に分裂する恐れをなくす必要があると建議した。木戸孝允・広沢真臣・大久保利通や三条実美・岩倉も遷都に動いた。

こうして、九月二〇日から一二月二二日まで、明治天皇は江戸方面への行幸（東幸）を行った。なお、一〇月一三日に天皇が江戸に到着すると、江戸を東京と改名した。翌明治二年三月七日、天皇は再び東幸のため京都を出発し、二八日に東京城（皇居）に入った。その後、一八七七年（明治一〇）一月二八日まで、天皇は京都に戻らなかった。こうして、混乱を回避するために遷都宣言をしないまま、事実上の東京遷都が明治二年三月に実行されたのである。

大隈は東京遷都に大賛成であった。その理由は、人心を一新できる、旧徳川勢力の鎮定と治安維持に効果がある、地形や位置の点から日本の首都として適することなどであった（伊藤之雄『明治天皇』第一章、第三章4、『大隈伯昔日譚』三一二〜三一九頁）。

しかしすでに述べたように、大隈は外国官判事として活躍していたが、東京遷都という大きな事業に直接関わることができなかった。佐賀藩出身で遷都に関わった江藤や大木は軍事を担当し、副島は大隈より一〇歳年長で、幕末に藩内での地位も高かった。慶応四年（一八六八）（七月一二日）段階で人数が削減された参与に改めて任じられたのは、副島（閏四月二一日）と大木（七月一二日）であり、大隈は二人に後れを取った。

外国官副知事に出世

それでも明治元年（一八六八）一二月二七日、大隈は外国官判事から副知事に昇格した。のちの外務次官にあたる地位である。ただ、副知事は複数名置かれることもあった。外国官知事（長官）は伊達宗城（前宇和島藩主）であった。

もともと新政府では、外国官などの官庁の知事や副知事は、公家や有力藩主かその子弟が就くポストであった。しかし、たとえば外国官の場合、実権は知事にではなく木戸孝允（総裁局顧問、外国官担当）にあり、木戸をその下の外国官判事たちが支えていた。

ところが、列強公使との外交交渉はそれでは困難であったので、明治元年九月三日に小松帯刀（前薩摩藩家老、大隈より二歳半年長）が判事から昇任する形で副知事に任命されていた。大隈は小松を「風采《ふうさい》堂々として弁舌爽快《そうかい》」で、「稍々《やや》学識あり、志気卑しからず」「薩藩の名門として、威望頗る重く」、外国官副知事として最も適任の人と評価していた。先述したように小松の大隈への評価も高かった。しかし小松は、副知事に任命される前から健康を害していた（『大隈伯昔日譚』三六九、三七〇頁）。

副知事に就任して約二ヵ月経った一一月一一日、小松は木戸を訪ねて、病気のため帰郷したいと述べ、後任に大隈を指名した。小松は大久保へも、同様の内容を手紙に書いた。小松は病気療養に入り、一一月中旬に横浜港を出発して、しばらく大阪に滞在、翌年二月一日に鹿児島に着いた。すでに述べたように、一二月二七日、大隈が副知事に任命される。

その後、小松は明治二年五月一五日に正式に副知事を辞任し、大阪へ戻って療養するが、翌年七月一八日（公式には二〇日）に死去した（高村直助『小松帯刀』二五四、二五五～二六〇、二六九～二七三頁）。

大隈が外国官副知事に任命されたとき、それ以前に公家・藩主やその子弟以外で副知事に就いていたのは、小松のほか、大村益次郎（軍務官副知事）だけであった。小松も大村も、維新の中心となった薩長両藩出身の有力者であった。

大隈は、自分が副知事に抜擢されたのは小松の推薦のおかげであることをよく知っていた。自分も他人も皆驚いた、と回想する。それは外国官判事の中に、薩摩出身の寺島宗則・町田久成（藩時代に石高一七五〇石で大目付、イギリスで留学生監督）・五代友厚がおり、長州出身の井上馨、土佐出身の後藤象二郎（一五〇〇石、山内容堂の信任が厚く幕末に藩政の実権を握る）ら、副知事になるべき背景を持った人材がいたからである（『大隈伯昔日譚』三七〇、三七一頁）。

大隈が意外にも外国官副知事に昇格できたのは、維新以来、列強との外交交渉で実力を示し、その実績を木戸らが評価し、小松の推薦もあったからであった。

さて、大隈が外国官副知事に就任する前から、小松は外交上の新たな難問題に取り組んでいた。それは、幕末から維新にかけ、幕府や新政府が二分金・一分銀などの貨幣の品質を落として鋳造したり、諸藩が混乱に乗じて勝手に貨幣の金銀含有量を減らす偽造を盛んに行ったりした後始末である。これら、通常の貨幣として用いることができないものを、本書では贋金《がんきん》《にせがね》と総称する＊。

このため、貨幣の質を見分けられない外国商人の中には大損をした者が出て、列強は贋金と品質の良い一分銀との引き換えを要求した。列強が根拠としたのは、慶応二年（一八六六）に締結した改税約書である。その第六条には、ドル と一分銀の換算比率を、銀の含有量を基準に定められていた。

これは外国官（外務省）のみで処理できる問題ではなく、むしろ会計官（大蔵省）や中央政府が管轄すべき問題であり、担当の寺島宗則やその上役の小松副知事は、両者の板挟みにあって苦慮していた（『大隈伯昔日譚』三七七、三七八頁）。この問題の解決には、大隈の才覚が必要だった。

＊各藩の贋金私鋳は、会津・秋田・仙台などの東北諸藩、薩摩・筑前・久留米など九州諸藩、高知・広島・宇和島など中国・四国諸藩など、少なくとも一三藩もあることが明らかになっている。いずれも、旧幕府勢力を打倒する戊辰《ぼしん》戦争を遂行する財源を得るためなどが贋金私鋳の理由である。なお江戸時代の旧貨幣は、維新後の一八七四年（明治七）前後まで使用されて日本経済を支えていた（山本有造『両から円へ』六五頁、丹羽邦男『地租改正法の起源』九頁、小林延人『明治維新期の貨幣経済』一～六、一七三～一七四頁）。

由利公正を圧倒する

明治元年(一八六八)一二月二七日に外国官副知事になると、大隈はただちに英公使パークスら列強の要求する贋金引き換え問題に取り組むことになった。

贋金問題に加え、新政府が正貨(金)と当面は交換できない太政官札《だじょうかんさつ》を大量に発行したことに対し、パークスは太政官札を外国人に通用させるべきでない、と要求してきた(三岡丈夫『由利公正伝』二八七頁)。それは、日本の事情に精通しない外国人が、贋造貨幣、不換紙幣の下落などで損をすることを防ぐためであった。

ところが大隈の回想によると、外国商人の中にも問題があった。贋金と知りながら、それを安く買い集め、良い金銀貨と交換して巨利を得ようと目論《もくろ》む者もいたのである。

大隈は、貨幣問題を根本解決するためには、会計官が貨幣の混乱を収拾する必要があると考え、会計官と激しく論争した。大隈が対決したのは、会計官御用掛《ごようがかり》として会計官の実権を持っていた由利公正《ゆりきみまさ》(福井藩出身、当時の名は三岡八郎《みつおかはちろう》)であった。大隈は外国官と会計官の連携が必要と思うようになり、それを上層部に働きかけた結果、やがて大隈は外国官副知事と会計官御用掛を兼任することになる(『大隈伯昔日譚』三七八〜三八二頁)。その経緯を探ってみよう。

明治二年(一八六九)一月一〇日、大隈はまず人数を限定して地位が上がった参与に任じられて外国官副知事と兼任となった。今回の参与就任時点では、参与は木戸・大久保ら十数名しかいなかった。大隈はここで新政府の中枢の一人として承認されたのである。今回、伊藤・井上は参与に任じられていない。またその二日後の明治二年一月一二日、大隈はさらに会計官御用掛として出仕することを命じられた。この大隈の大抜擢を推進したのは誰か。

注目すべきは、三条実美（輔相）が、同年二月二三日付の大隈への手紙で、大隈が〔外国官副知事に加えて〕会計官御用掛の仕事に尽力していることにより、費用もかかるだろうと、朝廷から金三〇〇両が下賜された、と知らせていることである。また岩倉具視（輔相）も同じ日に、紙幣の相場を決めるため大隈の来訪を求める手紙を書いている（『大隈重信関係文書』一巻、三〇、三一頁）。二人の大隈への信頼と期待は大きいので大隈が彼らに外国との関係の重要性を述べて説得し、会計官御用掛となり発言力を得た可能性が高い。

大隈の回想によると、大久保や木戸は当時、由利公正を「深く信用」していたという。しかし、由利が会計官御用掛を辞任する一週間ほど前には、大久保は、由利はしだいにこれまでの言い訳のようなことをしきりに話すようになったが、まったくその意がわからない、と岩倉に伝え、当面は会計官を岩倉が取り仕切るよう求めていた（岩倉宛大久保書状、明治二年二月一〇日、『岩倉具視関係史料』下巻、三四五頁）。大久保は大隈への期待を特に述べていないが、由利を見限り、会計官を岩倉に託した。すなわち大隈に託したのであった。他方で木戸は、由利公正が会計官御用掛を辞任して一ヵ月経っても、由利に対して、復帰して大隈と協力して財政・通貨政策の難問題に取り組んでほしい、という手紙を書いている（『由利公正伝』二九九、三〇〇頁）。木戸は、大隈にも由利にも期待していた。

大隈は財政・会計を担当した経験がなかったので、まず明治初年以来の財政の変遷と事情を調査し、悪い貨幣の乱発、紙幣の発行と実際の出納を掌握し、貨幣政策の将来を考究した。その結果、吏員が不必要に多く、経費が無駄に使用され、不正行為もしばしば行われているなど、会計官の組織自体にも種々の不都合があることを知る。そこで大隈は、外国官の貨幣の引き換え問題を超えて、会計官の組織や活動のあり方についても、厳しく批判した（『大隈伯昔日譚』三八〇頁）。

また大物の英公使パークスとの対応も、大隈しかできなかった。そのことは、同年二月二六日付の外国官判事の大隈への手紙の中で、貨幣の件でパークスが再三催促してきて、もはや四〇日も経ったが日本側の回答はないと「大に憤怒」しており、伊達宗城外国官知事はすべて大隈に委任していると答えるのみで、東京では困っていると述べ、大隈に対応方針を求めていることからもわかる（『大隈重信関係文書』一巻、三七、三八頁）。

由利財政と大隈

ここで、当時の財政状況と由利公正が推進してきた政策と大隈のそれを比較し、概観してみよう。由利は慶応三年（一八六七）一二月一八日に新政府の参与となり、翌年一月一七日に会計事務掛（のち会計官御用掛）となり、財政の実権を握った。

由利はかつて福井藩で藩札発行による財政改革を成功させており、新政府の財政指導を期待されたのである。同年一月、由利は戊辰戦争下の財政を賄《まかな》い、かつ産業を振興する目的で、当面は不換紙幣である太政官札（金札）三〇〇〇万両の発行を提案し（一三年後に兌換《だかん》する方針）、実行していった。新政府が発行した太政官札は、明治二年（一八六九）末には四八〇〇万両にも達し、予定額を大幅に超過していった。なお、明治四年五月に新貨条例《しんかじょうれい》を制定、金本位制とし、貨幣の呼称を従来の両を円に改め、純金二分（一・五グラム）を一円とし、一〇進法による新貨幣を発行した。

近年の研究によると、明治四年末まで太政官札は四八〇〇万両（円）流通し、民部省札（七五〇万両）・藩札（三八五五・一万両）とその他紙幣を入れると、不換紙幣は九八八二・三万両）も流通していた。これらは物価騰貴や、紙幣の価値が正貨（金貨・銀貨）に対して下落するなど、流通の混乱の原因となることもあったが、全体としては、近代的な統一貨幣制度が定着する以前の過渡期において、日本の経済活動を支えたと評価されている。

由利公正

その長所としては、贋金が横行する中で正貨よりも偽札が作りにくい太政官札の方が信用が高かったことや、太政官札が一〇両・五両などの高額紙幣であったので持ち運びに便利だったことなどが挙げられる。新貨条例により、新貨幣の発行が開始されると、明治七年以降には新貨が中心となり、明治一一年以降には太政官札・藩札など旧貨幣は流通しなくなった（小林延人『明治維新期の貨幣経済』三〜六、一〇二、一〇三、二〇〇、二〇五、三二三〜三二六頁）。

明治二年から明治一一年までの間、大隈は会計官出仕・会計官副知事・大蔵大輔《おおくらたいふ》（次官）・参議兼大蔵省事務総裁・参議兼大蔵卿などのポストに就き、一貫して財政政策の中心にいた。なお、明治四年七月から明治六年五月までは、井上馨が大蔵大輔としてかなりの実権をふるうが、以下で述べていくように大隈は、岩倉使節団が渡欧中の留守政府で財政通の実力参議として、大蔵省に影響力を持ち、井上も大隈を頼りにしている（第5章）。

すなわち、由利の時代も大隈の時代も、太政官札など不換紙幣を当面は流通させ、さらに統一された新紙幣に取って代わらせ、経済振興を図るという方針に、見かけ上は変わりはない。

しかし大隈と由利の政策は、根本において二つの大きな違いがある。一つは由利に不換紙幣対策への十分なヴィジョンが見られないのに対し、大隈は、正貨（金貨や銀貨）による保障のない不換紙幣の乱発は、物価を騰貴させ、究極的に社会秩序を動揺・崩壊させるので望ましくないと考えていたことである。このように、大隈は通貨の信用を極めて重視していた。

したがって、当面は贋金が作りにくい高度な機械で印刷した太政官札を発行して、贋金による混乱を減じ、大阪に造幣寮《ぞうへいりょう》（一八七七年一月に造幣局と改称）を作り、伊藤博文と連携し、明治四年三月の新貨条例にもとづいて、新貨幣を発行する。こうして不換紙幣を計画的に回収していった＊。

＊このような大隈の財政構想は、その後西南戦争のため不換紙幣を発行せざるを得ず、インフレーションが進んだので、一八八〇年（明治一三）に五〇〇〇万円の外債を募集して、借金という形ながら正貨を確保しようとしたことにも表れる（伊藤らの反対で実施されず）（第7章）。紙幣を正貨により保障するという考えは第一次世界大戦後まで大隈の生涯を一貫している。大戦中に貿易の大幅な黒字などで在外正貨を多量に確保したので、第一次世界大戦後は、日本は紙幣を増発しても物価は上昇しないだろうと、社会秩序の安定と十分な正貨保有とを関連づけて論じ続けた（侯爵大隈重信「世界の苦みつゝある労働問題」『大観』二巻九号、一九一九年九月）。

大隈と由利のもう一つの違いは、由利が列強の公使らとの交渉に慣れていなかったので、列強に贋金問題を抗議されるとまったく対応できなかったことである。このため、英公使パークスらは贋金問題とともに不換紙幣問題までも攻撃するようになり、外国官（外務省）は対応に窮してしまったのである。

話を明治二年一月の大隈と由利の対立に戻そう。大隈が由利批判を始めると、賛同する声が盛んになっていった。事態が不利になると、剛腹で他人に屈しない由利は、病気と称して出勤せず、二月一七日に辞任した。

綾子との結婚

大隈が参与兼外国官副知事、さらに会計官御用掛に任命され、貨幣引き換え問題に尽力し始めた翌月、明治二年（一八六九）二月に、大隈は二度目の結婚をした。大隈がちょうど三一歳になる頃で、相手は三枝綾子《さえぐさあやこ》。嘉永三年（一八五〇）生まれで、大隈より一回り若かった。大隈は、新政府内で非常に多忙ながらも着実に地位を固めつつあり、自信満々のときだった。

綾子は、旗本で禄高八〇〇石の三枝七四郎の次女として、江戸に生まれたが、家は維新で没落し、明治元年（慶応四年）に大工棟梁柏木稲葉《かしわぎいなば》の養子の貨一郎《かいちろう》（実家は神田和泉橋の辻屋という老舗の糸屋）と最初の結婚をした。しかし夫の養母が感情の起伏の激しい人であったため、綾子はすぐに実家へ戻ったという。綾子は明治維新で実家が困窮し、士族の娘でのちに井上馨の妻となる岩松武子《いわまつたけこ》とともに茶屋で働いていたという話もある。大隈と結婚したのは、その翌年である（高村光雲「大隈綾子刀自の思い出」『幕末維新懐古談』）。

前妻美登《みと》との離婚と綾子との再婚のいきさつについて、その頃大隈家で働いていた岡田むつは、次のように回想していたという。

明治四年（一八七一）に大隈の母の三井子《みいこ》と娘の熊子が佐賀から東京にやって来て同居するようになった。三井子はそれ以前に一度来たことがあり、築地にあった邸宅の様子を見、綾子にも会って納得していた。三井子は帰郷して、美登を大隈と離縁させて別の人と再婚させるまでを取り仕切り、その後熊子を連れて佐賀から東京に移った、と。
（堀部久太郎編『大隈熊子夫人言行録』一九三頁）

大隈と離婚した後、美登は鹿島藩《かしまはん》（佐賀藩の支藩の一つ）の脇本陣《わきほんじん》を務める家の犬塚綱領と結婚した。犬塚家の記録には、明治四年一二月一五日に美登を入籍した、とある（末岡暁美『改訂増補大隈重信と江副廉蔵』）。

以上から、大隈は佐賀に母三井子と妻美登、娘熊子《くまこ》を残したまま、明治二年二月に綾子と結婚し、約二年後に三井子が東京に来て綾子と会って気に入り、美登を離縁・再婚させたことがわかる。当時は戸籍制度が作られておらず、このようなことができるのだ。

綾子の人柄について、一九〇〇年より四年間、大隈家の家庭医を務めた田原清助は、「或る方面には非常に勝れた御気性や決断力をお持ちの方であったが、又世間で申すやうに感情の強い方であった」と認める。

大石熊吉（前衆議院議員、大隈首相秘書）も、綾子については「世間で毀誉褒貶《きよほうへん》はあるが、それだけ偉い気性の持主であった」と述べている。二人とも、娘熊子が気がよく回って、綾子にうまく調子を合わせ、行き届いた対応をしたからこそ、大隈家がうまく収まっていた、と回想している。このように気難しいところのある綾子も、義母三井子と衝突することはなかったという（『大隈熊子夫人言行録』一九五、一九六、二〇二、二一二頁）。

以下でも述べていくように、気丈で男勝りともいうべき綾子と再婚したことで、大隈の活動に幅が広がった。とりわけ、明治十四年政変で大隈が藩閥政府から下野した後は、大隈を支える同志とも言える存在になっていく。さらに綾子は、一九〇一年（明治三四）には、愛国婦人会の発起人の一人になるなど、名士の夫人として社会活動にも積極的に関わっていった。

第Ⅱ部　飛躍編

第3章　木戸孝允派の実力大蔵官僚——急進改革路線の推進

前章で述べたように、大隈重信が外国官副知事で会計官御用掛として、会計官で実権を握った頃、京都に出張中だった木戸孝允は親しい部下の中井弘（薩摩藩を脱藩し英国留学、外国官判事）に手紙を書いて大隈に大きな期待を表明し、大隈に伝えてくれるよう頼んだ。この手紙はこの時点での木戸の大隈評として重要なので、要旨を示しておこう。

木戸の強い期待

①京都でも種々の議論が沸騰し、大きな不安があるのみで、大隈に面会して「東西」の情実を申し述べ、大隈の「高論」を承りたいと渇望していたが、行き違いでお会いできず、残念です。

②昨年ご誓約した「天地一変」の「御大変革」（廃藩置県的な方向への大改革）を実行するにあたっては議論が山ほどあるが、「誠意誠心」をもって誘導することがとても重要だと思います。全体の形勢を観察して、公平に実施しなくては、反感のみ強くなり、

日本の発展はかえって実現できないと思います。

③大隈が初めから大いに尽力してきたキリシタンの処分のことは、何とか速やかにはっきりとした方針を決めなくては済まないことと思います。ことの経過の中で、見解の相違から「粗暴」の行動をしたものは、心事においては「私心」より出たものではないが、日本の法を犯した以上きちんと処罰しなくては、将来にいろいろなことが必ず崩壊してしまうでしょう。このことも仏に説法ですが、大隈にお話しおきください。

④会計官の問題も、最も急を要する「大事件」で、しっかりとした方針を立てなくては、たちまちすべてが「瓦解《がかい》」してしまう。キリシタンと会計官の件は、至急対応するようお願いします。

(中井宛木戸書状、明治二年三月八日、『大隈重信関係文書』一巻、四二〜四四頁)

この手紙は、明治二年三月の段階では、木戸と大隈（中井も含め）の間に、廃藩置県への大変革、キリシタン問題、会計官の貨幣や財政問題、優秀な者を西欧などへの視察あるいは留学に派遣する問題など近代化政策で共通していることがわかる（伊藤之雄「大隈重信と木戸孝允・木戸派」）。

会計官副知事を兼任する

明治二年三月三〇日に、大隈は参与兼外国官副知事に加え、会計官副知事（のちの大蔵次官）も兼任することになり、名実ともに外交と財政の実務を掌握するようになった。

すでに由利により、不換紙幣である太政官札が大量に発行されており、信用の確かでない太政官札は下落した。列強側は、このような紙幣が外国人に渡ることを批判したが、それがやむを得ないなら、下落する紙幣を時の相場で流通させるべき、と要求してきた。大隈は四月一二日に、紙幣と正貨との間に相場で差異をつけるのを禁止する方針を示したが、紙幣の信用は回復しなかった。しかもその後も、財政上の必要から不換紙幣を発行した（『由利公正伝』三〇六頁）。

このように、大隈が会計官の実権者となったといっても、不換紙幣の問題に確固たる見通しがあるわけではなかった。そのため、方針がぐらついた。加えて、キリシタン問題も大きな不安の種であった。四月二〇日には木戸は岩倉に、次のようにその問題を相談し、大隈への大きな期待を示している。

大隈らがいるのでいい加減なことはしないだろうが、迅速に解決しなければ国内の大混乱と外国の圧迫で、政府は完全に行詰ってしまう。
（岩倉具視宛木戸孝允書状、明治二年四月二〇日、木戸公伝記編纂所『松菊木戸公伝』下巻一一四六、一一四七頁）

この間、大隈は同年四月一七日に外国官副知事の兼任を免じられ、会計官副知事専任となっていた。しかし、英公使パークスとのキリシタン問題での交渉など大事な外交交渉にあたっては、木戸・大久保・岩倉・三条ら首脳にとって、外国官副知事の職を離れても大隈は相変わらず頼るべき存在であった。

大隈の優れたところは、誰がやっても確固たる方針が立てられないような厳しい状況下で、最も良いと思う政策を立案し、政府の幹部と列強の公使らに説明したことである。また、状況が思わぬ方向に転回しても、絶望することなく、試行錯誤をくり返しながら再び新しい方針を立て、同様に説明したことである。

たとえば明治二年六月中旬には、大隈らは不換紙幣と列強の関係について、岩倉具視に説明し、理解させた。すでに大久保利通もその説明を聞いていたようで、大久保は岩倉に宛てて、最早ご安心のことでしょう、との手紙を書いている（岩倉宛大久保書状、明治二年六月一七日、『岩倉具視関係史料』下巻、二六八頁）。

パークスの相手は大隈しかいない

大隈が明治二年（一八六九）四月一七日に外国官を去った後、外国官知事の伊達宗城（前宇和島藩主）は英公使パークスへの対応に忍耐の限界を感じ、五月二九日に辞任した。

外国官の実権を握ったのは、大隈の後任として四月一七日に副知事に昇進した寺島宗則（薩摩出身）であった。寺島は幕末に幕府使節一行に参加して渡欧、さらに薩摩藩使節として渡英、維新後は外国官判事も務めた外国通である。大隈は寺島を「資性沈着にして事務に老練なる」と見ていた（『大隈伯昔日譚』四八九頁）。

しかし寺島副知事は、イギリス滞在経験があり英語ができても、パークスを相手に大隈のように論争を闘わせることはできなかった。就任後の五月二五日に寺島は、ついに外国官は誰も人材のいない状況になってしまった、と同じ薩摩出身で親しい小松帯刀（病気療養中）に弱音を漏らしている（高村直助『小松帯刀』二六六、二六七頁）。このため、大隈は五月二日、一八日、二五日と、貨幣のことでパークスに面談するなど、外交実務にも関わり続けた。

この間の五月一三日と一四日、新政府内の団結を強め、責任を明確にするため、三等官以上の高級官僚の間で、上級官僚ポストの初めての公選が行われた。あえて公選にしたのは、最重要のポストである議定や参与の審議を実質的にするため、それまで数の多かった議定・参与の数を削減するに際し、反発を避ける狙いがあった。

この試みは一回のみで終わる。ここで選出されたのは、輔相1、議定4、参与6、会計官・外交官・軍務官など六官の知事各1（計6）、内廷職《ないていしょく》知事（後の宮内卿・宮内相）（1）、六官の副知事各1（計6）である。

当選者は、輔相が三条実美（公家）、議定が岩倉具視（公家）・徳大寺《とくだいじ》実則《さねつね》（公家）・鍋島直

正（前佐賀藩主で佐賀藩の実権者）で、参与が大久保利通（薩摩）・木戸孝允（長州）・副島種臣（佐賀）・東久世通禧《ひがしくぜみちとみ》（公家）・後藤象二郎（土佐）・板垣退助《いたがきたいすけ》（土佐）の合計一〇人である。この一〇人は、各官庁を統制して国家の重要な意思決定に責任を持つという点で、約二ヵ月後に発足する新制度における大臣・納言《なごん》・参議《さんぎ》という三職《さんしょく》（「政府」「内閣」）の源流といえる（後述）。副島は佐賀の代表的な形で新しい参与になっている。しかし大隈は、まだそこまで評価されていなかった。

大隈は投票前と同じ会計官副知事に選出された。新しい参与になれるほどではないが、新政府の高級官僚の中でも、大隈の評価は安定していたのである（前掲、伊藤之雄「大隈重信と木戸孝允・木戸派」）。

贋金問題に取り組む

選出される形で改めて会計官副知事となり、大隈がまず取り組んだのは、悪質な貨幣（贋金《がんきん》）と不換紙幣である太政官札（金札）の価値が下落していることへの対策であった。大隈は、東京（江戸）及び大阪で発行されていた質の悪い貨幣の鋳造を中止し、旧金銀座を受け継いだ部局を閉鎖、これまでの職員を免職とし、悪い官吏は逮捕して一時拘留した。こうして、貨幣政策を厳格にするという政府の姿勢を知らせた。他方、速やかに造幣寮を建築して、正貨の鋳造に着手しようとした。

このため、これまで会計官が計画していた種々の建築工事を停止して、造幣寮の建築に全力を注いだ。また、オリエンタルバンク横浜支店の手を経て、香港にある英国製の鋳造機械を買い入れて、造幣寮の建物の完成を待った（『大隈伯昔日譚』三八五、三八六頁）。これは貨幣の贋造を防ぐためであった。

それに加え明治二年（一八六九）六月、政府は諸藩での貨幣の偽造や贋金について、これまでの罪は問わないが、今後の流通を禁止するという布告を出した。これは、とりわけ維新後の戊辰戦争の過程で、財政難に悩むかなりの藩が、金銀の含有量を減らした贋金を作って戦費に当てていたからである。

このような悪質な貨幣や太政官札引換問題に対する大隈の柔軟で現実的な方針は、立案なども含め、最有力者の木戸と、伊藤博文・五代友厚らの木戸派を形づくっていく人々が支え、大久保にも支持されていた（伊藤之雄「大隈重信と木戸孝允・木戸派」）。その後、七月上旬までに、外交問題も含め貨幣のことはすべて会計官に委任され、同官副知事の大隈が対応することになった。

木戸孝允

木戸は約一年後の日記で、「民部大輔」（大隈）らは「激烈」の性質といえども、又困難をしのぎ従来外国人らと論談するに臨んでその功績を多とすべき「気概」があるのは、また一つの資質だ、と大隈の外国人と渡り合える気力を評価している（『木戸孝允日記』明治三年六月二六日）。

さらに約二年後には、伊藤は盟友の井上馨に、維新以来の財政が何とか維持できたのは、大隈のおかげ以外何ものでもない。初めに方針の良しあしを判断する「卓識」を持っていたのは大隈だけだった、という手紙を認《したた》めている（井上宛伊藤書状、明治四年七月一四日「井上馨文書」国立国会図書館憲政資料室所蔵。以下、国立国会図書館等の文書館所蔵の文書の表記は、原則として「井上馨文書」のように「関係」を省略する）。

列強の大物公使ら外国人らと交渉する能力に加え、暗中模索の状況下で、大隈の直感的な財政運営と財政再建に対する指導力は、際立っていた。こうした能力が認められて、大隈は木戸の下に集まったグループの中で木戸に次ぐ存在になっていくのである。

真の版籍奉還をめざす

会計官副知事としての貨幣問題と同様に、大隈が強い意欲を示した問題は、明治二年（一八六九）六月に入って焦点となった版籍奉還《はんせきほうかん》だった。

大隈の回想によると、「急劇の処置」は木戸や大久保の望む所ではなく、他の有力者もやや躊躇するところがないわけではなかった。大隈と伊藤博文は「急劇の改革の断行」を主張し、熱心に論争した。大隈や伊藤の考えは、この際「版籍〔土地と人民〕」を中央政府に没収し、各藩歳入の二〇分の一を藩主に給して藩主一家の禄とし、藩の有力者も藩主に準じて同様の待遇を受け、各藩の余った歳入を新政府のものとする。さらに、各藩の兵権を中央政府に吸収しようとするものだった、という（『大隈伯昔日譚』四〇七、四〇八頁）。

大隈・伊藤らは、実質的に一気に廃藩まで持って行く版籍奉還を理想とした。しかし反発も強く、また士族にどのように俸禄を与えてゆくのかも詰められていなかった。したがって、明治二年六月に版籍奉還が焦点になってくると、実際の争点は、藩主をそのまま世襲の知事とし形式的な改革とするのか、新しい知事を任命して実質的な改革をするのか、という程度にとどまった。伊藤の主張もあり、参与の木戸は藩主が知事を世襲することに強く反対した。しかし参与の大久保利通（薩摩）のみならず、佐賀出身で大隈の友人である参与の副島種臣らまでが、時期尚早であるとして木戸に同意しなかった。結局、六月一二日の会議で、藩主をそのまま知藩事に任用して世襲とすることにほぼ決定した。

六月一四日、伊藤は会計官権判事（現在の財務省の局長クラス）の辞表を提出、井上馨（造幣局知事、現在の財務省造幣局理事長）も同様に辞表を提出した。これに驚いた岩倉や大久保は、木戸を訪れて妥協をはかり、「世襲」の二字を除くことになった。六月一七日、政府は版籍奉還の奏請を許すという形式で、諸藩主二六二人を知藩事に任命した。

副島によると、岩倉と三条は明治初年より廃藩置県のことを考えていたが、大久保は、早くとも明治八年頃までは廃藩置県で薩摩を納得させることは難しいと考え、実質的な版籍奉還にも消極的であったという。

ところで大隈は、伊藤や井上のように辞表こそ出さなかったが、知藩事の家禄を藩の石高中でどの程度の割合にするかを相談する重要な時期に、当局者の会計官副知事であったにもかかわらず、少なくとも六月二一日頃まで出勤しなかった（大隈宛井上馨書状、明治二年六月二一日、『大隈重信関係文書』一巻、九二頁）。出勤しないことで、大久保らに対して不満を示したのである。大隈は、「明治二年、保守主義の反動起」り、自分と同じ藩の親友大木・副島の諸氏とが政治上の主義において敵視しあうようになったのは、実にこのときより始まる、と回想している（『大隈伯昔日譚』四八三頁）。

回想は、版籍奉還の内実をどのようにするか、という大きな対立の他、大隈らがあまりにも急速な改革を行おうとしたことへの岩倉・大久保らの反発にも触れている。

大久保と連携している岩倉は、参与の中で会計官・外国官・軍務官（後の陸海軍省）などの担当者を決め、指導する体制を作ろうと考え、同年七月八日の大規模な制度改革を行う。新制度では、行政官を太政官と改め、太政大臣・左大臣・右大臣・大納言や数人の参議というポストを作り、彼らが「三職」会議を開いて国家の大枠を決めることとした。この会議は、最大でも一〇人前後の人数からなり、日本の政策や重要人事などを決め、天皇の形式的な裁可を経て決定するもので、のちの内閣の源流といえる。

また、それまでの六官に代えて、神祇官（旧神祇官）並びに、太政官の下に民部省（旧民部官)、大蔵省(旧会計官)・兵部省(旧軍務官)・刑部省(旧刑法官)・宮内省・外務省(旧外国官)の六省などを置き、各省は卿(長官)を責任者とした。この結果、大隈がいた会計官は大蔵省となり、大隈は大蔵大輔《たいふ》(次官)に任じられた。これは会計官副知事と同格のポストにすぎず、参議になれないと大隈の権力は減退し、改革が停滞する可能性があった(前掲、伊藤之雄「大隈重信と木戸孝允・木戸派」)。

木戸派の成立

木戸は改革を推進しようと、大隈を参議(新しい政府中枢組織〔三職〕の一員)にするよう建言したが実現しなかった。政府中枢のメンバーに改革派が少なくなりそうで、木戸は非常に不満であった。そこで、自らは参議にならず、元来病気がちであったのを理由に、休暇を求めた。

結局、明治二年七月八日に最高ポストの太政大臣や左大臣を欠員とし、右大臣に三条実美、大納言に岩倉具視・徳大寺実則、参議には保守派で木戸が嫌う副島種臣と前原一誠《まえばらいっせい》(長州出身、戊辰戦争で総督参謀、越後府判事)が任命された。大久保が参議にならなかったのは、木戸と板垣、とりわけ木戸が就任しなかったからである。しかし、政府の求心力を弱める可能性があるので、少し遅れて、大久保(七月二二日)・広沢真臣《ひろさわさねおみ》(長州出身、大総督参謀、民部官副知事、七月二三日)の薩長の二人が参議に任命された(『大久保利通文書』三巻、二〇九～二二六頁)。

この間、大隈は版籍奉還が中途半端にしかなされず、七月八日の政府の新体制にも不満だったので、大蔵大輔の辞任を申し出た。また、それに関連して列強公使との貨幣についての交渉にも出席しないと伝えた。大隈に辞められては、贋金問題を含め財政政策や外交交渉の実務を指導する者がいなくなってしまう。

もっとも大隈は、本気で大蔵大輔を辞任するつもりであったのではない。大久保らが妥協してくるのを待っていたのである。この間に、木戸や伊藤ら木戸派*内の団結は強まった。七月一一日に大隈が伊藤と木戸を訪ねて大いに議論し互いに大きく嘆いて別れている(『木戸孝允日記』明治二年七月一一日)。

*「木戸派」と呼ばれるグループへの注目についての研究整理は、伊藤之雄「大隈重信と木戸孝允・木戸派」の「はじめに」参照)。

木戸派は、版籍奉還をめぐる問題で見てきたように、廃藩置県の実施を究極の目標としていた。また伊藤が会計官権判事、井上が造幣局知事に異動になったことで、その存在がより明確になった。木戸派は、木戸を盟主とし、廃藩に加え、大隈を中心に贋金の処理、太政官札の流通、貨幣相場の統制や、金銀貨幣の鋳造準備、貿易・商業・運送の近代化と整備などを行っていこうとしていた。

この頃の木戸派と木戸を取り巻く状況を、土佐出身の佐佐木高行はどう見ていたのか。彼の明治二年七月八日の日記から、必要部分を現代語に訳してみよう。佐佐木は保守的思想を持ち、大隈に少し批判的な人物で、この日に刑部大輔（刑部省の次官）に任じられている。

木戸をはじめ長州の者を、薩摩は「狡猾《こうかつ》」だと見ており、維新以来何かにつけて不平を持っている。かつ、伊藤・井上または大隈などは、何事にも「西洋主義」を主張して、木戸を押し立て、大隈は「真に木戸の書記」のように木戸の意向に応じているのだ。「木戸も大隈を大いに信じ」ている。また、三条実美は長州に縁が深いので、長州は三条を「吾が物とし」ている。土佐藩では後藤象二郎・板垣退助も木戸方で、薩摩、とりわけ大久保を嫌う状況である。　（『保古飛呂比』四巻、一一九頁）

佐佐木の日記でも、大隈は木戸に能力を買われて信頼を得、木戸派の中で木戸に次ぐ存在であると表現している。またこの時点では、三条や後藤・板垣も木戸派を支える存在であった。土佐藩出身の実力者の後藤や板垣が、この時点で木戸や大隈と精神的に近い存在であったことは、同じ頃に木戸が大隈に書いた手紙からもわかる（大隈宛木戸書状、明治二年七月二九日、『大隈重信関係文書』一巻、一二〇頁）。

なお、山県有朋は軍制改革を調査するため、木戸の推薦で渡欧中であったが、帰国後に兵部少輔《しょうゆう》（次官クラス）から陸軍大輔（次官）となり、徴兵制導入を主導する陸軍近代化への大改革を行い、木戸派の一員になっていく（伊藤之雄「大隈重信と木戸孝允・木戸派」）。

ところで、この頃まで大隈は八太郎と呼ばれていたが、大隈宛の手紙の宛名に、明治二年秋を最後に八太郎の名が使われなくなる（大隈宛伊藤博文書状、明治二年九月二〇日、『大隈重信関係文書』一巻、一五九頁）。木戸派の実力者で財政の実権者の大隈は重信の名を使うようになり、周囲の者も幕末以来の名の八太郎より重信がふさわしい名と認めていくのである。

藩解体への構想

大隈は大蔵大輔（次官）に任じられた後、明治二年（一八六九）七月二二日に地方行政を担当する民部省の大輔に転じ、八月一一日に民部省と大蔵省の合併にともない、大蔵大輔も兼任することになった。伊藤は七月一八日に大蔵少輔に昇進し、同様の理由で八月一二日に民部少輔も兼ねた。木戸は八月上旬には気を取り直していった。それは大蔵省と民部省という財政と地方行政を担当する最重要官庁の中枢ポストに、大隈や伊藤を入れる見通しがついたからである（伊藤之雄『伊藤博文』〔文庫版〕九三頁）。井上も八月に造幣頭《ぞうへいのかみ》に横滑り、一〇月には民部大丞《だいじょう》（局長）兼大蔵大丞という重要ポストに任命された。

すなわち、木戸を背景とする木戸派の大隈らは、日本の財政・徴税・貨幣・地方行政・商工鉱業などを事実上掌握する大きな権力を得たのである。

こうして彼らに、廃藩に向けた重要な改革ができる可能性が強まると同時に、廃藩への意欲も強まる。廃藩を実施するには、まず各藩にあった軍事力を中央政府に集めなくてはいけない。すでに明治二年七月二八日に、大隈が木戸に会った際、各藩から中央政府の軍事費を出させるのでなく、各藩の必要予算を出させ、残りを全部中央政府に差し出させて軍事費とする構想を話したようである。

木戸は八月五日に、軍事部門の腹心の大村益次郎（長州出身、兵部大輔）に、各藩から余った金を取り立てることはだいぶ有効であるが、漸進的に実施しないと実現できない、と伝えた。また、この計画をしようとしていることを知られないようにし（「平生は却て婦女子之《の》如《ごと》き」の表現）、時機が来たら勇気をもって一気に行うことが肝心であるとも述べた。二日後に、木戸は伊藤に、前に話したように大隈の説は誠にもっともであるが、今日の各藩の状況では、一年の会計にも金が不足しているので、余った金を出させると言っても、十分な調査と指導をしないと（「巨細に御手も不入」の表現）成功しない、と書いた。木戸は、大隈の説は、「道理」では正しいが、現状では簡単に実施できない、と見ていた（大村宛木戸書状、明治二年八月五日、伊藤宛木戸書状、八月七日、『木戸孝允関係文書』三巻、四一〇～四一三頁、『木戸孝允日記』明治二年七月二八日～八月三日、二四九～二五二頁）。

築地の「梁山泊」

ここで、木戸派の中の大隈と、大隈を頼り集まった人々について、概観しよう。維新後しばらく、大隈は東京方面には一定した住宅を持たず、横浜では本町の肥前屋、東京では築地の信楽などに起居していた。すでに述べたように、明治二年二月に綾子と結婚した大隈は、五月中旬に築地の邸宅を手に入れ、下旬に移った。この邸宅は、元三〇〇〇石の旗本の戸川家の屋敷であったのを、維新後に新政府が接収し、下げ渡したもので、敷地が約五〇〇〇坪もあり、建物も広壮なものだった（『八十五年史』一巻、二六〇〜二六一頁）。

大隈が回想しているように、いろいろな人間が来訪し寝起きしたので、「梁山泊《りょうざんぱく》」などという名がついた（大隈重信他『早稲田清話』三五七頁）。ちょうど、木戸派が形成され始めた頃であろう。

大隈は、「進歩派」の同志を得たことは大隈一人の幸福であるのみならず、国家の幸福であった、と回想している。その同志の中には、伊藤博文・井上馨・前島密《まえじまひそか》（幕臣で遠州中泉奉行などを経て、明治二年一二月より民部省九等出仕、のち内務大輔兼駅逓局長、日本の郵便制度の創始者）・渋沢栄一《しぶさわえいいち》（商人の家に生まれ、幕臣となり、フランス在留を経て、明治二年一一月に大蔵省租税司租税正、のち大蔵少輔事務取扱〔次官クラス〕を経て実業界へ）・山口尚芳《なおよし》（佐賀出身、明治二年七月に大蔵大丞〔局長〕兼民部大丞、のち会計検査院長）・五代友厚（薩摩出身、外国事務局判事、大阪府判事〔現在の副知事〕の後、実業家）、中井弘《ひろむ》（薩摩出身、外国官判事、薩摩系を好まずむしろ伊藤博文と親しく、のちに京都府知事）・北畠治房《きたばたけはるふさ》（大和国出身、幕末の尊攘運動家、維新後司法省出仕、のちに大阪控訴院長）らがいた。

築地の大隈邸は伊藤の家にも近く、井上は大隈邸内の長屋にいた。この同志たちとは互いに行き来して談話、時には夜を徹して話し込み明け方になるのも気づかなかったことがたびたびあったという（『大隈伯昔日譚』四九一頁、『早稲田清話』三五七～三五九頁）。

大隈邸に集まった同志たちは、外交・内治および財政の三大問題に、急進的改革を行うべきだという考えを持っており、多くが大隈を支持して動いた。なお五代ほどではないが、まだ英・米に留学中でここには名前が出てこない吉田清成《きよなり》（薩摩出身、明治四年二月に大蔵省出仕、一〇月に大蔵少輔）も、明治四年以降大隈と関係を深めていく（『大隈重信関係文書』〈早〉一一巻）。

弱体な佐賀藩出身の大隈は、大久保と対立しつつも、大久保や薩摩系勢力の意向や動きを知るため、またいざというときの連絡のパイプ役として吉田を重視したのである。

注目すべきは、木戸派と大隈の「梁山泊」グループは中心が重なっており、急進的改革思想を持っている点でも一致していたが、同一ではないことである。前島・山口・五代は大隈には近いが、木戸や伊藤・井上とは親しくなく、木戸派になる山県は帰国後も「梁山泊」（大隈邸）には特に出入りしていない。

ところで、後述するように、木戸派（あるいは大隈の「梁山泊」）の中核をなす、大隈と伊藤・井上の友情は、木戸が大隈の急進主義に疑問を持ち始めたこともあり、木戸・伊藤らが岩倉使節団として出発する前から渡欧への思惑も違ってぐらつき始める。最終的に使節団渡欧中の一八七三年（明治六）に終わった。仕事が絡んだ友情は密であればあるほど長続きしないもので、彼らの場合も約四年で終わるのだった。

貨幣問題の解決

ここで、大隈が積極的に関わった贋金《がんきん》問題のその後も、簡単に見ていこう。明治二年（一八六九）七月一二日の贋金問題についての列強公使との交渉には、大隈・伊藤という貨幣実務の実力者と、三条実美（右大臣）・岩倉具視（大納言）・沢宣嘉《さわのぶよし》（外務卿）ら政府主脳が出席したにもかかわらず、結論は出なかった。政府の方針が固まっていなかったからである。

しかし、七月一二日に列強公使と交渉したことで、二〇日に政府の方針がまとまった。それは六月からの贋金の流通禁止を前提に、これまで外国人が所有していた贋造二分金の額を各国公使や領事より政府に届け出、それらを品質の良いものと交換することであった。交換比率は贋造貨幣一〇〇両について二五両で、九月中旬には交換が実施されたようである（大隈宛伊藤書状、明治二年九月三日、九月二〇日、『大隈重信関係文書』一巻、一四四、一四五、一五八、一五九頁）。

また、日本人に対しては、全国の府藩県に、重ねて贋金での取引を禁止し、その額を報告させた。続いて一〇月二四日、贋金が銀を土台としたものは一〇〇両につき太政官札（金札）三〇両で引き替えることとし、また期限を明治二年限りとした。

このように大隈は、明治二年の間に、内外の贋金問題を解決し、大きな外交問題をなくし、国内の通貨の混乱の一つの要因を収束させていった。このほか、大隈の下で伊藤と井上は連携して、八月から翌年一〇月までの間に、租税の徴収、大阪・河内・堺・奈良諸府県の分合などを実現していった。

他方、明治元年一一月から大阪で建築に着手していた造幣寮の工事も、大隈が受け継ぎ、伊藤・井上馨らとともに完成に尽力した。建物は明治四年二月一五日に落成した。五月一五日の開寮式には、三条実美（右大臣）らが出席した。大隈と伊藤は二〇日に神戸で木戸と落ち合い、三人で大阪に入って造幣寮を視察した（『八十五年史』一巻、二八一、二八二、三三四～三三六、三九五頁）。

木戸・大隈・伊藤の三人による造幣寮の視察は、大隈を交渉と企画の中心として、木戸派が貨幣問題に取り組み、試行錯誤を重ねながら解決してきたことを象徴している。

この間、外国官（外務省）や会計官（大蔵省）での大隈の実績は高く評価され、大隈は、大久保・西郷・木戸らに準じる存在になりつつあった（伊藤之雄「大隈重信と木戸孝允・木戸派」）。

東京・横浜間の鉄道敷設

大隈と伊藤で推進してきた事業で、もう一つ重要なものが、東京（新橋）と横浜の間の鉄道敷設である。

話は少しさかのぼるが、ことの始まりは、慶応三年（一八六七）一二月二三日付で旧幕府から、米国公使館書記官アントン・ポートマンが江戸と横浜間の蒸汽車鉄道の敷設と経営の免許を得たことである。すでに一〇月一五日に大政奉還が勅許されていたので効力に問題があるとされた、ポートマンは、明治二年（一八六九）一月二九日に新政府にこの確認を求めて外国官に願い出た。副知事（次官）の大隈は、日本の人民の力で敷設するつもりだとの理由で二月七日に不許可の回答を与えたが、ポートマンはあきらめなかった。ポートマン以外にも、明治二年になると、東京・横浜間の鉄道免許を申請する者がたくさんいたようである。

これらに対応するため、大隈は自宅の「梁山泊」で、伊藤や井上馨を相手に計画を練った。大隈らの意見は、鉄道は山河自然の障壁をなくすので、全国を統一して封建制を打破するという意味で、廃藩置県を支えるというものだった。大隈らは、まず東京から東海道を経て京阪、そして神戸に至る幹線と、幹線の途中から敦賀（現・福井県敦賀市）までつなぐ支線の敷設を、第一期計画とした。

これを建議すると、大久保らは費用がかかりすぎるとして反対したが、木戸に加えて岩倉が支持し、彼が大久保らを説得した結果、明治二年一一月一〇日に鉄道敷設が決まった（『八十五年史』一巻、二九二～二九七頁）。資金はイギリスに頼ることになる。担当者は、大隈（民部大輔兼大蔵大輔）および伊達宗城（民部卿兼大蔵卿）・伊藤博文（大蔵少輔兼民部少輔）となった。もちろん実権は、大隈と伊藤にある。

同日、大隈と伊藤は、資金に関して英公使パークスの紹介で、イギリス人企業家レイと借款の契約を結んだ。その内容は、借入額は英貨一〇〇万ポンド（当時の四八八万両）で、鉄道の全収入と関税を担保として、ロンドンで私債として募集する。利子は一割二分で、二年間据え置き、三年目から毎年一〇万ポンド償還し、一二年目に全額償還する、というものであった。

ところが、翌一二月には、オリエンタルバンク横浜支店支配人ロバートソンにより、契約書はレイに全権を与える形になっており、不備があることが知らされた。さらに明治三年五月になると、新聞報道により、レイが私債ではなく日本政府の公債として市場に利子九分、総額は二倍の二〇〇万ポンドを募集していることが判明し、レイが利子の差額の三分を私利としようとしていることがわかった。

そこで政府は、伊藤の意見によって、パークスの支持を得てオリエンタルバンク支店支配人のロバートソンに交渉の全権を与え、レイに与えた借款契約を破棄し、日本が主導できる形で借款をイギリスで新たに募集することにした。このために明治三年六月一七日に、上野《うえの》景範《かげのり》（薩摩出身、大蔵大丞〔現在の局長〕）をイギリスに派遣した。上野は薩摩出身であるが、大蔵省の高官として、鉄道敷設など急進的近代化策を支持しており（大隈・伊藤宛上野書状、明治三年九月二五日、『大隈重信関係文書』一巻、三二三、三二四頁）、木戸派といえる。

上野は、明治三年八月二四日にロンドンに着き、オリエンタルバンク本店を代理者としてレイを相手に訴訟を行い、閏一〇月に示談をまとめ、レイに違約金を払って契約を解除した。その上で、オリエンタルバンクを媒介に英貨一〇〇万ポンドの外債をロンドン市場で公募する契約を結ぶことに成功した（田中時彦『明治維新の政局と鉄道建設』一一六～二七二頁）。

こうして、外債公募契約から二年を経て、明治五年九月一二日に東京（新橋）・横浜間の鉄道の開業式が行われ、翌日より、旅客運輸が開始された。大隈や伊藤は慣れない借款契約で大きな失敗をしたが、比較的少ない損失で日本の主導権を回復できた。このような失敗体験を経て、新政府は外国と借款契約を結ぶことの厳しさや、鉄道敷設・運行について学んでいった。

これらは、その二年後の大阪・神戸間鉄道開業（一八七四年五月）、五年後の京都・大阪間の鉄道の開業（一八七七年二月）など、東海道本線（東京・神戸間）全線開通（一八八九年七月）に近づいていく大きな一歩であった。また、一八八〇年代後半以降の民営鉄道建設ブームへの先駆けとなっていく。

なお、東京（新橋）―横浜間の鉄道建設のため来日した技術者モレルの提案を受け、明治三年五月頃には、大隈と伊藤は鉄道など近代事業を管轄し推進する官庁として工部院を作る提言をした。これは同年閏一〇月の工部省設置につながっていく（柏原宏紀『明治の技術官僚』一二一～一二七頁）。

大久保利通が大隈を嫌う理由

木戸や大隈と大久保の対立の根本は近代化のスピードの問題であった。大隈ら木戸派は、近代的な統一国家を作り列強に対抗できるようになることを最優先に考え、たとえ国民生活が苦しく一揆《いっき》が起こる恐れがあり、多少の混乱が生じても、また外債に頼ることのリスクが多少あったとしても、万難を排して近代化を進めるべきと考えていた。この考えは、版籍奉還でのちの廃藩置県的な改革を行ってしまおうとする姿勢と同じだった。

明治二年（一八六九）の版籍奉還の二年半後であるが、岩倉使節団の一員として渡欧中の佐佐木高行（土佐出身、司法大輔）は、大隈のことを、何かにつけて近代化を急ぎ、そのためには人民を圧伏しなければいけないという考えを持っている、と評している。藩閥政府内にあった時期の大隈の政策、とりわけ一八七四年までのもの（第6章）は、明治十四年政変で下野した後に唱えた「民力休養〔減税〕・民業育成」の主張とはかなり異なっていた。

これに対し、大久保利通は、大隈ら木戸派以上に、地方人民を養い治めるという近世的牧民意識が強かった。そのことは、明治二年春の意見書で、大乱の後に安心して宴会を行い、人民が困苦する理由を知らず、多くの人民が非とする所を非とせずして、非を行おうとすれ

大久保利通

ば、「天地の怒に触れ」ついに「社稷《しゃしょく》」（国家）を滅ぼす例が、これまで日本や中国で明らかである、などと論じていることからもわかる（『大久保利通文書』三巻、一六〇頁）。大久保の意思は、明治二年八月一〇日、「全国一和の基本を立て」るという、大臣・大納言・参議の盟約書になった。これは、明治天皇が親臨した三職（「内閣」）の会議で作成され、三条実美右大臣、岩倉具視・徳大寺実則両大納言、大久保・広沢真臣・副島種臣三参議が署名している。

ここに、明治二年の凶作が加わった。明治三年初めに、大久保は副島参議に、当年の「凶荒」については畿内はもちろん、その他も苦しみ、ただ今より飢えて困っている所も少なくなく、まったく次の収穫の前の本年夏まで心配で仕方がない、と手紙で述べている。

大隈なしではうまくいかなかったということは、大久保も認めていた。しかし、キリシタンや貨幣の問題などの外交交渉も、すでに述べたように大隈の活躍で一応解決していた。万一、大隈らが憤って辞表を出して出勤を拒否しても、当面は困らない。大久保は明治三年三月三日に鹿児島から戻ると、大隈ら木戸派の急進改革路線を抑えるべく、行動を始めた。

まず三月一八日、三条右大臣邸での大納言・参議の会議において、大久保は右大臣・大納言が諸省を率いることができるよう、木戸派の拠点となっていた民部省・大蔵省を分離し、人事でも改革することを決めた。

このとき木戸は、明治二年一二月一七日に東京を発ち、長期にわたって不在であった。木戸は山口・鹿児島など西日本を訪れ、長州の諸隊の反乱（いわゆる脱退騒動）の鎮圧や、廃藩置県に向けての情況視察を行い、ようやく明治三年六月一日に横浜に戻る（『木戸孝允日記』）。たまたま木戸が留守であったことを利用して、大久保が木戸派の急進主義を抑える動きを始めたことは間違いない。

次いで大久保は、このような改革要求を出したのは、国家に対する「至誠篤志」であることを示すため、三条右大臣に参議の辞表を提出した。三条に辞任を認められず、大久保は参議を辞任しなかったが、木戸を背景とした大隈の権力を抑えるべく、大久保は様々の働きかけをしていくのである（伊藤之雄「大隈重信と木戸孝允・木戸派」）。

大隈の対応

大隈が大久保らの動きをどの程度つかんだのか不明であるが、明治三年（一八七〇）三月二九日、大隈は大久保を訪れる。大久保には、大隈がこれまでのことを後悔したように見えた。大隈は、成功を急いではうまくいかないので是非《ぜひ》不行き届きを叱責してください、とも述べ、様々なことを大久保にうちとけて話した。大久保も「喜びに堪えず赤誠を以て過し置き候」（喜びのあまり誠意をもって対応しておいた）（『大久保利通日記』明治三年三月二九日）。

翌日、大久保は岩倉への手紙で、同様のことを述べ、安心したと書いた。また、だんだんと「機密にとて相談」したこともあり、かつ「政府」(三職)の利害も大隈より論じ、また大隈は、民部省・大蔵省の事もなにとぞ叱責してください、としきりに頼んだという。一々後悔の言葉が現れ、それを聞いた大久保はとても喜び、懇切に相談に乗った。これまでは政府が行き届かなかったことも少なからずあったので、これまでのゆきがかりは捨てて、心と力を合わせて日本のために勉励しよう、ということになった(『大久保利通文書』三巻、四〇八頁)。

大隈は、七歳半も年長で幕末薩摩藩での修羅《しゅら》場を踏んできた大久保を、一時的にすっかり信用させてしまった。驚くべきことに、大隈は三〇代初めには老獪《ろうかい》ともいえる話法と物腰を身につけていたのである。またその後三ヵ月ほど、六月中旬まで、大隈や伊藤は大蔵省・民部省の個別の実務について、大久保ら三職の要望と正面から対決していない。

急進的改革路線をめぐる闘い

大久保は急進改革路線を抑制しようとしたが、木戸を排斥しようとしたわけではない。明治三年(一八七〇)六月までに、大久保は木戸・板垣退助(土佐藩大参事〔藩政の実質的責任者〕)・勝海舟(旧幕府軍艦奉行)の政府入りを策し、鹿児島にいる西郷隆盛にも高い位階を与えて政府につなぎ止めようとした(木戸は明治三年六月七日付で参議を命じられ、九日に承諾）。大久保は、意見書にも見られるように、できるだけ多くの力を結集して（「全国一和」）、漸進的に近代化を進めたかったのである。その手始めが、すでに述べた民部省と大蔵省の分離である。

六ヵ月近くの西日本の旅からもどった木戸は、六月上旬から六月中旬にかけ、大隈ら木戸派や後藤象二郎ら支持者との交友を深めた。この時、三条右大臣が木戸派の急進的改革路線に加担する動きを独自に始める。まず六月一三日、三条は佐佐木高行参議に手紙を書き、大隈・伊藤両人はすこぶる「有材・有識また有力」で得難い「英物、大に頼もしき人」と評価した上で、大隈を参議に昇進させ、当分の間民部・大蔵両省も担当させることを提案し、一六日に木戸にも提示した。

ところが、大隈を参議にして民蔵《みんぞう》両省を担当させる動きを知った大久保と副島は、強く反発した。広沢や佐佐木も大久保を支持した。六月二二日、四人の参議は岩倉大納言を訪れ、三条と徳大寺大納言にも同席を求め、民部・大蔵の両省がこのままの状態では国家の前途が危ういと考えるが、大隈らは前途が確かだと思っているようなので、彼らを参議にし、我々四人の参議に退職を命じてほしい、と強く申し出た（岩倉宛大久保書状、明治三年六月二一日、伊藤宛木戸書状、同七月二日、『大隈重信関係文書』一巻）。

岩倉は大久保らを支持した。このときから六月二九日までの間に、意志の強くない三条は、岩倉か大久保に説得された結果、木戸らを支持する側から大久保らを支持する側に変わった。

なお、これ以後も三条は、安定した調停者というより、むしろ決意をぐらつかせて政局を混迷させる存在となっていく。

さて木戸は、六月二六日に三条から詳しい事情を聴き、七月二日に大久保と話し合った。しかし大久保は木戸にどの程度話したかわからないが、民蔵分離《みんぞうぶんり》を再考するどころか、分離した後の民部・大蔵両省の人選まで、広沢参議（木戸と同郷の長州出身）とともに考え始めていた（『木戸孝允日記』明治三年六月二六日、七月二日、岩倉宛大久保書状、明治三年七月四日、『大久保利通文書』三巻）。この大久保の雰囲気を、木戸が感じ取れないはずはない。

政府内で孤立気味になった木戸は、七月三日に大隈を訪れて状況を語り合った。大隈は、大蔵省のことは大久保に任せたいとまで述べる。木戸も国家のことを考え涙が出た（大久保宛木戸書状、明治三年七月四日、『大隈重信関係文書』一巻、『木戸孝允日記』明治三年七月三日）。

七月三日付で大久保が岩倉に出した手紙を、木戸は三条から見せてもらった。この結果、大久保・広沢と岩倉が相談して、大木喬任（佐賀出身、前東京府知事）を民部大輔とし、大久保の腹心の吉井友実《よしいともざね》を民部省専任の少輔とし、民部省は岩倉大納言と広沢参議が担当するなど、木戸は人選が進んでいることを確認する。また大隈については、大蔵大輔専任となり「一きまりの上」（事が落ち着いたら）参議に登用する、と記されているのみであった。木戸はあらためて大久保らの動きに失望を深めたと思われる。

七月三日、木戸が同郷の広沢を訪れ、今日の件を大隈は非常に不平で嘆息していると話した。同郷の広沢をまず切り崩し、大久保らへの反撃を開始しようとしたのである。

翌七月四日午後三時に、大隈は吉井友実（民部少輔兼大蔵少輔）とともに、大久保を訪れ、民部省と大蔵省の分離について様々の話をした。大久保は「誠に公平之《の》論」で安心したと日記に書いた（『大久保利通日記』）。大隈は大久保に宥和的な姿勢を示すことで、大久保らの出方を探ったのであろう。

他方、大久保は民部行政（「民政」）を改革するため、広沢と連携して広沢に民部省を任せ、木戸との対決も覚悟するという内容の手紙を、七月四日に岩倉に書くほどになった。大久保のいう「民政」を行き届かせるとは、急進的改革路線を改めて近代化のスピードを落とし、災害などの際に減税（あるいは免税）を行うなど、農民など人民に配慮した政策を行うということである（伊藤之雄「大隈重信と木戸孝允・木戸派」）。

政府分裂の危機

同じ七月四日夜から、木戸は大久保らへの反撃を行う。それは、同夜に大久保に出した手紙から始まる。

木戸から大久保への手紙は、木戸が大隈の憤りに共感し、次のように七月三日に面会した大隈の意見を中心に構成されていた。

財政上の困難な問題は、誰がやってもうまくいかない。いわれのない批判を様々に受けなから、大隈らは木戸の支持を得て、三職（「内閣」）の承認の下に取り組んできた。それを今になって批判し、しかもはっきりした理由と今後の方針も示さない大久保らに対し、それなら自分でやって見せてください、と木戸は開き直った。

この手紙を受け取っても、大久保は木戸に宥和する姿勢を示さなかった。そこで木戸は七月五日に参議の辞表を出し、同日以降、木戸は土佐藩の実力者の後藤象二郎、大隈や同じ佐賀出身の大木喬任（大久保らの民部大輔候補）や江藤新平（佐賀藩権大参事、前会計官判事）・山口尚芳（佐賀出身、中弁・北海道開拓御用掛、前大蔵大丞兼民部大丞）らと親交を深めて、大久保の反応を待った。

すでに七月四日以前から、三条は木戸と大隈が辞任するのではないかと、しきりに心配していた。そこで七月七日に三条は大久保に、大隈をただちに参議に登用して、木戸・大隈らと大久保の対立を「御引分」にすれば「省中」（大蔵省の中）の事が穏やかに済む、と提案した。だが大久保は、三条の提案を拒否した（大久保宛岩倉書状、明治三年七月四日、吉井友実宛大久保書状、明治三年七月八日、『大久保利通文書』三巻）。

こうして妥協の姿勢を見せぬまま、大久保は七月八日朝に木戸を訪れたが、事の進展はなかったようである。この日も、万一大隈が大蔵大輔に就任するのを断るのではないか、と三条は岩倉に心配を伝えている（岩倉宛三条書状、明治三年七月八日、『岩倉具視関係史料』上巻、三一六頁）。大隈がいないと、日本の財政が回らなくなる恐れがあるからだ。

大隈を焦点とし、木戸支持者と大久保支持者の間で、このような激しい対立になった原因は、すでに述べた改革のスピードをめぐる対立に加え、大隈の性格の問題もあった。明治二年九月頃、三条は岩倉への手紙の中で、大隈大輔に忠告することをよく考えてみたところ、大隈の性質はご承知のように、どうせ「至誠」から諭しても「感伏《かんぷく》」（感服）はしないだろう、と書いている（『岩倉具視関係文書』四巻）。

大隈は人を一時的に説得する話術には優れていたが、自ら信じる急進的近代化政策や個別の政策に自信を持ち、内心ではまったく妥協しようとしないので、大久保から必要以上に反感を買ってしまったのであろう（伊藤之雄「大隈重信と木戸孝允・木戸派」）。このような自負心が強すぎる大隈の性格は、これから一一年後に明治十四年政変で政府から下野するまで変わらない。

民部・大蔵両省の分離をめぐる闘い

さて、民部・大蔵両省分離問題の展開に話を戻そう。政府は明治三年（一八七〇）七月九日にこれを発表・実施することになっており、明治天皇の裁可も得ていた。当時の太政官制の意思決定のしくみは、三職（「内閣」）では多数決を採らず、主席大臣（当時は三条右大臣）の責任で三職の意思を天皇に上奏し、若い天皇はほぼ自動的に裁可していた。今回は三条がぐらついたあげく大久保の側に加担したのであろう。しかし、この実施を前にした八日、大隈の友人、大木喬任は大久保を訪問し、明日大隈に遠慮なく話したいので、一日延期してほしいと求めた。大木は木戸とも大久保ともつながりがあった。大久保は一晩考えて明日返事すると答え、三条に手紙を出して政府で決めて天皇の裁可も得たものを、天皇の意向でもなく延期するのは良くないという理由で、延期反対の意思を伝えた。

大久保の手紙を見た三条は非常に驚いた。三条が岩倉への手紙に書いたところによれば、大久保の意見のように大木の意見を聞かずに民蔵分離を急いでも、新体制は長く続かず、一〇日もしないうちに瓦解することが必定である。今回は大木の意見に従うべきである、と三条は考えた。

こうして岩倉に同意を求めたうえで、三条は七月九日の実施を先に延ばすことに決定した(一七歳の天皇の同意も、形式的に取ったのであろう)。さらに三条は、七月一〇日までもう一日延期するよう大久保に手紙で伝えた(三条宛大久保書状、岩倉宛三条書状、いずれも明治三年七月八日、大久保宛三条書状、明治三年七月九日、『大久保利通文書』三巻)。

このような、なし崩し的延期の連続は、民蔵分離の中止につながる。今度は大久保らが反発し、大久保ら参議と徳大寺実則(大納言)が三条に会って反対論を述べ、三条は「苦慮の極《きわみ》」に立ち至り、岩倉に支持を求めた(岩倉宛大久保書状、岩倉宛三条書状、いずれも明治三年七月九日、『大久保利通日記』明治三年七月九日)。しかし、岩倉もさらなる延期には反対であった(三条・徳大寺実則宛岩倉書状、明治三年七月九日、『岩倉具視関係史料』上巻、三四七、三四八頁)。

結局、一日遅れで民蔵分離が実施され、大隈と伊藤は大蔵省専任となった。民蔵分離をめぐる最終的な争いに、大隈も木戸も直接には関わっていないが、天皇まで裁可した政府決定事項が一日延期されたということで、大隈は少し気を取り直したと思われる。また最も重要な大蔵省に関しては、大久保の腹心の吉井が民部少輔に異動し、大隈大輔〔次官〕－伊藤少輔〔次官クラス〕ラインで、木戸派などを背景に、これまで通り急進的な近代化を進める体制が継続していた。

さらに、木戸や大隈にどの程度伝わったのか不明であるが、民蔵両省が分離されたので大隈を参議に登用して(「入閣」させて)よいと、広沢が七月一三日に三条に手紙を書いている。また、黒田清隆(薩摩出身、開拓使の開拓次官)は、大隈は「改心」してよい方向に向いていると思われる、と七月二四日に大久保に報告している。大隈は少なくとも表面上は宥和的な行動をとるようになったようである(伊藤之雄『大隈重信と木戸孝允・木戸派』)。

参議として初「入閣」する

民蔵両省の分離がなされた後、木戸派への宥和策が実施されないので、明治三年(一八七〇)八月四日、木戸は広沢に、大隈を参議に登用するようあらためて申し入れた。気の小さい三条は、「大隈・伊藤一派」の処置は「彼一党」がすでに辞職して政府を去ろうとする気持ちが「甚《はなはだ》切迫」しているものと見た。

そこで三条は、「民蔵之体裁を定め」（民蔵を分離した形をあらため）、大隈を用いれば木戸（参議）もきっと政務に尽力し、「伊藤一同」（大蔵省の伊藤・井上らの木戸派）も辞任しないことは間違いない、と木戸・大隈らへの妥協をしようと考えた。八月四日、三条は岩倉に大久保の説得を依頼した。三条は、そうできないなら、「彼輩」（木戸・大隈ら木戸派）は「捨て」去るか、「一刀両断《いっとうりょうだん》」（強い決断の下に速やかに）に行わなければならぬ、との考えまで述べた（岩倉宛三条書状、明治三年八月四日、『岩倉具視関係史料』上巻、三三八頁）。もちろん、木戸・大隈ら木戸派を政府から離脱させることは三条の本意ではない。三条から岩倉への働きかけがあり、大隈を参議にする方針は八月一四日には決まっていた。

大隈が参議になることが決まると、八月一七日、木戸は伊藤に対し、大隈のような人物はできる限り助け、その仕事にあたらせることが緊要であると述べる。さらに木戸は、大隈の才能や気力は「義弘《よしひろ》・村正《むらまさ》」の名剣のようであるので、大隈が口を開くのを見て声を聞かないで恐れ避ける（「恐避」と表現）ような状況があると、徳川氏に恐れられた妖刀「村正」などにたとえて＊、その力量を評価した（伊藤宛木戸書状、明治三年八月一七日、『大隈重信関係文書』一巻、三〇四、三〇五頁）。

＊木戸と異なった見方であるが、目的のためにはどんな事でもするすごみを、同じ八月に宮中情報通の大納言岩倉具視は察知している。それは、大隈と江藤新平が大奥で賄賂を使って種々の画策をしている

ことであり、その情報を岩倉は大久保に書き送った（大久保宛岩倉書状、明治三年八月一九日、『大久保利通関係文書』〈立〉一巻）。

以上のような大隈や木戸・木戸派の粘りがあって、大隈は九月二日付で、大蔵省の実務の実権を持つ大蔵大輔兼任のまま参議に昇進し、初めて「入閣」する。大隈の大蔵省での基盤は、さらに強まった。

ところで、大隈が参議に就任することは、すでに述べたように単なる人事の問題ではなく、急進改革路線を推進するか否かの問題である。この時点で最も大きな課題は、廃藩であった。木戸は七月五日に参議の辞表を出したままになっており、岩倉や三条から再び出仕するよう強く求められても同意せず、大久保や岩倉に会って国政の話をすることはなかった。しかし、大隈が参議になった日には大隈と会い、横浜へ歯痛の治療のため一〇日間ほど行くが、その後は「断然御請」〔参議として出勤〕すると述べたようである。

木戸は歯を九本も抜いて体調を崩すものの、九月一〇日に東京へ戻り、岩倉・三条や大久保に会い、二四日には御前会議（閣議）に出席し、参議として再び働き始めた（『木戸孝允日記』、大久保宛岩倉書状、明治三年九月二日、『大久保利通文書』四巻）。大隈の参議昇進は、何よりも木戸の出勤拒否の圧力が効いて実現したのである＊＊（伊藤之雄「大隈重信と木戸孝允・木戸派」）。

＊＊大隈の回想によると、大隈を「内閣」に入れ、大蔵省の「事務」の「経理」を兼任させ、「内閣」が諸省の上に立って管理することが必要である、と「入閣」への勧誘があったが、「内閣」を組織していた者は「保守主義」を執る者が多く、「急激なる進歩主義」を執る大隈は躊躇した。しかし、三条・岩倉・木戸・大久保らが「切に余が入閣を勧誘」してやまないので、六点の「入閣」条件を出し、「入閣」したという（『大隈伯昔日譚』五一四〜五一六頁）。しかしこれらは、当時の藩閥政府内で能力ある自分への期待が大きかったように見せたい大隈が脚色したものである。

第4章　木戸派からの排除―廃藩置県以降

廃藩置県への大隈の疎外

大隈重信が参議（大蔵大輔〔次官〕兼任）として「入閣」した明治三年（一八七〇）九月二日、大久保利通（参議）は、岩倉具視（大納言）に「一大事件」を相談したいので、明朝一〇時までの間に伺いたく、参内は見合わせてください、と手紙で書いた（『大久保利通文書』第四巻、一頁）。

大久保のいう一大「事件」とは、その後の史料から動きを解釈すると、まずは薩長土の有力三藩の兵を中央に集めて、朝廷が軍事力を握ることをめざすことである。その先の廃藩置県につながる大改革である。大久保は木戸や木戸派から求められ、自らも必要とは思いながら、まだ実施の合意が得られる時期ではないと抑制してきたことを、大隈の参議昇格をめぐる中央政府分裂の危機を経て、とりあえず軍事力の面だけでも実施に向けて動こうとしたのである。

むろん、大久保とて一年程度で廃藩ができるという確信が持てたはずはない。軍事やそれに関係する財政などを、できる限り中央政府に吸収することが一つの目標で、情況を見つつ、可能なら一気に廃藩に突き進んでいきたいと考え始めた、と推定できる＊。

＊昭和初期に刊行された『大久保利通文書』以来、そのようにとらえられてきたが、一九六八年（昭和四三）に刊行された原口清『日本近代国家の形成』以来、廃藩置県の実施は直前まで考えられていなかったとの説が有力になってきた。原口は、「〔将来の〕廃藩置県への展望は、明治三年秋ごろには、政府首脳部の共通した見解となっていた」と見る。しかし、最も急進的な木戸ですら明治三年頃の条件のもとでは廃藩実施は遠い将来のことと考えている様子が見えるし、「岩倉・大久保も漸進的であった」とする。明治四年〔六月から七月上旬にかけて〕山県有朋・鳥尾小弥太《とりおこやた》らが西郷隆盛から廃藩置県断行賛成を取り付けてから、大久保や他の首脳は廃藩断行に踏み切ることができた、という（七九、八五頁）。これは、史料の中に廃藩を意味する用語がそれまで登場しない、というのがその根拠であろう。だが、幕末において有力藩のリーダーたちは、倒幕（または武力討幕）を具体的に考えるようになっても、倒幕までは考えていない他藩の支持を少しでも多く得るため、それを容易には公言せず、その目標で動き、最後に機が熟するのを待って初めて公言し、実行に移した。今回も同様と考えられる。廃藩をめざしているとわかると、一気に反対勢力が強まる可能性があるので、中央に軍事力を掌握して西郷の支持を得て廃藩を実現できる体制が整うまで、廃藩を近い目標と類する用語が、親しい同士の間の手紙ですら使われないことは不自然でない。なお、明治三年に将来の廃藩を考慮した動きが生じる背景には、諸藩が財政に窮乏し、廃藩を願い出たり、そこで廃藩論が出たりする状況があったからだ（松尾正人『廃藩置県の研究』第二章）。

さて、大久保は岩倉の同意を得ると、三条実美（右大臣）の合意も得、横浜から戻り、歯の治療の痛みが収まった木戸孝允（参議）と、九月一四日に「大に前途の事」を論じた（『大久保利通日記』、『木戸孝允日記』）。

廃藩を成功させるには、鹿児島に戻ったままの西郷隆盛（鹿児島藩大参事〔旧首席家老〕）を東京に引き出し、また薩長を中心とした有力藩の団結が何よりも必要であった。西郷を東京に呼ぶため、まず弟の西郷従道（信吾、兵部大丞〔現在の局長〕）が一〇月一四日に帰省、次いで岩倉も鹿児島に行き、勅語を伝える。

こうして板垣退助（高知藩大参事）の協力も得、一二月には薩長土の有力三藩が新政府に積極的に協力することをあらためて約束し、翌明治四年（一八七一）二月には、三藩の兵約八〇〇〇人を新たに御親兵として新政府の直属軍にすることが決まった。

同じ頃に木戸は、腹心の伊藤への手紙の中で、〔廃藩の完成には〕一〇年かかることと即決できることとを区分して着手しなくては、かえって事実上、実現に遅延が起こる可能性がありますと述べている。さらに廃藩への見通しが少しついたと考えつつも、すぐには改革できないことがあるとも論じている。

このような廃藩置県をめざした体制変革の動きは、それ自体は大隈にとって極めて喜ばしいことである。大隈にとっての問題は、この大改革への動きは薩・長・土、とりわけ薩長が中核となるもので、大隈に十分に相談された形跡がないことである（伊藤之雄「大隈重信と木戸孝允・木戸派」）。

明治四年（一八七一）二月になり、廃藩（まず中央への軍事力の統一）問題が本格化しても、木戸と大隈との個人的接触はほとんどない。たとえば、二月八日には、山県有朋（兵部少輔〔次官クラス〕）が木戸を訪れ、岩倉が来て、後藤象二郎（土佐）もやって来た。その後、木戸は岩倉と三条を訪れる。そこでは板垣退助・杉孫七郎《すぎまごしちろう》（長州出身、前山口藩権大参事、宮内大丞）・西郷隆盛・大久保利通が同席し、「三藩之旨趣」を建言した（『木戸孝允日記』明治四年二月八日、『大久保利通日記』明治四年二月八日）。大隈は参議兼大蔵大輔という要職にありながら、廃藩に関連する会合から外れていたのである。

明治四年三月以降も、大隈は、大阪造幣寮開寮の出張を除き、ずっと東京にいたが、廃藩への動きに直接関わることはほとんどなかった。

廃藩の件で大隈が関わったと確認されるものは、三月二日、御親兵の費用をどこから捻出するかを話し合うために、三条邸で開かれた会議くらいである。この会議には、三条はじめ、岩倉・大久保・大隈・井上馨（大蔵少輔）・山県らが参加した（木戸は二月二四日に横浜港を出発、山口に帰省中）（『大久保利通日記』、『木戸孝允日記』）。この会合は、御親兵創出に向けての重要な会議であるが、大枠が固まり、その費用をどう出すのかを、「内閣」の中心人物が大蔵省当局者と実務を決める要素が強く、大隈が廃藩への意思決定の中核にいたとはいえない。

木戸の大隈への不信

さらに木戸は、これまで大隈を先頭にして行わせてきた急進改革路線に対し、明治四年（一八七一）三月頃から疑問を持つようになった。これは、木戸が廃藩への土台作りとして長州に帰省していた間に、まざまざと長州の実情を知ったことが始まりである。三月九日付の木戸の日記に、初めて次のような叙述が登場する（『木戸孝允日記』二巻）。

秋元源太郎ら数名に会い、近来の人民の様子を聞き取り了解したことがたくさんある。今日の流れで最も憐れなのはただ民衆だけである。大いに根本を改革しないなら、何万人もの困苦を止めることはできるだろうか〔いやできない〕。したがって、今いっそう根本的な改正をすべきであるという気持ちが湧き上がってくるのを覚える。

木戸が同年の八月一三日に、イギリスに滞在中の品川弥二郎《しながわやじろう》（長州出身、奥羽鎮撫使総督府参謀などを経て、普仏戦争観戦のために欧州へ派遣）に送った手紙には、これまでの急進的改革路線（「開化」）に対する木戸自身の疑問を、さらにはっきりと示している（『木戸孝允文書』四巻、二六八頁）。

〔体調が良くなく、気力も失せていく〕とはいえ、将来のことを推しはかると、現状を理解せずに理屈で「開化」を唱え、人情が日増しに軽薄になっていくのは見苦しい。友人でも、亡くなった友人ほどの人物は非常にまれになりました。このあたりのことを苦労して配慮するのは〔若く元気な〕あなたたちがすべき任務と思います。他の友人へは別に手紙を書きませんので、ついでの折にしかるべくお伝えくださるようお願いします。

急進改革路線を行うことで、大隈を評価し支えてきた木戸が、方向を変えて大隈を阻害するようになっていくのは、木戸の身勝手な一面である。しかし木戸から見ると、路線を修正するべきではないかと木戸が不安を表明しているのに、大隈が自信満々でまったく受け付けようとしないことに大きな問題があった。こうして廃藩置県の前後から、木戸と大隈の関係は冷えていく。

相談なく参議を外される

話を明治四年（一八七一）六月に戻そう。いよいよ廃藩と新体制創設が焦点となると、木戸は六月四日に朝廷から退出後に大隈と伊藤博文（工部大輔）に面会し、三条を訪れ、「制度改革等」について詳細に応答した。

しかし、その後木戸は、六月二五日の三職《さんしょく》（「内閣」）会議まで大隈とは個人的に会うことはないが、この間、木戸は山県（六回）や井上馨（五回）、大阪に滞在することが多かった伊藤にすら（三回）会っている（『木戸孝允日記』）。

さて、大改革後の「内閣」の新体制について、六月一日に大久保は西郷隆盛と相談し、木戸を中心として大久保・西郷らが支えることで合意した。また六月一三日までに、板垣の同意も得、西郷が井上馨・山県に話したところ「異議」がないというので、大久保は喜んだ。三条・岩倉らの同意も取り付けた。

木戸の腹心として廃藩置県を推進していた井上馨は、同改革は参議以上の特権で決着すべきとの考えで、大隈も十分にその説を考えていると、六月一五日に大久保の腹心の吉田清成（薩摩出身、大蔵少丞）に知らせている（吉田宛井上書状、明治四年六月一五日、『吉田清成関係文書』一巻、八三頁）。すなわち、大隈は参議としてこの改革に関する意欲があったのだ。

ところが六月一七日、宮中において三条と岩倉が木戸に対し、参議の上に立って上下を「勧導」（主導）するよう説得した。木戸は、すでに山県や井上を通して、西郷隆盛がその役割を果たすほかないと答えていたので、そのことを繰り返して退出した。

この新体制をめぐる構想にも、大隈はまったく関与できていない。その後も大隈が関与しないまま、大久保を中心に三条・岩倉らによって六月二四日までに、二五日に参議と諸省の少輔《しょうゆう》以上（卿・輔）を廃官とし、新参議に木戸と西郷が任命されるようにし、少輔以上の人選は二人に任せる、という方針が固まった。その方針は予定通り二五日に実施される（『大久保利通日記』）。

木戸はこの改革に不満で、大久保や岩倉に勇退したいと主張した。六月二五日の「閣議」

は紛糾したが、木戸は最終的にやむを得ず参議就任に同意した（『木戸孝允日記』）。同日、「大隈等種々に議論あり」と、木戸が日記に特筆しているのは、この問題に関与できなかった大隈の不満があってのことだろう。

結局この日、大隈は参議と大蔵大輔《たいふ》の役職を、他の参議や輔とともに免じられた。また、木戸と西郷の二人が参議に新任され、継続して務める三条（右大臣）・岩倉（大納言）・徳大寺（大納言）・嵯峨実愛《さがさねなる》（大納言）とともに、三職（「内閣」）を構成することになった。

二日後の六月二七日には、大久保が大蔵卿に任じられ、大隈は参議を外された形で再び大蔵大輔に就くことに同意したという。結局、二九日に大隈（大蔵大輔）・井上（民部少輔）・山県（兵部少輔）・寺島宗則（外務大輔）などの任命があった（二七日付で任命）（『大久保利通日記』、『木戸孝允日記』）。

参議を外されることについて、半年ほど前までの状況なら、まず木戸から丁寧な説明があるはずである。しかし木戸からは何もないまま、大蔵卿になった大久保が大隈に説明したようである。大久保は六月二九日付の岩倉宛の手紙で次のように言う。

大隈とはまだゆっくりと話をしていません。明日〔七月〕一日に出会ってじっくりと話す約束をしておきました。大隈はどのように考えているか真意がいまだにわかりません。

（『大久保利通文書』第四巻）

大久保・岩倉らも、大隈を重んじていないことを示している。

大隈「再入閣」の理由

先述したように木戸は、「内閣」員を減らす大久保主導の六月二五日の改革に反対で、大久保・板垣・大隈も参議となるべきことを主張していた。そこで七月一四日に再度人事が行われ、「内閣」は三条（右大臣、七月二九日より太政大臣）・岩倉（大納言兼外務卿、一〇月八日より右大臣）と、西郷・木戸・板垣・大隈の六人で構成するようになった（大久保大蔵卿は参議にならず）。これは、薩・長・土・肥四藩のバランスを保って大改革を行うべきである、という木戸の意向に沿ったものである。

ここで再び大隈が参議になったのは、木戸が大隈に大きな期待をしたというより、雄藩の一つである肥前（佐賀）藩の代表を一人入れた結果にすぎない。すでに述べたように、大隈は前年九月に参議になったときには、大蔵大輔を兼任していたので、大蔵省を掌握していた。しかし今回は兼任せず、公式には大蔵省への大隈の権力は減退することを承知で、木戸と大久保はこの人事を行ったのである。

この直後に行われた、民部省を廃し同省の駅逓《えきてい》・戸籍・勧業の三部門を大蔵省に置くことになった後の人事についても、大久保大蔵卿は大蔵大輔（兼民部大輔）に昇進した井上馨とある程度打ち合わせしたが、井上が出勤しなかったので、「独断」で〔「内閣」に〕申し立てて実施した。また、〔井上の部下の〕渋沢栄一（大蔵権大丞《ごんのだいじょう》〔局長クラス〕）や木戸・大隈には大久保の方から伝えておきます、とも井上に伝えている（井上宛大久保書状、明治四年七月二七日、『大久保利通文書』第四巻、三四四頁）。大隈は大蔵省に関係の深い参議であったが、その人事を大物で大蔵卿となった大久保から相談される存在ではなく、前もって伝えておけばよい程度の存在になってしまっていた。

廃藩置県の実施

ここで、木戸派や政府内での大隈の位置を理解するため、廃藩置県前後の動きを簡単に示しておこう。

明治四年（一八七一）四月から六月中旬にかけて、御親兵約八〇〇〇名（公称一万名）が東京に集まってきた。木戸は岩倉に廃藩の断行を求めたが、島津《しまづ》久光《ひさみつ》（薩摩の実権者）が反対していたので、岩倉も大久保も踏み切れなかった。

ところが、西郷隆盛が参議就任を承諾すると、事態は一気に進み始める。

山県有朋や井上馨ら長州の少壮者は、廃藩断行の時機と考え、井上は木戸が再び決意するよう説得し、山県は個人的に親しい西郷を説得した。西郷の賛成を得、木戸・大久保・西郷らの密議を経て、三条・岩倉の合意を取り付け、明治天皇の裁可を受け、七月一四日に廃藩置県が発表された。

翌七月一五日、旧藩主である二〇〇以上の藩知事が罷免される。こうして、薩長土からの御親兵という軍事力を背景に、廃藩置県は大きな混乱なく実行された（高橋秀直「廃藩置県における権力と社会」）。天皇はまだ一八歳であり、三職（「内閣」）の上奏に従うだけであった。

廃藩置県が実施されると、八月に政府は太政官三院制を発足させた。これは太政官制の組織を大幅に改革したもので、「内閣」にあたる正院《しょういん》を最高決定機関とし、立法に当たる左院《さいん》と行政の統轄機関である右院《ういん》により構成された。正院は天皇が臨御して「万機を総判」するところで、太政大臣や納言はこれを輔弼《ほひつ》（補佐）し、参議が参与して、「庶政を奨督する」と規定された（笠原英彦『明治留守政府』）。

大納言のポストはまもなく廃止され、正院は太政大臣、左・右大臣と数人の参議で構成されるようになり、三職の時代と同様に「内閣」の役割を果たし、国家の政策の大枠や主要人事の意思決定を行う。

立法機関としての左院が設けられ、初代左院議長に後藤象二郎（工部大輔）が任命された。正院の構成者が各省の卿（長官）以上のクラスの者であるのに対し、左院は各省の大輔（次官）以下のクラスの者で構成された。そのため左院の発言力は弱かった。これらの大組織改正の重要な過程にも、大隈はほとんど関与できなかった。

ところで、右院は各省の卿・大輔で構成された。制度上は行政官庁である右院の各省が、予算や政策などで互いに調整し、それを左院でさらに検討することになっていた。しかし、右院としての調整機能は実際には働かなかった（前掲一四〇、一四一頁）。この組織改正で、各省の卿（卿がいない場合は大輔）が各省内の政策や人事まで自主的に決定できるようになったので、各省の政策や実情に精通した大臣・参議が各省を十分に掌握しないと、各省は正院（「内閣」）の統制を逸脱して行動することになる。

後述するように、岩倉使節団で大臣・参議クラスの大物である岩倉・大久保・木戸が日本を離れると、留守政府の正院（内閣）には、各省務に不慣れな三条（太政大臣）と西郷隆盛（参議）・板垣退助（参議）と、大隈（参議）しかいなくなった。このため、大隈や井上馨（大蔵大輔、大久保大蔵卿が留守）が大蔵省の実権を持ち、各省も自立性を強めて大蔵省と対立するようになって、大きな問題を引き起こすことになる。

伊藤を中心とした木戸派

廃藩置県後の大隈と木戸・木戸派の関係も示しておこう。大久保は木戸派の拠点の大蔵省の卿となるが、卿となって日が浅い明治四年（一八七一）七月一九日に木戸を訪れ、「会計の事暗く当職に安せさる」（会計の事がよくわからず、大蔵卿の職に就いているのが不安である）と、話した（『木戸孝允日記』明治四年七月一九日）。これを利用して木戸は、八月中旬までに伊藤を大蔵省の「全権」を持つポスト、すなわち大蔵卿にしようとした（伊藤之雄『伊藤博文』〔文庫版〕一〇九、一一〇頁）。

木戸は、大蔵卿の大久保を参議とし、伊藤を大蔵卿にしようとしたのであろう。大蔵省には井上馨が大輔（次官）としているが、約一年前の大蔵省でも、伊藤の方が井上よりも地位が上だったので、問題はない。しかし、伊藤を大蔵卿にする人事はうまくいかず、木戸は九月二〇日付で伊藤を工部大輔（卿が空席だったので工部省の最高責任者）に就任させた。いずれにしても、七月下旬から八月上旬までの木戸の大蔵省人事の構想は、木戸が木戸派を、大隈を基軸とするものから、同じ長州出身で幕末以来の腹心であった伊藤を基軸にするものへと変えていこうとした試みだった。当然、大隈には相談されていない。

八月末、木戸は腹心の伊藤への手紙で、次のように書いている。

私はただお客にも遊女にも、結局調和しなくてはその間の損害がとても大きいと判断し、〔維新以来〕数年間ひたすら遊女屋の仲居のような周旋役を務め、忍び難いことも忍んで、今日まで一日も愉快と思ったこともなく日を送ってきたのに、人々は木戸の恩を忘れがちになっている。（伊藤宛木戸書状、明治四年八月二八日、『木戸孝允文書』第四巻二七五頁）

ここには日本のために、木戸が急進「開花」、すなわち改革を求める者と保守的な者たちとの調和に務める損な役回りを引き受け、数年間不快な思いばかりしてきた、という自負と被害者意識が見られる。このため木戸は、期待した人物に自分への服従を求めすぎ、関係を損なうことが少なくなかった。木戸の面倒見の良さの反面の欠点であった。

大隈と木戸との関係が疎遠になっていくことは、木戸が大隈の急進改革路線に疑問を持ち始めていたことに加え、大隈が木戸に本当の意味で服従の姿勢を示さなかったことが関係していたであろう。参議になった大隈は、新政府の中で外交や財政を扱えるのは自分くらいだ、という余りにも強い自信を持っていたからである。

大隈の名誉のために、木戸の疑いと不信は大隈のみに向けられたわけではなかったことにも触れておこう。同年九月一五日、山県有朋と野村靖(長州出身、宮内少丞)が木戸を訪れた。これは、二人が「陰に「木戸から」離隔《りかく》」しているとの説があるのを木戸が聞き、木戸が山県に先日弁明を求めたことに関し、山県と野村が二人で木戸を訪れ自分の口から出たものでないことや「二念」がない(朝廷〔や朝廷を重んじる木戸〕への忠誠心は変わらない)ことを釈明し、謝罪したのである。木戸の機嫌は直った(『木戸孝允日記』明治四年九月一五日)。

木戸の理想は、木戸派の面々が木戸の意向に沿うように十分に働き、木戸は一線を退きながら情報を得つつ、ゆったりとした時間を送ることである。しかし、混沌と混乱の中で形成されつつある草創期の国家において、大隈は木戸の個人的な感情に配慮する余裕がない。

木戸が大隈を嫌うようになった気持ちは、大隈が感じても他人には言わないので、ただちに木戸派の面々に伝わったわけではない。だが、木戸と大隈の会合がほとんどなくなっていくことなどから、木戸と大隈の関係が良よくないことが、八月から九月にかけ伊藤らに伝わったのは間違いないだろう＊。

＊ただし大隈とも親しい五代友厚（薩摩出身の政商）は、同年一〇月四日に大久保の腹心の吉田清成（大蔵省租税権頭）に、人が言うところによると、大隈が策を立てると木戸はこれを西郷隆盛に説く、西郷も木戸の才力に及ばない、等と知らせている（吉田宛五代書状、明治四年一〇月四日、『吉田清成関係文書』二巻、一九頁）。木戸と大隈の疎遠な関係は、さらに一、二ヵ月たっても、まだ薩系には伝わっていなかった。

この九月、伊藤は築地の大隈邸「梁山泊」の隣家から高輪南町の新居に移った。これは家の選定などの準備期間を考えると、大隈と木戸との関係の変化からではない。転居したのは、木戸が伊藤の家は場所柄も風景も仲間内で最もよい（『木戸孝允日記』）と評したように、伊藤がその環境などを好んだことと、経済的余裕ができたからであった。

木戸派は約二年と少し、明治四年七月頃から大隈が中軸でなくなる形での変質を始めた。九月に伊藤が高輪に「第一等」の邸宅を構えたことは、奇しくもこのことを象徴する出来事となってしまった（伊藤之雄「大隈重信と木戸孝允・木戸派」）。

大隈小使節団構想

明治四年（一八七一）七月に廃藩置県が行われた後、政府首脳にとって次の大きな課題は条約改正であった。また、これまで大隈や木戸・大久保・岩倉・三条らは渡欧経験がないまま、日本にいる西欧人からの知識や、渡欧経験があり英語（外国語）のできる伊藤博文らからの情報を判断材料として、近代化の改革を推進してきた。渡欧経験のない大隈ら政府首脳の間には、国内政治が少し落ち着いた今、今後の近代化の参考にするため、一度西欧を直接見聞してみたいとの希望があった。

最もはっきりとした希望を持っていたのが、大隈であった。幕末に結んだ安政の通商条約では、一五年後の明治五年五月（太陽暦では七月）から、改正交渉ができることになっていた。外務省では明治三年からその準備作業が中堅官僚レベルで始まった。

改正交渉ができる一年前の五月には、規定に従い、日本は条約改正の意思を各国公使に通告した。明治四年（一八七一）六月九日に沢宣嘉《さわのぶよし》外務卿から三条・岩倉に、条約改正の問題は担当の大隈参議に改定の全権委任状を下付してほしいとの上申が出された。この上申は、三条・岩倉から大隈参議に回されたままで終わった（大久保利謙『岩倉使節の研究』一八〜二三、二八、二九頁）。

大隈は廃藩置県の過程に十分に関わることができず、得意の外交である条約改正問題で成果を挙げ、自分の存在をアピールしようとし、沢外務卿に働きかけたのであろう。当然のことながら、このような重要問題は、大隈が木戸派の中心だった頃なら、少なくとも木戸の了解を得たうえで外務卿から三条・岩倉に上申するのが慣行である。それなしで外務卿から上申したところに、大隈の疎外感と焦りが見える。このようなやり方では、「内閣」を動かすことはかなり困難である。

他方、岩倉やアメリカ出張中の伊藤博文（大蔵少輔）も条約改正に関心を示している。また木戸も前年秋から、特定の目的はないものの、渡欧への強い意欲を岩倉に示していた。

右の状況下で、明治四年八月一八日、木戸は大久保を訪れて洋行したいと訴えた。次いで二〇日、天皇が臨御した「内閣」で、条約改正のため使節を派遣することが決まったようである。翌日、廃藩置県後に太政大臣となった三条は大久保を訪れ、使節の中心は岩倉が適当だとの話をし、同様のことを幕末から関係の深い木戸へも伝えたと推定される（『木戸孝允日記』、『大久保利通日記』）。

八月二五日頃の段階では、三条は岩倉を中心として大隈も参加するような条約改正のための小規模な岩倉使節団を構想していた。三条は廃藩置県を内実化していくため、木戸や大久保が使節団に参加することに反対であった。まだ後のように、岩倉に木戸・大久保を加えた三人もの大物が渡欧する話にはなっていなかったので、大隈が、小規模な岩倉使節団に全権の一人として参加し、実権を握れる可能性も残されていた。

同じ頃、大久保も、やはり岩倉を中心として使節団を作り、そこに参加することを望んでいた。木戸や大久保が参加することになると、実際に行われたような大規模な使節団となる。ところが、大隈は木戸や大久保から使節団参加について相談される相手ではなかった。それは、この頃の大久保や木戸の日記からも確認できる。

木戸は、大隈が条約改正の使節団の中心になりたいと希望し、岩倉使節団には加わりたいと望んでいたことを知っていたはずである。大隈が木戸に次ぐ木戸派の有力者であると想定するなら、異常な事態であった。やはり、すでに示したように、木戸と大隈は八月までに極めて疎遠になっていたのだった＊。

＊八月二五日付で大久保が岩倉に書いた手紙から「この時は、まだ使節派遣のことは、三条の下で担当の大隈が一切とりしきっていたようである」との解釈もある（大久保利謙『岩倉使節の研究』五八頁）。しかし、この手紙のどこにも、大隈が取り仕切っていたことを示す叙述はない。また大久保利謙は、大隈が条約改正の全権大使になれなかった理由として、特に根拠も示さず、大隈の才気への不信感を持っている大久保利通の大隈排撃を挙げる（同前書、六二頁）。しかし、本書で述べたように、大隈が木戸と疎遠になっていたことを背景に、木戸・伊藤がこれまでのように大隈を支援しようと動かなかったことに加え、大久保・岩倉らが元来大隈と関係が緊密でなかったので大隈の立場に配慮しなかったのである。

九月六日になっても、岩倉使節団の陣容は固まっていなかったようである。これは、三条が大隈も参加する小規模な岩倉使節団を推進しようとしているからである（伊藤之雄「大隈重信と木戸孝允・木戸派」）。

岩倉使節団に参加できず

この状況下で、かつての木戸派では大隈に次ぐ有力者伊藤は、大隈の望みを実現するために動いたのではなく、むしろ木戸の意向に迎合する形で動いた。

伊藤の回想によると、〔廃藩置県後に〕岩倉外務卿（大納言兼任）が特派大使として欧米に派遣される話が起こったとき、岩倉はまず伊藤を招いて、伊藤に副使として随行してほしいと懇諭した。伊藤は喜んでお伴するつもりであったが、視察の結果を実行することを考え、木戸・大久保の同行を進言した。岩倉はすぐに同意したという（「岩倉具視」〔直話〕、『伊藤公全集』三巻、八、九頁）。岩倉が伊藤に副使を頼んだのは、大隈にない伊藤の英語能力と、国内での政治・行政の経験を重んじたからだろう。伊藤は木戸や大久保の望みをかなえるべく、二人の参加を岩倉に進言したのであろう。

こうして九月一九日頃までに、大隈の意に反する形で、使節団の中枢が岩倉・木戸・大久保・伊藤に決まっていった。大隈はメンバーに含まれておらず、佐賀出身で大隈の後輩で、多少英語のできる山口尚芳（外務少輔）を副使に加えたのは、大隈を外したことを緩和するためにほかならない。

大隈の条約改正使節団構想が展開しなかったのみならず、岩倉使節団からも外されたことで、大隈は強い憤りを感じたと思われる。また、木戸や「梁山泊」の友人だったはずの伊藤に対しても失望し、大久保も含めた薩長藩閥から疎外されたことを強く感じたことであろう。

事がこう展開した今、大隈には何もできない。そこで権力基盤を固めるため、使節団幹部が留守中の当面の政府の運営について早速思いをめぐらす。しかし、渡欧もあきらめない＊。

＊使節団の副使として渡欧した山口尚芳によると、大隈も岩倉使節団より一年以上遅れて一八七三年（明治六）に出発して渡欧するつもりであった。実際、大隈は一八七三年のオーストリアのウィーン万国博覧会に渡航しようとしたが、政府内の同意が得られず実現できなかった（大隈宛山口書状、明治五年二月九日、一八七三年一月二日、四月一四日、『大隈重信関係文書』〈早〉一〇巻、三六〇、三七六、三七七頁）。

一〇月八日、条約改正に向けての列強の意向の打診と日本の近代化の方策を学ぶため、使節団を欧米に派遣することが公式に決まり、団長である特命全権大使には、同日に右大臣に昇格した岩倉が任命された。また特命全権副使には、九月一九日の木戸の構想通り、木戸・大久保・伊藤・山口尚芳が任命された。一一月一二日、岩倉使節団の大使以下一行四八人、同行の留学生五四人は、サンフランシスコに向けて横浜港を出発する。

話を少しもどす。使節団の主要メンバーが固まった九月一九日頃の段階で留守政府に残ることが決まっていた主な人物は、三条実美（太政大臣）・西郷隆盛・大隈重信・板垣退助の三参議、および後藤象二郎（土佐出身、九月二〇日に工部大輔より左院議長）・井上馨（大蔵大輔）・山県有朋（兵部大輔）・大木喬任（佐賀出身、文部卿）らであった。

これまでも三条は「内閣」の筆頭であるが、岩倉や木戸・大久保に比べると、十分な実権を持っていなかった。また西郷や板垣は薩・土の実力者であったが、いずれも維新後まもなく各藩に戻って藩政を担当しており、中央へ出て参議になってまだ三ヵ月であり、中央政府の行政には通じていなかった。結局、大隈が三条を助けて実質的に留守政府を動かしていかざるを得ない状況であった。

もう一人、当時としては大蔵官僚歴が比較的長い井上馨の立場も重要である。大蔵卿の大久保が渡欧するので、井上が巨大官庁である大蔵省の実質的な責任者となった。

「約定書」を作成する

九月二三日までに大隈は岩倉使節団と留守政府の間の取り決め（「約定書」）の原案を三条太政大臣に渡したようである。三条はそれを検討し、二四日に「内閣」で相談する案を前日に大隈に示した。また大蔵省は井上大輔が責任を持つので、三条は二四日の「内閣」の決定は井上の議論とは違いがないことも確認した。このような調整を経て、「約定書」は使節団出発直前の一一月九日に承認され、「内閣」の構成員と各省の責任者の卿・大輔ら合計一八人が署名した（大久保利謙『岩倉使節の研究』七二、七三、八〇頁）。

この「約定書」の特色は以下の通りである。第一に、廃藩置県は内地の政務を「純一に帰せしむ」〔統一する〕基本なので、悪いところを直し、順次に実際の効果を挙げ、改正の地歩をなさせるべきである（第七款）と、大隈らが進めてきた大蔵省中心の内政の近代化を進めることである。ここに大隈の意図が表われている。

第二に、大使が使命を終わって帰国したうえは、各国を視察して相談と考案をした条件を考慮して、それを実施すべき（第四款）としたことで、そのほかの改革は大使が帰国した後に、成果を活かしながら行うと約したことである。すなわち、大隈らの近代化路線が否定されないことを保証するとともに、留守政府で大隈らが勝手に新しい改革をしないよう抑制していた。

第三に、諸省長官（卿）の欠員も補充せず、官吏の人数も増加させない（やむを得ない場合は〔使節団参加の閣員に〕「決裁」を求めると〔第八款、第九款〕）したように、留守政府は人事面を変えないことであった（伊藤之雄「大隈重信と木戸孝允・木戸」）。

この「約定書」を基礎に大隈が留守政府でどのように活動し、その延長で、岩倉使節団帰国後の征韓論政変にどう立ち向かったのか、次章で見ていこう。

第5章　独自の基盤構築への模索—留守政府・征韓論政変

岩倉使節団に参加できず留守政府に残ったことは、当初の望みとは違っていたが、大隈は晩年に次のように回想し、当時の意欲を語っている。

「開化」主義の推進

岩倉大使一行が欧米視察に出掛けた留守に「留守番」を言いつかった「我輩」は、「最早《もはや》彼等の帰るを待つ迄も無く、世界の文明は其《そ》の空気に触れて大凡《おおよ》そ知れ切って居《い》たものだから」、何かまうことはない、「先廻《さきまわ》りしてドシ〱改革を断行して」しまえ、というんで、「片端から手を着けた」。（中略）「木戸、大久保等が岩倉公を奉じて帰って来る頃迄には、最早や改革すべき重《おも》なるものは大分改革し終った。木戸公等は、之《こ》れを聞いて大分立腹した」。

（『早稲田清話』三八五〜三八六頁）

後で具体的に見ていくように、大隈ら留守政府が行った改革は地租改正も含め財政と地方行政の統一、徴兵制による統一された軍隊の創出などに向けたものである。これは、廃藩置県が藩ごとの財政・行政・軍事を統一することをめざしたもので、その方向は決まっており、木戸らが「立腹」すべき事柄ではない。

木戸が立腹したのは、世界の文明については、おおよそ知り尽くしていたので、先回りしてどんどん改革を実行できる、という大隈の安易な西欧文明観に基づく改革姿勢に対してであったと思われる。初めての渡欧を直前に控えた木戸は、「開化」という名の下での急進改革路線に対し、さらに疑問を持つようになっていた。

今日に至っては「開化開化」といろいろな利便を挙げて「僥倖《ぎょうこう》」〔偶然の幸せ〕のみを狙い、人々は自然に「軽燥《ママ》浄薄」〔軽々しく騒ぎ乱れて薄っぺらい〕になり、「忠義仁礼」の風はまったくなくなってしまう勢いで、一〇年後には本当にどうなってしまうのか、苦慮し思い悩んでいます。

（青木宛木戸書状、明治四年一一月一〇日、『木戸孝允文書』四巻、三一八頁）

その後、アメリカを経てイギリスを巡遊していた頃には、西欧文明に直接触れて、これまで日本で考えられたり行われたりしてきた「開化」自体に対し、強い疑問を持つようになった。こうして、渡欧中に、木戸の心に大隈への反感が強まっていった〔伊藤之雄「大隈重信と木戸孝允・木戸派」)。

のちに大隈は、幕末には駕籠《かご》に乗って東海道などの往来をし、維新後も出勤の際は駕籠を用いていたが、その後乗馬で出勤するようになり、明治五年(一八七二)から馬車を用いるようになったと回想している。これは米国に注文して一両取り寄せたものだったが、取り扱いに慣れなかったため、しばらくして壊してしまったという(『佐賀新聞』一九〇八年二月七日)。大隈は「開化」政策を推進するだけでなく、自らの周囲についても率先して新しい物を取り入れたのである。

この間、岩倉使節団が出発して間がない明治四年一二月、大隈は本邸を築地から「日比谷」(有楽町)に移した。この転居も木戸派を中心とした「梁山泊」時代との訣別を象徴する出来事であった。

近代化と巧みな権力拡大

話を少しもどすと、「内閣」で地位が最も高く、岩倉使節団の、留守を預かるようになる三条実美(太政大臣)は、明治四年九月中旬以降は、大蔵省など留守政府の体制について、大隈参議と相談するようになった(大隈宛三条書状、明治四年九月一六日、一三日、一五日、『大隈重信関係文書』一巻、四〇一～四〇四頁)。留守政府内で、廃藩置県後の近代化を進めようとする各省と、財源が不十分な中で財政を担当する大蔵省との対立が起こることは、時間の問題であった。

前章で述べたように、使節団のメンバーと留守政府が取り決めた「約定書」も、大隈が三条に働きかけて作成されている。三条にとって、財政を知りつくし、政治的力量もある大隈だけが留守政府の「内閣」中で頼りになる存在だった。

大久保利通大蔵卿が使節団で渡欧中、大蔵省の中心であった井上大蔵大輔《たいふ》（次官）が、明治五年五月半ばに財政状況は極めて厳しいと考え、六月になると、およそ一三〇〇万円もの歳入の不足が生じると心配するようになった。これは歳入見込み額の三〇％ほどの巨額である。井上は、この不足額を外債によって賄おうと構想し、渡欧中の吉田清成に指示したが、うまくいかなかった（笠原英彦『明治留守政府』七八〜八〇、八八、八九頁）。

このような中でまず生じたのは、大木喬任《おおきたかとう》（佐賀出身）文部卿のもとで全国的な近代的学校制度である学制の準備を進めていた文部省と、大蔵省との対立である。大木は同じ佐賀出身の大隈の友人であり、二年前に大隈が参議昇進を大久保に妨害された際にも大隈を支援して動いていた（第4章）。明治五年五月末、三条は大隈に井上とじっくり話すよう、問題の調停を依頼した。その後も三条はこの問題の解決を大隈に求めるが、九月に入っても解決しなかった。文部省は一年間の定額金として二〇〇万円を要求したが（ただし翌年のみは一〇〇万円余でも可）、大蔵省は定額金として一〇〇万円しか認めなかったからである（大隈宛三条書状、明治五年五月二九日、七月一四日、九月一三日、『大隈重信関係文書』一巻、四六九、四

七〇、四九七、五一四、五一五頁、笠原英彦『明治留守政府』九〇頁）。

文部省と大蔵省の対立が解決しないうちに、司法省も大蔵省と予算をめぐって対立を深めていった。明治五年四月に初代司法卿に就任した江藤新平は、各府県に裁判所を設置して、それまで地方官が行っていた裁判を司法省が受け継ぐ形で、司法と行政を分離しようとした。このため大蔵省に約九六万円を要求したが、大蔵省の回答は半額以下の四五万円であった（笠原英彦前掲、九四、九五頁）。

岩倉使節団の一員として渡欧中の佐佐木高行（司法大輔）によると、江藤が司法卿になったのは、井上馨の推挙によるものだったという。もっとも先に司法省の中からも、江藤を大隈あたりへ推挙したこともあったという（『保古飛呂比』明治五年四月二七日〔後の参考としての書き込み〕）。江藤は幕末の佐賀藩以来、大隈の友人であり、参議である大隈が中心となり井上と連携して、「内閣」で江藤を司法卿にする人事を決定したのであろう。

このように大隈は、大蔵省と対立する大木や江藤と親しかったが、大蔵省を主導していた井上大輔との連携もあった。明治五年一〇月下旬に井上は、大隈が大阪・神戸・長崎に出張する前に文部省・司法省の定額金問題などの決定をするよう大隈に求め（大隈宛井上書状、明治五年一〇月二三日、『大隈重信関係文書』一巻、五二七頁）、大隈への信頼を示した。

また、これから数ヵ月後であるが、山県有朋の奇兵隊時代の部下で御用商人となっていた山城屋和助《やましろやわすけ》が、兵部省（陸軍省）などの公金を六五万円（現在の二八〇億円くらい）借用して返済できなくなって自殺する事件が起こった。和助の問題で、すでに近衛都督（近衛兵の司令官）を辞任していた山県（陸軍中将兼陸軍大輔（次官））への批判がさらに高まると、山県は徴兵制への反発も重なって窮地に陥り、辞表を提出、明治六年四月一八日に陸軍大輔のみ辞任が認められた（伊藤之雄『山県有朋』）。

これに対し四月一九日、井上は山県の大輔復帰が認められるようにと、大隈に手紙を書いている（大隈宛井上書状、一八七三年四月一九日、『大隈重信関係文書』二巻、五九頁）。陸軍の長州系の主要人事の実権は木戸（あるいは木戸の代理としての伊藤博文）が実質的に持ち、山県を中心に陸軍を掌握していた（伊藤之雄『伊藤博文』〈文庫版〉九六、九七頁）。その山県の危機に際し、木戸や伊藤が不在の中で、井上は陸軍省が瓦解するのではないかと恐れ、長州系陸軍を守るものとして、大隈に期待したのであった。

井上の依頼に対し、大隈は山県を参議に昇格させて「内閣」の一員とし、「諸省兼任」（おそらく陸軍大輔に復帰させることであろう）させることを、すぐに三条太政大臣に提案したようである。四月二一日、三条は必ず「同僚中にも異論」があるので差し控えたい、と大隈に山県昇格案を断った。しかし同じ手紙で、山県が去って「陸軍省も瓦解」することが非常に心配であるが、西郷隆盛（参議兼陸軍元帥）・従道（陸軍少輔）兄弟はどうであるか、西郷隆盛と相談してくださいと大隈を頼っている（大隈宛三条書状、一八七三年四月二一日、『大隈重信関係文書』二巻、六三、六四頁）。

約一年半前には、五代友厚（後述）が大久保の腹心の吉田清成（大蔵省租税権頭）に、西郷隆盛は大隈をあまり良くないと見ているとの噂があると伝えている（吉田宛五代書状、明治四年一〇月四日、『吉田清成関係文書』二巻、一九頁）。留守政府で、大隈は巧みに西郷との関係を好転させたようである

大隈はのちに西郷について、政治上の能力は不十分であり、正直なために不平不満を持つ人間の巧みな言葉に欺かれやすく、士族を信頼して徴兵制を好ましく思っていなかった、と批判的に回想している（『大隈伯昔日譚』五四五、五七三、五九一頁）。しかし、井上馨との連携は別にして、木戸の気まぐれに近い行動で木戸派の権力基盤を失った大隈は、木戸派にこだわらず自分の権力基盤を再構築するため、巧みな言葉を使って薩摩の実力者の西郷の信頼を獲得することが必要であった。

井上馨

大隈は、薩摩藩出身の五代友厚とも関係を深めていた。五代は明治維新直後に大隈と同じく外国事務局（外務省）判事になっており、大阪府判事（現在の副知事）を経て実業界に転身するが、木戸派とは別系統の「梁山泊」の一員だった（第3章）。

井上馨が大蔵大輔となり、財政のみならず地方行政や産業政策を掌握していくと、五代や五代と親しい地方官は、

明治四年秋には井上と対立するようになっていた。しかし、五代が井上を「清盛」と呼んで、井上への敵意を大隈に表すようになっても、大隈の五代に対する好意は変わらなかった（大隈宛五代書状、明治四年一〇月中旬、明治五年六月二一日、『大隈重信関係文書』一巻、四一九、四二〇、四八六頁）。大隈は、西郷隆盛・五代友厚ら薩摩系とのつながりを深め始めたのである。

話を山県に戻そう。その後、山県を助けるために西郷隆盛・大隈・井上が尽力し、四月二九日に山県は陸軍中将兼任で陸軍省御用掛として陸軍卿代理となった。さらに一ヵ月半も経たない六月八日、山県は陸軍卿を命じられた。この人事は、長州系陸軍を統制していた木戸が渡欧中であることを考慮すると、西郷と大隈が推進し、三条が同意して天皇に上奏することによって決まったと推定できる。こうして大隈は山県との関係も強めた（伊藤之雄『山県有朋』一〇一、一〇二頁）。

「内閣」の改革と権力基盤の再建

岩倉使節団が出発する直前に、政府最高幹部が作った「約定書」には、諸官省の規模や政策を変えず、重要な人事を行わない、とあった。ところが、大隈は次のように回想する。

使節団が帰国する前に「内閣」の制度を改正するのは本意でないが、やむを得ない事情があるので、改正することとなし、明治五年一二月より翌年一月にわたる定例休暇中に改正案を作った。（『大隈伯昔日譚』六二八頁）

大隈が企画した改革は、各省の卿（長官）中のふさわしい者などを参議に昇格させて内閣のメンバーに取り込み、「内閣」の各省への統制を強化することであった。

大隈が明治六年（一八七三）の年明けに完成させたという改革について、三条実美（太政大臣）は渡欧中の岩倉具視大使（右大臣）に、前もって了解を取った形跡がない。

三条は、井上馨（大蔵大輔）と各省の予算をめぐる対立問題などで、大久保と木戸孝允を帰国させるよう、一月一三日に岩倉に依頼した。しかし二人の実際の帰国は、大久保が五月二六日、木戸は七月二三日になってしまった。このため、「内閣」の人事改革は四月一九日に実施され、同日付で新たに後藤象二郎（土佐出身、左院議長）・大木喬任（佐賀出身、文部卿）・江藤新平（佐賀出身、司法卿）が参議となった。

この人事は、大隈と親しい大木・江藤が参議に加わるという要素もあり、大隈に依存する三条を含め、新内閣は中央行政能力の劣る西郷・板垣両参議や新任参議の後藤という七人構成で、大隈の主導権がさらに強まると思われた。

それに加え、五月二日に正院《しょういん》の権限を「太政官職制章程《だじょうかんしょくせいしょうてい》」として規定し、参議（内閣議官）の権限を規定上も大幅に拡張し、大臣・参議の組織を「内閣」として、規定上位置づけた（藤田正「留守政府における太政官三院制の変質過程」）。こうして、「内閣」は天皇が参議に特任して諸立法や行政事務の当否を審議させ、すべての行政の機軸であるとされた。

新政府は維新直後から試行錯誤しながらインフォーマルな形で三職・正院（「内閣」）に権力を集中させてきた。それが岩倉使節団で、留守政府の「内閣」（正院）の権力が弱体化するなか、今回の改革によって法令的に、「内閣」の権力を強化したのである。

この後、内閣の各省への統制力は強まった（柏原宏紀「大政官制潤飾の実相」）。大隈は留守政府で、かつての木戸派での立場とは異なる形で、権力基盤の再建に成功しつつあった。

理想型の動揺

話を明治五年（一八七二）秋、井上馨大輔（次官）率いる大蔵省と各省の間に起こった予算をめぐる対立に戻そう。一一月、「内閣」が大蔵省を支持してくれないことに不満で井上大輔と腹心の渋沢栄一（大蔵省三等出仕〔現在の局長級〕）は辞意を示すようになった。これを三条が長崎出張中の大隈に知らせている。井上は同月中に出省しなくなったようである（大隈宛三条書状、明治五年一一月一〇日、『大隈重信関係文書』一巻、五三〇、五三一頁。大隈宛渋沢書状、一八七三年五月六日、同二巻、六七頁）。

翌一八七三年（明治六）一月になると、渋沢は大隈の大蔵省支持すら疑い始めた。他方で、江藤司法卿が辞意を示すなど、大隈の構想は動揺し始めた（大隈宛渋沢書状、一八七三年一月

五日、大隈宛三条書状、一八七三年一月二四日、『大隈重信関係文書』二巻、八、九、一五頁）。

すでに述べたように、大隈が予算をめぐる対立を解決できないので、三条は、一八七三年（明治六）一月中旬には、国内問題が大変であるのに対応する人材がいない、と大久保と木戸を帰国させることを岩倉に提案するまでになった。

結局、三条が自ら周旋に乗り出し、辞表を出していた江藤司法卿以下司法省幹部は二月中旬には出勤し、三月下旬には井上大輔も出仕するようになった。しかし、井上は大蔵省と司法省の対立や自身の辞職云々をしきりに触れ回り、政府の「不体裁」（当事者能力のなさ）を広めているような形になった（岩倉宛大原重実書状、一八七三年二月一六日、三条宛岩倉書状、一八七三年三月二四日、『岩倉具視関係文書』五巻、二六一、二六二頁、大隈宛五代友厚書状、一八七三年四月一日、『大隈重信関係文書』二巻、四八頁）。三条は十分な見通しがないのに、両者に口当たりの良い言葉をかけ、とりあえず出勤させた程度だったのだろう。やはり、三条には調停能力がなかったのである。

四月中旬、井上は大隈に、私はあなたの他に信じて従っていく人はいないのであり、「公務上」でどれほど「抗論激談」をしてもやむを得ないことで、大隈を真の友人と考えていますので、「御見捨なき様」心から祈りますと、すがりつくような手紙を書いた。また、財源が不足するので、来年度の予算は四〇〇〇万円くらいにしたい、と自説の緊縮財政論を変えなかった（大隈宛井上書状、一八七三年四月一九日、『大隈重信関係文書』二巻、五八、五九頁）。

結局大隈は、自説を変えない井上を見放し、井上と対立した文部・司法などの各省を支持する決断をする。

井上大蔵大輔らの建議と辞任

一八七三年(明治六)五月七日、井上馨と腹心の渋沢栄一は、連名で財政危機のため緊縮財政を実行しなくてはならないとの建議を公表、辞表を提出し、五月中に辞任することになる。

建議の主な内容は以下のようである。

①欧米の人々は「実学」に務め、知識がすぐれており、自力で生活できないことを恥とするが、日本の人々は士・農・工・商ともに自立した向上心がない、②欧米に学ぶといっても、いたずらに「形のみ」にこだわって「実」を重んじないと、人民の要望と離れ、国力が衰えるばかりである、③しかし政府は中央から地方まで、功を急いで「実用」を捨て「空理」に走る弊がないわけではない、④今日においては財貨の運用が最も大切であるが、財源がないといって税を増やしたり、公共の事業に人夫として徴発したりすると、国民を衰退させる、⑤本年の全国の歳入は四〇〇〇万円、経費は五〇〇〇万円ほどと推定されるので、一〇〇〇万円の不足が生じる、⑥それのみならず、毎年一〇〇〇万円以上経費が増え、政府・各旧藩の発行した紙幣や「負債」は、一億二〇〇〇万円近くになり、合計した政府の負債は一億四

〇〇〇万円で「償却」の方策は見つかっていない、⑦今後は経費を節減して、歳入に応じた歳出計画を定め、何に支出し、農・商などどこから税を取るのかも十分に検討すべきである、などであった（『大隈重信関係文書』二巻、七一～八五頁）。

井上・渋沢の建議の中で、維新後五年半経ち、日本は「形のみ」にこだわらず、日本の実態に合った「実」を重んじる近代化をすべきであるという主張は、総論としては大隈も含め政府首脳が同意できることであったろう。すでに述べたように、渡欧経験がなかった木戸ですら、岩倉使節団が出発する前にそう考えており、使節団渡欧中に、木戸や大久保・伊藤らはさらにその感を強くした。

しかし大隈にいわせれば、物事は最初はうまくいかないもので、失敗してもやってみることで次の成功の土台ができるのである。井上・渋沢の消極的な姿勢が気に入らない。とりわけ、太政官札・民部省札や新札など、すべての不換紙幣を「負債」として、あまりにも深刻にとらえる感覚には、強い違和感を覚えたことであろう。近年の研究では、維新後に発行された太政官札などは日本の経済発展に寄与したことが明らかにされている（小林延人『明治維新期の貨幣経済』三～六、一〇二、一〇三、二〇〇、二〇五、三二三～三二六頁）。

辞任した井上とは維新直後から助け合ってやってきた仲であり、井上は築地の「梁山泊」の主要メンバーでもあった。渋沢は旧幕臣であったが、大隈が彼の才能を噂で知り、明治二年一一月に大蔵省租税司租税正（翌月に民部省改正掛長兼任）〔のちの本省の課長級〕として登用していた（渋沢栄一述『雨夜譚』〔岩波文庫版〕一七三〜一七五頁）。

大蔵省を辞任した後、井上は二年半ほど在野で実業に関わったのち、再び政府に入り、伊藤が長州系を束ねるのを助けるようになる。伊藤の支持で参議兼工部卿として入閣、まもなく同外務卿となる。渋沢は第一国立銀行を創立して頭取になるなど、在野の実業家として活躍する。大隈がこの二人と、実業界や財政に絡んだ接触を続けていくことは、彼らから大隈に宛てた手紙が残っていることからわかる（『大隈重信関係文書』〈早〉一巻、二九七〜三〇七頁、同六巻、二二五〜二二九頁）。その接触は大隈が明治十四年政変で下野するまで続いた。

各省の予算をめぐる対立に際し、大隈が井上・渋沢に協力しなかったことは、彼らに大きな失望感を与えたであろうが、大隈の方から二人に如才なく接し、それなりの関係が続いたのである。

参議兼大蔵省事務総裁

大蔵省の実質上の責任者であった井上と、井上の代理も務めていた渋沢が辞表を出すと、二日後の一八七三年（明治六）五月九日に、大隈が参議と兼任で大蔵省事務総裁（または「大蔵省事務総理」）に任じられた。言うまでもなく、大蔵卿の大久保が渡欧中であったので、当面の事務を統括するためである。

三条は渡欧中の岩倉に、当分の間大隈を参議を本官として大蔵省事務総裁にしたが、大蔵省の事務の方針は変更しないことを知らせた。また、大隈は今回の兼務を大変当惑した様子で、重ねて固辞したので情実の面でもはなはだ気の毒に思ったが、何分ほかにその任を行える人がいないので、是非受けてくれるよう説得し、当分の間引き受けることになったことも伝えた（岩倉宛三条書状、一八七三年五月〔日不明〕、『岩倉具視関係文書』五巻、二九四頁）。

しかし大隈には、井上・渋沢が辞表を出しそうなことや、提出した際に、留守政府内で大蔵省を引き受けることができるのは、自分しかいないことは、わかっていたはずである。自分が大蔵省の責任者となりたいので井上大輔を失脚させたと言われないため、またほかの閣員や各省の協力を得るために、多少の演技をして、三条に説得されてやむを得ず引き受けたという形に持っていったのであろう。大隈は、大蔵省の責任者となることに意欲満々であったと思われる。

そのことを示すものが、大久保大蔵卿が同年五月二六日に帰国するが、大隈は大蔵省の事務を掌握し続けたことである。このため、九月一四日には木戸（参議）が大隈の大蔵省事務総裁をやめさせるよう、三条に訴えるまでになった。結局、大久保が一〇月一二日に参議に就任して大蔵卿を辞任し（一一月二九日から新設の内務卿に就任）、大隈が一〇月二五日に参議と兼任で大蔵卿になるまで、大隈は事務総裁として大蔵省をリードした。

（正院）に提案し、井上問題で滞っていた地租改正の業務を推進した。そこには、正確に土話を大隈が大蔵省総裁になったときに戻す。大隈は五月一九日付で地租改正について内閣地の広さを計量し、地価を定め、全国一律に公平な形で三％を地租とするという、廃藩置県の目的からの理念が示されていた。これは七月二八日の詔《みことのり》となっていく。

さらに大隈は、井上と渋沢が連名で五月七日に公表した建言への反論の準備もした。これは太政大臣三条実美が各省使府県《かくしょうしふけん》に出す達《たっし》として、六月九日付で公表された。そこには井上・渋沢の建言には誤りがあるので、大蔵省事務総裁の大隈に精密に取り調べるように命じられた、との理由が付記されていた（『大隈重信関係文書』二巻、一一七～一二二頁）。

大隈の歳計概算取調書の主な内容は、まず未納・延納などの通常の弊害をなくすようにするとの、大隈流の厳しく「公平」な原則を示した。

次いで、歳出については各省が冗費を節減するが、予測のつかない面があるものの、歳入が歳出に対して不足することはないと、井上らの見通しを否定した。その根拠として、本年は米価が例外的に極度に低落しているにもかかわらず、それを十分に考慮せずに来年度以降の歳入米の売却収入を非常に低く見積もったことを挙げた。さらに国債についても償却できる見通しがあり、不換紙幣についても大蔵省の倉庫に「準備金」というものが蓄えられているので心配ないと論じた。

当時は地租改正の予定があっても始まっておらず、政府の収入の主要部分は年貢としての米であった。しかも、来年度以降の米価が上昇する保証はない。また、国庫にも実際には十分な「準備金」はなく、大隈であっても絶対の見通しがあったとは思えない。しかし、これらは当面の危機を乗り切るためと割り切って、米価の上昇を予測し国債や不換紙幣の発行にも強気な大隈の姿勢を反映していた。大隈の性格がよくわかる。

陸奥宗光《むつむねみつ》（和歌山出身、大蔵省三等出仕〔現在の局長級〕兼租税頭）が大隈に出した手紙から、大隈の歳計概算取調書の原案は、陸奥が作成したらしいことがわかる。しかし陸奥自身が内々に大隈に伝えた見通しは、本年といえども決して別冊の取調書通りには「理財」が整わないのは必然ですと、悲観的であった（大隈宛陸奥書状、一八七三年六月一日、『大隈重信関係文書』二巻、一一〇頁）。大隈の「調書」が発表されたのは、陸奥が取調書を大隈に出して一週間以上経ってからである。大隈は陸奥の原案の趣旨を根本的に修正し、大隈の意見として「調書」を発表したのであった＊。

＊井上馨は不換紙幣の兌換という課題を強く意識し、そのための財政均衡を重視したが、大隈は当面の兌換実現よりも、政府内の要求という政治的側面を重視した。そのため近代化のための財政支出の拡大に応じた。井上馨は留守政府で大蔵大輔として大蔵省の実権を掌握していたととらえ、井上・渋沢らの辞任後、「消極基調・緊縮財政」の井上財政から、「積極基調・積極財政」の大隈財政への転換と、両財政を区別し、対照的に位置づける見解もある（神山恒雄「井上財政から大隈財政への転換」）。確かに、二つの時期の財政の数上の差異は認められるが、本書で簡単に示したように、井上大蔵大輔は「内閣」（正院）の大隈参議の支持を得てこそ財政運営を行えたのである。また大隈も不換紙幣の整理が必要との考えを持っている。両財政を余りにも対照的にとらえることは、大隈理解を妨げるであろう。

さて大隈は、井上・渋沢が辞任した後の大蔵省の人事にも意欲を燃やした。六月に大隈は陸奥を次官クラスに準じる大蔵少輔心得に昇格させた。また前島密（越後出身、幕臣の養子。大蔵省四等出仕兼駅逓頭）も大蔵省三等出仕兼駅逓《えきてい》頭に昇進させ、本省の要務も担わせるようにした。大隈は、薩長出身でなく有能な陸奥と前島を、大隈系にしようとしたのである。

その後、陸奥は大隈と対立して翌年一月に大蔵省を辞任するが、前島は参議兼大蔵卿である大隈の腹心として、大蔵省で働き続けた。一八八〇年三月に前島は駅逓総監《そうかん》となり、郵便・電信事業の発展に尽くした後、一八八一年一〇月に明治十四年で参議の大隈が下野すると、一一月に大蔵省を辞任し、以後も大隈系として行動することになる。

征韓論への大隈の消極的支持

大隈は、自分は「攘夷論」にも「朝鮮征伐論」「征韓論」いずれにも冷ややかであったと回想している。

「征韓論」とは、朝鮮を開国させ不平等条約を結び、列強に対して日本の力を示して安全保障を図るとともに、士族の不満を発散させようとするものである。最大の問題は、朝鮮の宗主国である清国と戦争になる恐れがあり、それによって日本が消耗して近代化どころではなくなることである。同時代の史料で、大隈が「朝鮮征伐論」や「征韓論」を支持しているものは見つかっていない。大隈の回想は正しい。

すでに見たように、一八七三年（明治六）一月に三条が岩倉に、大久保・木戸を速やかに帰国させてほしいと依頼した問題は、征韓論問題が理由ではなく、井上大蔵大輔と文部・司法などの各省との予算をめぐる対立であった。その後六月中旬になっても、征韓論は大きな争点になっていない（伊藤之雄「大隈重信と征韓論政変」㈠）。

ところが、留守政府の内閣では、西郷隆盛が朝鮮国への使節派遣、すなわち征韓論を強く唱え始め、七月末までにはその支持者が大勢を占めるようになったようである。このときの征韓論は、朝鮮国にまず全権使節を派遣して開国するよう説得し、それでも応じないなら、その「罪」を天下に知らせて討つべきである、というものであった。西郷は自ら使節となることを希望しており、朝鮮国で殺害されるかもしれないことや、朝鮮国との開戦の可能性も考慮していた。

西郷が征韓論を唱えた理由は第一に、板垣らの征韓論と同様に士族の不満、西郷の場合はとりわけ薩摩士族の不満を解消して、国民を一つに結集させるためである。第二に、西郷がこの時期に思いつめたように征韓論を主張するようになったのは、肥満からくる病気の悪化も作用していたと推定できる（家近良樹『西郷隆盛と幕末維新の政局』二五～三〇頁）。また、西郷は同年一〇月頃には三条に、朝鮮国と交戦するにしても数年先のことで、その間に国内改革をして戦争が可能な体制を固める、とも伝えていたという（落合弘樹『明治国家と士族』一〇九頁）。それなら、朝鮮国への使節派遣を急ぐことにこだわる必要がない。大隈の見るように、西郷には中央政府ではするべき仕事がなかった。このストレスもあって体調をくずし、征韓論に異様に固執したり、時には異なる意見を述べたり、言動が不安定になっていったのであろう。

七月二三日に木戸が帰国した直後の閣議のメンバーは、大隈のほか、太政大臣の三条・左大臣（欠員）・右大臣の岩倉（渡欧中）に、参議の西郷・木戸・板垣・後藤・大木・江藤を加えた九人であった。大久保は大蔵卿であったが参議になろうとしないので、閣議のメンバーではなかったが、インフォーマルな意思決定では実質的なメンバーといえる。

注目すべきは、この後の征韓論政変の過程で、一〇月上旬に木戸とその腹心の伊藤博文（工部大輔）から新参議罷免論が出てくるように、四月に新たに参議になった後藤・大木・江藤は、岩倉使節団の中心メンバーからは格下の存在として見られていたことである。これは、使節団が出発する直前に、政府最高幹部で合意した「約定書」には、重要な人事を行わないとあったからである。

この意味で、征韓論政変の前の実質的な、真の意味での内閣のメンバーは、三条（太政大臣）・岩倉（右大臣）・大久保（大蔵卿）・木戸（参議）・西郷（参議）・板垣（参議）・大隈（参議）の七人であったといえる。

その後、西郷の決意に押され、三条は八月一七日に閣議を開き、岩倉の帰国後に再び閣議にかけるという条件を付けて、朝鮮国に使節を派遣することを内決し、天皇の裁可も得た

（高橋秀直「征韓論政変と朝鮮政策」九四、九九頁）。

この時期の征韓論への大隈の態度に関し、使節派遣に同意している三条が、大隈は特に異議がないと判断している（大隈宛三条書状、一八七三年八月一八日、『大隈重信関係文書』〈早〉六巻）。このように、征韓論に冷ややかだった大隈が、使節派遣に反対した形跡がないのは、反対すれば、確実に西郷・板垣・江藤らと対決することになるのみならず、内閣で孤立してしまうからである。

九月一三日に、岩倉が伊藤博文とともに帰国した。岩倉や、すでに帰国している木戸・大久保は、使節団の体験から日本の内政改革を優先すべきと考え、朝鮮国への使節派遣に反対であった。清国との戦争を恐れたからである。伊藤も同じ考えであった。

三条と大隈の連携

他方、三条は八月末にかけて西郷から、自らを朝鮮国に使節として派遣する最終的決定をするように迫られたようで、九月一三日に岩倉が帰国すると、使節派遣問題に取り組まざるを得なくなる。

九月一五日以降、三条は、岩倉・木戸・大久保を征韓支持に説得し出勤させようと、活動を始める。たとえば同日、三条は、木戸に対し次のような低姿勢の手紙を書いた。西郷を朝鮮に使節として派遣することに木戸は同意していないと伝聞していますが、私の申し入れ方が雑で、徹底していなかったことと思いますので、念のため申し入れます、と（木戸宛三条書状、一八七三年九月一五日、『木戸孝允関係文書』〈東〉四巻、一六五頁）。

また三条は、朝鮮への遣使問題の経過を、留守政府で連携してきた大隈に、密かにまとめさせていた。九月一九日には、至急完成させてほしいと頼んでいる（大隈宛三条書状、一八七三年九月一九日、『大隈重信関係文書』二巻、一八五頁）。このように、三条と大隈は使節派遣問題で連携しており、この時点では大隈は征韓派であったことが確認できる＊。

＊これまで、大隈重信の伝記において、大隈は非征韓派であったが岩倉・大久保・木戸らの帰国まではその姿勢を示さなかった、と経過の十分な分析なしに言われ、一〇月一五日頃から征韓反対の姿勢をはっきり示して岩倉らと連携したなどと論じられてきた『八十五年史』一巻、五一〇、五一一、五三〇、五三一頁。馬場恒吾『大隈重信伝』一四四〜一六〇頁。渡辺幾治郎『大隈重信』四六、四七頁。中村尚美『大隈重信』八五頁）。近年刊行された、真辺将之『大隈重信』は、一八七三年「九月一三日、岩倉が帰国すると、いよいよ使節派遣の是非をめぐる政治的攻防が激しくなっていくが、大隈は一貫して反対派を助けて積極的に使節派遣中止のために動いた」と、断言する（八一頁）。しかし、同書はこの根拠を示していない。その叙述の直前に出典として『大隈伯昔日譚』（冨山房、一九三八年版の四八四頁）を挙げているが、同書にはそのような記述は見出せない。また直後に、高橋秀直「征韓論政変の政治過程」を引用しているが、高橋論文は、同年一〇月三日頃に大隈は征韓論反対に変わった、としているので、真辺の叙述と異なる。本書で以下に示すように、三条が征韓反対に変わったことに対応し、大隈は遅くとも一〇月一三日までに征韓反対に変わるが、本格的に反対論で活動するようになるのは一〇月一六日からである。

大隈や三条の協力もない状況下では、岩倉・木戸・大久保の三人で閣議の「内決」を変えることは、困難に見えた。参議の木戸は病気で閣議に出なかった。大久保は五月下旬に帰国して以後、大蔵卿の職務への復帰や参議就任を求められたが、すべて拒んでいた。

この局面を打開したのは、伊藤博文（工部大輔）が一八七三年（明治六）九月下旬から岩倉と連携して使節派遣阻止に積極的に動いたことである。伊藤は木戸の了解の下で動いていた（伊藤之雄「大隈重信と征韓論政変」㈠）。

岩倉・木戸・大久保の出勤拒否の圧力の中で、九月二九日までに、三条は岩倉ら非征韓派に同調するようになった（岩倉宛三条書状、一八七三年九月二九日、『岩倉具視関係史料』下巻、一五三頁）。

岩倉は一〇月二日より出勤すると三条に約束しており、出勤を条件の一つとして、岩倉は三条を使節派遣反対に説得したのであろう。大久保はようやく一〇月八日に岩倉に参議就任の意思を示し、さらに一〇日に三条と岩倉に、命がけで参議に就任する決意を述べ、一二日に参議に就任した（大蔵卿は辞任）。木戸も喜んだ。大久保就任の翌一三日、副島種臣（佐賀出身、外務卿）も参議に就任した。

この間、三条が征韓反対に変わったにもかかわらず、大隈の行動は使節派遣反対で固まってはいなかった。それは、三条が一〇月一一日に、大隈の説得を岩倉に申し出て、岩倉も同意したことからわかる（大久保利通宛岩倉具視書状、一八七三年一〇月一一日、『岩倉具視関係文書』五巻、三三六頁）。

大隈が征韓反対に変わったことが確認されるのが、一〇月一三日である。それは、征韓反対の急先鋒である伊藤を何らかの形で昇格させ、閣議に列席させることに大隈が賛成したからである（大久保宛岩倉書状、一八七三年一〇月一三日、『岩倉具視関係文書』五巻、三三八頁）。留守政府での大隈の権力の機軸であり、連携相手でもあった三条に説得されたためであろう。こうして、三条に加えて大隈が非征韓派に入ったことは、現大臣・参議の非征韓支持人数上でも重要であり、とりわけ大臣・旧参議のそれに大きな意味を持つ。

三条と岩倉は、大隈を朝鮮への使節派遣反対に説得できた後、一〇月一三日までに、征韓派参議の板垣、新任の参議の副島に対し、考えを変えるよう説得に乗り出していた。同様に一四日の閣議後に、三条・岩倉は西郷を訪ねて説得することになった。

すなわち、一〇月一四日の閣議では、内決している使節派遣を再び検討することになっており、それを前に三条・岩倉を中心に、使節派遣の方針は変わらないが延期するということで、閣員中の多数を獲得するための切り崩しを始めていたのである。新たに参議となった大久保・副島の二人を加えて、閣員は一一人である。したがって、三条・岩倉・大久保・木戸に、大隈・板垣・副島の三人を確保できれば、反対者が七人となる。しかも、その中に旧来の大臣・参議は、事実上の参議である大久保を加えると六人になり、征韓派は旧参議では西郷一人となる。こうなれば西郷もあきらめ、名目はともかく使節派遣を事実上中止できる、と踏んだのである。ところが、閣議までに板垣・副島の説得は不調に終わる。

閣議での大隈の傍観

一八七三年（明治六）一〇月一四日、閣議が開かれ、病床の木戸以外の一〇人の大臣・参議がすべて出席した。西郷は使節派遣即行を主張し、岩倉・大久保はそれに反対し、決着がつかなかった。翌一五日に閣議が再開され、西郷と木戸は欠席した。大久保は前日同様に使節派遣の延期を主張したが、他の参議は西郷の意に任せるべきであるとの意見であった。結局、三条が、西郷の辞任を避けるため、再び変心して、ただちに西郷を朝鮮国に派遣することを決定する。この決定に反発した大久保は、参議辞任を決意して退出した。

ここで注目すべきは、いったんは三条に説得されたかのように見えた大隈が、一〇月一四日・一五日の両閣議で反対論を強く唱えた形跡がないことである。おそらく大隈は、板垣・副島への三条らの説得がうまくいかず、出席者中の非征韓派は、三条と大隈を加えても一〇人中四人と少数であったので、態度を積極的に明らかにしなかったのであろう。また、佐賀藩以来の盟友で、大隈と同じく積極的な近代化を支持していた江藤新平参議兼司法卿が、強硬な征韓論者であったことも、大隈のあいまいな態度を促進したと考えられる。

大隈は、江藤司法卿との連携を重んじていた。たとえば、この約一ヵ月前も、木戸派の槇《まき》村正直《むらまさなお》（長州出身、京都府大参事〔現在の副知事〕）と裁判所（司法省）が対立した際、木戸が大隈に槇村に有利に解決するよう依頼しても（この当時、地方行政は大蔵省の管轄下にあるので、槇村は大蔵省事務総裁である大隈の直接の部下ということになる）、大隈は槇村を支持する形で動かなかった。このため、大隈は近頃どのような考えを持っているのか全くわからない、と木戸を怒らせるほどであった。

もう一つ注目すべきは、三条は岩倉に説得され、即時使節派遣反対を提案したにもかかわらず、二つの閣議でそれを明言せず、一〇月一五日に最終的に即時使節派遣を決断したことである。内藤一成『三条実美』が論じるように、三条は個人的な名誉にとらわれず、私心をはさまない「徳」のある人物である。しかし、三条が太政大臣として全体のバランスを取る役を担っていることを考慮しても、国のトップクラスのリーダーとしては精神的に弱く、大勢に流される三条の姿が見える。

加えて重要なことは、閣議で意見が一致しないにもかかわらず、三条の責任で即時使節派遣を決定したのは、これまでの太政官制の運用慣行や、この年五月二日に布告された太政大臣の職制に照らして、問題がないことである。

すなわち、古代太政官制下の陣定《じんのさだめ》による典型的な意思決定制度と、近代の始まったばかりの太政官制下の正院による意思決定制度を比較すると、差異も少なくないが、陣定も正院（内閣）の閣議も、多数決を取らないことや、参加者の筆頭が決定事項を天皇に上奏する際には会議での意見の傾向を考慮するが必ずしも拘束されずに大きな影響力を振るうことが可能である点など、基本的な枠組みは継承している。

一〇月一五日の閣議を受けて、太政大臣である三条が行った意思決定はそれまでの慣行に従った妥当なものである。それに従うと、以後に実際に展開していくように、三条が上奏する前に病気で倒れた後、右大臣岩倉が文字通りの太政大臣代理となれば、岩倉の意思を反映した形で上奏できる、ということになる。

さて、一〇月一五日の閣議に話を戻す。閣議後に岩倉は、失望のあまり、何の面目もなく大きなため息をつき自分の愚かさのせいと恐縮し苦慮しています、と大久保に手紙を書き送っている。このように気を落としつつも岩倉は、明一六日朝に大隈と伊藤の二人で訪れるよう、二人に宛てて手紙を書き、次の行動に向けて彼らを招いた。伊藤は一四日も一五日も岩倉を訪れていたが、大隈が来訪しなかったので、一六日朝を期したのである。このように、大隈は岩倉から少し疑われていた（伊藤之雄「大隈重信と征韓論政変」㈡）。

征韓反対で動き始める

岩倉の望みどおり、一八七三年（明治六）一〇月一六日朝に大隈は伊藤とともに岩倉を訪れたようだ。岩倉は、大隈が使節派遣反対に腹を固めたと確信し、自分が辞表を出すと大隈も出すのではないかと心配するまでになった。一〇月一六日には大隈は非征韓派の姿勢を明確に示し、岩倉からも間違いなく同志とみなされるようになったのである。このことは、一七日に岩倉は大隈に、自分が辞任する決意であることや、大隈にはこのまま参議の職にとどまることを希望していると伝えたことからもわかる（大隈宛岩倉書状、一八七三年一〇月一七日〔『大隈重信関係文書』二巻一九一、一九二頁〕）。

一〇月一七日、大久保は参議の辞表を提出して位階返上を政府に申し出、岩倉右大臣も辞表を出し、木戸も参議の辞意を示した。三条太政大臣は再び動揺し、一八日未明に岩倉に使いを出して自らの辞官の上奏を頼み、岩倉に後を託した後、急病に陥り意識をなくしてしまったという。

一〇月一八日、伊藤は木戸を訪れた後、大隈と二人で大久保を訪れた。木戸が「奇病」に罹《かか》っていたことを考慮しても、この重要な時機に大隈は木戸を訪問すらせず、かつての政敵大久保よりも庇護者であった木戸に心の距離を感じていたことがわかる。

一〇月一九日、江藤新平・大木喬任・板垣退助・副島種臣の四人が限定された参議の会議（内閣の一部が集まった閣議）を開き、岩倉を太政官職制にある「太政大臣欠席の時は〔左右大臣が〕其事務を代理するを得る」という、いわば太政大臣の事務代理とすることを決めた。古代の陣定以来、参議だけでは会議（閣議）を開くことができない。征韓派を中心とした四人の参議しか参加していない閣議に正当性があるのか否かは疑問が残る。しかし、三条太政大臣が急病で、岩倉右大臣が辞表を出すなどの危機の中、岩倉右大臣に太政大臣の事務に限って代理させるという結論を天皇は裁可し、それは当日布告された。

内閣が分裂していたので、天皇が閣議を正当とする決断をしたのである。だが、これだけでは岩倉が太政大臣のすべての権限を委託され、閣議での議論を考慮しつつも、自分の意思で使節派遣（征韓）の可否を上奏できる権限を持ったとは主張できない。

「一の秘策」の正当性

そこで、岩倉は伊藤と相談の上、伊藤から大久保を通し、「一の秘策」として、一〇月一九日午後に黒田清隆（薩摩出身、開拓次官）から吉井友実（薩摩出身、宮内少輔〔次官クラス〕）、吉井から徳大寺実則宮内卿（公卿）へのルートで、明治天皇への工作を行ったようである。その内容は、天皇が一〇月二〇日に三条邸を病気見舞いで訪れ、帰途に岩倉邸を訪れて、その場で優詔《ゆうしょう》（御言葉）を下し、岩倉を太政大臣の職務を文字通り行う、太政官職制にない「代理」に任命することである。

一〇月一九日に大隈は伊藤から計画の大体の手順を知らされ、それ以降も、即時の使節派遣中止計画の支持者にはなっていたが、すぐに推進者として熱心に行動することはなかった。とはいえ、大隈が即時の使節派遣中止を支持することは重要であった。一〇月一二日と一三日にそれぞれ大久保・副島種臣が新たに参議になったので、この時点で、大臣・参議から なる内閣のメンバーは、病気の三条・木戸を入れ、態度があいまいな大木を除くと、一〇人である。非征韓派は、岩倉に対応を任せて辞任した三条を含めると、岩倉・大久保・木戸に大隈の五名で、同数となる。しかも大臣・旧参議では、実質的な旧参議の大久保も含めると、非征韓派が五名となり、賛成者の二名（西郷、板垣）に比べ、圧倒的多数である。このように大隈が非征韓派となるか否かで、内閣員の人数面で、即時使節派遣中止をめざす工作の正当性が高まるかどうかが大きく変わってくる。

一〇月二〇日、天皇は三条邸に行幸した後、岩倉邸にも臨時に立ち寄った。同所で岩倉に「太政大臣に代わり朕が天職を輔《たす》け」よ云々の優詔を与えたのは、岩倉を三条と同格の文字通り太政大臣と同等の権限を持った代理とするためである。したがって岩倉は、一〇月一五日の閣議の結果を受けて三条太政大臣がいったんは朝鮮国への即時使節派遣を決めているにもかかわらず、それに反対する上奏もできるようになった（有名な二三日の上奏につながる）＊。またこれらの方針は、一九日までに大久保らが岩倉らとも相談して始めた「一の秘策」である（伊藤之雄「大隈重信と征韓論政変」㈡）。

＊これまで、この大久保・岩倉らの行動については、閣議で少数であるにもかかわらず若い天皇を巻き込んだ謀略により即時使節巡遣中止を決定したとされてきた（定番の高橋秀直「征韓論政変の政治過程」など）。私は「大隈重信と征韓論政変」㈠・㈡（二〇一七年四月、五月）で、右のように、太政大臣代理に任じられた岩倉らの権力の正当性を論じた。二〇一九年二月に刊行された、内藤一成『三条実美』（二六六頁）も同様の見解を示している。ただし内藤の著作は、内閣員の人数でも非征韓派に権力の正当性があることや、三条が征韓派から非征韓派、さらに征韓派へ、また事実上の非征韓派へと、態

度を大きくぐらつかせたことにはふれていない。

天皇はわずか二〇歳であり、より強力な集団である岩倉・大久保らの計略に乗るしかない。また、後述するように天皇が岩倉に直筆の勅書を与えたことから、天皇自身も征韓論に賛成でなかったと思われる。

翌一〇月二一日、副島参議は西郷・後藤・板垣・江藤参議と同論であると、西郷をただちに使節として派遣する議論をあらためて起こしてほしい、と太政大臣代理となった岩倉右大臣に請求した。岩倉は副島の請求を承諾したという。

五人の参議を代表した副島に再議を迫られ、さしもの剛毅な岩倉もぐらついて、再議に同意してしまったのである。だが再議となれば、使節派遣延期という形で征韓論をなだめられる可能性もあるが、現閣員は征韓派と非征韓派がほぼ同数なので、ふたたび紛糾する可能性もある。

これに対し、即時使節派遣反対派も負けてはいない。一〇月二一日夜、非征韓派の大隈は大久保・伊藤とともに岩倉邸を訪れ、今後の方針をじっくり相談したようである。一〇月二一日以降に大隈が伊藤とともに非征韓派の中核としてようやく本格的に活動し始める。ここでは三人の強気の意見を受け、岩倉は動揺するのをやめて、太政大臣代理の権限で閣議を開かず即時使節派遣反対を貫く気持ちになったことが重要である。

政府の分裂と大隈の重み

一〇月二二日、岩倉は征韓派参議中の西郷・副島・板垣・江藤の四人と会い、即時使節派遣はできないと主張し、天皇に岩倉の意見を述べてその判断で決定するしかないと伝えた。西郷は使節派遣ができないのを察してただちに辞表を提出することを決意したようである。岩倉はそれを察知し、彼らの中に辞任する者が出ると予想し、政治体制の改革と参議の人選を速やかに行う必要があると判断し、大久保に相談した。また、伊藤に改めて強い決意を示している。（大久保宛岩倉書状、一八七三年一〇月二二日、『大久保利通文書』五巻、八七頁伊藤宛岩倉書状、一八七三年一〇月二二日、『伊藤博文関係文書』三巻、六八頁）。

大久保は、岩倉が上奏するまでの間に征韓派の参議が天皇に拝謁を願い出る可能性があるので、恐れ多いことだが、ますます私たちの構想〔岩倉・徳大寺らの天皇を囲い込む体制〕を貫徹して下さい、と岩倉に注意を促している（岩倉宛大久保書状、一八七三年一〇月二二日、『大久保利通関係文書』五巻、八七頁）。岩倉は参議らに「宸断《しんだん》」〔天皇の決断〕で決めると言いながら、岩倉も大久保も二一歳になる直前の若い天皇の独自の判断を信頼していなかった。他方で大久保は、上奏がすめば、辞任する参議の顔ぶれなどがはっきりすると、状況掌握に自信を持っていた。

岩倉は一〇月二三日に参内し、意見を述べて「宸断」を得て、太政官に行く予定であった

（伊藤宛岩倉書状、一八七三年一〇月二二日、『伊藤博文関係文書』三巻、六八頁）。すでに指摘されているように、岩倉は二二日の閣議を開かなかった（高橋秀直「征韓論政変の政治過程」）。なお、一〇月二二日段階で岩倉らと天皇の側近の徳大寺（宮内卿）・東久世《ひがしくぜ》（侍従長）の工作は進んでおり、二三日に岩倉に与えられる「勅答」が徳大寺・東久世のもとに届いていた（高橋秀直「征韓論政変の政治過程」）。

一〇月二三日、岩倉は天皇に拝謁した（伊藤博文に知らせた予定では朝九時までに参内）。岩倉は閣議の経過と結論を奏上するとともに、自ら書いた朝鮮問題に関する「奏聞書《そうもんしょ》」を提出した。その内容は、朝鮮国への対応策は、内外の状況に応じ緩急を検討して行うべきで、内地の民衆の疲労が回復しないうちに、軽々しく外事を議論すべきでないとするものであった。岩倉は、朝鮮国に使節を派遣すれば、内地が整わないうちに戦争を遂行することになる恐れがあると反対したのである。

先述したように内閣が分裂する状況下、病気の三条に代わり、岩倉は天皇の命で太政大臣代理に就いており（「事務」代理ではない）、独自の判断にもとづいて朝鮮国への即時使節派遣反対を上奏したのは、正当な行為といえる。

また大臣・参議の内閣員の数の面でも、非征韓派と征韓派は同数で、新参議を除外すると、非征韓派は五人（三条を含む）で、征韓派の二人を圧倒している。

すなわち、岩倉・大久保・木戸や大隈らは、即時使節派遣はすべきでない、という政策上の確信のみならず、手続きや内閣での数の面からも自分たちの行動の正当性を信じて動いた。明治天皇は一〇月二三日に岩倉の上奏に可否を示さず、それを一日延期した。翌二四日、岩倉が前日に天皇から命じられた通り午前九時に参内すると、天皇から直筆の勅書を与えられた。その内容は、国政を整え民力を養い成功を永遠に期すべきであるので、岩倉の上奏を受け入れるというものであった。直筆の勅書は、天皇の意思としか考えられず、天皇が岩倉を支持していたことは間違いない。

一〇月二三日に西郷隆盛は病気という名目で辞官を求めており、天皇が岩倉に勅書を下した二四日には、板垣・江藤・後藤・副島の四参議が、やはり病気を理由に辞表を提出した。太政官職制のしくみからも、彼らは辞表を提出して抗議の姿勢を示す以外に手段はなかった。

その後、西郷（一〇月二四日）・板垣（二五日）・後藤象二郎（二五日）・江藤（二五日）・副島（二五日）の征韓派の五参議の辞職が、それぞれ認められた。もっとも西郷の陸軍大将はそのままで、板垣ら四人も「御用滞在」として東京に留まることを命じられたように、政府は彼らとの関係を維持しようとしていた。

さて、この補充も含め、政変後の新しい体制形成は大久保が主導し、一〇月二五日付で大蔵省事務総裁の大隈参議が大蔵卿兼任となり、それまでの事務総裁以上に立場を強めて、引き続き大蔵省を管轄することになった。さらに大木喬任参議が司法卿兼任、伊藤が参議兼工部卿、勝安芳（海舟）が参議兼海軍卿、寺島宗則外務卿が参議兼任となった。

このように、参議兼内務卿となる大久保も含め、参議と卿の兼任が原則となった。大隈はこうして、政変を経ても大蔵卿兼任の有力参議としての地位を確保したかに見えた（伊藤之雄「大隈重信と征韓論政変」㈡）。

脅かされる大隈の地位

政変後の新体制で、大隈は確固とした地位を築いたかに見えたが、その地位は木戸により脅かされそうになる。木戸は伊藤を通して、または手紙で、一〇月二五日から翌日にかけ、たびたび各省の卿の人事についての意見や不満を、太政大臣代理の岩倉に申し入れた。木戸は大隈が大蔵卿兼任となったことに不満であった。

これに対し岩倉は、人事は大久保と伊藤へもすべて打ち合わせて行ったが、大久保が大蔵卿を引き受けようとしないので（一〇月一二日に辞任）やむを得なかった、と弁明した。すでに述べたように、木戸は、九月一四日に三条に手紙を書いて、大隈の大蔵省事務総裁をやめさせるよう、求めている。帰国後に木戸は征韓論の危機を知ったことによって、大隈排斥の気持ちを緩和させたかに見えたが、政変後には執拗に大隈を嫌ったのである。

その理由は、大隈が積極財政政策、すなわち増税をしてでも急進的な近代化を行おうとする姿勢だったからである。この約一ヵ月後、内閣で禄税（士族の俸禄に課す税）を新設することが決まったことに、木戸は反発する。

元来租税を増加させるのは、歳入が不足するからである。しかし大隈大蔵卿は、歳出が歳入に比べあり余ると〔六月に〕天下に公表しておきながら、今にわかに理由なく禄税を取ることを発令する。「天下」はこれを何というであろうか。財政の基礎を一定し、歳入歳出の「大算」（大きな方針）が一定であるように願うものである。木戸はこう建言した（『木戸孝允日記』二巻、一八七三年一一月三〇日）。

すでに述べたように、一八七三年五月の井上らの建言に対抗し、大隈は国内に過度の不安を広げないため、六月に多少強気の「歳出入予算表」を公表していた。日本の財政状況は厳しいながらも積極的に近代化を進めようとしたのである。大隈の近代化への姿勢の問題に加えて木戸は、岩倉使節団から帰国して以降おおむね病床にあり、精神的にも不安定で、大隈への態度が感情的になっていた。

さて、征韓論をめぐる対立の中で、三条は一〇月一八日朝に倒れて以降、心身ともに不調が続き、ようやく一二月末に政務に復帰できた。しかし、その後も三条は、かつての威信を取り戻すことはできなかった。これは大隈にとって大臣の中の庇護者を失うということで、大きな痛手であった。

こうした状況下で、木戸の意向を考慮し、大隈を大蔵卿から外そうとする動きは続く。

この動きのきっかけとなったのは、一一月一〇日に、地方行政と殖産興業・治安を担当する内務省が設置されたことである。内務省は大蔵省・司法省などから勧業・戸籍・駅逓・土木・地理・警保などを引き継いでいく。

岩倉は、木戸が参議を辞任したいと言い、伊藤も心配しているので、一一月一四日に木戸を訪れ、内務省設置を機会として、内務卿を大久保、大蔵卿を木戸にし、大隈を大蔵卿から移して文部卿にしようとした（大久保宛岩倉書状、一八七三年一一月一三日、『岩倉具視関係文書』五巻、三七七頁）。しかし、木戸は岩倉の提案に応じなかった。岩倉はあきらめず、このことを伊藤に託した。伊藤は一七日に木戸を訪れ、岩倉の気持ちを再度伝えたが、木戸は強く辞退するばかりだった（『木戸孝允日記』二巻、一八七三年一一月一四日、一七日）。結局、木戸が大蔵卿を引き受けなかったので、大隈は大蔵卿を続けることができた。

大隈は、木戸がもっと衰えるのを、我慢して待つしかなかった。他方で、伊藤は一〇月二五日に参議兼工部卿に就任した後、動揺する陸軍の問題への対応を行うなど、病気がちの木戸の代行ともいうべき地位を得ていった（伊藤之雄『山県有朋』一一二～一一五頁）。

大隈にとって、木戸が没落することは望ましいが、代わって伊藤が台頭するのは、必ずしも望ましいことではない。二年数ヵ月前までは、伊藤は大蔵省で大隈を支える存在であった。しかし、伊藤は岩倉使節団を編成するのに大きな役割を果たし、結果として大隈の条約改正使節団構想を妨害した。また征韓論政変ではめざましい活躍をし、参議兼工部卿として入閣するまでになった。伊藤が長州系の中心となって大隈の権力を超え、大久保と連携してゆけば、薩長藩閥優位の体制は今まで通りとなる（伊藤之雄「大隈重信と征韓論政変」㈡）。

遠い目標としてのイギリス

さて、征韓論政変の後、これまでより近代化（「開化」）のスピードを落としながら内治優先政策を着実に行っていくことや、長期的にはイギリスを理想とした立憲国家を作ることが、岩倉・大久保・木戸・伊藤ら政変を主導した政府中枢で合意ができた（伊藤之雄『大隈重信と木戸孝允・木戸派』）。これは維新直後の五ヵ条の御誓文で掲げた「万機公論」を少しずつ実現するための国家モデルの設定ともいえる。

大隈は同じ佐賀藩出身で大隈に心服している山口尚芳（外務少輔、岩倉使節団副使）から、前年に、次のようなイギリス賛美を伝えられていた。

ロンドンは、アメリカのあらゆる都市を合わせても同列に論じられないほど、素晴らしい。アメリカはそれほど驚くほどのことはないが、イギリスの進歩に至っては、日本のレベルの低さに「落胆」し「気勢」も萎えてしまうほどである、「表皮」の「開化論」などはきっぱりと打ち捨てて、「根基」を強くし、人知の進歩をはかることが肝要である。会食の味も、説明できないほどよい。

（大隈宛山口書状、一八七二年七月一八日、八月二三日、『大隈重信関係文書』〈早〉一〇巻、三六五〜三六七頁）

このような予備知識があったので、近代化のスピードはともかく、内治優先でイギリスを理想とした国家の形成をめざす方針には、大隈も賛同できる。しかし、一一月一九日に内閣から政体取調掛を命じられたのは、伊藤と寺島宗則（参議兼外務卿）であった。二人とも英語のできる西欧通であった。大隈は気落ちしたことだろうが、欧州に行ったこともなく、英語を読むこともできない身＊では仕方がない。政治を主導する次の機会を待つしかなかった。

＊大隈はフルベッキに英語を習い英語がよくできるとの見方もあるが誤りである。たとえばイギリスの政体取り調べの方針が出た約二年後であるが、大蔵省で大隈の部下になって以来親しい関係にある吉田清成駐米公使（薩摩出身、幕末から明治初に英米に留学、英語に堪能）は手紙に、小笠原諸島の〔領有権について〕概略を取り調べて「横文」〔英語〕のままお送りしましたので「達人」に命じて和訳させてご閲覧ください、と書き送っている（大隈宛吉田書状、一八七六年一月七日、『大隈重信関係文書』〈早〉一一巻、四七七頁）。大隈に政治外交や法律に関わる英語を読む能力がないことを、吉田は承知していた。

第6章　大久保利通を支える――台湾出兵・西南戦争

佐賀の乱

征韓論政変の翌年、一八七四年（明治七）は不平士族の活動が強まり、前年以上の激動の一年になった。まず、岩倉具視右大臣が一月一四日に、赤坂の仮皇居から出たところで、征韓論政変に不満を持つ高知県士族九人に襲われて、負傷する。

岩倉の傷は深刻なものではなかったが、以来すっかり気弱になってしまった。三条実美太政大臣も、征韓論政変の過程で急病に倒れ威信を低下させており、長州の実力者で参議の木戸孝允も相変わらず病気がちであった。この後、大久保利通参議兼内務卿の指導力が強くなっていく。

岩倉への襲撃に続き、一月一七日、西郷隆盛以下、征韓論政変で下野した五人の参議のうち、板垣退助（土佐出身）・後藤象二郎（土佐出身）・江藤新平（佐賀出身）・副島種臣（佐賀出身）らは、民撰議院設立建白書を、立法を担当する左院《さいん》に提出し、藩閥専制であると政府を批判した。続いて四月一〇日、板垣らは高知に自由民権運動の政治結社である立志社《りっししゃ》を作った。

これら以上に政府に大きな衝撃を与えたのは、江藤新平（前参議兼司法卿）を擁して不平士族が引き起こした佐賀の乱である。それは二月一日に佐賀の銀行小野組佐賀出張所が襲われたことに始まる。三日、佐賀が不穏であるとの電報が内務省に伝わると、内務卿の大久保が中心になり対応する。

大久保は二月四日朝に、別の件で大隈と会う約束をしていたが、それを断り、西郷従道（薩摩出身、陸軍大輔〔次官〕）と乱への対応について打ち合わせた（大隈宛大久保書状、一八七四年二月四日、『大隈重信関係文書』二巻、二四四頁）。乱の報せを受けた大久保は、当初から佐賀藩出身の大隈を鎮圧に直接かかわらせない決心をしていたのである。また山県有朋陸軍卿が、征韓論政変のあいまいな行動のために、木戸に見放され、陸軍をまとめ切れていない状況で、西郷を陸軍の責任者として乱に対応しようとした（伊藤之雄『山県有朋』一一〇～一一六頁）。大久保は、西郷従道を実の弟のように可愛がっていた。

大久保は、二月一〇日に乱の鎮圧や賞罰の全権を与えられ、一四日に横浜を出て、大阪鎮台兵二個大隊（当時の大隊の人数は一定していない。一個大隊で、約五〇〇～七〇〇人）らを伴って、一九日に福岡に上陸した。この間、二月一二日に江藤新平が佐賀に着き、反乱士族は一六日に佐賀城内の県庁を襲った。県庁は焼失し、佐賀城はいったん反乱士族に占領された。組織化されていなかったものの、反乱への加担者は一万人以上にもなっていた。政府への不満は、これほど強くなっていたのである。

これに対し、大久保を中心とした政府軍は、三方から佐賀地方に進撃、組織が整っていない反乱軍を次々と撃破し、三月一日、佐賀城を奪回した。江藤は鹿児島から四国まで逃れたが捕らわれ、ほかの首謀者たちとともに四月一三日に処刑された。

大隈は後年佐賀の乱を回想して、江藤新平を筆頭に島義勇《しまよしたけ》（前秋田県権令）ら、一挙に二十余名を失った、私個人としても非常に「不幸多事」であったのみならず、「国家の不幸も実に大であった」、ことに江藤は、またと「得難き人材で」、江藤も悪かったろうが、彼を失った国家にとっては更に「甚大なる損害であり、不幸であった」と述べる（『大隈侯昔日譚』二二頁）。大隈は佐賀の乱の正当性を認めないが、乱で失った江藤らの人材を強く惜しんだ。

さて、大久保が東京に戻ったのは四月二四日であり、この間、以下に見るように、大隈が主導権を握って台湾出兵が進んでいた。

台湾問題と出兵方針

政府にとって、佐賀の乱以上に深刻な問題となったのは台湾出兵である。きっかけは、約二年三ヵ月ほど前に琉球（沖縄）宮古島の漁民五四人が台湾に漂着して原住民に殺害されたことである。琉球は江戸時代には日本と清国両属の形であったが、明治政府は琉球を日本に所属させる形で清国と国境を画定したいと考えており、この事件を見過ごせなかった。

そこで一八七四年（明治七）一月二六日、三条は、大久保とともにこの台湾問題と朝鮮問題の調査をするよう大隈に命じた。朝鮮問題とは、西郷隆盛の使節派遣中止後の処理である。朝鮮国は清国の属国であったので、問題が複雑であった。

他方で、明治五年（一八七二）に副島種臣外務卿が特命全権大使として台湾問題を清国と交渉した際、清国は、台湾原住民（「生蕃《せいばん》」の用語を使用）は自国の領域外の者であり、関知するところではないとの見解を示していた。副島はそれを文章として交換していなかったが、清国が本当にこの方針であるなら、日本が出兵しても問題はないはずであった＊。また、陸海軍少壮軍人を中心に、これを機会に台湾の一部を日本領土にし、士族を入植させようと考える者もいた。成功すれば不平士族の不満を拡散させることができる。

＊この交渉は随員の柳原前光《やなぎはらさきみつ》一等書記官と総理衙門《そうりがもん》（外交担当部署）との間で行われた。日本側の記録には、清国側が台湾の「生蕃」（清国の「王化」に即した「熟蕃《じゅくばん》」とは異なり服していない民）は「化外《けがい》（領域外）の民」であり、清国はその暴横を統制していない、と答えたとある。他方、清国側の記録はいまのところ見つかっていない。清国側は副島大使に皇帝（同治帝）への謁見を許せば「生蕃」問罪の主張をしなくなると判断して対応し、記録にも残さず、日本側の理解とは大きな差があったのであろう（岡本隆司『中国の誕生』七一～七五頁）。

大隈と大久保は台湾問題の調査を進め、佐賀の乱が起こったにもかかわらず、二月六日に「台湾蕃地処分要略」を内閣に提出して承認を得ていた（『大久保利通日記』一八七四年二月一日、六日）。また逆に佐賀の乱が起こったからこそ、調査を急いだともいえ、大久保は佐賀の乱の対応に忙しかったので大隈が中心になって立案したものであろう。

その要旨は第一に、副島が清国に大使として派遣された際の報告書に、清国が「台湾土蕃の部落」（台湾の原住民の部落）を自国の領域外としたとあることを理由に、琉球人民殺害の報復として出兵し、原住民を討伐し、「撫民《ぶみん》の役を遂ぐる」のを主とし、清国より一、二の抗議が来た際に対応するのを次とする（第一条）としたことである。これは、討伐のみならず、原住民のあり方を変えるような秩序の形成を考えていることを意味する。しかも清国が台湾の原住民を「熟蕃」と「生蕃」に区別し、「生蕃」を「化外の民」としているのに対し、「台湾蕃地処分要略」では、まとめて「土蕃」という語であいまいに表現し、台湾のより多くの範囲を植民地とするニュアンスも含まれている**。

第二に、北京に「公使」を派遣して交渉し、琉球は日本の所属であることを明確にすることである（第二条、第三条）。

第三に、清国と戦争になる恐れについては、文章化されるほど検討されていないことである。


**この「台湾蕃地処分要略」は台湾の領有と植民地化を標榜《ひょうぼう》していない、との見解もある（家近良樹『台湾出兵』方針の転換と長州派の反対運動」）。確かに植民地云々の文字は明確にはないが、そのニュアンスも含まれている。以下に述べていくように、大久保は大隈のような性急な出兵論・植民地化論者ではないが、薩摩士族の動向なども考慮し、大隈に宥和《ゆうわ》したのであろう。家近が指摘したように、征韓論政変後の一二月下旬、大久保は来年二月頃までは「国家維持之成否」がわからない、と岩倉に手紙を書くほど危機感を持っていた。そこに佐賀の乱が起こったからである。

同じ二月に大隈と大久保両名で「朝鮮」に数名の使節を派遣する「取調書」も作成されている。そこには、渡航は「和船」で随行はなるべく少数とし三五名を超えないとあり、軍事力を背景としたものでないことが明示されている。加えて、「朝鮮」に出兵する議決をする場合は、前もってロシアに照会し、ロシアの関与がないよう交渉する、とロシアとの戦争を恐れる文言がある（『大隈重信関係文書』二巻、二四七〜二五二頁）。台湾はともかく、朝鮮国とは大きな事件を引き起こしたくなかったのである。

なお、木戸孝允（参議兼文部卿）は台湾出兵の方向に不満で、閣議に出席しなかった。

ここで決定された案について岩倉は、台湾を植民地にするかどうかあいまいな表現であったが、「土人」（原住民）を「撫育《ぶいく》」（可愛がって養うこと）し、ついに日本の「属地」（植民地）にするかしないかについては、再び内閣で評議するはずと理解した。岩倉は大久保に、「問罪使命之人」（出兵の責任者）を誰にするかを急いで取り決める必要があり、「鹿児島県人」（薩摩出身者）で良い人がいないか、考えて決めてほしい、と閣議決定の日に手紙を出している（大久保宛岩倉書状、一八七四年二月六日、『岩倉具視関係文書』五巻、四九六、四九七頁）。

岩倉が出兵の責任者を薩摩藩出身者にこだわり大久保に尋ねていることからも、台湾出兵の主目的が征韓論政変で下野した後の薩摩士族の不満を拡散することだったのがわかる。

西郷従道ら薩摩系と出兵で連携

台湾出兵について大隈は、当時の情勢上、日本の国家として、征台のことは騎虎《きこ》の勢い止むを得ないことで、専らその局に当ったのはわが輩であった、と自然な流れであったと回想している（『大隈侯昔日譚』一三頁）。大隈はこれ以上士族反乱が起きないことを何よりも重視し、そこに薩摩系との連携による権力基盤の再形成の可能性も見たのであろう。

岩倉は軽率に出兵決定してしまったことが不安になったのであろう。二月末になると、台湾出兵をしばらく見合わせてはどうかと、佐賀の乱の鎮圧のため現地にいた大久保に手紙を出した（大久保宛岩倉書状、一八七四年二月二八日、『岩倉具視関係文書』五巻、五一四頁）。

岩倉は大隈に対しても、二月二八日、三月一日とに、佐賀の乱に続き全国に叛乱《はんらん》の空気もあるので、台湾出兵の事は用心すべき事と思います、何事も木戸とよく打ち合わせしたうえで処理してほしいなどと申し入れている（大隈宛岩倉書状、一八七四年二月二八日、三月一日、『大隈重信関係文書』〈早〉二巻、三八、三九頁）。岩倉は大隈の台湾出兵論を抑制しようとしたのである。

先述したように大隈は元来、征韓論に消極的であった。その彼が台湾出兵では積極的な行動をとったのは、征韓論政変で西郷隆盛が下野したものの、結果的にむしろ土佐藩と佐賀藩の権力が衰え、ますます薩長中心の政府になったと感じたからであろう。大隈は、「事を外に構」えて、「国民的政府」を作ろうということを、親しかった江藤のように考えるようになったと考えられる。また、薩摩トップの大久保は別にしても、直接的には台湾出兵を求める薩摩系の支持を得て自らの権力基盤を再構築できる。旧来、長州派を中心とする木戸派の有力リーダーの一人であった大隈が、留守政府で西郷隆盛に近づき、次いで台湾出兵を機会に薩摩系に権力基盤を作ろうとしたのである。

さて、一八七四年（明治七）二月末に岩倉が早期出兵の見合わせを考え始めているにもかかわらず、大隈は自邸に、寺島宗則（薩摩出身、参議兼外務卿）・西郷従道（陸軍少将兼陸軍大輔）・柳原前光（公家、駐清公使）を集めて台湾出兵の準備のための会合を聞いた。出兵の予定は三月一八日に熊本を発し、二八日に台湾に上陸すると決まった（『大隈重信関係文書』二巻、二八七頁）。

この頃岩倉は、台湾の一部を植民地にする目的で出兵するという大隈や西郷従道らの考えが、さらに心配になった。岩倉は、植民地設置は、出兵が成功したうえで十分取り調べをして、実施するかどうか政府で評議して決めるべきである、という。また、この考えに三条も同意であると確認した。木戸や伊藤も同様で、特に木戸は非常に心配した。岩倉は大隈や西郷従道に、台湾に植民地を作ることは容易ではないとも話している（三条宛岩倉書状、一八

七四年三月一四日、『岩倉具視関係文書』六巻、八、九頁）。

しかし、三月末までに、出兵目的に植民地設置を入れることについて、大久保のいない東京で、西郷従道の薩摩士族の状況を含めた説明に押し切られ、三条・岩倉や木戸ですら次のようにぐらつき始める。

西郷は自分の台湾行きのことと、「坂本〔ママ〕〔純熙《すみてる》。台湾出兵の徴兵指揮官〕を始め薩壮士の徒、台湾へ移しとの事」〔台湾の一部を植民地化すること〕を三条と岩倉に申し出た。その通り問題なくできるならとても良いが、重大事件であると、二人とも「深く心痛」した。

そこで三条と岩倉は西郷従道の先輩で陸軍にも影響力のある黒田清隆〔薩摩藩出身、開拓次官、前兵部大丞〔局長〕〕に内々で話したところ、黒田も深く苦慮し、よく考えて返答すると答えた。その後、黒田は岩倉のもとに何度もやって来て話し、西郷の申し立て通りに成功する十分な見込みはないが、西郷を台湾にやっても良い、と述べた。

他方、西郷従道から木戸にも内々で話したところ、「可然被存候得《しかるべくぞんじそうらえ》とも」〔適当だと思いますが〕、「〔薩摩の〕藩情」がよくわからないので、黒田に相談してくださいと話したという（『大久保宛岩倉書状、一八七四年三月二八日、『大久保利通文書』五巻、四六八、四六九頁）。

おそらく西郷従道は、木戸に薩摩の不穏な状況を話したのであろう。そのうえで、台湾の植民計画も含めて伝えたのか、出兵軍の責任者になることのみ話したのかは、はっきりわからない。いずれにしても、薩摩の状況がわからない木戸は明確には反対せず、黒田に投げたのである。

台湾の一部植民地化を明示

結局、大隈は一八七四年（明治七）四月四日付で、台湾蕃地事務局長官に、西郷従道は中将に昇進し、台湾蕃地事務都督（台湾出兵の司令官）に任じられた。一月に大久保とともに台湾処分方針の作成を命じられた時以来、大隈は積極的にこの問題に関わってきたので当然の結果といえよう。

大久保は佐賀の乱鎮圧のため現地で多忙であり、この人事は、大隈に押し切られる形で岩倉と三条が中心となり内閣の合意を得たのであろう。積極的な台湾出兵を推進する大隈と、出兵に反対の木戸との関係は、さらに悪化している。しかし、木戸は薩摩の事情を知らず、病気がちであったため、長州系人事の拒否権こそ何とか保持していたが、大隈を拒否する力はなかった。

翌四月五日、西郷都督に「御名御璽《ぎょめいぎょじ》」（天皇の署名と印）の入った奉勅命令が出された。そこには、清国との関係やのちの利害などを詳しく明らかにし「上奏して命を乞《こ》う」との条件つきながら、「〔台湾の〕鎮定」後は、少しずつ「土人を誘導開化」させ、最終的にその「土人」と日本政府の間に「有益の事業」を興すのを目的とする、との文言が入れられていた（『大隈重信関係文書』二巻、二九三頁）。これは状況が許せば、台湾の一部を日本の植民地としていこうというものであるが、その実施には、あらためて内閣で審議可決し、天皇の同意を求めることとし、植民地化に進むかどうかの判断を先送りした＊。

＊西郷従道が台湾蕃地事務都督に就任し、台湾問題の解決方針が「問罪使の派遣から台湾の割地及び植民地化にまで拡大された」との指摘がある（家近良樹『台湾出兵』方針の転換と長州派の反対運動」）。家近の主張ほどの転換はなされていないが、台湾の一部植民地化が明確に表現されたことは、非常に重要な変化である。また二月末以来、大隈は西郷と連携して動いており、西郷は閣員ではなかったので、この転換は大久保の留守の間に大隈・西郷が連携して行ったものと見るべきである。

四月一二日、岩倉は佐賀にいる大久保に、朝鮮に使節を派遣することと台湾出兵については、「内密物議《ぶつぎ》」もあったけれど、大隈は大久保との「約定」もあるので、命に従って全力を尽くすので非常に助かっています、と手紙で知らせている（大久保宛岩倉書状、一八七四年四月一二日、『岩倉具視関係文書』六巻、三四頁）。このように、岩倉は、一部植民地化にあたっても再度閣議を開き、天皇の裁可がいる、と歯止めをかけたことで一応安心した。また、大隈の能力を評価しつつも、大隈を抑えることができるのは大久保しかいない、と見ていたのだろう。

四月上旬に出兵準備が進むと、大隈は出兵のため将兵や物資を運ぶ基本である船がまったく確保されていないことに気づく。事は急を要するので、内閣の同意を得ず、大蔵卿として財政権を使い「独断」で船を確保した（『大隈侯昔日譚』一八、一九頁）。

他方、イギリスとアメリカが、台湾が清国の領域外という日本の主張に疑いを持ち、日本の出兵に抗議してきた。日本側の記録でも、清国は「化外の民」としたのは「生蕃」だけで、「熟蕃」を含めていなかったので、当然のことであった。日本政府は四月一七日に閣議を開き、出兵前にまず清国に問い合わせることにし、出兵を延期した。三条太政大臣は四月一九日に長崎にいた大隈台湾蕃地事務局長官に、東京に戻るよう求めた。大久保は江藤らの処刑を終え、四月一七日に佐賀を出発し、すでに述べたように、二四日にようやく東京に帰った。

大久保との緊張

大隈は四月二五日に出兵延期の命を聞き、台湾蕃地事務都督として司令官に就いていた西郷従道に伝えたが、西郷は承知せず、出兵の準備を進めたという。また大隈は東京に戻る気配がなく、大久保は長崎からの大隈の返電では事情がよくわからなかったので、内閣の同意を得、天皇の命も得て二九日に長崎に向かった。

大隈が西郷に出兵延期を強く迫ったが西郷が従わないので困っている、などを示す史料は残っていない。これまでの経過から見て、大隈は西郷と同様に、あくまで出兵するという考えであったのだろう。大久保は大隈の行動を疑い、出兵を止めるため、慌てて長崎に向かったのだ。

しかし、大久保が到着する一日前の五月二日、西郷従道は将兵約一三〇〇人を四隻の船に分乗させて、台湾に出発させた。将兵の士気が大いに上がっていたので出発を押しとどめたら大きな問題が生じる、と西郷が判断したからであるという。しかし、天皇の命を受けた大久保の判断によらず出兵することは、海外派兵に関し、「陸海軍務」の全権を得た都督（一八七四年四月五日の奉勅命令）であっても、違法行為である。

長崎に着いた大久保は、大隈と西郷に会見したが、将兵の出発後であるのでどうすることもできず、出発を容認した。注目すべきは、五月四日に三人の連署で作成された文書には、清国との「事変」が起きる可能性が初めて記してあったことである。また、「難題」が生じたときには大久保をはじめ三人が責任を持つことになった（『大隈重信関係文書』二巻、三〇二、三一二、三一三頁）。

なお、大久保の到着を待たずに将兵を出発させてしまったことについて、大隈は翌五月三日付で関係の深い三条に、「千困万難」は文章に表現することができないと書き送り弁明している（三条宛大隈書状、一八七四年五月三日、『大隈重信関係文書』二巻、三一〇頁）。

独断での出兵に最も怒ったのは、木戸であった。木戸は台湾出兵に当初から反対であり、四月一八日には病気を理由に参議兼文部卿の辞表を提出していた。独断出兵を大久保たちの政府が認めてしまった以上、木戸の翻意は期待できず辞職を五月一三日付で認めざるを得なかった。

さて、台湾に出兵した日本軍は五月中に、一八の原住民グループのうち、最も敵対的なもの一つを除き、一応屈服させ、六月上旬にほぼ作戦を終了した。

残った問題は、清国との関係である。五月末に柳原前光駐清公使が清国官吏と台湾出兵について交渉したところ、日本が清国の主権を侵害したと抗議され、撤兵を要求された。日本政府はただちに撤兵するか駐兵を続けるかの決断を迫られた。単に撤兵をするだけならば、ほとんど何の成果もなかったと不平士族の不満をかえって高める恐れがあった。しかし、駐兵を続ければ清国との戦争になり、イギリスやアメリカが清国を支持するおそれがあった。六月二八日、大隈は台湾蕃地事務局長官として出兵軍の司令官である西郷従道と連携し、三条太政大臣に建言し、日本軍を駐屯し続けて原住民を誘導開化し、最終的に有益の事業を興す方針を、内閣で早く決定すべきであると主張した。

ここで状況をリードしたのは大隈ではなく、参議兼内務卿の大久保であった。まず大久保は六月三〇日付で山県有朋中将を陸軍卿に復帰させることを主導した（近衛都督と参謀局長兼任）。山県は日清開戦に反対であった。さらに、台湾問題を議論する七月五日の三条邸の会議に山県を出席させる。この会議の出席者は大臣・参議という内閣の構成員たちであったので、山県を参議並みの扱いにしたのである。

他方で大久保ら内閣は、山県陸軍卿ら日本にいる陸軍将官八人に清国との戦争について意見を尋ねた。薩摩系の二人を除き山県を含め六人の将官は、兵備がまだ整っていないと見て、日清開戦に反対だった。七月八日、大久保はこうした陸軍将官たちの意見を持って閣議に臨み、できる限り清国と戦争を避けるが、やむを得ず戦う場合に備えて戦備も整えることを決めた。翌日には天皇より同様の趣旨が、山県陸軍卿と勝安芳（海舟）海軍卿（参議でもある）に命じられた。

七月二九日、松方正義（薩摩出身、大蔵省租税頭、後に蔵相・首相）は同郷の吉田清成（大蔵少輔〔次官クラス〕）に、すでに清国の方から日本に戦争を仕かける勢いになっているようである、大隈は清国に使節として行くことを望み、一昨朝より三条太政大臣に申し出、それが認められそうであると思われる、大久保は自ら使節になることを主張しているが、三条は大隈が適当と松方に話し松方も同意したことなどを伝えている（吉田宛松方書状、一八七四年七月二九日、『吉田清成関係文書』三巻、一〇五、一〇六頁）。

台湾出兵推進論者の中には清国との開戦を主張する者も出る中＊、大久保は強い危機感を抱き、二六日以降、三条・岩倉に清国に派遣してくれと強く迫り、三〇日には伊藤博文の協力も求めた。こうして三〇日の「御会議」で大久保の派遣が内定し、八月一日に「全権弁理大使」として派遣の命を受けた（伊藤之雄『伊藤博文』〔文庫版〕一三六～一三七頁）。大久保は大隈と西郷従道らの路線を否定し、国際関係上のリスクを減らすとともに、ただちに撤兵することで不平士族の反乱が起きるリスクも減らそうとした。

＊七月三〇日、赤松則良《のりよし》少将（旧幕臣、台湾蕃地事務都督参軍〔海軍〕）からの手紙が、長崎の横山租税権助・谷副軍少丞（土佐出身、台湾蕃地事務都督参軍〔陸軍〕）に到着した。そこには、清国が日本

と戦争することに決し品川忠道上海領事はそれへの対応を懸命に行っている、もう一度打電したら大至急兵士を繰り出してほしい、と書いてあった。この手紙を翌三一日に米国郵船で転送した、と同日大隈に電信が発せられた(大隈宛横山・谷電信〔写〕、一八七四年七月三一日午後九時五分、「憲政史編纂会収集文書」六二四-四四巻、マイクロフィルムR一三四、国立国会図書館憲政資料室所蔵)。大隈はこの時点まで、赤松少将らと同様の立場で大久保よりも戦争に傾いていたようだ。小林和幸『谷干城』は、台湾出兵に参加した谷干城《かんじょう》少将が列強による日本の植民地化を避けるため、内戦が起きないよう台湾出兵から日清開戦も辞さない強硬姿勢であったことを論じている。

大きな問題は、誰が大久保の留守中に内務卿代理を務めるかである。八月一日、大久保の腹心で大隈と親しい吉田清成は、大隈が大蔵卿と兼任する形で内務卿代理に就任するものと信じきっていた(大隈宛吉田書状、一八七四年八月一日、『大隈重信関係文書』〈早〉一一巻、五〇頁)。

ところが、参議としては大隈の後輩の伊藤博文工部卿が、八月二日に大久保留守中の内務卿代理に任命される。伊藤は大久保の最有力後継者としての立場を示されたのである。六月以来、伊藤は日清戦争を回避するため、台湾からの速やかな撤兵を強く主張していた(伊藤之雄『伊藤博文』〔文庫版〕一三五〜一三六頁)。大久保は、大隈が台湾出兵に際し、薩摩士族の不満に配慮する西郷従道と連携して行動したことを、好ましいと思っていなかったのである。

大久保への全面協力に転換

大久保は、一八七四年（明治七）九月一四日から、北京で清国側と交渉を始めた。一時は決裂を覚悟しながらも、日本政府の法律顧問であったフランス人ボワソナードよりの国際法の助言もあり、一〇月三一日にようやく妥結させる。その内容は、清国が日本の台湾出兵を正当なものと認め、琉球漁民への補償などとして五〇万両（テール）を日本に支払う、というものだった。清国側も日本との戦争を避けたいと考えていたので、ギリギリの形で妥協ができた（大久保泰甫『ボワソナードと国際法』第五章）。

償金の五〇万両は、日本の出兵費用を賄うには少なすぎる額であった。しかし、清国との戦争を避け、琉球が日本の領土であることを清国に間接的とはいえ認めさせ、政府は面目を保った。明治天皇や木戸、さらに国民まで、大いに満足した。

この間、大久保が主導して、台湾に永続的に駐兵して植民地化を進めるという路線が否定されると、大隈は、財政担当者として東京で日清開戦に備えて大久保を全面的に支援する。たとえば、八月二〇日頃までに、日本の財政状況を取り調べ、五〇〇〇万円以上の準備はできないと判断、兵器の注文などに陸・海軍それぞれ一六〇万円、合計三二〇万円までは使えると通達した。とりあえずは公債を募集せずに進めていく方針を立て、こうした状況を大久保に報告した（大久保宛大隈書状、一八七四年八月二〇日、『大隈重信関係文書』二巻、四四五頁）。

大隈は絶対に無理だとわかると、表面上のプライドを捨て変わり身が早い。それが一つの長所といえる。

その後、大隈は財政や日本の経済状況を検討する中で、国債を募集するのは困難と判断し、一〇月上旬に、「国債評議事は余程《よほど》難事」と思う、と三条に知らせている（岩倉宛三条書状、一八七四年一〇月七日、『岩倉具視関係文書』六巻、二三三頁）。今回も、大隈は状況が十分に見えないときにも弱気にならず、とりあえず直感を働かせて事を進め、状況を掌握できた時点であらためて対応を決定する、という手法を取った。大隈は危機管理能力に卓越している。

大隈は、北京での大久保の交渉の後半には「交戦決義」をするほかないと思っていたという。日頃は強気の大隈であったが、陸・海軍の軍備や金銭や食糧の準備が混乱するなど、将来を思うと心は「深痛」が限りなかったと、弱気に陥っていたことを大久保には白状している。しかし、清国との交渉が成立したので、国家の立派な達成は大昔から見ても比べるものがない、とまで大隈は大久保に喜びを表した（大久保宛大隈書状、一八七四年一一月一三日、『大久保利通文書』六巻、一七九頁）。ここで大隈が清国と「交戦決義」という用語を使っているのは、戦争を決議して、その圧力で交渉の妥結を図るか、本当に戦争するか、との両方を含んでいる。

現状認識も含め、二人の差は最終的にはそれほど大きくなかった。だがこれまで見てきたように、大久保は大隈のやり方を危険と見て、あらためて大隈評価を下げたと思われる。

しかし大隈は、薩摩藩士族が期待する台湾出兵や台湾の一部を植民地にする路線を進めたことなどで、他の薩摩系の有力者との関係を深めた。西郷従道との関係は言うまでもない。たとえば、八月中旬までに大隈は、赤松則良・福島九成《ふくしまきゅうせい》（佐賀出身、陸軍少佐、台湾蕃地事務都督参謀兼厦門領事）の二人から、「戦略書」を手に入れていた（三条・岩倉宛柳原書状、一八七四年八月一一日、『大隈重信関係文書』二巻、四三一頁）。

「戦略書」とは、時期から考え、日清戦争になった場合のものに間違いない。文官ながら大隈は軍事に関心を持ち、軍との関係を重視していることがあらためて確認できる。「戦略書」を手に入れることができるのは、佐賀系の中堅将校である福島少佐との関係もあるが、責任者の承認を考慮すると、むしろ台湾出兵問題により形成された西郷従道との関係が重要だ。

萩に帰っていた木戸は、八月二一日に、日清開戦のときは「大挙して天津より北京」を攻撃する方略が一定した、との伊藤からの手紙を受け取った（『木戸孝允日記』）。大隈の手に入れた「戦略書」の内容も同様であろう。

薩摩との関係でいえば薩摩出身の伊地知正治《いじちまさはる》（左院副議長）と黒田清隆（陸軍中将兼開拓次官）の二人が、長州出身の山県有朋（陸軍卿）とともに八月二日付で参議になる際、二日前に大久保が、二人は受けるとのことで、ご安心のため申し上げます、と手紙の二伸でわざわざ大隈に知らせている（大隈宛大久保書状、一八七四年七月三一日、『大隈重信関係文書』二巻、四二一頁)。大久保は大隈を警戒していたが、薩摩系とこれほどまでに連携を深めていた大隈の存在を軽んじることはできなかったといえよう。

商人でありながら薩摩系地方官らに人脈のある五代友厚との交流も続いていた。八月上旬に、「奇兵」(正規軍でない特殊部隊)を台湾と福州に派遣し、五〇〇〇の精兵で北京を襲うほかない、と五代は大隈に書いている(大隈宛五代書状、一八七四年八月五日、『大隈重信関係文書』二巻、四二四頁)。

なお、大隈と木戸との関係は台湾出兵問題でさらに悪化し、一一月中旬、木戸は腹心の伊藤に宛て、大隈の近年来の処置は、本当に天下の人民のためにひどく嘆かざるを得ないなどと、厳しく批判するまでになった(伊藤宛木戸書状、一八七四年一一月一八日、『木戸孝允文書』五巻、四二一、四二三頁)。

島津久光の攻撃

士族反乱、とりわけ薩摩のそれを防ぐ対策は、台湾出兵だけではなかった。幕末から維新にかけての薩摩藩の実権者であった島津久光を政府で働かせることも、その重要な一つであった。

久光は一八七二年(明治五年)に明治天皇が西国を巡行したとき、ヨーロッパ文化の採用が急すぎるとして、政府の進めてきた近代化路線を批判する上奏をしていた。

こうした保守的思考の久光であったが、士族反乱を防ぐためには、久光の協力を求めざるを得なかった。律儀な西郷隆盛は、久光には旧家臣として頭が上がらない一面もあり、久光は佐賀の乱に際し、政府に協力して乱に関わらないよう西郷隆盛を説得していた。

一八七四年（明治七）四月二七日、岩倉が主導し、久光は空席となっていた左大臣に任命された（三条宛岩倉書状、一八七四年四月二三日、「三条家文書」国立国会図書館憲政資料室所蔵）。左大臣は右大臣より上席である。久光に満足感を得させる方が、政府に協力させられると考えたからである。これは、大久保が台湾出兵に関連して大隈と打ち合わせするため長崎に向から二日前であった。

ところが、左大臣になった久光は五月二三日、礼服の復旧（洋服の否定）・租税復旧（地租改正反対）・兵士の復旧（徴兵制の否定）など、復古的な八ヵ条の建言を、三条と岩倉に対して行った。最後には、大久保が反対なら彼を免職し、建言が採用されないなら久光が辞職を願う、とも記してあった。

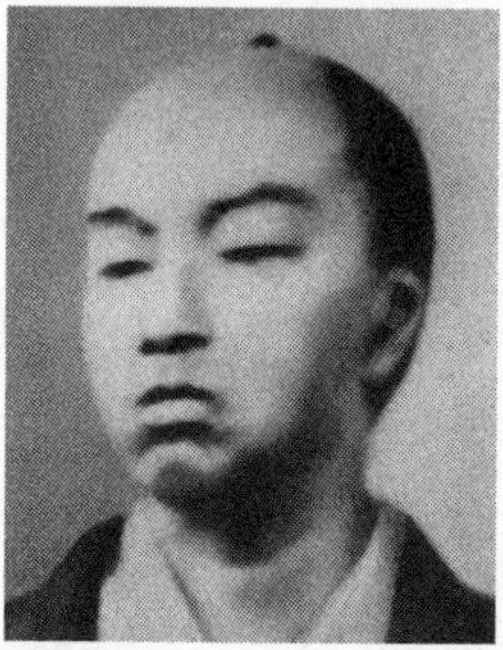
島津久光

また久光は、同時に政府の「人撰書」を提出し、近代化推進者を更迭や降格しようとした。その冒頭には、大隈と大隈の腹心と見られた吉田清成（薩摩出身、大蔵少輔）を速やかに免職せよ、とあった。このほか、伊藤（参議兼工部卿）を大蔵大輔に降格させ、西郷隆盛と板垣退助を参議に復職させることなども記されていた。さらに翌二四日、久光は、大隈の処分が決まらない間は出勤しないと岩倉に手紙で伝えた（『大隈重信関係文書』二巻、三二七、三二八頁）。三条の見るところ、大隈は久光の批判にまったく動じないかのように、「盛に出勤」し、五月二三日も「海陸軍」拡張の評議をしてほしいと、三条にしきりに求めていた（岩倉宛三条書状、一八七四年五月二四日、『岩倉具視関係文書』六巻、一一二頁）。

大隈は久光を、学問があり根は善良な人だが、大名育ちでわがままで、名誉ある島津家の精神を受け継ぎ、手に合わぬ強情で、廃藩置県の大改革や、それに関連して行われる「改革、破壊」に対しては反対した、と回想している（『大隈伯昔日譚』六〇九頁、『早稲田清話』三一三頁）。

久光の態度には、三条・岩倉も困惑する。二人の意を受けて、五月二五日に大久保が久光に、建言などの意見は適当でないと説得しようとしたが、久光は聞き入れなかった。そこで大久保は、自ら参議・内務卿の辞表を提出した。

同日、岩倉は、大隈以下の進退は台湾出兵問題が収局してから処置したい、と妥協を示す手紙を久光に送った（島津久光宛岩倉書状、一八七四年五月二五日、『大隈重信関係文書』二巻、三三三頁）。しかし、久光は出勤しようとしなかった。

まもなく岩倉と三条は、大隈を辞任させて久光をなだめようと動くようになる。しかし大隈は、久光の建言は「維新以来七年之《の》〔天皇の〕御事業」を水泡に帰せしめるようだと述べ、また自分の身分は「天子の御決断」によるべき、と言うのみで辞表を出す様子はなかった（岩倉宛大木書状、一八七四年五月三一日、六月二日、岩倉宛三条書状、一八七四年六月一日〔二通〕、『岩倉具視関係文書』六巻、一二三、一二四、一二六〜一三一頁）。

三条と岩倉は苦慮し、大隈に参議を辞めさせ、大蔵卿と台湾蕃地事務局長官の職は台湾出兵が解決するまでは続けさせるという妥協案を示し、久光を説得した。久光はそれを受け入れ、六月六日に建言を撤回し、大久保も出勤を再開した。

同日、久光との約束を実現させるべく、三条が大隈に参議を辞任するよう求めると、大隈は兼官している大蔵卿や台湾蕃地事務局長官も辞任する意思を示した。そして大隈は、「昨夏以来肝臓充血之《の》症」があり十分治療したい、との理由ですべての官職を辞めるという内容の辞表を提出した（大久保宛三条書状、一八七四年六月六日、大隈重信辞表、一八七四年六月、『大隈重信関係文書』二巻、三四七〜三四九頁）。

台湾出兵が行われている中で、大蔵卿と蕃地事務局長官を辞めさせることは、実務的にも象徴的にもできないことを、大隈はよく知っていた。そのうえで、このような行動をとったのである。旧薩摩藩の不平士族の内乱を恐れる余りとはいえ、岩倉も三条も判断が鈍るほど衰えていたといえる。結局六月二三日に、三条・岩倉・大久保らは、大隈を辞めさせない方針を決め、同日に久光に伝えることになった、遅くとも、翌二四日までには伝えられ、久光も容認したようである。大隈の辞表は却下され、久光問題はいったんは収まっていく。

その後も久光は、一〇月、翌一八七五年三月と、建言書の実行を政府に迫り、四月には天皇が久光に妥協を求めて調停しようとしても、十分に聞き入れなかった。建言が実現されないことに憤った久光は、一〇月一九日、三条太政大臣を退けるべきという建白を行い、実現されないなら辞任すると言って辞表も提出した。結局、一〇月二七日に久光の辞任が認められ、一年半に及んだ久光をめぐる騒動は、ここに一段落することになる（伊藤之雄『明治天皇』二六六〜二七七頁）。

さて、大隈は久光の問題で、自分が先頭に立って近代化を進めて来たとはいえ、またそれゆえに、薩長藩閥の出身でない自分はいつ失脚するかもしれない、意志の弱い三条は庇護者として信頼できない、とあらためて思ったことであろう。今回、大隈を救ったのは、積極的に台湾出兵を推進し、出兵中で財政が極めて重要となっていたこと、すべての官職の辞表を出した決断力であった。

大阪会議の孤独

すでに見たように、征韓論政変が決着した後、岩倉使節団の成果を活かすべく、大久保・木戸らの内閣は、伊藤博文と寺島宗則にイギリスの政体を調べさせようとした。これは翌年の佐賀の乱と台湾出兵によって中断していた。

一八七四年（明治七）一〇月末、大久保利通の尽力で台湾出兵に一区切りがつくと、一一月から政府内外で立憲政体についての関心が高まった。木戸は台湾出兵に反対して参議を辞任し、下関に帰っていたので、大久保と伊藤は木戸を政府に復帰させ、少しずつ立憲政体を作っていこうとした。加えて征韓論政変で下野した板垣退助を復帰させ政府の基盤を強めようともした。これらの構想を三条や岩倉も承知していた。

翌一八七五年（明治八）一月から二月にかけ、伊藤の根回しが実って、大阪で大久保と木戸・板垣らが、伊藤・井上馨も関わってそれぞれ会合した後、あらためて二月一一日、大久保ら三人に伊藤ら二人が同席する形で、会議が開かれた。

この結果、木戸・板垣の両者が参議に復帰することになった。また伊藤は、上院的な元老院、下院の代わりである地方官会議、現在の最高裁判所にあたる大審院の構想を作成し、大久保と木戸に示した。これが、木戸・板垣の合意の大枠となったようである。以上の一連の会合を大阪会議という。

木戸は三月八日に、板垣は一二日に参議に再任された。イギリス風の立憲政体への転換を性急に行おうとする板垣と、大久保・木戸との差は大きかったが、四月一四日、漸次立憲政体樹立の詔が発せられ、元老院・大審院を置き、地方官会議を開くことになった（松尾正人『木戸孝允』一七五～一八五頁、伊藤之雄『伊藤博文』〔文庫版〕一三九～一四二頁）。

大阪会議の合意事項は大隈にとって、むしろ望ましいことであった。他方、この大阪会議は、大隈にとって二つの意味で大きな問題もあった。一つは、木戸を政府に復帰させるために、実力者大久保が礼を尽くして迎え入れるという形をとったことである。大久保を中心とした薩摩と、大隈を感情的といえるまでに嫌うようになった木戸を戴き、伊藤が束ねる長州とが、強く連携すれば、大隈の立場は著しく脅かされる。

もう一つは、大阪会議が大隈に相談されることなく進められ、その経過の情報も大隈にはほとんど伝えられなかったことである。大久保・伊藤や三条らの間に、大阪会議への動きが始まって一ヵ月半以上経った一八七五年一月中旬になっても、政府有力者の中で大隈のみ、大阪会議について情報を知らされていなかった(岩倉宛三条書状、一八七五年一月一六日、『岩倉具視関係文書』六巻、二六五頁)。その後も、大隈にどの程度の情報がもたらされたのかは不明である。

しかし、大阪会議の総まとめとも言える二月一一日の会議が終わって四日後、大久保の腹心で大隈に好意を持つ五代友厚が、大隈に次のように伝えている。大久保は今度「飛脚船」〔定期船〕で東京に戻りますので、大阪の状況を直にお聴き取りください。大久保の「閑話」〔のんびりとしたとりとめもない話〕によると、「自心鎮御」〔自分の心を鎮めて気持ちを固まらせて〕互いに大隈に「懇談」したいと思っているとのことですので、恐縮ですが、すべてについて大久保とお打合わせの上、ご決断ください、と(大隈宛五代書状、一八七五年二月一五日、『大隈重信関係文書』三巻、一一三頁)。

この五代の手紙から、大隈は大阪会議の内容はほとんど知らず、東京へ戻った大久保から結果を事実上通告されるにすぎない存在だったことがわかる。これは、約四年前に廃藩置県に関与できず、その情報もほとんど知らされていなかったことと同様であった。

さらに今回は、大隈とともに大久保を支えている伊藤が、中心的役割を果たしていた。しかも大久保は二月一八日に東京に帰着したのに、その日記に大隈の名は三月一五日まで登場しない。この日、大久保は大隈の招きで訪問している。大久保はその間に、伊藤とは七回、木戸とは四回、訪問し合ったり会合したりしている（『大久保利通日記』）。

さらに、三月一七日に大久保・木戸・板垣・伊藤が政体取調委員に任じられたが、ここでも大隈は外された。大阪会議の結果、大久保と木戸・伊藤のつながりが深まり、大隈は政府中枢で孤立していったのである。

辞任の危機

木戸が一八七五年三月八日に参議に再任されると、薩摩出身の大蔵官僚得能良介《とくのうりょうすけ》（紙幣頭兼大蔵大丞〔局長〕）は同郷の吉田清成（駐米公使）に、大隈は近来とかく健康がすぐれず困却していると伝えている（吉田宛得能書状、一八七五年三月一〇日、『吉田清成関係文書』二巻、三〇二頁）。さすがの大隈も不快さの余り、体調まで悪化したようだ。三月中旬には、友人の五代が大隈はやむを得ず退任するかもしれないと見るほどになっていた（大隈宛五代書状、一八七五年三月一二日、『大隈重信関係文書』三巻、一二二頁）。

事実、この後に大隈は病気を理由に出勤しなくなる。注目すべきは、大隈の参議兼大蔵卿、もしくは大蔵卿のみの辞任を認め、伊藤を参議兼大蔵卿にしようとの動きが、三条・岩倉・大久保の合意の下で進められたことである。しかし、伊藤が受諾しなかったので、五月二五日以降には大隈に継続して職を続けさせる方向になった（柏原宏紀「大隈重信の政治的危機と財政をめぐる競合」）。

こうして、五月三〇日に大久保が大隈を訪れ、翌三一日には三条から、特に「会計上」あれやこれやと難事件もあるので、と出勤を促されるほどになった。ようやく大隈は六月一日には大久保を訪れており、出勤を再開したようである（大隈宛三条書状、一八七五年五月三一日、『大隈重信関係文書』三巻、一三一頁『大久保利通日記』一八七五年五月三〇日、六月一日）。

三ヵ月ほど後の史料であるが、大隈の進退については大久保も種々議論を行い、大隈は今日（一八七五年九月）まで勤務している、と三条は述べている（伊藤宛三条書状、一八七五年九月三日、『大隈重信関係文書』三巻、一三五頁）。

すなわち、財政家としての手腕のある人材は大隈しかおらず、三条や大久保の慰留もあって、大隈は危機を脱し、不快さを我慢しながら参議兼大蔵卿として勤務し続けたのだった。

財政・経済と産業政策の大変革を求める

大隈が関与することなく大阪会議の根回しが進んでいた頃、一八七五年（明治八）一月四日、大隈は太政大臣の三条に「収入支出の源流を清《す》まし理財会計の根本を立つるの議」という重要な建議を提出した（「三条家文書」四五－八、国立国会図書館憲政資料室所蔵）。

これは一つには、政府内で大阪会議が政治の争点となる中で、短期的には大隈が自らの存在をアピールするという意味があった。

また長期的な観点から、さらに重要な意味として、大隈が維新直後からの政府主導の急進的な近代化方針（急進「開化」主義）を修正して、在野の自発性と創意工夫を重視した近代化路線にすべきである、と提言し始めたことである。すなわち、大隈は約七年後の明治十四年政変で下野する前から、それ以降の経済政策につながるものを考え始めていたといえる。

この大隈の建議の特色を簡単に眺めてみよう。第一に、正貨（金・銀）の保有を通貨（経済）の安定のために重視するという従来の考え方を継続しつつ、税は直接税に加えて間接税を発達させなければならない、との新しい考え方を展開したことである。

大隈は輸入高が常に輸出高を上回っているので、明治二年（一八六九）以来金・銀・銅貨が一年平均七四七万四〇〇〇円余（現在の三七〇〇億円以上、一八七六〔明治九年〕度の歳入・歳出の一〇・四％）が海外に流出し、日本の紙幣の信頼が失われ、生産にも影響していると見る。

また当時の国家の税収は直接税のみで間接税はほとんどなく、大隈はここに税制の問題があるとみた。しかし、産業が発達していないので間接税としては関税が最も可能性があるが、条約によって制約されている（五%）から、条約改正をしなければ増税はできない、という。

この意味での条約改正の建言は、吉田清成（前大蔵少輔〔次官クラス〕）・松方正義（租税頭〔局長クラス〕）らよりも出されている。条約改正が実現するまでは、輸入品の売買で利益を得ている商人に重税を課して、正貨の流出を防ぐとともに国家の歳入を充実させるのは、一つの方法である。

大隈は二〇年ほどのちの日清戦争後に、関税を互いに重くしない自由貿易主義と、間接税で歳入を充実させる論を展開するようになる。しかし、ここでは間接税に注目する着想を打ち出しているものの、まだ日本の経済力が極めて弱いので、関税によって正貨流出を防ごうと考えていた。

第二に、正貨流出を防ぐため、官庁で使用する物品は値段の高低に関わりなく国産品を使うことを提言していることである。また、どうしても外国製品を購入せざるを得ない場合は、大蔵省を通して購入することを主張する。これらも、関税の問題と同様に日本の経済力が極度に弱い段階での対応である。

第三に、大隈は今後、農・工・商業や鉱業を奨励すべきで、時勢や国家財政をよく検討して内債を募ることも考慮すべきと提言していることである。これも、むしろ日本の産業を列強レベルに近づけるまでの対応といえる。

第四に、生産回復の資本を支給するため、「事業の緩急軽重」を検討し、たとえば鉄道を

「処分」〔民間に払い下げる〕すれば「官民の便利」であると、鉄道を例に官営事業の払い下げを提言したことである。

すなわち、政府は当初は資金や技術が不十分で民間が取り組めない事業を行い、軌道に乗ったら民間に払下げ、民間の自立心と創意工夫に任せるという、下野した一八八一年以降の大隈の基本的な考え方の原型が、ここに見られる。

第五に、産業振興を達成するため、「勧業寮」を「勧農寮」と改め、別に大蔵省の中に「勧商事務局」を設け、農・商行政を別にすることである。また農商務を担当する「一官府を設け」ることも提言した。これは、約六年後の一八八一年四月に、内務省の四局、大蔵省の一局を引き継いだ農商務省が設置されて実現する。

さらに、日本の「郵船」〔定期船〕の運用や鉄道の払下げなどすべての商業を主管する官庁を〔台湾出兵のための〕蕃地事務局にならって置き、その総裁を大蔵卿が兼任することである。大隈は財政のみならず産業政策の中心になろうとしたのだった。

第六に、維新以来産業を振興し、国家を富強にし、列強と並ぶことをめざして様々な政策を行ってきたが、それが効果を挙げる余裕もなく、いたずらに内乱や海外出兵があって、日本の信用の土台にいっそう困難を加えている、とこれまでとは異なり、着実に産業振興を行っていこうとしたことである。

大隈は本来征韓論に反対で、最終的に征韓反対で動いた。台湾出兵には積極的であったが、これは旧薩摩士族らによる内乱をおそれたための一時的な対処策であった。大隈は本来は経済・産業政策を重視し、対外的に大きなリスクを冒すことをあまり望まなかった。本書で以下に見ていくように、日露戦争への姿勢も含め、これは生涯を一貫する姿勢である。

ところで、大阪会議への動きがあったとはいえ、大隈が一八七五年初頭になぜ産業政策を中心に維新以来の政策を転換しようと建言したのであろうか。それは、維新の混乱と廃藩置県などの改革も一段落し、台湾出兵も日清戦争になることなく無事に終わり、征韓論政変後の情勢も落ち着いたように見えたからである。また、すでに先行して進められている地租改正に加えて、武士のリストラにあたる秩禄処分の実施も視野に入ってきたからである。

廃藩置県までに、士族たちは禄高が平均で約四〇パーセント削減されていた。一八七三年一一月には、内閣が秩禄処分をする方向を確認し、一八七六年八月に金禄公債証書を発行し、秩禄処分を行った。この結果、士族は削減された家禄の五～一四年分を公債で受けとることになる。元来禄高は上下の差が大きく、上級士族の公債金額は比較的多いが、約八四パーセントを占める中・下級武士の場合、平均で一日当たりの利子は八銭にしかならない。これは大工の日当四五銭、土方人足の同二四銭と比べても極めて少なかった。また受けとり人は約三一万三五〇〇人にも及んだ（落合弘樹『秩禄処分』）。士族には過酷であるが、秩禄処分を成功させれば、政府の財政にある程度の余裕ができるので、大隈は、本来行うべき政策をじっくりと考え始めたのであろう。

大隈の提言は政府内で大久保や伊藤ら政府主流には支持されたが、島津久光左大臣や新たに政府に入った木戸・板垣には十分に受け止められた形跡はなく、次項で述べるように、大隈や大蔵省への攻撃すら行われていく。

木戸・板垣の大蔵省攻撃

木戸と板垣は、政府の体制の変革を求めて再び政府に入った。二人は、元老院・地方官会議・大審院の設置では満足せず、遅くとも一八七五年（明治八）九月初めまでに、各省の行政のあり方の改革も求めるようになる。二人は大蔵省の変革のため、大隈の辞任を求めるようになった。大久保は大蔵省の事務は変更しない方がよいとの考えで、大隈の留任を支持した（三条宛伊藤博文書状、一八七五年九月三日、『大隈重信関係文書』三巻、一三四、一三五頁）。

かつて木戸派の大隈の敵であった大久保は、財政を任せられるのは大隈しかいないと考えるようになったのである。同年一月の財政・経済などの大変革を求める大隈の構想が評価されたのだろう。

大隈の直属の部下である松方正義（薩摩出身、大蔵大輔〔次官〕）も、一一月に、大隈は非常に尽力し、財政の大体の見込みが立った、と同郷の吉田清成駐米公使（現在の駐米大使）に知らせている（吉田宛松方書状、一八七五年一一月九日、『吉田清成関係文書』三巻、一一一頁）。

すでに木戸と板垣が大隈の罷免を求めた頃までに、新設された元老院の権限をめぐり、政府内で大久保・木戸・板垣の間の軋《きし》みが目立つようになっていた。五月三〇日に元老院側は、元老院の議決を経ないものは法律にしない、という新たな章程（規則）を増補することを求めてきた。これに対し、漸進主義的な大久保と伊藤は増補案の削除を求め、急進主義的な板垣は削除に反対し、太政大臣である三条は決断を下せなかった。木戸は、大阪会議で大久保と板垣の仲立ちをした手前もあり、大久保と板垣の中間の立場を取り、七月下旬には伊藤の理解を求めたが、伊藤は大久保支持を変えなかった。

このため木戸は、前年の大病から十分に回復していなかったこともあり、九月二七日には参議を辞めたいと伊藤に話すまでになった。

ちょうどその頃、九月二〇日に日本の軍艦一隻が朝鮮国のソウルに近い江華島の砲台に近づき、艦員が乗ったボートが射撃されたため、翌日に日本側が砲台を占領する事件が起こった。江華島事件である。この処理を誤ると、日本が朝鮮国に出兵することになって、征韓論政変や台湾出兵では何とか免れた清国との戦争を起こしてしまう可能性があった。このような危機的状況下であったにもかかわらず、板垣は、内閣と各省を分離し、参議が各省の卿（長官）を兼ねるのをやめるよう執拗《しつよう》に主張し始め、一〇月二七日に参議を辞任した。すでに述べた島津久光の左大臣辞任と同日である。

こうして、大久保と木戸・板垣の意見の対立、簡単に辞意を漏らす木戸の無気力、板垣の辞任により、大阪会議でできた政府中枢の体制は崩壊した。この中で、大久保が大隈を擁護したことと、江華島事件の危機によって、大隈の辞任や大蔵省の変革問題は、消えていった。

他方でこの頃の大隈の能力を示したのが、士族俸禄の処分問題である。すでに述べたように、当時、俸禄は大幅に減額されながらも、士族に支給され続けていたが、大隈は公債証書を発行して士族に与え、禄制を撤廃しようと考えた。これは翌一八七六年（明治九）三月に閣議で承認され、八月に金禄公債証書条例を発布し、禄制撤廃を実施した。この結果、政府の負担は年四〇〇万円ほど減少し、その減少分を使えば約二〇年余りで金禄公債全部を償却できることになった（実際はその翌年の西南戦争など、大小の騒乱が起こり、予定通りにはいかなかった）。このように、当面の財政危機に対応しつつ長期的な解決策も実施していける人材は、鋭い直観力を持つ大隈しかいなかった。

大木喬任

司法省への権力と老練さ

さて、大木喬任は、大隈と母同士が従姉妹《いとこ》で、かつ佐賀藩以来の友人であり、大隈の参議昇格問題などで常に大隈の側に立って動いていたことはすでに示した。文部卿を務め、留守政府内で一八七三年（明治六）四月一九日に江藤新平（司法卿）とともに参議となって「入閣」したのも、大隈の尽力によってであろう。江藤は征韓論政変で下野したが、大木は政変後も政府にとどまり、参議と兼任で司法卿となった。

大木はその後、大物参議で大蔵省に影響力を持つ大隈を最も頼りとし、大隈の弟分のような存在になった。そのことを示すのが、前大蔵大輔だった井上馨の秋田県の尾去沢《おさりざわ》銅山での不正疑惑問題である。

大隈の晩年の回想によると、大蔵省は南部藩（盛岡藩）の借財の抵当に、尾去沢鉱山を差し押さえ、井上が大蔵省を動かして出入りの商人岡田某に「無代価」で払い下げ、不正の利益を得たという事件である。このときの判事は中村元嘉《なかむらもとよし》で、「少し乱暴な議論」をしており、井上にも「多少手続上の過誤もあった」という（『大隈侯昔日譚』一二六頁）。

井上は司法当局からの「呼出し詰問」を予想し、一八七五年三月一五日、大隈に助力を求める手紙を書いた。昔からの友人であることを思い出してくださり、「大木〔参議兼司法卿〕辺」へも適当に弁解し、事が「平穏」にすみ、司法へ呼び出されることなく終われば限りない幸せと思います、と（大隈宛井上書状、『大隈重信関係文書』三巻、一二四頁）。

まもなく井上より、大隈への感謝の手紙が届いた。大隈が大木に話をしてくれたようで、井上は弁明のための「口上」を差し出す必要がないとのことで、そのまま済みそうであり、ひとえに「先生」〔大隈〕のおかげである、と井上は記していた（大隈宛井上書状、一八七五年三月二九日、『大隈重信関係文書』三巻、一二七頁）。

他方、三月末頃から木戸を中心に伊藤も動き、井上を救済しようという運動があった。それにもかかわらず、九月になってもこの問題は解決しなかった。大隈の罷職も話題になるが、大久保が反対である。木戸や伊藤はともかく、井上馨を政府に再び務めさせようとし、大久保も井上の登用には同意して、司法の関係を速やかにくぎりをつけ早く採用ありたいと申しているという（伊藤宛三条書状、一八七五年九月三日、『伊藤博文関係文書』五巻、一一三頁）。

木戸はようやく一〇月半ばに、木戸が願う井上の疑惑の放免を大隈が中心となって妨害していたことを確信する。大隈の老練な言動を決定づける重要文書なので、木戸から井上に宛てた書状を現代語に訳して主要部分を取り上げる。

さて大隈の件は、「老兄」〔井上〕が承知している目的も将来のためにあることだから、〔井上の問題が解決されれば〕本当に国家の幸福である。別段急いで私〔木戸〕が〔大隈に〕面会することもなく、私も本当に末路を誤り〔大隈の動きを見抜けず〕遺憾に思っていますが、すでに今日の形勢になった上は、死ぬまで同志と尽力して日常の〔協力への恩義に〕報います。そうではあっても、〔大隈とは〕ともすれば言葉に言えないような「情実」〔感情のもつれ〕があります。〔中略〕もしも幸いにこの問題が決着し、生きていたなら、まことに私の病気の体はどうにも思うようになりませんので、ぜひきっぱりと程よく引退したいです。

（井上宛木戸書状、一八七五年一〇月二〇日、『木戸孝允文書』六巻、二六二、二六三頁）

大隈が井上への司法省の不正調査を止めなかったのは、長州閥の頭目である木戸の身内びいきの強引なやり方が、立憲国家形成にとってよくないと考えたからであろう。大隈には、自分を排斥しようという木戸に代表される長州閥が、本当に国家の害悪と思えたのだろう。

この三ヵ月前、七月二〇日に、大隈は大木とともに大久保を訪れている（『大久保利通日記』）。大隈や大木・司法省も、井上問題で大久保と木戸の両方の圧力を受けては、とてももちこたえられないであろうことを考慮すると、この訪問で、大隈・大木が大久保の暗黙の支持を取り付けたものと思われる。

しかし、すでに述べたように、九月からみられる大久保の宥和姿勢が、一〇月頃から強まったらしく（『大久保利通日記』）、一一月下旬には、大木が裁判官を説得していることを山田《やまだ》顕義《あきよし》（長州出身、司法大輔〔次官〕）から聞いた、と井上が大隈に報じ、「生涯之《の》懇願」であるとして大隈の「御保庇《ほひ》」〔かばうこと〕を願っている（大隈宛井上書状、一八七五年一一月二三日、『大隈重信関係文書』三巻、一五〇頁）。

その後、江華島事件の処理に関し、強硬な処置を主張しがちな黒田清隆（薩摩出身、参議兼開拓長官、陸軍中将）が一二月七日の閣議で特命全権弁理大臣（大使）に決まり、九日に任命され、朝鮮国に派遣されることになった。木戸は戦争になることが心配で、一二月一〇日に、自分の考えを理解した井上馨を副使にしようと説得した（『木戸孝允日記』一八七五年一二月一〇日、一五日)。

しかし井上を副使とするには、尾去沢事件の決着がつかねばならなかった。一二月一八日、伊藤は大隈に、この事件が速やかに落着するように「御高配」願いたい、と手紙を書いた(大隈宛伊藤書状、一八七五年一二月一八日、『大隈重信関係文書』三巻、一五六頁)。この頃になると、伊藤は司法省の権力がどこにあるかを、よく知っていたのである。

結局、一二月二六日に尾去沢事件の判決が出て、井上が贖金《しょくきん》三〇円を徴収されて落着した。翌日、井上は元老院議官に任じられ、特命副全権弁理大臣(副使)として、黒田とともに派遣される。

以上のように、大隈の意図は最終的に実現しなかったが、大隈が司法省にも権力を伸ばしていることや、薩長閥の荒波に揉《も》まれながらも薩摩出身者との関係を形成するなど*、遅くとも三〇代前半から見られる老練な政治手法を引き続き使っていることがわかる。

*薩摩出身の松方正義大蔵大輔は同郷の吉田清成駐米公使に、大隈が至極元気で御安心下さい、と知らせている(吉田宛松方書状、一八七六年一月二六日、『吉田清成関係文書』三巻、一一三頁)。

地租軽減を伊藤に主導される

一八七六年(明治九)秋、一〇月二四日に熊本で、保守的な士族結社の神風連《しんぷうれん》が反乱を起こす。それをきっかけに、二七日に福岡で秋月の乱が、二八日には前原一誠《まえばらいっせい》(前兵部大輔《ひょうぶたいふ》

（次官）が中心となって、萩の乱が起こった。乱の鎮圧の指導は、実力者の大久保（参議兼内務卿）が、陸軍当局と連携して当たった。乱は一一月上旬から鎮静化していった。これらの乱は、保守的不平士族の反乱という面と、維新以来地租改正などを通して政府が重税を課して強引に近代化を進めることへの反発という面があった。

その後も、一一月末から一二月にかけ、茨城県・三重県・愛知県・岐阜県・堺県（現・大阪府）で、地租改正によって税が重くなったことが原因で農民一揆が起こるなど、世情は動揺し続けた。

こうした状況に際して、まず一二月二六日朝、大久保が伊藤（参議兼工部卿）を呼び出して減税の方向で動いた。この案件は工部卿の管轄ではなかったが、伊藤は政府内で大久保に次ぐ存在になっていたからである（伊藤之雄『伊藤博文』〔文庫版〕一四六〜一四八頁）。

次いで同日、伊藤は地租（国税）が地価の三％、民費（地方税）が地価の一％で合計四％であったものを、地租二・五％、民費〇・五％で合計三％にすることを大隈（参議兼大蔵卿）に相談した。二五％の減税である。大隈にも異存はなかった（大久保宛伊藤書状、一八七六年一二月二六日、伊藤宛大久保書状、一八七六年一二月二六日、『大久保利通文書』七巻四三四、四三六、四三七頁）。

これまで見てきたように、維新後の政府の財政状況は厳しく、大蔵卿（あるいは大蔵大輔）として、大隈は率先して減税を唱えることはなかった。今回は、大久保や伊藤が減税の主導権を握ったとはいえ、大隈は大幅な減税路線にその場で同意した。すでに述べた一八七五年一月の建議に見られるように、大隈は政府主導の急進的な近代化を修正すべきと考え始めていたのである。

一二月三一日の閣議で、地租は地価の二・五％、民費は〇・五％を限度とすることが決まり（合計三％以下）、同月二六日に大久保・伊藤・大隈の間で合意された減税方針よりも若干税負担が緩和された形になった。これらは翌一八七七年（明治一〇）一月四日に公布された。

あまり仕事がない西南戦争

それから一月も経たない一八七七年一月二九日夜、鹿児島で西郷隆盛を擁していた私学校派の一部は、鹿児島の陸軍省火薬庫を襲撃、弾薬を奪った。その後、動揺は拡大し、二月一二日に西郷と桐野利秋《きりのとしあき》（前陸軍少将）・篠原国幹《しのはらくにもと》（同前）ら三人は連署し、政府に尋問したいことがあるので随行を希望する旧兵士を率いて出発する、という挙兵の趣意書を作成する。一四日から一七日にかけ、一万六〇〇〇人ほどの将兵が、とりあえず大阪を目指し、鹿児島から熊本へ向けて出発した（小川原正道『西南戦争』）。

この頃、たまたま三条実美（太政大臣）・木戸孝允（内閣顧問兼宮内省出仕《しゅっし》）・伊藤博文（参議兼工部卿）・山県有朋（参議兼陸軍卿、陸軍中将）ら政府の有力者の半分が、明治天皇に従って京阪神に来ていた。天皇の父である孝明天皇の一〇年祭式と京都－神戸間の鉄道の開業式に出席するためである。
東京に残っていた内閣のメンバーは、大隈の他、岩倉具視（右大臣）・大久保利通（参議兼内務卿）・寺島宗則（参議兼外務卿）・黒田清隆（参議兼開拓長官、陸軍中将）・大木喬任（参議兼司法卿）であった。

鹿児島の反政府の動きが大きなものになることがわかると、二月一三日、大久保を京阪神地方に派遣することが決定され、同日に大久保は東京を発し、一六日に京都に着いた。一八日には、三条・大久保・木戸・伊藤・山県が京都で会合し、西郷たちを暴徒として討伐する方針を決める。閣員中の薩長の最有力者の大久保と伊藤を含め、実質的な内閣での決定といえる。翌一九日、天皇の裁可を得て、「暴徒討伐」令が布告された。こうして西南戦争が始まった。

同じ日、大阪に征討総督本営が置かれ、征討総督には有栖川宮熾仁《ありすがわのみやたるひと》が任命され、現地での作戦の実質的な責任者の参軍《さんぐん》には、山県と川村純義《かわむらすみよし》（薩摩出身、海軍大輔、海軍中将）が任命され、それぞれ陸・海軍の戦争指導にあたることになった。

注目すべきは、大阪の征討総督本営に大久保と伊藤両参議が詰め、戦地での軍の重要情報はすべて二人に伝えられ、二人を中心に軍の動員や編制、重要人事、全体の戦略が決定され、天皇の裁可を得る形式をとって実行されたことである。大阪の大久保と伊藤は、のちの時代の戦時下での大本営を主導する役割を、文官でありながら果たした（伊藤之雄『伊藤博文』

第六章）。征討総督本営は、その後、福岡・熊本・鹿児島へと戦線の展開に応じて移動するが、大阪の大久保・伊藤の役割は変わらなかった。

この結果、大隈らが残る東京の内閣には、情報すら入らなかった。大隈は西南戦争への大枠の方針に関与できず、手持ち無沙汰《ぶさた》の状態が続く。

財政についても、台湾出兵の際と異なり、大隈が大枠に関して相談を受けることはなかった。大阪で軍事上の必要から金額が決められ、その都合をつけるよう命じられるだけであった＊（大隈宛大久保書状、一八七七年四月一〇日、大隈宛郷純造《ごうじゅんぞう》書状、一八七七年九月五日、『大隈重信関係文書』三巻二二九頁、二六七、二六八頁）。

＊戦地からは、兵器・弾薬の購入や荷物を運ぶ人夫の費用がかさむので早く予算を決定してほしい、銀貨・銅貨は重くて不便なので、紙幣で金を送付してほしい、ただし第五国立銀行紙幣は西郷軍が略奪して使用しているため信用を失っているので、かならず新紙幣を送ってほしい等、大隈が対応すべき様々な要求が寄せられた（大隈宛西郷従道書状、陸軍省「密事日記」一八七七年三月二五日～一〇月一七日、防衛省防衛研究所所蔵）。

大隈とともに東京に残っていた閣員のうち、薩摩出身の黒田は三月一四日に征討参軍となり、新たに編制された別動第二旅団を指揮して熊本南方の八代（現・熊本県八代市）に上陸した。黒田は政府軍が守る熊本城を包囲していた西郷軍を、背後から攻めて撃破し、四月中旬に敗走させ、政府軍の勝利への転機を作った。

大隈はあせりを感じたのか、四月中旬から五月にかけて京阪神地方に出張し、天皇に拝謁し、当地の状況をつかみ、四月一九日、二九日（この日は伊藤と一緒に）と木戸の病気を見舞った＊＊。木戸はこの後、五月二六日に死去する。

この間、戦況も一段落し、天皇の東京への還幸が検討された。しかし、戦地にいた川村純義参軍の申し立てもあって、天皇はもう少し京都に滞在すると言った。大隈はその旨を五月一二日発の電報で、天皇はまもなく東京へ戻るので詳細をお知らせする、と岩倉に伝えている（岩倉宛大隈電報控、一八七七年五月一二日、「大木喬任文書」一〇二－二二、国立国会図書館憲政資料室所蔵）。

西南戦争という重大な時期に、大久保と伊藤の薩長がさらに連携を強め、薩長出身者のみに活躍の機会を与える状況に、大隈の疎外感はさらに強まっていったと思われる。もっとも、同じ状況に置かれた岩倉とはつながりを深めたようである。それは次章で述べる、異例の大隈邸行幸を岩倉が進めることや、明治十四年政変で岩倉が大隈追放をなかなか決断しないことからも推定される。

＊＊大隈の死後、晩年に回想した新聞記事をまとめて刊行された著作で、大隈は木戸を見舞ったときのことを、次のように述べていたという。「木戸はなお国家の前途に対して細々と注意した」、木戸は伊藤とは「少し誤解」もあって「疎隔」していたようで、「わが輩の方にいろいろと後事を託し注意もしたのである」と（『大隈侯昔日譚』四四頁）。本書で述べてきたように、これは事実ではない。四月一日以

降、木戸は伊藤に七回会っているのに対し、大隈には二回だけである（『木戸孝允日記』）。しかも、この部分は大隈の生前に連載された新聞記事には載っていない（『報知新聞』一九二一年八月五日）。『大隈侯昔日譚』は、編者が大隈を大きく見せようとして大隈の死後に脚色する傾向が強く、史料としての使用には注意が必要である。

さて、西南戦争は必死の西郷軍が反撃しようとし政府側の思った以上に長びいたが、九月二四日鹿児島の城山で西郷が自刃し終った。大隈は西郷への特別な恩義もなく直接戦争にも関わっていないので、現地で参軍として戦争を指揮した山県有朋（参議兼陸軍卿）のような感慨を示していない（伊藤之雄『山県有朋』第五章）。

第Ⅲ部　希望編

第7章　自由民権運動に賭ける——明治十四年政変

「大隈邸行幸」の波紋

一八七八年（明治一一）四月八日に明治天皇が上野公園に行幸することになり、その帰りに大隈重信の雉子橋《きじばし》邸（以下、大隈邸）に行幸することが内定した。これまで天皇は公卿出身の有力者の三条実美邸（病気見舞い、一八七三年一〇月二〇日、一二月一九日〔別邸〕、一八七五年一二月四日）・岩倉具視邸（一八七六年四月四日）や、天皇の祖父の中山忠能《なかやまただやす》邸、薩摩藩の実権者であった島津久光邸・長州藩主であった毛利元徳《もうりもとのり》邸や、松平慶永《まつだいらよしなが》（前福井藩主）、伊達宗城（前宇和島藩主）、薩長の最有力者の大久保邸・木戸邸には行幸したことがあった（『明治天皇紀』）。しかし、他の参議邸には伊藤博文邸も含め、行幸したことはなかった。岩倉は大隈邸を手始めに各参議邸への行幸を行い、天皇と閣員を少しでも親密にしようと考えたのである。

ところが、まず伊藤が大久保利通に反対を伝えた。大久保もそれを聞いた当日の四月三日に、このようなことは古《いにしえ》から今まで「非常之《の》恩遇」「人心無上之《の》寵栄《ちょうえい》」であるのに、「軽易に流れ」ると天皇の尊さが忘れられてしまう、と反対を岩倉に伝えた（岩倉宛大久保書状、一八七八年四月三日、『大久保利通文書』九巻、一二三頁）。大久保の後継者を自負する伊藤は、大隈邸行幸が先になることが面白くなかった。大久保も天皇の行幸で、大隈が伊藤以上の存在と見られ、政治体制が動揺することを避けたかったのであろう。

これに対し岩倉は、次のように回答した。大隈邸への行幸は岩倉一人が「軽率」に天皇にお願いしたことであり、大隈から内々に願い出たわけでもなく、三条にも伝えただけであると、まず大久保に自分の非を認めた。また、三条に問い合わせたところ、すでに今日は天皇の許可が出ており今さら取りやめると大隈の面目にもかかわるということであり、大隈には「真之《の》御立寄」だけであると申し入れている、と大久保に変更できないことを伝えた（大久保宛岩倉書状、一八七八年四月四日、岩倉宛三条書状、一八七八年四月一日（四日の誤りか）、『大隈重信関係文書』三巻、三一九、三二〇頁）。天皇も一度許可したことが延引されるのは不都合と考えており、四月七日に大隈邸に立ち寄ることが最終決定された（大久保宛岩倉書状、一八七八年四月七日、『大隈重信関係文書』三巻、三二一頁）。

表《おもて》の政治と異なり、行幸の可否は奥《おく》の要素が強く、数年前より天皇の意思が反映されるようになった。岩倉から願いがあったとはいえ、伊藤などとのバランスを考えずに行幸を許可してしまった明治天皇のこのときの行動は、慎重さを欠いていたといえる。二五歳の若さゆえともいえるが、この時点では天皇が大隈に好意を持っていたことも間違いないであろう。

こうして予定通り四月八日に天皇の大隈邸行幸（公式には御立寄《おたちより》）は実行された。しかし行幸よりも軽い「御立寄」とはいえ、天皇は岩倉右大臣や徳大寺宮内卿らを従え、大隈邸に入って休憩した後、桜が満開の庭を散歩し、書画等の陳列を見、大隈家は折詰料理やワインを供するなどした。天皇は昼食の後、午後二時に上野公園を出て五時前に皇居に戻っている（『明治天皇紀』第四巻、三九四、三九五頁）。距離から考え、その途中で少なくとも一時間半程度は滞在したと推定され、大隈は心を尽くした接待で、「御立寄」を少しでも長引かせ、公式の行幸に近づけ威信を高めようとしたのだった。

天皇の行幸問題からも、大久保の後継をめぐる伊藤と大隈の潜在的な対立が深まっていたことが、うかがい知ることができる。この時点での二人の対立は、政策をめぐるものというより、薩長閥に苦汁をなめさせられ続けて強い不信感を抱く大隈と、長州系の盟主となった伊藤との主導権争いの側面が強い。台湾出兵に見られるように、薩長という強力な藩閥の背景を持たない大隈の方が外交的にはやや強気であったが、議会制度導入については両者にまだ亀裂は生じておらず、政策上の差異は小さかった。

伊藤体制形成へのスタンス

大隈邸行幸問題で伊藤と大隈のライバル意識が表面化してから、約一ヵ月経った一八七八年（明治一一）五月一四日、明治政府の最高実力者で参議兼内務卿だった大久保利通が、太政官に出勤する途中、麹町紀尾井坂下《こうじまちきおいざかした》で、石川県士族ら六人の襲撃を受けて殺害された。暗殺者たちは藩閥「専制」に不満を持っていた。

大久保の跡を継いだのは、伊藤博文だった。伊藤は翌日の五月一五日に工部卿を辞め、参議兼内務卿となった。伊藤は大久保が台湾問題で北京に派遣された際に内務卿代理をして以来、西南戦争の指導も含めて大久保の後継者とみなされていた。このため内務卿に就任するにあたっても、明治政府内で表立った異論はなかった。

伊藤は、大久保の暗殺で薩摩系の参議が一人欠けた補充として、岩倉と連携し、五月二四日付で西郷従道を参議兼文部卿とした（文部卿は木戸が一八七四年五月に参議とともに辞任して以来欠員）。薩摩系で大久保に次ぐ実力者だった黒田清隆（参議兼開拓使長官）は、西郷従道の登用は少し早すぎるという口ぶりだったが、伊藤や岩倉は実行した（伊藤之雄『伊藤博文』〔文庫版〕一五六、一五七頁）。

大隈は伊藤中心の体制が形成されていくことに対し、自重の態度をとった。大久保が暗殺されると、大隈は伊藤に、僕は微力のため、今日今後の方針を立てることができませんと述べ、さらに君〔伊藤〕が大いに尽力せよ、僕〔大隈〕はすぐれた君に従って事を成し遂げるため、一緒に死ぬまで尽力しよう、と誓った。なお、伊藤は約三年後の大隈の裏切りに対し、この言葉を回想して大隈本人に言って聞かせている（『保古飛呂比《ほごひろい》』一〇巻、一八八一年一〇月四日、四三〇頁）。

自分がどう動いても状況を変えられないと判断したとき、大隈はライバルで複雑な感情を抱いていた伊藤に対してすら、このような卑屈とも受け取られかねない姿勢を示した。これは、台湾出兵の際に、大久保が収拾に動くと大久保に全面的に従ったことに類似している。大隈は四〇歳になっていた。当面は自分がかなわない相手を見抜き、つまらないプライドを捨て、必要と思えばどのような態度でも取れるほど、政治家として円熟していた。

薩摩系の期待に乗らず

他方、薩摩系の一部は大久保の死による伊藤の台頭を警戒し、大隈との連携が必要と考えた。薩摩出身でありながら、かつての「梁山泊」のメンバーで大隈と親しい五代友厚（政商）は、一八七八年（明治一一）五月、フランスの博覧会のため渡欧中の松方正義（薩摩出身、大蔵大輔〔次官〕兼内務省勧農局長）に手紙を書いて、次のように長州系への警戒を示す。

井上馨（長州藩出身、元老院議官、前大蔵大輔）が帰国すれば、予想がつかないくらいの困ったことを起こすのは間違いない。しかし伊藤が内務卿になったので、井上は「大蔵卿または大蔵大輔となって」大蔵省を掌握することはできないだろう。この上は伊藤と大隈が協和して大久保の遺志を継承するという論を主張するしかない。このことは黒田清隆・西郷従道らにも注意するつもりである。また将来は薩長が対抗するのはまぬかれず、大久保が死去した今、薩摩人の知慮は長州人より劣るので、大隈でも一致協力する味方にするほかはない。将来〔薩摩系には〕、松方の他に、人物がいないので、なるべく早めに帰国して下さって、大久保の遺志を貫くことにご尽力をお願いします（松方宛五代書状、一八七八年五月一六日、『大隈重信関係文書』三巻、三四一、三四二頁）。

この約二〇日後、五代は大隈に、次のような手紙を書いている。「夜陰にても」〔こっそりと〕西郷従道と時たま会って交際してください、想像するに、長州出身者は三条とのつながりが深く、三条も長州出身者を信じるのは必然の流れと思いますので、特別に岩倉とじっくりお話しください。岩倉が大隈を信用していることについては聞いていますが、「人情」は「時の勢」で変わりますので、その点怠りのないように注意してください、と（大隈宛五代書状、一八七八年六月五日、『大隈重信関係文書』三巻、三三八頁）。

七月中旬には、渡米中の吉田清成（薩摩出身で大久保の腹心、駐米公使、その前は大蔵少輔として大隈に仕える）が、五代友厚を官僚として再び政府で働かせることなどを、大隈に依頼してきた（大隈宛吉田書状、一八七八年七月一七日、『大隈重信関係文書』三巻三六六、三六七頁）。五代・吉田に見られるように、大隈は薩摩系に好意的な人間とみなされていたのである。これは、留守政府で西郷隆盛に近づき、とりわけ台湾出兵で西郷従道と連携して以来、大隈が薩摩系の基盤開拓に務めた成果でもあった。

さて、伊藤が辞任して空席となった工部卿（当然参議と兼任）の後任も問題となった。明治天皇は、「君徳輔導《ほどう》」役である侍補《じほ》の佐佐木高行（土佐出身）を工部卿にしようとし、三条太政大臣に二度も催促したが、内閣は実行に移さなかった。「天皇親政運動」の勢いを止めるため、内閣は佐佐木の入閣につながる工部卿就任を拒否したのであった（伊藤之雄『明治天皇』二三六頁）。

伊藤は工部卿に盟友の井上馨を就任させようとした。井上入閣の話を聞くと、佐佐木侍補ら宮中側近は阻止しようと動き、三条・岩倉に建言したのみならず、天皇にも上奏した。天皇は佐佐木採用の提案を内閣に無視されて感情を害しており、井上を登用できるかどうかは怪しくなった。

そこで伊藤は有力参議を結集し、最終的に内閣の意思として井上の入閣を実現させようとした。まず、伊藤は自分と対抗している大隈の同意を取り付けた。大隈は、同年七月一九日に、井上を登用しないと財政上行き詰るので自分は辞職せざるを得ない、との意見とともに井上の採用を上奏した。さらに、伊藤は山県有朋参議兼陸軍卿に、三条・岩倉に対し井上の採用を十分に申し入れてもらい、場合によっては山県からも上奏することを依頼した。また、薩摩の有力者の黒田の同意も得た。

結局、三条・岩倉が井上を採用するべきだと上奏し、七月二九日、井上は参議兼工部卿として入閣できた。

なぜ大隈は、伊藤・長州系の強化につながる井上の工部卿就任を助けたのだろうか。それは、伊藤・井上馨ら藩閥政府主流派に恩を売り警戒されないようにし、少し先に起きる可能性のある大隈と福沢および民権派との連携に備えたのであろう。薩摩系から期待されていた大隈であるが、薩摩系は伊藤らに比べ勢力も弱く、保守的な人物が多いので、大隈は自分の将来を彼らとの連携に托すべきとは考えていなかったと思われる。

その頃、板垣退助ら土佐系の民権運動政社愛国社が、再興されようとしていた。自由民権運動の高まりは、大隈の目に常に入ってきている（九月一一日に愛国社再興第一回大会）。

五代友厚の忠告

この数ヵ月後、一八七九年（明治一二）一月一〇日に、五代友厚は、友人の大隈へ心からの忠告を手紙に書いた。

手紙の内容は、以下の五点である。第一に、「愚説愚論」を聞くことによく耐えてください。「一を聞いて十を知る」ところは、賢明すぎる大隈の短所です。第二に、自分と地位を同じくしない者が、大隈の見解と「五十歩百歩」の意見であるときは、必ずその人をほめてそれを採用して下さい。人の論を称賛し人の説を採らないと、大隈の徳を広めることができません。第三に、人が「才能智識」で大隈に及ばないのを知って、大隈が「怒気怒声を発する」ことに一つの利益もなく、「徳望」を失う原因です。第四に、「事務」を決断するときは、多数が納得できるような時機を待って行ってください。第五に、大隈がその人を嫌えば、その人もまた大隈を嫌うでしょうから、自分の好きでない人に強いて交際を広められることを希望します（『大隈重信関係文書』《早》五巻、一九四、一九五頁）。

五代の忠告を通して、この約三年後に起きる明治十四年政変で下野して以降の大隈には見られない当時の大隈像が見える。自信満々のあまり、才能や知識のない者を見下し、事前に皆が納得するまで説明するのをまだるく感じて決断を急いだり、たびたび「怒気怒声」を発したりする大隈である。後述するように、明治十四年政変で失敗して在野の人となった後、大隈は少しでも支持者を広げようと、様々な立場の人々の話をよく聞き共感を示し、反藩閥を基軸に、多くの人々を引きつけた。それだけでなく、薩長の有力者の中にも一時的に大隈に期待して協力させられた者がいる。

しかし、五代の手紙を根拠に、この時期までの大隈が才能に溺《おぼ》れ人に対する態度が未熟だったと読み取るのは誤りであろう。すでに見たように、政府内で大隈は薩長出身者でないがゆえの悲哀を味わいながら、ヴィジョンを実現すべく、大隈の上役といえる木戸・三条・大久保らとの関係を、時機と状況に応じて巧みに深めてきた。また、むしろ後輩と言える伊藤博文に対しても、伊藤が政府の中心になると、自ら下手に出て関係を維持した。さらに、五代も含め薩摩系の西郷従道・吉田清成・松方正義らとも協力関係を作ることができた。

大隈は円熟した大物政治家であったが、多忙な身であったせいもあり、格下の地位にあり理解力が劣った者に対しては、苛立《いらだ》ちをぶつけてしまう傾向があったのである。下野した後は、それをも抑え、表面上穏やかな、さらに円熟した政治家に進化していくのである。

福沢諭吉と関係の始まり

大隈は晩年、福沢との関係について、初めはどちらも食わず嫌いで嫌忌した、と回想している。大隈は「旧幕府の学者」で大隈家の「門」をたたかない者はいないのに、福沢だけは来ないので、けしからぬ奴だ、傲慢な奴だと思うていたし、福沢も「大隈の奴生意気千万」だと思っていた。

「確か明治七年〔一八七四〕頃」に、「議論家や学者の会合」があって、案内を受けて行ってみると、福沢も来ていた。会って話をしてみると面白く、たちまち「百年の知己」のように「懇意」になったという。その頃は伊藤博文も井上馨も、大隈らと同様の改革意見を持って、「眼中薩長無し」と言っていたので、大隈が橋渡しをして、伊藤・井上も福沢と懇意になったという（『大隈侯昔日譚』二五〇、二五一頁）。

大隈と伊藤・井上が、急進改革を目指す木戸派として、藩閥にこだわらずに活動していたのは、明治二、三年（一八六九、七〇）、どんなに遅く見ても明治四年半ばまでである（第3、4章）。

八〇歳を越えた大隈の晩年の記憶は、年代や事の順序に対して混乱しがちになる。大隈が福沢に初めて会ったのは、明治七年頃ではなく、明治二、三年頃にさかのぼるかもしれない。

しかし、その後は一八七八年二月二八日付の大隈宛の福沢の手紙まで、大隈と福沢の接触を示す史料は残されていない。この福沢の手紙は、一昨日お忙しいところ同行者とともに大隈のおかげで「金庫」を見ることができたお礼から始まっている。時候や近況を尋ねる形式的な挨拶は省略されている。また、福沢が「通貨」について新聞紙と民間雑誌に記事を書くので、日本貨幣の歴史や西洋諸国の事情も詳しく示したいので、大隈の関係する場所で実務に使った記載があったらお借りしたい、との依頼もしている（大隈宛福沢書状、一八七八年二月二八日、『大隈重信関係文書』〈早〉九巻、一八五頁）。

以上から、大隈と福沢は一八七八年二月段階ではかなり親しくなって、互いに行き来し始めていることがわかる。西南戦争が大久保と伊藤の指導の下で戦われ、大久保の後継者が伊藤であることがほぼ確定した段階で、大隈は新しい可能性を求めて、福沢との交際を深めたのであろう。

福沢から大隈への手紙は、この後、明治十四年政変の直前まで年月日が確実なものが一五通残っている。のちに述べる政変そのものに関わる一通を除けば、政治的なものはない。

福沢が大隈の影響力に期待する

この頃福沢が大隈に出した手紙の主な内容は第一に、洋銀（正貨）と国内流通用の紙幣との関係など、通貨や経済政策に関するものである。

福沢は洋銀が投機の対象となり、高騰して経済活動の障害となっているので、政府が洋銀を売り出し、その高騰を鎮静化させることを提言した(大隈宛福沢書状、一八七八年三月三日、『大隈重信関係文書』〈早〉九巻、同、一八七九年八月二日、『大隈重信関係文書』四巻)。これは、のちに述べるように、この頃からの大隈の経済政策が通貨政策を行って経済活動の基盤を整備するが、経済活動自体に介入を抑制し、商工業者の自発性に任せるものであったので、福沢の方針とも合致している。

第二に、福沢が創立した慶應義塾の基金として、無利息で二五万円を一八七八年一二月より一〇年間、政府より借用する仲介の依頼である(抵当には、福沢諭吉の名前で実価二五万円の公債証書)。慶應義塾は一八七七年から八〇年にかけて、学生数が減少し、経営難に陥っていた。秩禄処分などで士族の生活が困窮し、士族の子弟の入学が減少したからである(『慶應義塾百年史』上巻、七一三、七三七〜七三九頁)。

経営の窮乏を打開するため、福沢は一八七八年一一月下旬までに担当官庁である文部省の西郷従道(参議兼文部卿)・田中不二麿《たなかふじまろ》大輔(次官)に申し入れたが、文部省には予算の余裕がなかったので、まず福沢が大蔵省に出願し、いずれ西郷が大隈(参議兼大蔵卿)に話すことになった。そこで、福沢の方からもこの支援を大隈に依頼したのである。条件を利子付に変更して出願し直したようであるが、翌年三月一日になっても、慶應義塾の基金のための借金の許可は出ず、福沢は大隈にどうなっているか督促するまでになった（大隈宛福沢書状、一八七八年一二月二九日、一八七九年一月一二日、二月一〇日、三月一日、『大隈重信関係文書』〈早〉九巻、一八七～一九〇頁）。

結局、慶應義塾の基金としての借用は実現せず、一八七九年六月に福沢は交渉を打ち切ることにした。福沢の推理では、財政の責任者である大隈は福沢の依頼に答えようとしたが、伊藤博文（参議兼内務卿）と井上馨（参議兼工部卿）が反対したため成功しなかったと思われた。すなわち、大隈は実業や教育の振興のために商人や学校に国庫金を貸下げていこうという考えであったが、伊藤・井上は財政引き締めの手段として民間への貸下げを停止しようと考えていたようである（『慶應義塾百年史』上巻、七四三～七五二頁）。

注目すべきは、財政方針が違うとはいえ、財政担当の大物参議である大隈への圧迫が、伊藤・井上から行われるようになったことである。

これに対し大隈は、福沢との連携を別の点でも強めていこうとする。それは、第三に、貿易金融通のための横浜正金銀行設立における連携である。一八七九年秋頃、福沢と会見した際、大隈は横浜正金銀行設立の話を「極内々」に話した。福沢は銀行設立の中心となる人物として、中村道太《なかむらみちた》（旧豊橋藩会計、地方で名望、豊橋で銀行設立、大阪・滋賀〔近江商人〕に知人多い）を紹介した（大隈宛福沢書状、一八七九年一〇月五日、一三日、二四日、『大隈重信関係文書』〈早〉九巻、一九〇～一九二頁）。

結局同年一一月、同行は中村道太ら二三名が出願し、翌一八八〇年二月二三日免許を得、二月二八日に開業した。資本金は三〇〇万円で、そのうち一〇〇万円を政府が出資した。大隈が横浜正金銀行設立の話を福沢に前もって話す少し前、福沢は門下の名で、一八七九年七月から八月に『郵便報知新聞』紙上で、一〇回にわたって国会論を展開し、在野の国会開設論のブームを巻き起こしていた。大隈はこのことを承知で福沢と連携したのであろう。

こうして、一八八一年三月になると、二人の関係はさらに親密になる。福沢は、後藤象二郎（土佐出身、前参議で征韓論政変で下野）経営の高島炭坑を三菱が買収する問題を促進するため、大隈の協力を願った。これは、三菱が六〇万円で買収する合意ができていたところ、買収に際し他に少し経費がかかることが判明し、岩崎弥太郎《いわさきやたろう》（三菱会社を経営）が躊躇し始めたからである。そこで、福沢は大隈に対し、小野義真《おのぎしん》（岩崎弥太郎の顧問）でも呼び寄せて、何か議論があると福沢より聞いたが些細なことではないか、「此《この》場合に臨《のぞみ》て何をクズ〳〵云ふか、片時も早く片付けろと、唯御一声」お願いしたい、と親しく依頼している（大隈宛福沢書状、一八八一年三月一九日、『大隈重信関係文書』〈早〉九巻、一九三、一九四）。三菱による高島炭坑の買収は、この手紙の翌月である四月に実現した。

以上のように、一八八一年にかけて大隈は福沢との関係を急速に深めていった。しかし、政治活動について二人が構想を一致させるような打ち合わせをしていた形跡はない。大隈は、福沢が自由民権派と思想的な連携のある有名人であることを重視し、その関係を将来の政治活動への布石として考えていたのであろう。

官営工場の払下げなどの建議

話を一八八〇年（明治一三）五月まで戻すと、この月に大隈は二つの重要な建議をしている。

一つは、官営工場の払下げや皇室財産の設定など、「経済政策の変更に就て」の建議である（『大隈重信関係文書』四巻、一一三～一二四頁）。もう一つは、通貨制度を改めるため五〇〇〇万円の外債を募集する建議である。後者については、次項以下で述べたい。

大隈の回想には、この時期になぜ重要な二つの建議を行ったのかについては、書かれていない。西南戦争後のこの時期について、大隈は「比較的頑固な保守的思想が一掃され」たとみる。また、西南戦争の費用を賄うため不換紙幣を乱発したので、「物価は騰貴し、異常の困難を来した」。そこで民間の通貨を吸収して、「今で云ふ通貨の大収縮を行った」とも言う（『大隈侯昔日譚』四三、四六頁）。

すなわち、西南戦争でひどいインフレーションになるなど、経済混乱と政府の財政難はあったが、さらなる改革を行いやすい雰囲気が形成された、ということである。西南戦争後、約二年半を経て大隈が二つの建議を提出したのも、この状況が関連しているだろう。

「経済政策の変更に就て」の建議の冒頭で、大隈は「各省使院事務の章程」とりわけ「理財

〔経済〕」に関する事項について、施政の方針や管理の方向を正しく改定することが緊急に必要である、と論じる。

その内容は第一に、民間の企業を勧引するために設置した官（国）営工場を民間に払下げることである（陸海軍軍備のための工廠《こうしょう》や貨幣の鋳造所などは除く）。

第二に、東京大学に法律・土木・鉱山・建築などの専門科を備えたので、重複による無駄をなくすため、司法省の法律学校・工部省の工部大学校などの諸学校を文部省に「統轄」することである（陸海軍の学校などの特別な者は除く）。また普通小学校の設置は普及したので（総計二万五〇〇〇校余り）、各府県に配布されていた補助金を廃止し、工芸学校の設置、農学校の拡張などに充てることである。

第三に、「御領〔皇室領〕を定むる」ことである。

官営工場の払下げは、この年の一一月五日に工場払下げの達しが出される。ほかの各省の高等教育のための学校も文部省にまとめられていく。ここで大隈が示した基本的方向が、大隈が下野する明治十四年政変をはさんで、一八八〇年代に実現していくことは、注目すべきである。

また、この頃までに、官営工場の払下げに見られるように、大隈は近代化がある程度軌道に乗れば、民間が創意工夫し、自発的に起業していくべきという、自由主義的な経済観の持ち主になっていることがわかる。そのことは、次項で述べる外債募集の目的でも確認され、それは日清戦争以降の自由な中国市場を前提とした日本経済の発展構想にもつながる。大隈が、生涯を通じて持ち続けた経済観の源流が、一八七五年一月の建議（第6章）を経て、ここで明確に表れたのである。

すでに、一八七五年の大阪会議後の体制論議の中で参議と省の卿（長官）を分離するという方針が内閣で合意されており、一八八〇年（明治一三）二月二八日に実施された。大隈は長年在職した大蔵卿を辞めざるを得なくなり、単に三人の会計部担当参議の一人となった。これで大隈の財政への影響力は減退せざるを得なくなったが、大隈は参議兼任でない後任の大蔵卿に、同じ佐賀藩出身で友人の佐野常民《さのつねたみ》（前オーストリア兼イタリア駐在弁理公使・元老院議官、のちに日本赤十字社を創設し総裁、農商相）を、大隈退任の日に就任させることに成功した（大隈宛佐野書状、一八八一年一月二三日、『大隈重信関係文書』〈早〉六巻、三七頁）。こうして大隈は財政への強い発言力を維持したかに見えたが、三ヵ月余りでそれが甘かったことを思い知らされる。

正貨を得るための外債

同年五月に大隈は、前項で述べたように官営工場の払下げなどの建議に加え、もう一つの意見書を出す。その内容は、五〇〇〇万円の外債などを募集して不換紙幣を償却して、通貨と正貨を関連させ、その流通による物価騰貴などの混乱をなくそうというものである。また大隈は、醸造税の増額で外債などの利子を支払い、関税を増加して輸入を減少させ、正貨の海外流出を抑えようとした（『大隈重信関係文書』四巻、一二五～一四八頁）。

これらによって政府が民間の経済活動の基盤を整え、民間主導で日本の企業活動を促進するのが狙いであり、大隈流の健全財政主義といえる。

大隈の政策と対照的な意図を持つのが、この一五年後、一八九〇年代後半から登場し始め、日露戦争後に本格化する、原敬らの政友会による公債政策である。原らは、外債も含めた公債で鉄道などへ生産的投資を行い、経済発展を図ることで税収を増加させ、公債を償還していくという構想を持ち、実行に移した。この場合、常に大量の公債を抱える形となり、健全財政的基調ではない（伊藤之雄『原敬』上・下巻）。

しかしながら、大隈の発想は、健全財政主義に固執したものではない。大隈は維新直後には由利公正の政策を当面は継続させ、先述したように不換紙幣を大量に発行することによって経済活動を維持発展させた。

すでに維新後一二年が経ち、藩札・藩債などの処理も終わり、士族反乱などの政治的混乱も収束したので、大隈は通貨の制度を本来あるべき姿にして企業活動を行いやすくし、さらなる経済発展につなげようとしたのである。明治二年（一八六九）三月の会計官副知事（のちの大蔵次官）以来、大隈は財政政策の中枢を歩んできた。大隈にとっての外債募集によって通貨制度を改革するという建議は、大隈の全存在を賭けたと言ってよいほど、重要なものであった。

維新以来の財政政策を根本的に刷新し、外債を大量に募集することは、強気で楽天的な大隈の志向に合致していた。しかし、当時の弱体な日本の状況では、経済発展が予想通りに行く保証はなく、失敗すれば列強に担保を取られ植民地化される恐れのある危険な政策でもあった。

すでに前年、国賓として来日したグラント（前アメリカ合衆国大統領）は、八月に明治天皇にエジプト・スペイン・トルコの例を挙げて、外債が債権国である列強の干渉を招くことの危険性を指摘していた（『大隈重信関係文書』四巻、一五〇～一五二頁）。

外債募集での敗北

一八八〇年（明治一三）五月の外債五〇〇〇万円募集の建議に対し、大隈も含めた内閣のメンバー一二人のうち、大隈に賛成したのは、黒田清隆・西郷従道・川村純義の薩摩出身の三参議であった。彼らが財政や通貨制度について真に理解でき、判断したうえで賛成したとは考えられない。むしろ、とりわけ台湾出兵以来、大隈が薩摩系に築いてきた基盤が役立ったのであろう。

これに対し、最有力参議の伊藤を含め、岩倉・三条・有栖川宮熾仁親王（左大臣）、山県・井上・寺島宗則・大木喬任・山田顕義参議ら九人は反対した。さらに、天皇親政運動では内閣側と対立した佐佐木高行（宮内省御用掛）・侍講元田永孚《もとだながざね》ら天皇の身近に仕える者たちも反対であった。

六月二日、内閣は大臣・参議・各省の卿の意見を詳しく上奏して、二七歳の天皇の「宸《しん》断《だん》」を仰いだ。翌三日、天皇は外債募集を許可しないとの勅諭を下した。これは、天皇が伊藤・岩倉をはじめとする内閣の大勢の意見を尊重したからであるが、外債に不安を覚える天皇の気持ちにも合致していたといえよう。

しかし、若い天皇の「宸断」だけでは、外債募集賛成者たちの動揺が収まらなかった。たとえ内閣で少数派とはいえ、通貨や財政の専門家として大隈の発言力は強く、薩摩系参議の大半が大隈を支持していたからである。

伊藤と岩倉は外債反対を確定するための対応の方針を決めた。それに従い、六月八日に天皇は、内閣に外債を差し止め、「勤倹を本として」経済策を定め、内閣諸省で十分審議したうえで上奏するように、という沙汰書の写しを改めて下付した。

その際、大隈・伊藤・寺島（いずれも会計部担当参議）と、佐野常民（大蔵卿）に天皇から経済政策の調査が命じられた。伊藤は、さっそく外債を募集しなくても会計上の目途は立つ、との見通しを拝答した。天皇は六月九日には経済問題の不安をなくすことができた。

こうして、外債募集問題は決着した。残された問題は、外債導入を拒否された大隈の心の傷である。六月七日には岩倉はこれを心配し、伊藤に伝えている。

　またこの後、井上馨ら長州（伊藤）系参議の中に、大隈を持て余す気持ちが強くなってきた。井上は、大隈を駐ロシア公使（現在の大使）に転任させてはどうかという声が参議の間にあることを、伊藤に伝えた。これは明らかな左遷である。伊藤はこのことを、八月に岩倉に伝え、むしろ現在黒田が就いている開拓使長官にさせるのがよいのではないか、と打診した（伊藤之雄『伊藤博文』〔文庫版〕一六七～一六九頁）。

参議らの国会開設への態度

　大隈が藩閥政府内で孤独感を深めていくのと並行し、在野の国会開設運動は、一八七九年（明治一二）までに士族に加えて有力農民や有力商人にまで参加者を拡大し、全国に広まっていく。一一月には愛国社第三回大会が大阪で開かれ、国会開設を天皇に請願することを決議した。さらに翌一八八〇年は、自由民権運動がかつてない盛り上がりを見せていく。三月から四月に大阪で開かれた愛国社第四回大会では、政社名を国会期成同盟と改称する。一一月には東京で国会期成同盟第二回大会が開催された。すでに見たように、遅くとも二年前から福沢と接触を深めていた大隈は、このような自由民権運動を追い風にして、自分が主導して新しい体制を作る時機がいよいよ到来した、と感じ始めたと思われる。

　自由民権運動の盛り上がりに対応し、この間に政府内でも立憲政体の模索が始まる。まず一八七九年一二月に、山県有朋参議（陸軍中将）は、立憲政体に関する意見書を天皇に上奏した。そこで、岩倉右大臣と三条太政大臣は天皇の承認を得て、ほかの参議らに対し、立憲政体についての各自の意見を天皇に提出させることにした。一八八〇年二月に黒田参議が、七月には井上馨参議が上奏した。また伊藤参議は井上毅《こわし》の協力も得て、一二月一四日に上奏した。

伊藤のものを例外として、これらの建議には、ヨーロッパの状況と比較しながら日本の状況をどのように認識すべきか、という考察がほとんどない。単に少し聞きかじったヨーロッパの知識を、深く考えずに盛り込んだもの（山県・井上馨）か、具体的な提言をせずに時期尚早などと結論づけるもの（黒田）だった。

また、一八七六年から元老院で憲法草案が独自に審議されてきており、一八八〇年七月に第三次草案ができた。この案は、プロシア（ドイツ）・ベルギー・オランダ・イタリアの四ヵ国や、オーストリア・スペイン・デンマークなどの憲法の条文から採って寄せ集めたものだった。元老院草案は、一貫した体系性がなく、日本の実情を考慮していなかったので伊藤は憲法を作成する際に「実際の役には立たなかった」と回想している。

伊藤が上奏した意見は、日本にはまだ自立した個人が育っていないこと、そのような状況のなかフランス革命後のヨーロッパの政体の新説を受け売りするだけの困った現象が起きていると、まず論じる。

そのうえで第一に、「国会」を作って「君民共治」の大局を成し遂げるのは望ましいことではあるが、前例のない大事を混乱したまま急いで行うことは決してすべきではないと、早期国会開設を否定した。

第二に、国会を開設する場合、欧州列強のように上下両院を作り、二つのものが互いに制し合って平衡を得る必要がある、ととらえた。

第三に、上院を作る準備として、現在の元老院を拡張し、元老院議官を「華士族」の中より公選し、法律の文案を審議することを構想した。維新後、旧公家や旧大名家が華族となっており、彼らを参加させるとともに、伊藤・大隈・黒田・山県ら維新の功臣である士族も加える計画であった。

第四に、下院を作る準備として、「公撰検査官」を設け、府県会議員の中より採用、会計検査院外官とし、会計検査を担当させることを考えた。伊藤は「公撰検査官」を、将来に財政を「公議」する糸口を開くものととらえたが、この段階では財政政策を作る議論には関与させない方針であった。

この二年前に府県会規則など、地方の編成と自治に関する三つの新しい法（いわゆる三新法）が作られ、府県会議員の選出と府県会での審議が各地で始まっていた。この議員の中から、国家財政の中の会計に習熟するものを育成し、将来に下院議員として国家財政を審議する人材としようとしたのである。

伊藤は以上のことを実行するために、天皇の「聖裁」によって断行することを考えていた。

これは、天皇の専制的権力に委ねるのでなく、伊藤たち内閣の合意事項を天皇が理解して裁可し、実施とその継続への権威づけをし、混乱を避けることを狙っていた。約九年後に、大日本帝国憲法が欽定《きんてい》憲法（天皇の作った憲法、民選機関で審議を経ていない憲法）として出来上がるまで、伊藤はこの考えを一貫させていく（伊藤之雄『伊藤博文』〔文庫版〕一七〇～一七六頁）。

一八八〇年一二月中旬に他の参議より遅れて伊藤の意見書が上奏されたが、大隈は参議として求められていたにもかかわらず、意見書を上奏しなかった。

すでに述べたように、藩閥内での大隈の孤立気味の状況や、福沢との接近から考えて、大隈は早期国会開設論であることは間違いないであろう。それゆえに他の参議と大きく意見が異なっており、藩閥政府内からの攻撃による打撃をできる限り避けるため、自由民権運動の盛り上がりの程度を計りながら、自分の案を出すタイミングをはかっていたと思われる。

熱海会議での合意はあったか

伊藤は立憲政体について大隈がまだ意見書を出していないことに不安を覚えていたようだ。そこで一八八一年（明治一四）初頭に、熱海で温泉に浸かりながら井上馨も交えて、大隈と将来の立憲政体についてじっくり相談しようと考えた。

同年一月五日、伊藤は大隈と井上に宛て、宿主の尽力で二人のためにそれぞれ「眺望絶好」の部屋を用意することができたので、一〇日には是非来てください、と手紙を書いた（大隈・井上宛書状、一八八一年一月五日、『大隈重信関係文書』四巻、一九五頁）。

注目すべきは、手紙の末尾に、次のような親しみを込めた文章があることである。

万一お出でにならなければ旅館に引き当て金〔違約金〕などを払わねばなりませんので、お一人につき罰金一〇〇〇円〔現在の三〇〇〇万円以上〕は覚悟してください。

熱海の高級旅館にしても、一〇〇〇円の罰金とは法外である。伊藤と井上はこのような冗談が自然な仲であるが、大隈とはそういう関係が終わって一〇年近く経っている。伊藤は手紙の宛先を大隈と井上の二人にすることで、大隈に昔の関係を思い出させようとした。熱海に呼びよせて、立憲政体への大隈の真意を探り、伊藤を中心とした体制の維持を図ろうとしたのである。

大隈と井上は熱海にやって来た。黒田も加わって、一月中旬から下旬にかけ、四人で立憲政体について話し合ったが、この熱海会議で、はかばかしい成果はなかった。その原因の一つは、大隈がすでに早期国会開設という急進的な立憲政体構想を持ち始めていたからであろう。それにもかかわらず、漸進論の伊藤・井上にそれをはっきりと述べず、適当に話を合わせていたというのが実態だろう。

のちに詳述するように、大隈は三月に、左大臣の有栖川宮熾仁親王《ありすがわのみやたるひとしんのう》を通して意見書を上奏する。その内容は、二年後に国会を開き、政府はイギリスのような政党内閣とするというものであったが、伊藤を含めほかの閣員には見せないことを提出の条件としていた。伊藤は、三ヵ月以上経って初めて三条太政大臣からそれを知らされ、その内容と秘密にされたことに憤慨する。

当時の大隈の考えを知るうえでこの年の一〇月一四日に、福沢諭吉が井上馨と伊藤に送った手紙が役に立つ。その内容は、一八八〇年一二月下旬から翌年一月にかけ、大隈や井上・伊藤は、福沢に新聞を発行するよう依頼し、一月に井上は福沢に、「国会開設」のことや伊藤・大隈・井上が志を一つにしていることを述べた。さらに二月、熱海から帰った大隈は福沢に、井上馨が福沢に話したのと同様のこと、つまりは志が一つだと述べたという。

福沢が一〇ヵ月前を回想した、この手紙を根拠として、大隈は一八八一年一月頃まで、つまり熱海会議の頃、伊藤・井上と提携していた。それは国会否定論の黒田ら薩摩派参議と対抗し、国会開設を促進するためであったとする見方が、かなり前からある（原口清『日本近代国家の形成』二七一頁など）。またその後、伊藤・井上は、黒田ら薩摩派の譲歩を得られなかったため態度を変えた、ともされる＊（坂本一登《さかもとかずと》『伊藤博文と明治国家形成』三八〜四七頁）。

＊これらの見解の源流は、本書の冒頭でも述べたように、大隈の死後、顕彰のため一九二六年に刊行された『八十五年史』第一巻である。同書は、熱海会議と近い時期の史料で裏付けることなく、熱海会議

で早期の国会開設について、大隈・伊藤・井上の間に意思疎通はあったが、いつ開くかまでは明確になっていなかったところ、「薩長の保守家の一団」に反対され、伊藤・井上は立場を変えた、という（八二六～八三七頁）。近年刊行された真辺将之『大隈重信』も、保守的な井上毅が伊藤を説得して伊藤が考えを変えた、また大隈の根回し軽視の政治姿勢が伊藤を怒らせた、大隈の根回し不在は生涯続く、とする（一一七～一二九頁）。伊藤が転換した理由は異なるものの、基本的には同じ枠組みを踏襲している。熱海会議で大隈・伊藤・井上が国会開設で一致していたという根拠を示さず、大隈が三ヵ月以上も意見書の内容を伊藤に伝えなかった理由も「根回し軽視」とするのみである。しかし、そもそも根回しを軽視する人物が大隈のような大物政治家になれるはずがない。本書でこれまで述べ、今後も述べていくように、大隈の行動には緻密な構想と根回し、大胆な決断がある。

ところが、熱海会議の前後における同時期の史料で、大隈・伊藤・井上・福沢らが国会開設論で志を同じくしていたことを示すものはない。逆に、すでに述べた一八八〇年一二月の伊藤の意見書など、それを否定するものはいくつかある。

一八八一年一月頃までに大隈ら四人が同じ意見であったことを示す史料は、先に挙げた一〇月一四日付の福沢の手紙しかない。しかも、それは一〇月一一日に大隈参議が免官となった政変後、福沢が自分は大隈と連携し「陰謀」に加担していたのではなく、井上・伊藤からも国会開設に関して誘われたので協力したのだ、と井上・伊藤らに回想的に弁明した手紙にすぎない（伊藤之雄『伊藤博文』〔文庫版〕一八一～一八三頁）。

慶應義塾出身で、この頃福沢と密着して活動していた加藤政之助《かとうまさのすけ》(のち立憲改進党幹部)は、内閣では「大隈伯の一派が急進論であり、伊藤、井上、山県、黒田、松方」らは「漸進論なんである」と、明治十四年政変への過程を回想している(「加藤政之助氏談話速記」『政治談話速記録』第三巻)。

すなわち、熱海会議で大隈と伊藤・井上の間に、国会開設に関する合意などなかったのである。

誇り高く誠実な性格の福沢のために弁護しておくと、一八八一年一月に井上馨が福沢に「国会開設」のことや伊藤・大隈・井上は志を一つにしていると述べた、という福沢の記憶は嘘ではないと思われる。井上が福沢に漸進主義の政府系新聞を発行させたいがために、少しリップサービスをしたのであろう。

また二月、熱海から帰った大隈が福沢に、井上が福沢に話したのと同様のことを述べた、というのも真実であろう。大隈は、自分と伊藤・井上らが「国会」の構想でかなり異なっており、二人とはあまり連携の可能性はないと思いつつも、二人にそのそぶりを見せず、福沢には四人の一致を強調し、自分の影響力を大きく見せるような話をしたようだ。政治に対しては慎重な福沢を、大隈に協力させるためである。

しかし、これまでも見てきたように、大隈は薩長という有力藩閥の間で様々な形で翻弄され、悲哀を味わってきた。その中で大隈は、大きな目標のために自分がどうしても攻略したい有力者に対しては、本心を巧みに隠し、表情やしぐさ、言葉を操って親しみを抱かせながら、信頼を得て誘導していく手法を、誰よりも身につけていった。この点では、福沢は到底大隈に敵わなかったのである。

国会開設意見書

熱海会議が開かれるなど、国会開設要求運動が盛り上がると、政府内でも動きが活発になった。これを背景に、福沢諭吉は一八八一年（明治一四）三月一〇日になると、自分の書いた国会論「時事小言」を大隈に送り、大隈の考えとたいてい「齟齬《そご》」することはないと思っている、と書いた（大隈宛福沢書状、一八八一年三月一〇日、『福沢諭吉全集』一七巻）。

すでに述べたように、大隈は立憲政体に関する意見書を提出していなかったので、明治天皇は有栖川宮親王（左大臣）を通して提出を促した。そこで大隈は同年三月（日付は不明、一一日か）、先述したように有栖川宮を通し、ほかの大臣・参議に見せないことを条件に、意見書を上奏した。

それは、早急に憲法を制定し二年後に国会を開くという、これまでの藩閥政府内の議論にまったく見られない、過激ともいえる内容であった。

つまり立憲政体に関しては、イギリスは国会を開いたので政府と議院の間に争いがなくなり、政党の争いは議院で起こるだけになったと、イギリスをモデルとして設定する。そこで日本も立憲政体を採用し、立法・司法・行政の三権を分離し、議会で多数を占める政党の党首が天皇から内閣を組織するよう命じられるべき、と政党内閣を主張していた。

官吏に関しては、「政党官」と「永久官」に分ける。「政党官」は参議・諸省卿〔長官〕・輔〔次官や次官クラス〕および諸局長・侍講・侍従長などで、以上の「政党官」はおおむね議員として上下院に列席することができるとする（たいていイギリスの例による）。「永久官」は各官庁の奏任官および属官などの中以下のポスト、および「中立永久官」として「三大臣」、「軍官・警視官・法官」などの「公平国益」を図るべきポストで、政党に関与しない、とする。

大隈は、憲法制定に関しては、欽定《きんてい》憲法様式とし、「内閣」で委員を定め、速やかに着手すべきと論じる。本年〔一八八一年〕をもって欽定憲法を制定し、一八八二年もしくは本年末に公布し、八二年末に議員を召集し、八三年初頭に国会を開くことを「冀《き》〔希〕望《ぼう》」するといったスケジュールも明記していた（『大隈重信関係文書』四巻）。

イギリスをモデルにした大隈の意見書は、当時の日本で議員やその選挙の有権者となることを想定される人々の大部分に渡欧経験がなく、欧米の国会や選挙の実態などをほとんど知らないことを考慮すると、あまりにも性急な現実味のないものといえる。当時の日本はようやく府県会を始めたばかりで、その運営は試行錯誤を重ねながら少しずつ軌道に乗ってきた段階であった。イギリスは、一七世紀の清教徒革命・名誉革命を経て、約二〇〇年かけて国王・政府・議会の関係を成熟させ、政党政治を少しずつ発達させていた。

また、「冀望」と表現しているが、二年後に国会を開設するというのも現実離れしている。その理由は国会議員、とりわけそのリーダーとなる人たちの準備のための学習や、有権者となる国民の成熟という先に述べた問題にとどまらない。憲法と議院法、上院・下院それぞれの選挙法などの関連法律や、新しい内閣制度・官僚制度を作り、周知させ、実施することは、こうしたことが初体験である日本にとって非常な負担で、時間がかかる。

大隈は明治二年（一八六九）以来、大蔵省（会計官）の高級官僚や大蔵卿など財政部門の責任者として、一〇年以上も活躍してきた。この体験から、憲法を制定し国会を開くことに比べればはるかに小さい財政関係などの問題でも、多くの法令を制定しその主旨を周知させることがどんなに必要であるか、十分承知していたはずである。

この意見書があまりにも現実離れしている理由は次項で検討するとして、最大の問題は、この意見書の内容を伊藤に秘密にしておいたことである。一八八一年三月に大隈の意見書を受け取った有栖川宮は、大隈との約束を破り、三条と岩倉に内々で見せた。

岩倉は、三月三〇日に伊藤と数時間様々な話をしている中で、伊藤が意見書の内容を知らないことに気づき、今のままでは政府の実力者である伊藤と大隈の関係が壊れる、すなわち政府を保っていくことができないと判断した。

岩倉は翌日に大隈に手紙を書き、意見書のことをまだ伊藤に話していないなら幸いですので、その前にじっくりとお話ししておきたいと思っています、と伝えた（大隈宛岩倉書状、一八八一年三月三一日、『大隈重信関係文書』〈早〉二巻、六九頁）。岩倉は大隈が伊藤に意見書の内容をそのうち話すだろうが、刺激が強すぎると心配し、前もって大隈に忠告をしておこうと考えたのである。岩倉の性格から考え、忠告が行われたことは間違いないであろう。

しかし、大隈は何の行動も取らなかった。それから三ヵ月を経た六月下旬、伊藤は三条から大隈意見書を見せてもらい、「驚愕」する＊。

＊一八八一年七月一五日の岩倉具視日記では、伊藤は三条から見せてもらったとしてある（『大隈重信関係文書』四巻、二五二頁）。しかし、伊藤が同年一〇月四日に佐佐木高行（元老院副議長）に回想したところによると、伊藤は有栖川宮から、意見書を直に天皇に取り次いだことを聞き、また同宮を通し意見書を見たという（『保古飛呂比』一〇巻、一八八一年一〇月四日、四二九、四三〇頁）。日時が経っていても、当事者である伊藤の回想である点は重要であるが、ここでは、日付が近く記憶も確かと思われる岩倉の日記の叙述に依った。

あまりにも急進的になった理由

大隈はどうしてこのような急進的な意見書を提出したのであろうか。

一八八一年三月という時点では、大隈側の政党組織に向けての準備も進んでおらず、意見書を出したくなかったけれども、有栖川宮に迫られてやむなく提出したのであろう。したがって、二年後の国会開設の希望も現実の計画というより、国会開設の気運が高まり、大隈の提携相手が進める政党組織の準備が整った段階での目標に過ぎなかったと思われる。大隈が有栖川宮を通して上奏した際、ほかの大臣や参議には見せないことを条件としていた。大隈の意見書を読むのは当面は天皇と有栖川宮に限定されるはずだった。

提出から三ヵ月後に伊藤が大隈の意見書を知った直後の七月、大隈が意見書の内容は〔直に〕行われる見込みがあるとは思っていない等と、次のように伊藤に言い訳している。この言葉に、大隈の気持ちの一端をうかがうことができるだろう。

伊藤が君〔大隈〕は「参議の重職」にありながら「福沢如き者の代理を務むる」のはもっともおかしいと言うと、大隈は〔意見書は〕決して行われるとの「見込みにてはなし、只《ただ》一身の見込を奏したる」のみで、福沢と相談したことはまったくない。
（『保古飛呂比』一〇巻、一八八一年一〇月四日、四三一頁）

大隈にとっては、この意見書が実現できるような事態に展開していけば、政府のトップの一人として、自分は早くから早期の国会開設と政党内閣を主張していたのだ、と公言できる。そのことにより、国会開設の主導権を取り、福沢諭吉も含め、国会開設を主張する民権派との連携を深め、薩長の有力者を抑えて首相になって組閣できる可能性が高いと考えたのであろう＊。しかし、これは伊藤を中心とした薩長藩閥政府において疎外感を強く感じてきた大隈の、事実上のクーデター計画だともいえる。そこで、伊藤ら閣員への非公開を求めたのである。

＊福沢自身も一八八一年段階で二年後に国会開設をして、国会が実質的な意味を持つとは考えていなかったようである。それは政府も人民も会議に未成熟であるからだ。一八七九年五月に福沢は、府県会が真に実用をなすのには今後一〇年はかかり、それまではただ「会議の調練」のみだと述べている（小川原正道『福澤諭吉の政治思想』二〇、二一、二七頁）

大隈意見書の原案は誰が作ったか

この大隈意見書の原案を書いた人物については、大隈が回想で何も語っていないので、断定できない。

最も可能性が高いのは、矢野文雄《やのふみお》（慶応義塾で教育を受け、統計院幹事兼太政官大書記官〔局長クラス〕）である。それから四一年後ではあるが、矢野は、「さる著書に」大隈意見書は「多分福沢先生の書いたものであらうとしてあるが、これは福沢先生の文章ではない、わが輩が書いたもののやうである」と証言している（「矢野文雄談」「補大隈侯昔日譚」五七頁、『大隈侯昔日譚』所収）。

福沢諭吉は、一八八一年五、六月頃に矢野から大隈の意見書について聞いた、と同年一〇月末に回想している（福沢諭吉「明治辛巳紀事」一八八一年一〇月二八日『大隈重信関係文書』四巻、四四八頁）。尾崎行雄《おざきゆきお》も、矢野が書いたのでしょう、と回想している（「尾崎行雄氏談話速記」)。

一八八一年五、六月といえば、政府内でも意見書のことを知っているのは、有栖川宮・三条・岩倉(六月下旬なら伊藤も)くらいであり、これを知っていると矢野が言うのなら、意見書の作成に深く関わった可能性が強い。

矢野は秀才で、七年が基本と規定された慶応義塾の課程を二年半で終えている。もっとも、慶應義塾の英語は訳読一本やりだったので、矢野の英語もチェンバレン(Chamberlain)をチャンベルラインと日本語表記するような、いわゆる「福沢式」英語であった(野田秋生『矢野龍渓』一四頁)。矢野もこの時点で渡欧経験がなく、関わった意見書がイギリスと日本の現状に対する差異への認識が弱くなるのは当然といえる(矢野の渡欧は、三年以上後の一八八四年四月に横浜を出発、フランス・イギリス・アメリカを経て一八八六年八月に横浜着)。

矢野文雄

大隈には、政治家や官僚としての豊富な体験と現実感覚があった。しかし、ブレーンの矢野も含めて渡欧体験すらなく、大隈自身は英語を幕末に少し学んだだけで自由に読み話すことができない状況では、広い視野で現実的な意見書を作成することはできない。

他方で伊藤は、意見書の作成には福沢が関与しているのではないかと強く疑っていた。先に述べた大隈が伊藤に弁明した七月五日の会見で、伊藤は福沢の「私見国憲」と大隈の意見書は「同一なり、隠すべからず」と、福沢を疑ったが、大隈は「その嫌疑尤《もっと》もなれ共決して実事なし」と即座に否定している（『保古飛呂比』一〇巻、一八八一年一〇月四日、四三一頁）。

政変で大隈が政府を去った後であるが、福沢も「諭吉が之《これ》（大隈意見書）に関して力ありとは」何の裏付けがあるのか、と井上馨に意見書作成への関与を否定している（井上宛福沢書状、一八八一年一二月二五日、『大隈重信関係文書』四巻、四三九頁）。

伊藤は大隈意見書の内容が福沢が公表していた国会論と似ていたことや、大隈が福沢門下であった矢野らを抜擢して昇進させていたことから、大隈と福沢の「陰謀」という幻想を見たのだろう。

ほかに、小野梓《おのあずさ》（米・英に三年間留学し、会計検査院二等検査官）も作成に関わった可能性がある。大隈は小野について、「勇気勃々《ぼつぼつ》たる青年」で、欧米の新知識を有し、わが輩の如きも、学問の上では梓の教えを受けたこともすくなくなかった、もし何事かなす場合には、わが輩一策を建つれば、直ちにこれに骨をつぎ足し肉を付け、ちゃんと形を整えて提供し、その案は往々わが輩の考える以上のものがあったと、小野の「参謀」「秘書」としての役割を高く評価している＊（『大隈侯昔日譚』二七五、二七六頁）。

＊特に根拠は明示していないが、立憲改進党の研究で、大隈意見書は矢野が起草し、小野が加筆したとも言われる、との指摘もある（大日方純夫『自由民権運動と立憲改進党』六四頁）。大日方は、立憲改

進党の理念的起点をこの意見書に見る。

意図を超え対立が拡大

大隈は、伊藤が意見書を読んだと一八八一年（明治一四）七月に知って「大に驚き、実に〔有栖川宮〕殿下を奉恨《うらみたてまつる》と申上げた」という（『保古飛呂比』一〇巻、一八八一年一〇月四日、四三〇頁）。大隈の予想していなかったことである。大隈が参議を事実上「罷免」される一〇月の政変の方向に、歯車が回り始めた。

伊藤は、大隈の態度に憤慨した。意見を交換する機会があったのに、同僚や自分を出し抜いて、大隈は建言したのである。伊藤が出勤しなくなったので、岩倉や三条らが仲介し、さっそく大隈は七月四日に伊藤を訪れて次のように謝罪した。

> 実は今般の事は「粗暴」の次第で、なんとも申し訳ありません。繰り返し繰り返し謝るのみです。〔これに対し伊藤が、建白の内容の是非はさておき、どうして一言も話さなかったのかなどと大隈を責めると、大隈は〕ただただ謝り、僕は必ずしも自分一人の意見を天下に施行する考えではありません、よろしく思いやりの心で許してください。
>
> （同右）

熱海会議で大隈と伊藤・井上の意見が一致していたなら、大隈は熱海会議の結果を意見書にしただけであると強気で弁明するだろう。この大隈と伊藤のやり取りを見ても、一致していたわけでないことや、三ヵ月以上も意見書の内容を伊藤に隠しており、大隈が弁明の余地がないと認めていることがわかる。この状況で大隈は、伊藤に下手な言い訳をしない。大隈にとって伊藤は年下でかつては部下であったが、自分を「粗暴」とへりくだって、ひたすら謝った。大隈の政治家としての一つのセンスだろう。

しかし今回は、伊藤の方が一枚上手であった。大隈は伊藤邸からの帰りに岩倉邸に立ち寄り、疑惑が消えてすっきりしたと報告した。ところが、伊藤は大隈を許していなかった。翌七月五日に伊藤は正院《しょういん》（内閣）に出勤し、大隈を前に再び意見書のことを持ち出し、大隈の弁明を改めて聞いた。伊藤は「憤懣」を覚えたが、強いて論じるとかえって「破裂」して「内閣の醜態」になると考え、議論をやめた。この日、伊藤は大隈との問題が十分に決着していないことを岩倉に伝えるよう、部下の井上毅（太政官大書記官）に命じている（伊藤之雄『伊藤博文』）。ところが、この段階では、三条や岩倉は、大隈と伊藤を和解させようと動いていた。

さて七月二一日、参議兼開拓使長官の黒田清隆は、開拓使の管轄下にあった北海道の官有物払下げを申請した。官有物払下げ自体は大隈の方針でもあったが、この払下げについては大隈が反対し、有栖川宮も賛成しなかった。しかし、内閣は許可し、三〇日に天皇の承認がなされ、八月一日に発表された（『明治天皇紀』第五巻、四二二頁）。

これに対し、七月二六日から自由民権派の『東京横浜毎日新聞』は、開拓使が黒田長官と同郷である薩摩出身の政商五代友厚に不当な安値で官有物を払い下げようとしている、と暴露した。この問題をめぐり、九月にかけて政府批判の世論が高まっていく。いわゆる開拓使官有物払下げ事件である。

この問題が起こらなかったら、一〇月に大隈が参議を事実上罷免されるという政変は起きなかったであろう。もちろん大隈は、三月の意見書を将来の布石と考えていたのであり、自ら官有物払下げを『東京横浜毎日新聞』に密告して暴露を促すことはあり得ない。また、大隈が密告したという確かな資料も、見つかっていない。しかし、大隈が閣議で黒田の提案に反対していることは、閣員に大隈暴露説を信じさせる一因となる。

大隈自身の回想では、「迷惑千万なのは我輩一人と云ふことになった」「〔払下げ批判の〕火の手は盛んに燃え揚がつたが、それを煽動して火をつけたのは大隈だと云ふことになった」のはまだいい、その頃の言葉で、わが輩が叛乱を企てたと云ふわけで、わが輩はとうとう謀反人になってしまったと、関与を否定している（『大隈侯昔日譚』二五五頁）。

この頃大隈は、五〇〇〇万円の公債を新たに募集し、大中央銀行を設立し、紙幣整理を行う建議を伊藤に持ちかけ、連名で建議し、八月一日付で採用されている（『大隈重信関係文書』四巻、四七五〜四八二頁）。前年五月の建議と異なり外債ではないが、国内の不換紙幣を整理してインフレーションを抑えようという志向は、一貫している。

すでに述べたように、大隈は伊藤との和解ができたと見ており、五〇〇〇万円公債募集での連携もできているので、『東京横浜毎日新聞』の暴露記事が大きく盛り上がっていくことを予想せず、黙認していたのであろう。

それでは、誰が官有物払下げの秘密を『東京横浜毎日新聞』に漏らしたのか。おそらく、いずれも慶應義塾出身でジャーナリストを経て大隈配下の官僚となった、矢野文雄（『郵便報知新聞』副主筆から一八八一年統計院幹事兼太政官大書記官）・尾崎行雄（『新潟新聞』主筆から八一年統計院権少書記官〔課長クラス〕）・犬養毅（『東海経済新報』創刊、一八八一年統計院権少書記官）のいずれかであろう。また、大隈が「当時の自由民権家」（『大隈侯昔日譚』二四五頁）と目されていたとみる小野梓（会計検査院二等検査官）の可能性もある。

七月二六日から『東京横浜毎日新聞』に開拓使官有物払下げ批判が掲載されると、伊藤は大隈への不信をさらに強め、対決して排除することを考え始めた。伊藤はまず盟友の井上馨との連携を密にするため、井上馨のいる広島県宮島に、腹心の井上毅を送った。八月六日には、伊藤は井上馨に、大隈問題に関しては万一の場合は自分が「皇室之《の》城壁」となって犠牲になる、と強い決意を示した。

薩摩系は大久保亡き後伊藤に対抗して大隈に期待する空気もあったが、薩摩系最有力者である黒田が官有物払下げ事件で打撃を受け、自然と伊藤のもとに集まってくる形になった。

八月二日、薩摩藩出身の松方正義内務卿は、憲法取調について、伊藤と松方、黒田・西郷従道の二参議との合意ができたと、井上毅に手紙で報じている（伊藤之雄『伊藤博文』文庫版）。

事件の中心人物の一人だった五代友厚が、八月二日頃に東京へ戻り、後藤象二郎（土佐出身、前参議）に語ったところによると、「交詢社」（福沢諭吉グループ）は「雉子橋《きじばし》」（大隈重信）が政府内から応じるので国会開設を企てるべきと説得された、という（大隈宛北畠治房書状、一八八一年一〇月三日、『大隈重信関係文書』四巻、三五二頁）。すなわち、かつて大隈の友人であった五代は、官有物払下げ事件で批判されたことをきっかけに、大隈が福沢らを動かして国会開設の「陰謀」をしているとの大隈を傷つけるイメージを、密告という形で広め始めたようである。

こうして、八月初めから一〇月にかけ大隈には思いもよらぬ包囲網が形成され始める。

大隈包囲網の形成

東京で伊藤を中心に大隈包囲網が形成され始めたが、政府内での本格的な政戦は一時休止となる。それは、かねてからの予定通り、一八八一年七月三〇日から一〇月一一日までの予定で、明治天皇の東北と北海道巡幸が始まったからである。内閣のメンバーでは、大隈のほか、有栖川宮・黒田・大木喬任が、また、閣員ではないが、それに準じる有力者の松方らが付き従った。

他方で、すでに九月六日までに、閣員の三条・伊藤・井上馨・山県・山田顕義・西郷従道らの間に、天皇が東京に戻ったら急いで問題に対応する必要がある、との合意ができていた。また彼らは、「必死尽力進退」を決する覚悟であり、「一大変動」が生じるだろうとも予想していた。さらに、大隈の意見書以来、もっぱら「福沢党」が政府内部に侵入したことについては、「一同憤激」している様子であった（岩倉宛三条書状、一八八一年九月六日、『大隈重信関係文書』四巻、三七四頁）。

当初は大隈と伊藤を和解させようとした三条も含め、開拓使官有物払下げへの批判が大きくなるなか、大隈と福沢らのグループの「陰謀」がなされているという幻影を見るようになっていったのである。そして、大隈らの追放の暗黙の合意ができていく。

この間、伊藤の側と大隈の側でそれぞれ策動がなされる。その一つが、持病の頭痛のため七月から京都で療養していた実力者の岩倉右大臣への伊藤側の働きかけであった。三条太政大臣は、岩倉に大隈・福沢らのグループの「陰謀」を伝え、東京に戻るようにと手紙を書く一方、山田顕義を京都に派遣した。

九月一八日の山田・岩倉会見で、山田も大隈と福沢の結びつきを強調した。山田は、大隈が腹心の矢野文雄（前掲）を抜擢したことや、統計院を置いたのは国会開設について調べるためであることを話した。

また山田は、内閣は三条はじめ団結しているので、決して心配することはない、と大隈包囲網ができている点を伝えた。さらに山田は、天皇が皇居に戻ると、大隈の〔早期国会開設の〕意見書を採用するか、〔伊藤ら〕「留守内閣一同」の方針を採用するかの「宸断」を求め、それによって一同は進退を決する覚悟であり、このようにして大隈を退ける、とも述べた。

しかし岩倉は、大隈らを退ける件については即答せず、天皇が巡幸から東京に戻る予定の一〇月一一日の前日までに帰ると答えたにとどまった（「岩倉具視日記」一八八一年九月一八日、『大隈重信関係文書』四巻、四〇一、四〇二頁）。

「陰謀」の実態

他方、大隈側は東京で小野梓が政治情報を集め、九月二九日付で手紙と意見書を書き、義兄の小野義真（岩崎弥太郎《いわさきやたろう》の顧問）に持たせて、大隈に詳しく情勢を説明させたようである。しかし小野梓は、大隈と伊藤とを離間させようとする悪い人物がいると言うくらいで、首謀者が伊藤であることをつかんでいない（大隈宛小野書状、一八八一年九月二九日、「小野梓意見書」一八八一年九月二九日、『大隈重信関係文書』四巻、三三三〜三四四頁）。これは巡幸が終わって帰京後に行う、大隈の「政略」の参考にするためであった。

また福沢諭吉も一〇月一日付の手紙を、人に託して大隈に届けさせた（大隈宛福沢書状、一八八一年一〇月一日、『大隈重信関係文書』四巻、三四七〜三五〇頁）。

大隈の連携相手である福沢と、大隈の腹心の小野の手紙や意見書でわかることは、第一に、伊藤たちの側が、大隈と福沢らが早期国会開設などに向けて陰謀を行っていると論じるのに対し、大隈や福沢・岩崎弥太郎らのゆるやかな連携があったが、彼らを中心とした共通の謀略はないことである。

小野は開拓使の官有物払下げ事件について、まず会計検査院より検査官の連署で「非なるを公議」し、天皇が巡幸から東京に戻る六、七日前を期して内閣に差し出すことを計画した。それをきっかけに「政治を改良」する手段としようとした。政治改良の第一案は、「天皇を輔弼《ほひつ》」する「豪傑」により「独裁政治」を行い、急速に様々な悪政を「矯正《きょうせい》」することである。

しかし、「豪傑」は多く出現するものではないので、第二案として、憲法を制定し、様々な悪政を「釐正《りせい》」（改革）していくべきことを挙げた。この漸進主義の改革案も容易ではないが、順を追って着実に進めていけば、必ずしも実現できないわけではない、とみる。小野は当時の状況を、「朝野正邪の人」（官界・在野で正しいか邪悪かわかる人）が皆大隈の対応がどのようなものであるかと注目していると、期待を持って見た。

福沢は、先に述べた一〇月一日付の大隈宛の手紙で、新聞発行を急ぐ必要があるが、先頃岩崎弥太郎にそのことを話したところ、その意はあるようだが例のように決断できない、と伝えるのみで、国会開設についてはまったく触れていない。小野と異なり福沢は、国会開設がすぐにできるとは見ていなかった。

大隈の下野後の回想であるが、福沢は当時の国会開設運動の盛り上がりに対し、「人心を動揺せしむること甚《はなはだ》し」と、あまり好意的ではなかった。運動の参加者は、「血気の少年」か「無智無識の愚民」で、運動を利用して意外の利益を得ようとしているだけだ、などと見たからである（福沢諭吉「明治辛巳《しんし》紀事」一八八一年一〇月二八日、『大隈重信関係文書』四巻、四四四頁）。

このように、大隈・福沢・岩崎の連絡は新聞発行をめぐる程度であった。

福沢と小野らの手紙でわかることは第二に、両者ともに、内閣側が伊藤を中心に大隈らの追放に向けて固まりつつあることには、まったく気づいていないことである。

小野は、内閣内がまとまっておらず、伊藤は「優柔不断」で、結局薩長の「連衡」を夢見て未だ覚めないようである、と見る。そこで大隈と伊藤とを離間させようとする「悪漢」がいるだろうから、警戒して、伊藤の処置に多少不満でも受け入れて、私たちの方針を貫く方が「上策」と思う、と大隈に提言した。福沢も内閣の大隈追放の動きにはまったく触れていない。

大隈は、いざとなると相互の利害を守るため薩長藩閥がまとまることを、これまでにいやというほど体験してきた。このことから考えると、大隈の立場は、官有物払下げ事件を追及して、いきなり大改革ができるとは考えておらず、小野よりも福沢に近いものであったと思われる。しかも大隈は、実際に大きな陰謀を画策していたわけではない。天皇の巡幸に従って七月末から二ヵ月近く東北・北海道を回っており、当時は通信・交通手段が未発達であり、薩長が連携し、三条（あるいは岩倉まで）も協力して大隈を排斥する動きがあることを、まったく想像していなかった。このため、小野の過激ともいえる動きも止めなかったのであろう。

内閣から追放

最も早く大隈に正確な情報を伝えたのは、士族反乱などをスパイする旧組織で、かつて大隈が統轄していた監部《かんぶ》の責任者であった北畠治房《きたばたけはるふさ》（司法省判事）の一〇月三日付の手紙である。北畠は巡幸先でも薩摩人の中で大隈に危害を加えようとする者がいるらしいこと、薩長が次第に団結して大隈を孤立させているとの話をしばしば聞くこと、などを大隈に知らせた。また、「密奏」を口実に大隈に「一撃」を試みようとする「奸謀」があるかもしれない、と推測している（大隈宛北畠書状、一八八一年一〇月三日、『大隈重信関係文書』四巻、三五〇〜三五三頁）。

大隈は、独自の情報ルートを持っていたであろう北畠から厳しい状況を知らされ、非常に驚いたであろう。そのような中で、自由民権運動に政府内から迎合するかのような小野の活動は火に油を注ぐものだった。しかし巡幸も終わりに近づいており、小野の動きを止めるには遅すぎた。大隈は、巡幸が終われば自分の進退に関わるような激しい攻撃にさらされるかもしれないことを覚悟して、東京に戻ったのであろう。

さて、伊藤ら内閣のメンバーは、岩倉も含め、一〇月八日までに、大隈に参議を辞めさせる、開拓使官有物払下げは取り消す、憲法を制定して国会を九年後の「明治二十三年」(一八九〇)に開くことで合意した。民権運動側の開拓使官有物払下げ批判や早期国会開設という要求に、それなりに応じながら、大隈を政府から追放するという対応が、伊藤を中心に最終的に形成されたのである。

明治天皇は、内閣で決まったこれらの方針について、まったく知らされていなかった。一〇月一一日に予定通り皇居に戻ると、大隈を除いた大臣・参議一同から、憲法制定と国会開設、および大隈の免官が上奏された。天皇は大隈の免官には消極的であったが、内閣の意見ということで、いずれも承知した。

大隈への辞任勧告は伊藤が引き受け、一〇月一一日のその日のうちに西郷従道が同行し、大隈邸に赴き伝えた。大隈は勧告を受けると、あっさり辞任を了承した。その後憲法制定と国会開設、大隈の辞表は同時に裁可された。

翌一〇月一二日、開拓使官有物払下げを中止し、一八九〇年に国会を開設すること、大隈の辞任を認めることが公表された。

また、憲法を政府の中枢で作り、天皇の裁可を経て、天皇が作った欽定憲法として公表することも、暗黙の合意事項となっていた。欽定憲法という点は三月の大隈意見書も同じである。

一〇月一三日、大隈の免官に抗議し、矢野文雄・犬養毅〔課長クラス〕・尾崎行雄らの大隈系官僚が辞任し、まもなく小野梓らも続いた。辞任しない官吏は、伊藤が中心となって小野梓らとの関係の有無を判断し、罷免された。また、河野敏鎌《こうのとがま》(土佐出身、農商務卿・前文部卿)・前島密(幕臣の養子、駅逓総監)らも辞任した。こうして、大隈と大隈系やそれに近い人物が、政府から追放されるか自ら辞任することになった。

ほかに依願辞職した者として、中野武営《なかのぶえい》(農商務権少書記官)、中野の上役の牟田口元学《むたぐちげんがく》(農商務大書記官〔局長クラス〕)がいる。中野は河野農商務卿に見出され、秘書のような役割をしていた。それまで大隈との面識はなかったが、この後に創立される立憲改進党に参加する(佐賀香織『国家形成と産業政策』四〇、四一、四五頁)。中野は日露戦争後には、渋沢栄一とともに実業家として大隈と強い絆を持つようになる。

他方、新たに四人の参議が任命された。その中には松方正義(大蔵卿兼任)・大山巌《おおやまいわお》(陸軍卿兼任)の二人の薩摩藩出身者もいたが、薩摩の実力者黒田が、翌一八八二年一月一一日に参議兼開拓使長官を依願免職となり、内閣顧問という閑職に就いた。この後、一八八〇年代を通し、伊藤ら長州系がさらに内閣の中心となっていき、薩摩系は影響力を落とし続ける。

この意味で、大隈の意見書を発端とする明治十四年の政変は、伊藤ら長州系の一人勝ちに終わったといえる。こうして大久保暗殺後、その地位を継いだ伊藤は、長州系のみならず松方や西郷従道ら薩摩系も従え、いわば伊藤体制を確立したといえる。しかし、政府を去った大隈も負けたままではいない。次章以下で見ていくように、在野でとまどいながらも新しい活動をしていくのである。

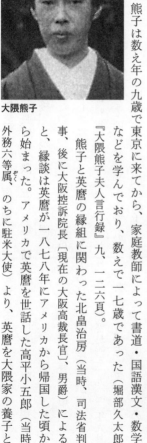

熊子の結婚と不幸

大隈熊子

すでに見たように、大久保利通が暗殺され、伊藤博文を中心とした体制が定着していく中で、大隈は、政治の面では孤立感を深めていったが、家庭の面では慶事があった。一八七九年（明治一二）五月、一人娘の熊子が結婚した。相手は前盛岡藩主の南部《なんぶ》利剛《としひさ》の次男、英麿《ひでまろ》で、米国プリンストン大学で天文学を修めて学士号を取った、数え年二四歳の青年である。熊子は数え年の九歳で東京に来てから、家庭教師によって書道・国語漢文・数学などを学んでおり、数えで一七歳であった（堀部久太郎『大隈熊子夫人言行録』九、一二六頁）。

熊子と英麿の縁組に関わった北畠治房（当時、司法省判事、後に大阪控訴院長（現在の大阪高裁長官）、男爵）によると、縁談は英麿が一八七八年にアメリカから帰国した頃から始まった。アメリカで英麿を世話した高平小五郎（当時外務六等属《ぞく》、のちに駐米大使）より、英麿を大隈家の養子とする話として進められた。大隈と妻綾子は、南部家から養子を迎えるという提案に乗り気であったという。北畠は維新後に長崎で大隈と五代友厚の暗殺を止めて以来、大隈とは親類同様のつきあいであった。その後、大隈が綾子・熊子同伴で英麿に会うと、英麿がアメリカ風に夫人に敬意を表す動作をしたので、綾子と熊子は非常に気に入り、大隈は縁談を申し込んだ。結婚が決まると、式に関しては南部・大隈両家とも夫人の自己主張と影響力が強く、北畠がいろいろ調整して折り合いをつけて、挙式となったという（『原敬日記』一九〇二年九月三〇日）。大隈は、政治家としての自分を支える綾子のストレス発散の場として、縁談など家庭内のことでは、よほど問題とならない限り綾子のしたいようにさせていたようである。

大隈が二度目の妻綾子と再婚して一〇年経っても、二人の間には子供が生まれなかった。熊子の結婚は、英麿と熊子が大隈家を継ぐ、という含みを持っていた。大隈は参議兼大蔵卿を長期にわたって務め、家庭内で「殿様《とのさま》」と呼ばれていた。また遅くとも一八八八年（明治二一）には、客を招いて「お歌会」を開くなど、大名や大身の旗本のような気分で生活していた（『大隈熊子夫人言行録』三二、一九五、一九九頁）。熊子を南部家の次男と結婚させたのは、このような大隈の意識の表れといえよう。

話は先に進むが、明治十四年政変で大隈が下野し、翌年一〇月に東京専門学校（後の早稲田大学）を開校すると、英麿はその初代校長となった。英麿は東京専門学校を理科系中心の学校にしようとしたが、理学科は入学者が少なかったためうまくいかず、同校は政治・経済・法律を中心としたものとなった。結局、英麿は校長を辞任し、第二高等中学校（現在の東北大学の前身の一つ）・東京高等商業学校（現在の一橋大学）の教授となるが、その後再び東京専門学校講師に復帰した。一八九六年（明治二九）に大隈が早稲田尋常中学を設立すると初代校長となり、一九〇一年に早稲田実業中学が創立されると、その校長も兼任した。

この間、一八九八年の第五回総選挙・第六回総選挙、一九〇二年の第七回総選挙に岩手県から進歩党・憲政党（旧進歩党〔改進党〕系）・憲政本党（旧進歩党系）など大隈系の政党から立候補して、当選した。英麿はこうして教育者として政治家として、大隈家の嗣子としての道を歩んだ。大隈家に仕えていた高松辰子の回想によると、英麿は殿様らしい穏やかで立派な人物で、和歌も上手だったという。

熊子の毎日は、朝食だけを英麿と一緒に取った後、朝から大隈と綾子が寝所に入るまで、「お奥詰」を務めることに明け暮れた。熊子の任務は、大隈や綾子の世話にとどまらなかった。熊子と英麿の結婚生活とほぼ重なる早稲田邸時代（一八八四～一九〇一年）に、大隈邸は毎日多数の来客があったが、その食膳の采配は熊子が振った。急な客で台所の手が足らないときには、自ら手伝った。その手際の鮮やかさと素早さに、人々が驚くほどであった。熊子は少々体調が悪くても、この日課を怠らず続けた。

以上のように、熊子は毎日朝から晩まで、全力で働き、夫の英麿と過ごす時間はあまり取れなかった。これは大隈が大名気分の生活をしているとしても、熊子はお姫様というより、女中頭であった。しかし熊子や穏やかな性格の英麿の評判はよく、夫婦仲も円満であった。

その頃英麿が、親しくしていた郷里の山崎吉蔵（県会議長）には、「屋敷へ帰っても淋しい」とか「熊子は気の毒だよ」と言っていたことがあったという（『大隈熊子夫人言行録』二〇八、二〇九頁）。穏やかな性格の英麿ではあったが、大隈や綾子中心の大隈家の生活に対しては、不満を募らせていたといえる。

そのためもあるのか、英麿は他人の借金の保証人となり、七〇〇〇余円（現在の一億五〇〇〇万円ほど）の負債を抱えることになった。これは二度目であった。大隈の指示で、北畠が熊子に離縁の話を切り出すと、熊子は泣くばかりであった。熊子の離縁したくない心情がありありと見て取れた。結局大隈が四〇〇〇円、南部家が残額を払って負債は解決し、英麿はこのようなことを二度としないという証書を書いた。

ところが英麿は同じことをまた行った。三度目の負債は二万円（現在の三億円ほど）にもなった（『原敬日記』一九〇二年九月一三日、三〇日）。大隈家側では対応策を決めるため、北畠治房らが集まって協議し、英麿の離縁を決め、熊子に伝えたという（高田早苗《たかたさなえ》〔大隈の腹心、早稲田大学教授を経て文相、早稲田大学総長〕の談）。事態が紛糾すると、英麿は自ら大隈家を出て行った。こうして、一九〇二年九月一五日に、離縁の手続きは完了した（『大隈熊子夫人言行録』二〇一、二八六頁）。熊子三八歳のときである。

熊子は大隈家に残ったが、翌年五月六日に相続人を廃除された。熊子はその後も黙々と役目をこなし続けたが、人生をほとんど投げていたといってよい。

大隈は、政治家として浮き沈みの激しい自分を支えるのに、勝気な性格の妻綾子がどうしても必要だった。穏やかな性格で綾子と折合いもよい熊子も、大隈家の家事実務を切り盛りするために、欠くことができなかった。大隈には熊子が家の犠牲になっていることがわかっており、申し訳ないとも思っていたが（同前、三〇、三八、七七頁）、どうすることもできなかった。

さて、英麿はその後岩手県に帰り、分家して本家から離れて教職に就き、一九一〇年五月一四日に死去した。英麿の死を新聞で知ると、熊子は大隈や綾子に知られないようにして、五〇日間、食事に魚や鶏を断つなどして（同前、三八、三九頁）、英麿への思いを示した。

熊子は大隈の死後一一年経った一九三三年（昭和八）五月一七日に世を去る。六九歳であった。

第8章　イギリス風の政治と「国権」─立憲改進党の党首

立憲改進党の党首として

一八八一年（明治一四）一〇月一二日に大隈重信が参議を事実上辞任させられた後、二九歳の若き腹心小野梓《おのあずさ》（前会計検査院一等検査官）は、一〇月下旬になると東京大学の青年学徒たちとともに、のちに鷗渡会《おうとかい》（一八八二年二月二七日発足）と称するグループを作って協議を始めた。先に見たように小野は大隈の有力ブレーンであり、小野ら鷗渡会はのちに結成される立憲改進党（改進党）の一つの系統となっていく。

一一月一三日、小野は大隈とともに、「我党」前途の事を長時間話し合った後、小野を中心に政党組織を具体化するための文章の起草が行われ、一二月二三日に小野が起草した案を大隈に説明して、検討を託した。

この後、政党組織問題はいったん小野の手を離れ、大隈・河野敏鎌《こうのとがま》（前農商務卿）・前島密《まえじまひそか》（前内務大輔、駅逓総監）ら、三〇代後半から四〇代半ばの前政府高官たちの協議に委ねられた。

小野梓

他方、開拓使官有物払下げ事件を攻撃した『東京横浜毎日新聞』に関わる沼間守一《ぬまもりかず》（同社社長、前判事・元老院権大書記官）や島田三郎《しまださぶろう》（前文部権大書記官）・肥塚龍《こいづかりゅう》らの嚶鳴《おうめい》社《しゃ》系は、一〇月下旬から一二月はじめにかけて小野との接触を深めていく（大日方純夫『自由民権運動と立憲改進党』一五二〜一五九頁）。

改進党のもう一つの構成要素となる系統、東洋議政会《とうようぎせいかい》系（一八八二年二月一二日発足）の矢野文雄（前統計院幹事兼太政官大書記官）・犬養毅（前統計院権少書記官）・尾崎行雄（前統計院権書記官）・箕浦勝人《みのうらかつんど》（前県立神戸商業講習所長）らの動きは、史料上の制約で十分明らかにできない。彼らは慶應義塾で学んだ者がほとんどなので、三田派ともいわれる。

矢野の回想によると、主義宣伝の機関に新聞を手に入れ、かつ多数の若者を養おうと、大隈と相談して『郵便報知新聞』を買い取ったという（「矢野文雄談」「補大隈侯昔日譚」、七三頁、『大隈侯昔日譚』所収）。

すでに、一八八二年一月四日の同新聞には、幹部として矢野文雄（社主）・藤田茂吉《ふじたもきち》（主幹）・犬養毅（補助）・尾崎行雄（補助）ら東洋議政会系の名前がみられる。この三年後であるが、矢野は、「〔郵便〕報知新聞の事」は最初より自分が「首謀者」であったので経営の責任を取る、とも大隈に手紙で書いている（大隈宛矢野書状、一八八五年一二月二八日、『大隈重信関係文書』五巻、七八頁）。

矢野らは、一八八一年一二月までに大隈個人との接触を通して、新政党創立に関わっていたのであろう。

その後一八八二年一月末から、小野が起草した結党への基本文書を、大隈が検討、さらに河野・前島やその系統の幹部が大隈とともに議論して、三月一四日に立憲改進党「趣意書」と同「主義綱領」が発表され、結党の宣言と入党の呼びかけが行われた。

四月一日、改進党の発起会が開かれ、規約・入党手続き等を検討するための委員七名が選出された。その顔ぶれは旧高官層の河野・前島のほか、各系統の代表によって構成された。

結党式は四月一六日に行われ、百数十人が参加し、大隈が総理（党首）となった。すでに自由党は、板垣退助を総理に前年の一八八一年一〇月二九日に結党されており、遅れること五ヵ月半である。

さて、結成された改進党は、河野ら政府高官グループ・嚶鳴社系（沼間守一・島田三郎ら）・東洋議政会系（矢野文雄・尾崎行雄ら）・鷗渡会系（小野梓ら）など主に四つの系統の連合体として組織され、大勢力である嚶鳴社系は大隈との個人関係は弱かった。尾崎の回想によると、尾崎ら東洋議政会系は沼間ら嚶鳴社系を嫌い、沼間らも同様に尾崎らを嫌い、対立していたという（「尾崎行雄氏談話速記」）。福沢は初めは改進党に参加するつもりでいたが、熟慮の末に差し控えることにしたという（「加藤政之助氏談話速記」）。大隈は、これらの系統の意向を巧みに調整するという、困難な仕事をすることになる。

改進党の創立や初期にブレーンとして大隈を支えたのが、「奇才」と「臨機の策」があり「謹直な男」であった小野梓である。大隈は「当時改進党も梓の力で大分円満に発達した」と回想している（『大隈侯昔日譚』二七八頁）。

改進党の主義・綱領

改進党の主義・綱領の特色は第一に、「政治の改良前進」を願い「急激の変革」は望まない、とする漸進主義である。

第二に、「内治の改良を主とし国権の拡張に及ぼす事」と、政治参加の拡大など内政を改革することで、日本の国力が伸び、列強などに対し日本国の権利である「国権」も伸ばせる、という考えである。これは、「中央干渉の政略を省き地方自治の基礎を建」てることとも関連する。また、「社会進歩」に従って選挙権を拡張することにもつながる。

ここでいう漸進主義や政治参加の拡大とは、名誉革命以降のイギリスの立憲君主制の発達を念頭に置いていることに異論はないであろう。大隈の腹心となっていく高田早苗《たかたさなえ》（のちに早稲田大学学長、文相）によると、改進党は「知識、名望、財産だったか」、言葉はともかくそれらが揃った人を構成員の対象とし、それらを考えない自由党と大きく異なっていたという（「高田早苗氏談話速記」）。このこともイギリス風をめざすことと合致している。

日露戦争以降に大隈は、東洋文明と西洋文明の「調和」から平和が構築されるなど、二項対立を克服する調和論を本格的に展開し、「調和」は大隈の思想の最も重要な要素となる（第17章）。この段階で大隈は、日露戦争後のように「調和」を体系的に意識していたわけではないが、その一端が政党のあり方という形で見え始めたともいえる。

なお、イギリス風の体制にすれば君主権は専制的なものでなく、議会や議会を背景にした内閣に制約される。改進党の「趣意書」などが発表された日、三月一四日に伊藤博文一行はヨーロッパでの憲法調査のため横浜港を出発している。伊藤はオーストリアのウィーンでシュタイン（ウィーン大学教授）に会って以来、主権は国家にあり、議会・内閣など国家の機関が君主の行動を制約し、君主は専制的に行動できないという憲法学説、君主機関説を学び、日本の憲法作成の基本としていく。またイギリスでも二ヵ月間熱心に立憲政治を創る取調べを行った（瀧井一博『ドイツ国家学と明治国制』第五章、補論、同『文明史のなかの明治憲法』第二章、伊藤之雄『伊藤博文』第九章）。

ヨーロッパでの憲法調査でシュタインなどから講義を受けた伊藤と比べると、大隈は天皇（君主）の政治的役割について深くは考えることができない。また伊藤は日本人の政治意識の低さを考慮し、当面はドイツ風の行政権の強い国家を目指す。しかし一八八二年段階において、スピードの差は別にし、大隈と伊藤が天皇大権が制約され、議会の権限が強いイギリス風の政治をめざしていたことは興味深い。

これは当然のことながら、市民革命を経て王侯貴族のみならず専門職や商工業階級まで、権利や信仰を尊重される市民（個人）として台頭してきたこと（君塚直隆『ヨーロッパ近代史』）を背景とする政治のあり方である。以降、大隈と伊藤が対立することがあっても、関係が続いていくのは根底でこうした理念が共通していたからであろう。

改進党の主義・綱領の特色は第三に、外国に対し「政略上の交渉を薄くし」「通商の関係を厚くする」ことである。これは、日本が貿易を中心とした通商国家として発展していくべきとの方針である。

第四に、「貨幣の制は硬貨の主義」を維持することである。これは不換紙幣を整理し、正貨と交換できる制度を維持し、物価を安定させようとするものである。

これまで言われてきたように、第一の漸進主義は、急進主義の自由党と大きく異なる特色である。これは、このときまで大隈・板垣ともに渡欧体験がないが、福沢諭吉らとの接触によって、大隈の方が板垣より、西欧と日本の現状をよく理解していたからである。

第二・第四は、列強に対して対等になるよう「国権＊」を伸ばし、正貨を中軸に日本の経済を安定させるという、これまで大隈が目指してきたものである。また第三は、中国・朝鮮国など東アジアに安定した秩序を作り、自由貿易体制を構築し、日本が発展しようという新しい発想で、今後大隈がめざしていくものである。

＊従来の自由民権運動研究や政党史研究では「民権」と「国権」を対立するもの、矛盾するものとしてとらえる傾向が強かった。しかし、自由民権運動における「国権」とは、日本の国（ひいては国民）の権利で、列強に対し国権を伸ばすためには民権を伸長させなければならない、というのが基本的主張であり、国権と民権は矛盾するものではない。もちろん国権の中味は民権派の中でも分かれている。列強や清国との協調を重視して国内産業を発展させる方が国権の伸長につながるという立場と、少し無理をしてでも海外に植民地を拡張する方が国権の伸長につながるとの立場の、大きく見て二つの立場に分かれていた。本書で述べていくように、大隈は前者の立場である。

これまでの経緯を振り返ると、第一の漸進主義と、明治十四年政変の原因ともなる一八八一年三月の意見書に見られる、憲法を作り二年後に国会を開き政党内閣制をとるなどの急進主義との関連が、問題として浮かび上がるであろう。

すでに見たように、改進党の主義・綱領は、大隈が腹心の小野に起草させ、自ら検討したうえで、主要メンバーと相談して決めている。すなわち、主義・綱領には大隈の意思が基本的に反映されているといえる。これもすでに述べたが、一八八一年三月の大隈の意見書は、政党が発達するなど将来に機が熟したら実施しようとし、その際に自分はそのことを早くから考えていたと主張することで、政局を主導するために書かれたものであろう。二年後に国会を開けると、大隈が本当に考えていたわけではない。

政変から数年経った一八八六年に、警視総監に報告された密偵の情報によると、福沢諭吉は、「今より四五年も前に」今日のような改革を行っておれば、有為な人物が「国事犯」となることもなく、条約改正もできるように「外国に対して、日本の国権を伸」ばしている、と改進党員たちに語ったという（「三島通庸《みしまみちつね》文書」五三四‐九）。このように福沢は、一八八五年の近代的内閣制度の創設など、国会開設に向けて前年末までに伊藤博文ら藩閥政府が行った制度改革に、満足していたようである。政変時の大隈の真の意図も右に推定した通りとの傍証になろう。

東京専門学校創立

早稲田大学の前身である東京専門学校は、大隈が明治十四年政変で下野して約一年経った、一八八二年（明治一五）一〇月二一日に開校式を行った。最初は政治科・法科・文科の文系三科で出発した。

大隈によると、明治十四年の政変により大隈も「表面上閑散」となり、気長に人材を養わねばいけないと考えた。大隈の腹心の小野梓の家に出入りしていた東京大学の学生、高田早苗・天野為之《あまのためゆき》・坪内逍遥《つぼうちしょうよう》・市島謙吉《いちしまけんきち》・山田一郎ら「大学組」は一八八二年七月に大学を卒業したが、官吏になることは好まず教育に志があった。そこで、小野が中心となり大隈らと東京専門学校を作ったという。

教員は小野の配下の「大学組」で、大隈らの学校設立の目的は、「政治法律の新知識を有し、自由独立の精神に富むところの第二の国民を作るため」であった、と大隈は回想する。東京専門学校は、大隈や小野らがめざす新しい政治や社会をリードする指導者、すなわち、イギリスの中産階級以上にみられるような自立した「個人」の育成を目的として設立されたのである。

学校のある早稲田という土地は、近世には大名の別荘などが稀にあったところで、学校敷地は井伊直弼（旧彦根藩）の別荘地であった。大隈は雉子橋《きじばし》の大隈邸を、この地の松平家（旧高松藩）の屋敷跡に移した。その当時、「全く山の手の一村落。ずっとこの辺は田圃《でんぼ》で」、「早稲田田圃」などと言われていた（『大隈侯昔日譚』二六四～二六八、二七九頁）。これらを明治四年（一八七一）に大隈が買い入れたという（草分けの戸泉定吉氏談「早稲田の今昔」『報知新聞』一九〇七年一〇月二一日）。次章で述べるように、明治四年といえば、大隈は無償で下賜された築地邸を海軍省に高額で売却している。大隈は鋭い直感で土地の発展と値上がりを見通すことができ、売買を決断する度胸もあった。

東京専門学校の開校にあたり、同校の議員として小野梓が祝詞を寄せている（『郵便報知新聞』一八八二年一〇月二六、二七、二八、三〇日）。大隈とともに設立の中心となった小野の言葉には、同校設立の意図が読みとれる。

その特色は第一に「本校の恩人大隈公」と大隈をたたえ、小野が以前より「一箇の大学校」を建て、後世に残し人々の役に立てようと思っていたと述べていることである。東京専門学校は、大隈と小野を中心に創設されたのである。

第二に、「一国の独立は国民の独立に基し、国民の独立は其精神の独立に根ざす、国民精神の独立は実に学問の独立に由《よ》る」と、東京専門学校が日本の独立にも関係することを宣言していることである。これは大隈の回想にある「自由独立の精神に富む」「第二国民を作る」ことと同様で「国権」を伸ばすことにつながる。さらに小野は、専門学校を「改良前進し」、十数年後に日本語で教授する「大学」の位置に進めたいとの抱負も述べる。

当時の官立の最高学府である東京大学（この後、一八八六年三月に帝国大学に改組）や司法省法学校（のちの東京帝国大学法科大学）で西欧の学問は、お雇い外国人教師によって外国語で教授されていた。日本の独立（自立）には、高等教育を日本語で行えるようにならなくてはいけない、という大隈や小野らの気概が小野の演説ににじみ出ている。

第三に、まず「政治を改良」し「法律を前進」させるために、本校は政治法律の学科を先に置き、次いで理学を置く予定であるが、これは理学を軽んじているのではなく、現在の日本における緩急を考慮したためである、と説明していることである。

第四に、「正科」の他に「英語の一科」を設け、学生に原書を自分で読める力を養わせようと望んでいるとしたことである。なぜ、ドイツ語やフランス語でなく英語なのか。この点についても、「人民自治の精神」を育成し、「活発の気象を発揚」するには、「英国人種の気風」を何よりも学ぶ必要があるから、とする。さらに「英国人種の跡に述《の》べ従ひ、以《もっ》て人生自主の中庸」を得させようとするとも述べる。すなわち、東京専門学校は日本にイギリス風の自立心にもとづく漸進主義の精神や政治を導入するための教育をめざしているのである。これは同じ小野が起案した立憲改進党の主義・綱領にもつながる。

最後に小野は、東京専門学校を「政党以外に在て独立せしめん」と望む、とも言う。小野は同校の議員であり、改進党員でもある。その立場からすると、学生を皆「改進の主義」に従わせて旗下に属させたいと望むのは自然であるが、学生をそのように誘導するのは恥ずべきであると小野は断言する。卒業した後に学生が政党に加入したいと考えるなら、本校で得た「真正の学識」によって自ら決めるべきで、改進党に入ろうと、自由党に入ろうと、政府系の立憲帝政党に入ろうと、本校は「親疎《しんそ》」の区別をしないとも述べた。

東京専門学校の学生に、イギリスを中心とした政治・法律の基本を身につけさせ、日本を藩閥政治から脱却させる自主・独立の精神を育成する。そのうえで、自分で判断させ、日本が独立を維持・拡大するリーダーに育成しようというのは、小野と大隈に共通する目標であったといえよう＊。

＊東京専門学校の設立前後において、伊藤博文の欧州での憲法調査の留守を任された山県有朋参議らは、同校を反政府勢力の育成の場として警戒した（瀧井一博『渡邉洪基』一九四、一九五頁）。実際、一八八五年邦語法律科を卒業した森田卓爾によると、小野梓の講義はまるで政談演説のようで、財政の原理などはそっちのけで、盛んに政談をし、学生の気風を政治弁論に導いた。また第二回卒業生の広井一は、

東京専門学校の創立者も、科外講演者も、「一部の教授」らも改進党員か改進党びいきの人々であったので、学生を改進党びいきにしていった、と回想している（大日方純夫『自由民権運動と立憲改進党』二三三、二三四頁）。

なお、東京専門学校に対しては右のような直接の目的以外に、官と民のバランスが取れているのが良い状態である、という日露戦争後に本格的に展開する大隈の価値観（第17章）の源流もあったと思われる。当時は、官立の東京大学や司法省法学校など官立学校が中心であった。大隈は、東京専門学校を作ることで、官立偏重の状況を変える端緒としたのである。すでに述べたように、大隈は福沢の慶応義塾の基金にも協力しようと動いている。またのちに新島襄《にいじまじょう》が「同志社大学」を創立しようとした際にも、大隈は寄付金集めに尽力し、一八八八年一一月に新島は感謝と、さらなる協力を求める手紙を大隈に書いている（大隈宛新島書状、一八八八年一一月二二日、『大隈重信関係文書』五巻、一九〇、一九一頁）。

国民の前に出ない大隈

大隈は下野した後、立憲改進党を創設し、総裁（党首）となっても、政談集会で演説したり、支持者獲得のために遊説したり、また新聞に見解を掲載することはなかった。これは、日清戦争後からしきりに遊説を行うようになって、国民の前に積極的に登場する大隈の姿と比較すると、極めて、奇妙に思える。

　自由党総理（党首）の板垣退助は、同じ時期、一八八三年（明治一六）に新潟県下を遊説している。同県の人々は「素《もと》と簡単なる思想を有する人民」であったので皆ことごとく板垣になびき従い自由党員になったことを、箕浦勝人《みのうらかつんど》（東洋議政会系の改進党幹部）が大隈に報じている（大隈宛箕浦書状、一八八三年一一月一日、『大隈重信関係文書』五巻、四八頁）。板垣と同じくらい有名な大隈が対抗して遊説すれば、同じように支持者を獲得できただろうが、なぜ大隈は遊説しなかったのだろうか。

　一つは、国民のレベルがまだ不十分で、その前で演説すれは反政府的発言で扇動せざるを得ず、単に国民を扇動し政府に批判をぶつけて対決するだけの反政府分子になりたくなかったからである。

　大隈は一八八二年三月一八日に藤田一郎のインタビューを受けたとき、下野した者の挙動を見ると、「江藤〔新平〕・前原〔一誠〕・西郷〔隆盛〕・後藤〔象二郎〕・板垣〔退助〕の如き」一人として身のふり方の「正しき者なし、予はこれより明治政府の職を辞したる貴顕紳士《きけんしんし》の手本を出さん」と望む、と答えている。

　また大隈は、今の政党は「政府と言へば善悪を弁ぜず郡吏巡査〔までを〕も攻撃せんと欲し、民権と云へば政府に抗すれば得らるゝ者と思へり」、その「最も甚しきものは自由党の類なり」、このようなことを放棄しておけば本当に「社会を破壊するに至るならん」と続けた。

大隈は、維新以来の日本での秩序破壊は、フランス革命によるものよりも甚だしいと見て、このまま経過すればその害はフランス革命以上になる、とも述べている（福地源一郎宛藤田一郎書状〔一八八二年三月一九日〕に同封された大隈のインタビュー記事、『大隈重信関係文書』五巻、九、一〇頁）。

もう一つは、大隈が改進党という漸進主義を掲げる政党勢力を基盤に持ちながら、参議と兼任で重要な省の卿として再び政府に復帰することを望んでいたからであろう。すでに見て来たように、板垣や木戸は下野したが、大阪会議の結果、木戸は一年もしないうちに参議に復帰、板垣も一年半ほどで復帰した。こうした前例を内閣の一員として見てきた大隈にとって、政府復帰はあり得ることであった。今度は、藩閥勢力を背景とした伊藤らに対し、大隈は改進党を背景に復帰することになる。

復帰に関連して、大隈が特に期待したのは、かつての木戸派の同志で、最高権力者でかつ政党や立憲政治に理解のある伊藤博文参議であった。このことは、大隈の腹心の矢野文雄ら東洋議政会系が買収した『郵便報知新聞』（矢野が社主）の論調を見ると推定できる。

同新聞は、欧州に憲法調査に行く伊藤に、次のような期待を寄せる。政府には西郷従道・川村純義・井上馨・山田顕義・松方正義・大山巌・福岡孝悌・佐佐木高行諸参議の「賢明なる」人々がいるが、国政に参加している期間が伊藤ほど長くないので、伊藤の「進退挙止」

は最も「公衆」の注意を引く。伊藤は「智識余りありて経験に富めるも」、長い歳月を費やして一国政治の中心に身を置かなければ、〔欧州の対象とする〕国の上下議院の実情を悟る域には達せられないだろうと、〔記者は〕懸念している。伊藤はこの必要な機会を十分活かし、日本の政治に「一大改革」を施し現在の政体から立憲政体に移す仕事を成し遂げるべきで、伊藤が主導しなくてはこの目的を達成するのは難しいだろう、と（「送伊藤君行欧州」〔社説〕『郵便報知新聞』一八八二年三月九日）。

また密偵の元締めである監部の責任者であった北畠治房（大隈の腹心の判事で、明治十四年政変で下野）が、一八八三年八月に伊藤が憲法調査から帰るとすぐに、伊藤の動向を調べ、結果を手紙で大隈に報告している（大隈宛北畠治房書状、一八八三年八月二一日、『大隈重信関係文書』五巻）。これは、大隈が藩閥政府の動向一般に関心を持っていたというより、特に伊藤の動向に強い関心があったことを推定させる。

さらに明治十四年政変一周年に際し『郵便報知新聞』は、一八八二年六月の集会条例の改正（政治結社の支社設置・連合の禁止）を批判し、「改進主義の士人」〔大隈ら〕が政府を去って以降に起こったことで、「今日より之《これ》を惜《おし》まざるを得」ざるなり、と論じた。これは大隈らの政府復帰を願うかのようなニュアンスすら含んでいる（「政変の一周紀年」〔社説〕『郵便報知新聞』一八八二年一〇月一三日）。

さらに、改進党の秩序ある漸進的な改革という主張自体が、政府内の伊藤ら改革派との連携が期待されるものであった。

大隈や彼の率いる改進党がこうした姿勢であったので、伊藤が憲法調査に出かけていた頃、藩閥政府の側は大隈に渡欧を働きかけ懐柔しようとしたらしい。大隈と同郷の佐野常民（元老院副議長から議長、前大蔵卿）は、金は「どうにでも心配するから」と、大隈に渡欧を進めてくれるよう、矢野文雄に持ちかけたという。しかし資金の出所が旧藩主の鍋島家からではないということなので、矢野は大隈が承知する話ではないと判断し、即座に断ったという（矢野文雄談「補大隈侯昔日譚」九二、九三頁『大隈侯昔日譚』所収）。

この時期、自由党総理の板垣退助と後藤象二郎（前参議）は政府が関与した金で渡欧し、自由民権運動に混乱を引き起こしている。大隈は渡欧費程度で藩閥政府に屈服したと見られたくなかった。

なお、少しのち、一八八六年の警視総監宛の密偵情報であるが、福沢諭吉は「政府の改革」はすべて伊藤博文の計画の結果で伊藤がいなかったら今日のような「新規の改革」は行われない、さらに、政府には伊藤を除いて首相の力量ある人はおらず、その次は井上馨だろうとも述べたともいう（「三島通庸文書」五三四－九）。

明治十四年政変で大隈や福沢は、伊藤と敵対する形になったが、伊藤の改革的姿勢と実行能力に二人とも期待していたのである。

大隈の改進党脱党

改進党の入党者は、自由党に比べ資産のある者が多く、地域別では関東（六六二人）が最も多く、次いで近畿（三〇〇人）、北陸（二四四人）と続く。しかし、松方正義（参議兼大蔵卿）によるデフレ政策による不況のため、米価が下がり、特に有力農民が政治活動をする余裕をなくしていった。さらに、集会条例の改正のほか、一八八三年四月の新聞紙条例の改正などにより言論取締りが強化されたことも加わり、改進党・自由党ともに活動が停滞していく。

一八八二年三月から八四年四月までの改進党入党者一七二九人のうち、一二七二人（七三・六％）が結党後一年のうちに獲得されたものである（大日方純夫『自由民権運動と立憲改進党』一六七頁）。このことは、松方デフレや言論・集会への抑圧が進展するにしたがい、一八八三年半ば以降には改進党の活動が不振になっていくことを示している。演説会などで大隈が積極的に国民の前に出ず、大隈の政府への復帰もなかったことも、改進党の衰退を早めたといえよう。

結局、一八八四年一〇月初めから改進党の解党論議が起こる。一二月一二日、大隈と小野は解党を決意したが、解党に反対する有力者もおり、党論は二分された。そこで、一二月一七日、総理大隈と副総理格の河野敏鎌が連名で脱党届を提出し、小野も二七日以降は改進党との公的関係を断った。

他方で一二月二一日、党組織の維持を志す藤田茂吉・箕浦勝人ら東洋議政会系（『郵便報知新聞』系）や、沼間守一・島田三郎ら嚶鳴社系（『東京横浜毎日新聞』系）の党員五四人が党事務所に集まり、総理を置かないなど組織を変えて改進党を存続させることになった。しかし、党勢退潮は止められなかった（大日方純夫『自由民権運動と立憲改進党』二六四〜二八二頁）。この間、一八八四年一〇月二九日、自由党は党勢が衰退したことと、一部党員の過激な活動に巻き込まれて弾圧されるのを恐れたことにより、解党してしまった。

大隈らが脱党して約一年後、大隈の腹心の矢野文雄は大隈宛の手紙で、郵便報知新聞社には藤田茂吉・箕浦勝人・尾崎行雄（いずれも慶應義塾で学ぶ）ら「有用の材」がいるが、海外事情を本当にわかっている者は矢野自身しかいない、と書いている。このため、矢野がすべて「講釈」している有り様である、という。それに対して福沢諭吉が出している新聞『時事新報』では、海外の事情を知る二、三人が福沢を助けているので、「今日の盛」を見ているのだとも、矢野は述べている（大隈宛矢野書状、一八八五年一二月二八日、『大隈重信関係文書』五巻、八二、八三頁）。

すなわち、矢野は一八八五年から翌年にかけて新聞事業視察のため欧米を巡遊したので、海外事情がよくわかるようになったらしい。しかし、慶應義塾で英語を身につけたはずの尾崎ですら渡欧体験がなく、海外のことをよく理解して記事にすることができないレベルだったのだ。矢野は郵便報知新聞社の問題として大隈に提起しているが、一八八五年になっても、国際環境や外国事情・外交などをまともに理解できる人材がいないというのは、改進党全体の問題でもあった。これでは政権担当政党には程遠い。

もっとも一八八四年一一月末になると、改進党の中に、地租軽減とそのための政費節減という、内政政策が登場するようになった。大隈のもう一人の腹心であった小野梓も、この政策を評価している。この政策を、ただ五〇人や一〇〇人の連署によって安易に元老院に建白しようとしていることについて、小野は効果がないと考え、批判的であった。小野は目的を達成しようとすれば、少なくとも三〇万～四〇万人くらいの同意を得たうえで、内務・大蔵両卿に陳情し、「大に其勢を示」すべきとの考えであった（大隈宛小野梓書状、一八八四年一一月二九日、『大隈重信関係文書』五巻、五九、六〇頁）。

改進党は「趣意書」「主義綱領」を発表して約二年八ヵ月の活動を通して、地租軽減と政費節減という、内政政策の基本となるものを合意事項としつつあったが、その組織や活動の方法は未熟であった。大隈はそれ以後も、全国的で統率の取れた近代政党を創設することがいかに難しいかを、くり返し味わい続けることになる。

対外硬論や藩閥批判を煽らず

一八八〇年代になると、日本は朝鮮国の親日派を育成して近代化を支援しようと、積極的に動くようになった。朝鮮国は清国の属国であり、弱体なままであった。日本は、朝鮮国にロシアが侵入し軍港や軍事基地を作ることを自国の安全に関わると恐れ、自ら主導して朝鮮国を近代化し、朝鮮半島に安定した秩序を作って、日本の安全を保障しようとする。

このため、一八八四年（明治一七）一二月四日、朝鮮国の首都漢城（現ソウル）で竹添進一郎《たけぞえしんいちろう》公使は金玉均《キムオッキュン》ら朝鮮国の急進開化派を助け、日本公使館警備のための駐屯部隊と連携してクーデターを起こさせた。甲申《こうしん》事変である。金らは国王を擁して一時政権を握った。しかし、朝鮮国の親清派と結んだ清国軍が、数で日本軍を圧倒し、金らは六日には敗退した。混乱の中で、日本人居留民三十余名が殺害され、日本公使館も焼失、金らは日本に亡命した。

日本政府は一二月一九日に閣議を開いた。政府内には黒田清隆（内閣顧問）ら薩摩系を中心に対清強硬論もあったが、伊藤博文（参議）・井上馨（参議兼外務卿）らが主導権を握り、対清開戦を避けるため朝鮮国への干渉を抑制しようと、井上馨を朝鮮国に派遣する方針が決められた。最終的には翌一八八五年一月九日、日本と朝鮮国との間に、朝鮮国側が日本に謝罪し日本の被害を補償するといった内容の条約が結ばれた。

また、伊藤が清国の天津に派遣され、実力者の李鴻章《りこうしょう》と交渉し、四月一八日に天津条約を結んだ。天津条約では、日清両国は朝鮮国から撤兵し、再派兵の際は事前に通告し合うことなどが決められた。日本は面子《めんつ》を保ちつつ、清国との戦争を避けるため当面は朝鮮国に干渉しないという方針を固めた（高橋秀直『日清戦争への道』）。

この間、甲申事変に際し、改進党の東洋議政会系（郵便報知新聞系）の幹部である藤田茂吉・箕浦勝人・犬養毅・尾崎行雄らは、一八八四年一二月頃に連名で意見書を発表した。そこでは、日本の軍事力は清国より優っており、清国と戦争となって利害を同じくするフランスと同盟を結べば、日本は「欧州文明国」と対等になれるので、戦争を覚悟しても、積極的に朝鮮国に干渉し近代化を進めるべきことを主張していた（「三条家文書」五一－二三）。この翌年に尾崎は『支那討伐論』を書いた。それについて尾崎は、武力で征服することができれば実施し、そのときの形勢でできなければ「平和主義」でいくのが、当時の方針であった、と回想している（「尾崎行雄氏談話速記」）。

沼間守一らの嚶鳴社系（東京横浜毎日新聞系）は、あまり対清強硬姿勢を示さなかったが、内政面は伊藤や政府を批判する傾向が強かった。その例として、一八八六年一月三一日に東京浅草区の井生村楼《いぶむらろう》で開かれた嚶鳴社政談演説会を見てみよう（「三島通庸文書」五三四－七）。

沼間はそこでは、伊藤の改革姿勢を評価したが、島田三郎ら三人の幹部は、新聞紙条例・集会条例の改正で言論・集会を抑圧していることと地方人民の負担が重いこと、伊藤の下でできた内閣は国会がまだ開かれていないので「責任内閣」と評価できないことなど、それぞれの立場から伊藤と政府を批判した。

注目すべきは、「国権」を伸ばすため内政改革より日清戦争まで覚悟する、という対外硬論や伊藤と政府を批判する改進党系内の潮流に対し、大隈は加担せず、批判もしなかったことである。犬養・尾崎ら多くの改進党員とは異なり、遅くとも一八八〇年代半ばになると、大隈は国際社会の中での日本の立ち位置を十分に理解するようになっていた。大隈は脱党していたとはいえ、改進党系の勢力を分裂させないようにしながら、伊藤ら藩閥勢力の改革派からの招きを待ったといえる。

さて、病気がちだった小野梓は一八八六年一月に死去した。小野は英米に渡航経験があり、大隈の最有力のブレーンであった。小野を失った後、大隈は矢野文雄をブレーンの中心とする。すでに触れたように、矢野は新聞事業視察のため、一八八五年に遅ればせながら欧米を巡遊していた。

伊藤は引き続き政府を主導しており、大隈が提携する有力候補でありライバルでもあった。伊藤は、憲法調査に欧州に行った際に、欧米列強が一枚岩でないことや、欧米列強の間には国際法も含め共通する国際規範があるので、それにもとづいて行動しないと外交上何事も達成できないことを最終的に理解した(伊藤之雄『伊藤博文』第九章)。伊藤に代表されるように、一八八〇年代は伊藤・井上馨・陸奥宗光・山県有朋やより若い原敬らが、国際規範とそれにもとづく国際秩序の重要性を感得し身につけていく時期である。

すでに見たように、大隈が一八七四年に台湾出兵を推進した際には、こうした感覚があったとは思えない。しかし一八七五年一月の建議では、海外派兵などを抑制して産業振興に力を入れるべきだと主張するようになった。大隈は欧米への渡航体験がなく外国語能力も不十分であったが、一八八〇年代にこうした感覚をそれなりに身につけていたといえる。

伯爵を授けられる

伊藤博文らは欧州での憲法調査を終えると、憲法と皇室典範の起草に着手していた。次いで、一八八五年（明治一八）一二月二二日には、欧米と同様の近代的内閣制度を創設し、憲法にもとづいた政治を行う土台を整えていった。首相中心に外務省・内務省・大蔵省・陸軍省・海軍省・司法省・文部省・農商務省・逓信省など各省を担当する大臣からなる内閣を中心とした政治制度に変えたのである。太政官制下の内閣でも、宮内省の責任者である宮内卿は閣員（大臣や参議）と兼任することはなく、宮中と府中《おもて》（表の政治）は一応区別されていた。

しかし内閣の重要な一員である太政大臣（三条）や左・右大臣（岩倉）が宮内卿以上に宮中のことに影響力を及ぼしており、区別はあまりないといえる。今回の新しい内閣制度では構成員には宮内大臣を加えないのみならず、また何よりも太政大臣と左・右大臣を廃止し、閣員である彼らのインフォーマルな宮中への権力を断ち切った。こうして宮中・府中の別を制度的に明確にした。また、この制度で内閣（政権）の交代が可能になった。

内閣制度発足の前年の七月七日には、帝国議会で上院（貴族院）を構成する中核とするため華族令が公布され、公爵・侯爵・伯爵・子爵・男爵の五爵が制定された。藩閥政府内にいる伊藤・山県・黒田・井上馨・松方正義ら最有力者らは、伯爵を授けられた。佐賀藩関係では、旧藩主の鍋島直大《なべしまなおひろ》が侯爵を、大木喬任（参議兼文部卿）が伯爵を授けられた。旧大名への爵位は、公爵・侯爵が維新に功績のあった大藩主、伯爵は中藩の藩主に、子爵は小藩主に与えられた。以上の改革や授爵者の人選に、在野の大隈は関わることができなかった。

その後一八八七年五月九日、大隈は板垣退助・勝安芳（海舟）・後藤象二郎《ごとうしょうじろう》らとともに華族に列せられ、伯爵を授けられた。かつての参議としての功績からである。また、一二月二六日に正三位に陞叙《しょうじょ》され、明治十四年政変前の従三位より一階級上昇した。

明治十四年政変で下野したため三年ほど遅れたものの、大隈は旧中藩の藩主と同等の爵位を、藩閥政府の最高権力者の伊藤らと同様に与えられたのである。正三位に一階陞叙したことも合わせ、政府は大隈をつなぎ止めようとしたのである。

同じ日に伯爵を授けられた板垣は、一八八一年一一月に自由党総理に就任した後、翌八二年一一月から八三年六月まで井上馨が仲介した資金で渡欧し、八四年一〇月には自由党を解党するなど、政府との正面対決を避けるようになっていた。後藤も同様の姿勢を取っている。

大隈は叙爵については何も語っていない。警視総監に提出された密偵情報によると、「今回の叙爵は民間の首領と有志者の間を疎隔」させるために行われたものだとの見方もあった。その中で、大隈の叙爵を改進党が祝おうとして大隈邸に参集したところ、大隈は「老年の母」（三井子）が「喜びましょう」と言った、と述べた。大隈が叙爵を受ける決心をしたのは、母が喜ぶからであるという（「三島通庸文書」五三七－一二四）。

大隈は、老母の喜びという説明によって周囲と自分を納得させたのだろう。おそらく大隈の内心は、伊藤らはともかく、大木ですら三年前に授けられている伯爵を、今さら受けても特に大きな喜びはなかったであろう。しかし、閣僚は当面はすべて有爵者となるであろう現状を考慮すると、爵位を辞退すれば近い将来における入閣の芽はほぼなくなってしまう。選択の余地がなかったのである。

第9章　条約改正の失敗―強気の外相

井上条約改正交渉への批判の勃発

大隈重信が伯爵に叙せられた一八八七年（明治二〇）五月上旬、井上馨外相が進めている条約改正交渉への批判が、伊藤博文首相の耳にも入ってくるほどになった。幕末に日本は列強と不平等条約を結ばせられ、治外法権（領事裁判権）があるので、外国人（列強国民）の日本での犯罪を日本の裁判所で裁くことができず、また関税自主権もなかった。

井上は治外法権を撤廃するため、外国人が関係する裁判には外国人判事を加えることなどを条件にし交渉しようとした。これらに対し、内閣の法律顧問ボワソナードは、外国人判事の登用などを条件とした新条約に危機感を抱き、反対運動を始めた。法律に明るかった井上毅（宮内省図書頭《ずしょのかみ》）が同調し、六月に入ると、元老院《げんろういん》や、鳥尾小弥太《とりおこやた》（長州出身）・三浦梧楼《ごろう》（同前）・曾我祐準《すけのり》（柳川出身）ら、山県有朋と関係が悪い陸軍非主流派の将軍らにも反対運動が広がっていった。伊藤首相が井上外相を支えていたことから、伊藤首相に対しても、宮相を兼任していたことについて宮中と府中の別を乱しているとの批判が高まった。

閣内でも、谷干城《かんじょう》（土佐出身、農商相、西南戦争で熊本鎮台司令官として活躍）が、六月下旬にヨーロッパ視察から帰国すると、七月三日に条約改正反対意見書を内閣に提出した。伊藤首相は、薩摩の最有力者である黒田清隆（内閣顧問）との意思疎通に務める一方、天皇の裁可を得て、七月二五日に谷を免官し、二九日に列強に条約改正会議の無期延期を通告した。

結局、九月一七日に井上外相は辞任し、同日に伊藤首相は批判のあった宮相兼任をやめ、とりあえず自ら外相を兼任した。伊藤が外相を兼任したのは、大隈重信を外相として入閣させ、大隈の能力と勢力を活かして条約改正を行おうと考えたからである（伊藤之雄『伊藤博文』、坂本一登『伊藤博文と明治国家形成』）。

他方改進党は、この年の六月に井上外相の条約改正交渉への批判が続出するようになるまで衰退を続けていた。

たとえば、二月一五日の改進党月次会《つきなみかい》では、毎日新聞（旧東京横浜毎日新聞）系の沼間守《ぬまもり》一《かず》・肥塚龍《こいづかりゅう》、報知新聞系の箕浦勝人《みのうらかつんど》・加藤政之助ら十数名が参加したにすぎない。席上、角田真平《つのだしんぺい》（毎日新聞系）は、「国会開設」のときに改進党より議員を何名出すか予定し、たとえば二〇名を出すとすれば一〇名は東京府下より残り一〇名は地方より出すなど人数面での提案を行ったが、ほかの参加者からは積極的な意見は出なかった。二月下旬から三月下旬の警視総監に報告された密偵情報にも、〔二年前に〕大隈ら有力者が脱党したので、党員の脱党が続き、昨年の改進党大会以降、入党者は一八名、脱党者は五七名で、差し引き二九名

〔三九名の誤りか〕の減少とある。また大隈側近の矢野文雄は、改進党員中で資金納入の延滞があり、党は財政困難で、衰退もやむを得ないと見ているという（「三島通庸文書」五三六－二一、二八、三三、三七）。

井上外相の条約改正への批判が伊藤首相にも伝わって半月ほど経った頃、「大隈伯が進み内閣に入」るとの噂が出てきた（「三島通庸文書」五三七－二三）。また八月には、大隈は政府の財政について意見書を出す覚悟で、執筆者は矢野文雄・尾崎行雄の二人であるとの噂と、大隈と井上外相・三菱の経営者岩崎弥之助の三人が伊香保温泉の同じ旅館で湯治をしており、しばしば会っているとの噂も出てきた（「三島通庸文書」五三八－一一、二〇）。

これらの噂は、伊藤内閣が条約改正問題などで攻撃され、政治が不安定になる中で、大物政治家大隈が批判者に回る恐怖と、大隈が入閣すれば政治が安定するとの期待が混在して出てきたのであろう。

大隈は、条約改正反対の動きに強い関心を寄せていたようで、七月二一日に犬養毅は、谷干城ら条約改正反対派の動向を大隈に知らせている（大隈宛犬養書状、一八八七年七月二一日、『大隈重信関係文書』五巻）。条約改正の成功は、まさに大隈の求める「国権」を伸ばすことに関係する。

理想の入閣条件

さて、一八八七年（明治二〇）八月一四日、伊藤首相は黒田内閣顧問を訪問、井上馨が外相を辞任しようとしており、大隈を後任に考えていることを伝えて、大隈の諾否の意向を探るよう依頼した。伊藤は二三日にも黒田を訪れ、大隈の意向確認を重ねて依頼した（『伊藤博文日記』一八八七年八月、『大隈重信関係文書』五巻、一三六頁）。注目すべきは、大隈系が黒田を攻撃したため、明治十四年政変後に黒田が辞任するきっかけとなったが、大隈と黒田ら薩摩派との関係はその後も続いており、伊藤もそれを察知していたことである。

このような過程を経て、遅くとも九月九日までに、黒田は大隈に入閣の打診をしたようである。また、この件で九月九日に大隈から入閣の件で相談を受けた矢野文雄は、翌一〇日、入閣の条件三つを提案する手紙を大隈に出している（大隈宛矢野書状、一八八七年九月一〇日、『大隈重信関係文書』五巻、一二九、一三〇頁）。

それは、①国会開設後遅くとも八年以内に「責任内閣」とすること、②選挙権を得る最低納税資格は一〇円以上とすること、③一八八九年に国会を開くべきことである。また、こちらが承諾することとして、このように漸進的に「改進」に向かうならば、「力を尽し暴激の改革を防止して」現内閣を助けることを挙げた。

矢野の提案は、かなり性急に理想実現を目指したものであったが、大隈もできれば実現したいと思っていたことであろう。

ちなみに①については、当時、「責任内閣」という用語は二つの意味で使われていた。一つは、〔藩閥〕内閣が天皇と議会に責任を持つという意味である。それは、政党に制約されずに政治を行う「超然主義」が放棄された日清戦争後に実現する。もう一つは衆議院の多数党が政権を担当するという意味である。これは帝国議会開設七年半で第一次大隈内閣（隈板内閣）としていったん実現したが、本書で述べるように四ヵ月も続かず、あまり実態はない。本格的に実現するのは、議会開設二八年後の原敬内閣以降である。②は当初一五円として始まり、一〇年後に一〇円となる。③は、理想とされた一八八九年の一年後の一八九〇年に帝国議会が当初の予定通り開かれた。

以下で述べるように、大隈は入閣交渉に際し、矢野らブレーンに引きずられることなく、最終的に独自の判断で動いていく。

大同団結運動と入閣交渉

入閣について、大隈は一八八七年（明治二〇）九月一一日に黒田内閣顧問に返答した。大隈は、黒田から見て「不当之《の》望」も数々あるようで、今日のところでは受けられない、との姿勢であった。黒田は、大隈の「御注文」には応じられないので、大隈が入閣できないというならそれまでと伝えた、と同郷の松方正義（蔵相）に話している。

大隈は九月一四日朝にも黒田に会い、さらに同日にもう一度会見し、大隈が望んだ通りの外務省の人選でなければ入閣しない、と黒田に伝えた。このことを、黒田の使い役をした三島通庸（警視総監）から伝え聞いた伊藤首相は、もはや「堪忍袋《かんにんぶくろ》」も「破裂」しようとしており、当分は榎本武揚《えのもとたけあき》（逓信大臣、前駐露公使）を外相とし、青木周蔵《あおきしゅうぞう》を次官のままにしておこうと考えた（西郷従道宛松方書状、一八八七年九月一二日、井上宛伊藤書状、一八八七年九月一五日、『大隈重信関係文書』五巻、一四〇、一四一頁）。

首相の伊藤は、憲法の起草に全力を挙げており、いずれ憲法を審議する枢密院を創設し、その議長となり憲法を完成させるため、首相を辞任するつもりであった。そこで、次の首相候補の黒田に、大隈の入閣交渉を任せたのである。この入閣交渉を、長州系の実力者伊藤首相・井上外相と、薩摩系の実力者黒田・松方蔵相・西郷従道海相の、少なくとも五人が詳しく知っていることも興味深い。大隈の入閣を望んだのは、山県を除く藩閥政府の有力者全員であった。

加えて注目されるのは、大隈が外務官僚の人選など、かなりの要求を出し、交渉が決裂しそうになったことである。大隈は、できるだけ有利な条件の条約を結ぶためにも、自らの基盤を作りたかった。また、大隈側近の外務省入りを進めれば、改進党系の就官要求も満足させられるからでもある。この結果、入閣条件で折り合いがつかず、大隈の入閣交渉は同年一二月末までいったん滞る。

この間、一〇月三日に後藤象二郎（土佐出身、前参議）らは、井上条約改正に反対したグループを集めて大同団結《だいどうだんけつ》運動を起こし、地租軽減・言論集会の自由・外交の刷新（日本に不利な条約改正反対）などの三つの要求をするようになった。各地から東京に代表が続々集まり、一二月一五日には二府一八県の代表が、「三大事件〔三つの要求の〕建白書」を政府に提出するなど、不穏な状況となった。

これに対し一二月二五日、伊藤内閣は山県内相の下で保安条例を公布・施行し、大同団結運動の指導者たち五七〇名に皇居から三里（一二キロメートル）以外の退去を命じ、警官や憲兵の力で運動を抑圧した。条例は指名された者を当時の東京市街地から追放するもので、退去者の中には、自由党系の片岡健吉《かたおかけんきち》・中島信行《なかじまのぶゆき》・星亨《ほしとおる》・中江兆民《なかえちょうみん》や、改進党系の尾崎行雄ら有力な活動家がいた。

保安条例が出される二日前の密偵情報によれば、この頃黒田が大隈に再び入閣を勧めていたという（「探聞」一八八七年一二月二三日、「三島通庸文書」五三九‐四五）。次いで同条例が出された翌々日、伊藤首相は九月一六日に農商相に就任した黒田を誘って大隈に会見を求め、再び入閣交渉を本格化させた。

大隈は大同団結運動にはまったく関わらず、後藤ら大同団結運動を推進するグループとの連携もないが、大同団結運動は伊藤内閣や藩閥勢力への圧力となり、大隈の入閣交渉を促進したのである。

大隈の手法

密偵の情報によると、一八八八年(明治二一)一月八日、大隈は午前一一時に伊藤首相邸を訪れ、翌九日午前三時五分に帰宅した。この日は黒田農商相やそのほかの大臣とも会見したという。また、年月日はわからないが、この頃と推定される彼らの会合情報がある。それによれば午後(午後か午前か確かではないが、多分午後という)に大隈は伊藤を首相官邸に訪れ、長期間密談し、九時に帰宅した。その後伊藤首相はただちに黒田邸に赴き、首相官邸に帰ったのは一二時だったという(「三島通庸文書」五三九-四五)。

三ヵ月置いたにもかかわらず、大隈の再度の入閣交渉は、このように難航していた。大同団結運動での圧力を背景に、大隈が外務省への就官要求などを相変わらず行ったからだろう。大隈の側には、先の矢野文雄の提言に見られるように、単に大隈一人が入閣して藩閥政府に協力するのはよくないとの見方が、原則としてあった。密偵情報によると、腹心の前島密(前駅逓総監)は、大隈一人が「薩長聯合の内閣」に入れば、「民間の有志」の心が離れ、他日に事を共にする人がいなくなる、と考えていた。側近の矢野ら報知新聞系も、大隈が仕事をできるように「多少の人数」を政府に入れておくことや、「急進」・「改進」・「保守」の三主義のうち、「改進」主義を政府に取らせることを求めているという(「三島通庸文書」五三九-四五)。

こうして一月一九日までにようやく、大隈が外相として入閣することとその条件が、伊藤・黒田らと大隈との間でまとまった。大隈はそのことを矢野に伝え、矢野が必要な文書を執筆することと、島田三郎らの毎日新聞系と矢野らの報知新聞系の間を調整することを命じたようである。矢野は島田らと会合して了解を得た（大隈宛矢野書状、一八八八年一月二〇日、『大隈重信関係文書』五巻）。

大隈入閣への最後の関門は、実力者ながら交渉に加えられていなかった山県内相である。山県は大隈の入閣の情報を知り、強く反対したが、閣僚中で山県以外の実力者すべてが大隈の入閣に賛成していたので、どうしようもなかった（伊藤之雄『山県有朋』）。

こうして、大隈は二月一日、伊藤が兼任していた外相に就任し、伊藤内閣の一員となった。大隈の外相入閣に関連する就官人事を見てみよう。当初大隈がかなりの就官を計画していた外務省は、参事官兼取調局次長の加藤高明を実権の振るえる外相秘書官（一八八八年二月より）に抜擢した程度であった。加藤と大隈の共通点は、加藤が藩閥外（愛知県出身）であることくらいであった。加藤は帝国大学になる前の東京大学法学部を首席で卒業、三菱の創業者である岩崎弥太郎の娘と結婚していた。加藤はイギリス駐在経験もあり英語もできた。大隈は、幕末以来、知力と気力を尽くして佐賀藩内、藩閥官僚と政界を生き延びてきた。いわば叩き上げの人物である。自分とは異なった経歴の人物を、当面はブレーン的存在として、また新しい時代のリーダー候補として興味を持ったのであろう。この後、大隈の死まで、二人は様々の形で関わっていく。

さて就官に話を戻し、外務省以外に目を向けると、大隈は「執事」ともいうべき腹心の北畠治房を、東京控訴院検事長《こうそいんけんじちょう》（［現・東京高等検察庁検事長］）、北畠は明治十四年政変で辞任前は判事・検事にすぎず）に、前島密を逓信次官に（十四年政変前は駅逓総監〔後の局長〕）に就けている。

また、明治十四年政変で下野した河野敏鎌（前農商務卿）、佐賀藩出身の佐野常民（宮中顧問官、前大蔵卿）を、枢密院の発足にあたり、一八八八年四月三〇日に枢密顧問官《すうみつこもんかん》（閣僚級）に就任させた。

このように大隈は、「進歩主義」や「責任内閣制」の採用という原則を正面から掲げて入閣交渉を頓挫させることを避けた。他方、就官面では、いったんは強気の要求を出して相手の出方を見て、折り合う着地点を見つけて実現させる手法をとった。加藤と北畠をのぞいては、ほぼ同格のポストに就任させた程度であり、無理はしていない。

しかしながら、前島を逓信次官に就かせるにあたっては、大隈は前島が就任していた関西鉄道会社の後任社長に中野武営《ぶえい》（明治十四年政変で下野した農商務官僚）が就けるよう、前島と連携して重役会に働きかけ、成功させた（大隈宛前島書状、一八八八年四月七日〜一〇月二七日、『大隈重信関係文書』〈早〉九巻、三〇七、三〇八頁）。明治十四年政変以前の大隈は、大蔵省や内務省・農商務省・司法省を中心に、個人的人脈により官僚を掌握して影響力を及ぼしたが、在野になって以降、民営企業そのものにも力を食い込ませていることがわかる。こうして大隈への求心力を高める一方で、政治目標を少しでも実質化しようとしたのである。

伊藤内閣・黒田内閣の外相

大隈が外相として入閣した翌日、一八八八年（明治二一）二月二日に警視総監に提出された密偵情報によると、内閣の各大臣が外交は困難な状況であるので「御苦労」とあいさつしたところ、大隈は「難儀」ではないと「冷然」と答え、自信満々で「得意」であったという。また、明治天皇は前任の井上馨（前外相）から外交上の一部始終を詳しく聞いたようで、大隈の外相就任を非常に喜んでいるという（「三島通庸文書」五四〇－五）。

明治天皇が大隈の外相就任に反対した史料が見つかっていないことや、明治十四年政変の際に大隈の免官に消極的であったことを考慮すると、天皇は明治十四年政変の大隈の「陰謀」を信じておらず、この時点まで大隈への信頼は厚かったといえる。

四月三〇日に伊藤は首相を辞任、ほぼ同じ閣僚のまま黒田清隆内閣が成立した。伊藤は条約改正を大隈に任せ、憲法を審議するために新設した枢密院《すうみついん》の議長として、憲法や皇室典範などの重要法令の審議に全力を傾けていく（伊藤之雄『伊藤博文』第一一、一二章）。

さて、大隈外相はこれまでの伊藤博文や井上馨の条約改正案作成作業の延長上に、大隈案を作成していった。また大隈は、その過程においても伊藤・井上や黒田首相と相談している。

こうして同年秋、大隈案ができた。その内容は、日本は法典の整備をし、外国人を被告とする裁判では外国人判事を大審院《だいしんいん》（現在の最高裁判所）に任用するのと引き換えに、治外法権を撤廃し、新関税を設けて関税を増加させようとするものだった。同年一一月二六日には、最初の交渉相手国としてドイツの駐日代理公使に大隈案が手渡された（大石一男『条約改正交渉史』）。

条約改正観と交渉

この少し後に、陸奥宗光駐米公使に出された大隈の手紙は、大隈の列強観・条約改正観を示しており、興味深い。

それによると大隈は、米国は日本に対して「公平主義」で臨んでいるが、欧州列強は「利己政略」を採っている、と見た。そこで、列強の「共働」（cooperation）を「打破《うちやぶ》」って各国と別々に条約改正交渉を成功させたいと考える。

また大隈は、列強との現条約中にある最恵国条款《さいけいこくじょうかん》について、日本政府が暗にしかたのないことと考えている点を、批判した。それは列強のある国と日本が新条約を結んで、その見返りに新しい特権を与えるようになった場合、ほかの列強は無条件に新しい特権を得られる、とするイギリスなど列強政府の「自儘《じまま》」〔身勝手〕な解釈である。条約の「文字」からも「道理上」からも、条件の有無と関わりなく単に利益のみを受けるなどとは身勝手な申し分である、と大隈は論じる。すなわち、日本との新条約を結ぶことに応じた列強に与える新特権は、新条約を結ぼうとしない国に与える必要はない、と大隈は考えた〔陸奥宛大隈書状、一八八八年一二月一八日〔二通〕、『大隈重信関係文書』五巻、一九六～一九九、二〇八頁〕。

ここにも、大隈が幕末・維新以来、イギリスのパークス公使など列強の公使・領事などと知識と合理的論理を使って渡り合ってきたことの自信がにじみ出ている。また、立憲政治の目標とするイギリスと、外交上は自国の利害を優先する条約改正交渉の相手国としてのイギリスを峻別していることも、特色である。

それに加え大隈は、イギリスが日本の総貿易高の三分の一を占めるほど、日本と利害関係が深いことや、イギリス人が「他国人と親しむ」ことができない「一種固有の性質」があることや、「驕慢《きょうまん》〔おごって人をあなどる〕」の「外見」があると見ていた。さらにイギリスが改正条約に調印すれば、他の列強も続くという、イギリスの国力も認識していた〔岡部宛大隈書状、一八八九年一月七日、『大隈重信関係文書』五巻二二三、二二四頁〕。そこで大隈は、井上前外相と異なり、イギリスとの交渉を優先させず、まずドイツ・アメリカとの交渉を成功させイギリスへの圧力とすることに期待をかけた。

大隈は、翌一八八九年二月二〇日にアメリカと、六月一一日にドイツと改正通商航海条約を調印することに成功した。大隈は他の列強に条約調印を促すため、外国人判事を任用して治外法権を撤廃するなどの見返りに、調印済の国へは日本の内地を開放する、「内地雑居《ないちざっきょ》」を認めるという、譲歩を考えた。「内地雑居」とは外国人が居留地を離れて住居を持ち、旅行し、商業活動等を行うことができることで、現代社会では世界で普通に行われていることである。「内地雑居」に加え最恵国条款についての大隈の考えを列強が承認せざるを得ないなら、条約改正に応じない未調印国の国民は、従来通り居留地でしか通商できず、調印国の国民と比べ貿易上で極めて不利になる。

加えて、調印を促すため、旧関税による国がある限り、調印国により高い新関税を実施しないことを、アメリカやドイツに保障した。大隈外相はこのような条件で列強と個別交渉によって条約改正を進め、それでも調印しない国が残った場合、条約を廃棄すると脅かして調印を促す強硬戦略を取ることを、ひそかに考え始めていたようである＊。これはのちに大隈の外相失脚の原因の一つとなる（大石一男『条約改正交渉史』）。

＊条約廃棄論は、大隈より先に伊藤が、一八八八年四月一七日にヘラルドの記者から聞いて注目したようである。同記者が欧州巡回中、日本政府が一八九〇年を期して「現行条約廃止」の発議をし、同年以降は日本に居住する外国人はすべて日本の法権に服させ、それを拒む者は立ち去らせて不動産は日本政府が買収するという方法があると知った、と伊藤に話した。伊藤は、このような「暴断」は行われるべきことではないと断りながらも、外国人記者がひそかにこの説を知らせるのは随分面白いこと（「一奇事」）だとして、大隈に知らせた。なお、同記者は大隈に知らせたかったが、通訳が要るので伊藤に話した、という（大隈宛伊藤書状、〔一八八八年〕四月一八日、『大隈重信関係文書』〈早〉一巻）。ただし、『大隈重信関係文書』〈早〉は、手紙の中で伊藤が米国公使の条約改正案は到底承諾できないと述べていることに注目していないので（一八八九年二月二〇日に米国と改正条約調印）、年代推定を誤り一八八九年のものとしている。またこの書状でも、大隈は英語で会話するのが無理だったことと、伊藤のすぐ

れた英語力がわかる。

大隈の勢力拡大

話を大隈が黒田内閣の外相に留任した頃に戻そう。一八八八年（明治二一）の密偵情報は、内閣で「隠然勢力を有する」ようになった者は、黒田首相で、大隈外相もまた大きな勢力をつけ、黒田・大隈両大臣の計画は大小にかかわらず内閣で採用するようになったという（「三島通庸関係文書」五四〇‐一八）。大隈は外相としての権力を超えて、首相の黒田とともに内閣を主導するようになったのである。

右のような状況を、同年六月の大隈外相の関西視察についての清浦奎吾《きようらけいご》警保局長から山県内相宛の密偵情報から見てみよう。大隈は六月二〇日に大阪に着くと、児島惟謙《こじまいけん》大阪控訴院長（現在の高等裁判所長官）の招きで、建野郷三《たてのごうぞう》大阪府知事や佐賀出身の検事・議定官二人らと夕食をとった。また翌日、大阪の第四師団や控訴院を訪れるなど、精力的に大阪・京都・大津・滋賀・奈良などを視察した。第四師団本部では、師団長の高島鞆之助《たかしまとものすけ》中将（薩摩出身、後に陸相）から兵営内の築造の問題点を聞き、大隈外相は政府に伝えておくと答えた。児島からも控訴院の建築について要望を聞き、善処を約束した（「中山寛六郎文書」）。

大隈は高島中将や、児島控訴院長の要望に対応するなど、一〇年前と同様に薩摩系や司法省に影響力を持っているのが注目される。首相となり政党内閣を組織しようとすれば、陸軍統制は重要である。

このほか、訪問を受けて中上川彦次郎《なかかみがわひこじろう》（山陽鉄道社長、福沢諭吉の甥）・藤田伝三郎《ふじたでんざぶろう》（鉱山・紡績・鉄道に関わる関西の実業家）・雨森菊太郎《あめのもりきくたろう》（京都の実業家）ら多くの財界人や改進党員と会った。「大阪改進党の総員は八十有余名」という。今回の大隈の旅行には、藤田茂吉（報知新聞系）や北畠治房（東京控訴院検事長、大隈の腹心）も同行した。北畠の肩書は「執事」と記されている（「中山寛六郎文書」）。

翌一八八九年一月一一日付の密偵情報では、矢野文雄ら報知新聞社員が富山県などで、自由党系に対抗して党勢拡張の動きをしているとある。これも、大隈が外相となったことを利用する動きであろう。

大隈邸への来訪者や、大隈が訪れた先を密偵が調べた情報も、一八八八年一月一六日から八月六日まで残っている（「三島通庸文書」五四〇 - 一八）。

それによると、伊藤・松方などの閣僚、陸奥宗光公使、外国公使などの外交関係者、矢野文雄など大隈・改進党系の人物のほか、牟田口元学《むたぐちげんがく》（壬午銀行頭取、前農商務大書記官〔局長クラス〕、のちに東京市街鉄道社長）・渋沢栄一（第一国立銀行頭取）・平沼専蔵《ひらぬませんぞう》（生糸売り込み問屋経営）・原善三郎《はらぜんざぶろう》（生糸売り込み商）・田中源太郎《たなかげんたろう》（京都株式取引所頭取）ら実業関係者が多数大隈邸を訪れている。福沢諭吉も四月三日に訪れた。

また、ほとんどの府県の知事が訪れているのも興味深い。腹心の北畠検事長ら検察・裁判所関係者も何人か訪れている。

福沢は大隈邸を訪れる半月前に大隈に手紙を書き、井上角五郎《いのうえかくごろう》（慶應義塾出身の活動家、のちに衆議院議員）が「朝鮮事件」で収監されたことに関し、被告に対するような尋問を福沢が予審判事から受けていることについて、大隈の助力を求めている（大隈宛福沢書状、一八八八年三月一六日、大隈宛矢野文雄書状、同日、『大隈重信関係文書』五巻）。井上角五郎の「朝鮮事件」とは、三年三ヵ月前の甲申《こうしん》事変（第8章）で、日本政府が金玉均《キムオッキュン》ら急進開化派を途中で見捨てたと、井上が伊藤博文参議ら政府要人を誹謗《ひぼう》したとされる事件である。

検察と裁判所にそれなりの影響力を持っていることは、大隈の一つの権力基盤であった。また明治十四年政変後も、福沢とのつながりは水面下で継続し、これもいざという際の権力基盤の一つであった。

以上は、すでに述べた大隈の権力とそれへの期待を反映しているといえる。藩閥政府が「責任内閣制」「改進主義」などの主義の実現を承認したうえでの入閣ではないが、大隈は次善の策としてとりあえず権力を増大させ、次いで主義の実現を図ろうとしている。この路線は、一応成功しているといえよう。

条約改正交渉の失敗

話を条約改正の交渉に戻そう。一八八九年（明治二二）二月一一日に発布された大日本帝国憲法の送付を受けた陸奥駐米公使は、同年三月末、外国人を被告とする裁判では、大審院に外国人判事を任用するという大隈改正案は、憲法の条文に抵触（違反）する恐れがあると、大隈外相に具申した。五月半ば、大隈は裁判所構成法の付則を挙げて、抵触しないと返答した（大隈宛陸奥書状、一八八九年三月二九日、五月一四日、陸奥宛大隈書状、『大隈重信関係文書』五巻）。

陸奥の主張は、憲法に裁判官も含み官吏は日本人と規定されていることを根拠としていた。ところが大隈は、裁判所構成法よりも上位の法である憲法に官吏は日本人と規定されているにもかかわらず、大審院判事には裁判所構成法の付則があるので外国人を任用できる、と主張する。ここでは、条約改正を急ぐあまり、大隈の強引な性格が裏目に出て、せっかくの陸奥の卓見を無視する形となった。

その後六月六日、法律通で通っていた井上毅法制局長官が、外国人判事を大審院に任用することは憲法と矛盾する、と大隈の条約改正批判を開始した。井上毅の提言で問題がほかの政府高官にも伝わり、山田顕義法相は七月一九日の閣議で「帰化法」を制定し、大審院に任用する外国人判事に日本国籍を取らせることを主張した。当初は大隈条約改正案を承認していた伊藤博文枢密院議長（班列〔無任所〕大臣兼任）や井上馨農商相も、問題点を知り「帰化法」を制定することを支持し、アメリカ・ドイツとの条約改正施行を延期（中止）するよう、七月二六日に大隈を説得し始めた。

当初、大隈は「帰化法」の制定もせず、アメリカ・ドイツに続いて、イギリスなどほかの列強の調印も得て、一気に条約改正を達成したいと考えていた。大隈を支えたのは、閣内では黒田首相であった。七月六日には黒田が井上馨を説得しようと尽力しているのが確認される（大隈宛黒田書状、一八八九年七月六日、『大隈重信関係文書』五巻）。

閣外では改進党系勢力が大隈を支援した。大隈の条約改正を支持する七月一四日の演説会（東京市、新富座）には約三〇〇〇人もの聴衆が集まったと、加藤政之助（報知新聞系）は大隈に知らせている。また七月二八日に腹心の矢野文雄は、外相を辞任するなどの発言は一切しないように、今は根比べの「天王山」ともいうべき時勢である、と大隈を励ました（大隈宛加藤政之助書状、一八八九年七月一四日、大隈宛矢野書状、一八八九年七月二八日、『大隈重信関係文書』五巻）。

しかし八月二日の閣議は、「帰化法」を制定して大審院に任用する外国人判事は日本国籍を取ることを条件とすること、などを決めた。さらに伊藤は、条約改正施行を延期（中止）することまで求めた。問題点に気づいた伊藤と井上馨は、大隈に条約改正交渉をやり直させようとしたのだった。

閣議で大隈は「帰化法」判定を受け入れたが、改正交渉の延期には同意しなかった。大隈は新条約に調印しない列強に対しては、現行条約を廃棄する可能性を含んだ強硬な態度で交渉しようとした。大隈は自らが主導して「国権」を伸ばすことにあまりにも性急になりすぎていた。

井上馨は閣議での大隈の態度にひどく失望し、農商相の辞任を決意した（結局、九月一日から転地療養を名目に山口県に行き、大隈への批判を示す）。他の閣僚からも、種々の疑問と批判が湧き上がった。伊藤は井上のような行動をただちに取らず、大隈が方針を変えるのをできるだけ待とうとした。

八月八日にはロシアと新条約の調印に成功したが、イギリスとの交渉はうまくいかなかった。大隈は、もしイギリスが日本の改正要求を拒絶するなら、現行条約を廃棄するほかに手段はない、と天皇に奏聞した。天皇は強い不安を覚えたようである。天皇からこのことを伝えられ、伊藤は八月一八日以前に最終的に大隈を見限った。薩摩の有力者松方正義も、廃棄論を強く心配した。

八月中旬以降になると、大同倶楽部《くらぶ》など在野勢力の条約改正中止運動が盛り上がっていった。谷干城（土佐出身、前農商相）・三浦梧楼（長州出身、学習院院長、前東京鎮台司令官）ら閣僚クラスの人物もこの運動に加わるようになった（伊藤之雄『伊藤博文』第一二章）。

九月二三日、条約改正交渉に不安な天皇は、同交渉について閣議で十分審議して天皇に知らせるよう、徳大寺実則侍従長を使いとして黒田首相に伝えた。黒田は同日、天皇の心配を大隈に伝えた（大隈宛黒田書状、一八八九年九月二三日、『大隈重信関係文書』五巻、三二一頁）。しかし、大隈は方針を変えようとはせず、黒田も大隈を支持し続けた。

黒田首相が大隈を支持する限り、大隈外相が自発的に辞表を出すか、伊藤ら有力者が強い決意で黒田内閣を倒す以外、大隈の改正交渉を止めることはできない。薩摩の最高実力者黒田の内閣を、長州の伊藤が強引に倒すと、薩長の亀裂が残る。藩閥全体の最高実力者の伊藤は、黒田に並ぶ長州系実力者の山県有朋（内相）が欧州から帰国するのを待った。山県は元来大隈が外相になることにも反対しており、伊藤は山県に誠実に話せば協力してくれると期待したのであろう。

ところが、山県は一〇月二日に帰国したが、積極的な行動を取らなかった。伊藤はやむを得ず決断して、一一日に枢密院議長の辞表を天皇に提出した。それに応じ、井上馨も山口県から農商相の辞表を郵送した。これを知り、一八日には山県内相も条約改正延期を求める意見書を書き、黒田首相に示した（伊藤之雄『伊藤博文』第一二章）。このとき、閣内で大隈をはっきりと支持していたのは、黒田首相と旧幕臣の榎本武揚《えのもとたけあき》文相くらいであった（大隈宛榎本書状、一八八九年一〇月一六日、『大隈重信関係文書』五巻、三六〇、三六一頁）。

山県の条約改正延期意見書は、大隈と彼を支える黒田への最後の一撃となった。さらに暴力的な一撃が大隈を襲う。

爆弾で右脚を失う

一八八九年一〇月一八日、大隈は内閣からの帰途、馬車で外務省の正門を経て官邸に入ろ

来島恒喜

うとしたとき、一人の青年が駆けつけて、一〇メートルくらいの距離から馬車を目がけて爆弾を投げ込んだ。爆弾は馬車の右側の窓に触れて進入し、大隈の脚の下で破裂した。大隈は右膝とくるぶしに重傷を、顔面と右手に軽傷を負った。犯人の来島恒喜《くるしまつねき》（国家主義団体玄洋社《げんようしゃ》社員）は、その場で短刀で自分の喉を突いて自決した（伊藤博文宛伊東巳代治書状、一八八九年一〇月一八日、『大隈重信関係文書』五巻）。大隈の条約改正に反対して犯行に及んだものである。

　応急手当がすむと、大隈の治療は池田謙斎《いけだけんさい》（宮内省侍医局長）を主任とし、執刀を担当する佐藤進（医学博士）・橋本綱常《はしもとつなつね》（陸軍省医務局長、日本赤十字社病院長）・高木兼寛《たかぎかねひろ》（海軍軍医総監）・ベルツ（帝国大学医科大学御雇教師）ら、当時の日本の最高の医師たちによって行われた。

　大腿下三分の一で、大隈の右脚は切断された。経過は一進一退であったが、第三週目あたりからはっきりとした形で好転していった。五、六週目には病状はさらに軽くなっていき、当直医も廃止した。一五週（四ヵ月近く）経過して、切断部分の糸を取り出して傷はまったく癒えたものの、外側に「硬結」が残ったので、温浴の後にマッサージを行った（日本赤十字社医員高橋種紀「大隈伯病床日誌」『大隈重信関係文書』五巻）。

大隈が爆弾で重傷を負った翌一九日、辞表提出中の伊藤や井上馨（山口県に滞在中）を除き、山県（内相）・山田（法相）・西郷従道（海相）・大山巌（陸相）・松方（蔵相）の長州・薩摩藩出身の閣僚すべてが、条約改正延期（中止）を決意し、辞職する覚悟で黒田首相を説得することに合意した。結局、黒田は山県とともに条約改正延期を天皇に上奏、さらに二三日に大隈以外の閣僚と自分の辞表を取りまとめて上奏した。こうして一〇月二五日に、黒田内閣は倒れた。

大隈は病状が大幅に回復するのを待って、一二月一四日付で病床から辞表を提出した。辞表には、不慮の傷で職務ができなかったことと、その間に内閣の方針が「一変し」た（条約改正が延期となる）ことから、自分の力で条約改正を成功させるのは難しい、との理由が書かれていた（「大隈重信辞表」一八八九年一二月一四日『大隈重信関係文書』五巻）。

辞表提出の理由を明確に書いた文章に、大隈の無念がにじみ出ている。なお、維新以来これまでの大隈の列強との交渉スタイルに加え、台湾出兵の際にも無理とわかると大久保の方針に従って全力で協力したことなどから見て、条約廃棄論でイギリスと交渉したとしても、いよいよ行き詰まれば戦争は避けて引き下がったと思われる。しかし、明治天皇や伊藤ら政府の多くの閣員には、大隈の方針が極めて危険に見えた。

大隈の辞表は一二月二四日付で認められ、今後も儀式などで外相時代に準じた待遇を受けるという「前官の礼遇」を受けて、同日付で閣僚級のポストである枢密顧問官に任命された。

表面上は明治天皇の恩遇といえるが、天皇は大隈の条約廃棄論を使った交渉を嫌っており、大隈への恩恵は、天皇と伊藤ら藩閥主流が、大隈や改進党系をなだめるために行ったにすぎない。

同様の観点から、一一月一日に伊藤と黒田に「元勲優遇《げんくんゆうぐう》」の詔勅を初めて下して、天皇が二人を特別な存在と見ていることを公言した。それでもなお、条約改正失敗の「汚名」を着せられて首相から引きずり降ろされた黒田の鬱憤は、収まらなかった。一二月一五日にはひどく酔っぱらって井上馨邸を突然訪れ、応対した使用人に数々の暴言を吐いている。

さて、大隈の傷が回復し、そろそろ医者を当直させなくてもよいかという頃、一二月二四日に山県有朋が組閣し、第一議会に向けて総選挙などの準備をしつつ、新たに任命された青木周蔵外相が、条約改正にも取り組むことになった。大隈は再び大きな機会が来るまで、情勢を見守るしかなかった。ただ大隈は気落ちしないように、努めて明るくふるまった。

興味深いことに、来島の年忌《ねんき》を毎年行っていた小久保喜七《こくぼきしち》(星亭配下の壮士、のち政友会より総選挙に当選六回、貴族院議員に勅選される)によると、大隈は法要にかならず代理の参拝者を派遣したという。大隈が一九二二年に死去した後も、大隈の遺志として嗣子の信常《のぶつね》が代参を派遣した(「小久保喜七氏談話速記」)。

大隈は「本気」で条約改正をやろうとし、来島も「本気」で命をかけて条約改正を阻止しようとした。それへの、敬意だと小久保は解釈している。やるなら命がけで本気でやれ、というのが幕末以来の大隈の信念であり、この解釈は当たっているといえよう。

土地投機で財産を得る

明治十四年政変で下野した後も、大隈は自分では苦しいとは言いながら、「大名」のような生活を続け、そのことで勢いが衰えていないことを誇示し、期待と求心力を維持した。

条約改正に失敗して外相を辞任した数年後、ある人が大隈に聞いた話として、大隈の生活費は一ヵ月一五〇〇円〔現在の三四〇〇万円ほど〕で、現在の大臣と比べてその豪華さはどうか、と報じられている（『読売新聞』一八九五年八月九日）。この記事のトーンは、当時の大臣と比べると大隈の生活費は特別多いわけではないと見ている。またこの額は、次項で示す大隈家の収支帳簿から見て妥当であると思われる。

しかしそれくらいの生活費であっても、一年で相当の収入が必要である。大隈は生活費や政治資金を、どこから得ていたのであろうか。当然のことながら、それを明確に示す史料はない。ここでは、断片的に現れた大隈の資金についての話を示しながら、その一端を探ってみよう。

早い時期の大隈の資金の元手となったのは、明治二年（一八六九）に大隈に下賜された築地の約五〇〇〇坪の邸宅（旧旗本屋敷）であった。大隈は、会計官副知事（現在の財務次官）や大蔵大輔（次官）兼民部大輔を経て参議（閣僚）に昇進した間、この屋敷に住んだ。政府はこの家の修繕までしてくれたという。その後、明治四年に海軍省の用地とされたため売らざるを得なくなり、海軍省から四五〇〇円を得たという。新居は有楽町（日比谷）に持ち、元土佐・仙台・中津三藩の三軒の屋敷で、合わせて「二万何千坪」あったという。三つの屋敷の建物を薪として売っても二〇〇〇円から三〇〇〇円したものを、大隈は一四〇〇円の一〇年分割払いで買ったという（「大隈侯爵座談」『大観』）。

すなわち、無償で下賜された築地邸を海軍に売り、日比谷の三屋敷を安く買ったので、それだけでも大隈の手元に三一〇〇円もの大金が残った。

この日比谷邸を、わずか四年後の一八七五年（明治八）に五万五〇〇〇円（現在の二三億円以上）で売って、大隈は雉子橋《きじばし》外へ転居する。またそれを一八八七年（明治二〇）にフランス公使館に売り払い、田畑が広がり土地が安い早稲田に移った。

大隈は「我輩は段々落城して中央から端へ々々と追っ払」われた、と冗談めかして語っている（前掲、「大隈侯爵座談」）。なお、この早稲田の土地購入について、買い入れたのは大隈ではなく綾子夫人で、購入までに夫人が二回ほど土地を見に行き、大隈が実見していないのに、夫人は独断で「八〇〇〇円」で買い入れた、と叙述するものもある（五来欣造『人間大隈重信』四七一頁）。しかし、根拠は示されておらず、豪胆な反面、細心の調査もする大隈の性格から考えて、大隈自身が見ていないことはあり得ない。

以上、大隈は維新後に多くの大名・旗本屋敷が売りに出て地価が急落し、その後また急速に地価が上がった状況で、土地の売却を通して膨大な収入を得たことが推定できる。土地投機で、多額の資金を得られたのは、大隈に度胸と先見の明があったことと、政府からの払下げの責任官庁である大蔵省の実権を一貫して持っていたからであろう。

一九二二年（大正一一）一月、大隈の死を前にして、早稲田の地元民は大隈のお蔭で繁栄したと、往時を回想しながら感謝の気持ちを表した。一八八四年（明治一七）三月に大隈が早稲田別邸を本邸とした頃には、田畑の中に大隈邸が一軒ぽつんとあったきりだったという。その後、大隈が発展に力を注いだ東京専門学校が拡張していく。大隈が、初め沼地であった現在の鶴巻町に茶畑山から土を運び地ならしをして六〇日以内に家を建てることを条件に坪当たり八厘で貸し出すと、下町から多くの人がやって来て家を建てた。これに刺激されて地元の地主も同様のことを行い、早稲田の町並みができあがっていった。今では早稲田の表通りに店を開こうとすれば、権利金が二〇〇〇円から三〇〇〇円（現在の約七〇〇〜一一〇〇万円以上）も必要になったという（『東京朝日新聞』一九二二年一月一〇日）。大隈は単に土地投機を行っただけでなく、東京専門学校を核に土地を開発して地価を引き上げるデベロッパーとしての才覚もあったのである。

大隈と同郷で親しかった久米邦武《くめくにたけ》（日本古代史を専門とし、東京帝国大学教授、早稲田大学教授を歴任）によると、一九一六年（大正五）に建てた軽井沢の大隈別荘は、実業家の根津嘉《ねづか》一郎《いちろう》（東武鉄道社長）が別荘地を開発するにあたり、大隈に別荘を寄付してブランドイメージ作りに利用したところ、地価を上げて根津は儲けたという（『東京朝日新聞』一九二二年一月九日）。

ほかにも、一八九〇年（明治二三）九月二三日付で田中光顕《みつあき》警視総監が山県有朋首相に送った密偵情報には、大隈外相が条約改正によって、外国人が居留地以外で事業と不動産所有ができる内地雑居を実現させることで、利益を得ようとしていたことが書かれている。それによると、大隈の資本によって運営されている「笠野吉二〔次の誤りか〕郎」らの会社が、イギリス人フレーザーと組んで英国の銀行の資本によって筑前の炭山数十ヵ所を「一〇〇〇万円」分買い入れる密約を大隈と結んだ。内地雑居が実現した際には、この地所は資金を出したイギリス人の所有になり、彼らから大隈に「一〇〇〇万円」が贈られることになっていたという（山県首相宛田中警視総監「探聞」一八九〇年九月二三日「中山寛六郎文書」）。

別の密偵情報によると、大隈が外相に就任する前の一八八八年一月中旬から就任中の八月上旬までの約六ヵ月半の間に、笠野吉次郎は大隈邸を八回も訪問している（「三島通庸文書」五四〇-二八）。このように、大隈と笠野のつながりが深かったことは確認できる。

大隈が自らの金を使わず、一〇〇〇万円もの利益を得るというのは法外であり、右の情報は大隈に批判的な側からのものなので、相当割り引く必要がある。しかし、大隈の土地投機に関しては、政治家として大隈から将来を期待されていた尾崎行雄（報知新聞系）も回想している。一八九二年二月の第二回総選挙で、品川弥二郎《しながわやじろう》内相の大選挙干渉が行われた直後、大隈は尾崎の選挙区である「伊勢・志摩・紀伊の三国」にまたがる地域を「全部買ってしまはうではないか。さうしたら、いくら政府でも選挙干渉なんかできまいぢやないか」と「真面目な顔で」言った。当時、大隈は新潟県の石油事業に関係していて、「近々大金持になる見込」だったという＊（尾崎行雄『咢堂回顧録』上巻、一七二、一七三頁）。

＊大隈はあるときに、一時に六五万円の土地を買ったが、新聞に六〇万円と報じられたので、ある人に六五万円だよ、これで一二五歳まで寝ていて食える、と語ったという。また、大隈は財政的に苦しくなると、旧藩主の鍋島侯に土地を買ってもらって資金繰りをしたという。当初は鍋島侯は迷惑だと思ったが、東京・神戸・朝鮮などの土地が値上がりし、大きな資産を作ったという（五来欣造『人間大隈重信』四七七、四七八頁）。

その他の大隈資金

大隈家の家計の収入支出が明記してある史料として、大隈が二月一日から黒田内閣の外相となった一八八八年（明治二一）のものが、唯一残っている（「明治二十一年従第一月至十二月壱ヶ年分金員収入支出精算書」一八八九年一月、大隈信幸氏寄贈「大隈重信関係文書」早稲田大学大学史資料センター所蔵七－（ホ）－三六）。それによると、収入が一万五四六二円（現在の六億二〇〇〇万円弱）、支出が一万四六五三円である（第22章の最後も参照のこと）。

また、収入の最大が第三銀行預金取付五〇〇〇円、次いで「預り金口々入」（実態は未詳）一万六九一二円（円以下は四捨五入）、三益社所得金・三益社利子金（ともに実態は未詳）がそれぞれ一万二〇〇〇円、壬生銀行借入金一〇一〇円、金禄公債利子収入八九九円、と続く。

大隈は、士族の秩禄（収入）の廃止と交換に、各々の石高に応じて発行された金禄公債証書を、額面合計一万七八三五円（利子は五分・六分・七分と様々）も所有している。何かで得た収入を、当座の資金が必要な士族たちが手放す金禄公債証書を安く購入するのに使ったのであろう。金禄公債証書は、安定した投資先であった。

また、預金の引き出しや借入金が六〇〇〇円以上あり、公式な家計上、大隈家は大きな赤字体質で破産に向かっていることになる。しかし、大隈の外相としての収入（天皇が年末等に下賜する特別金も含め）は、この会計に入っていないように、ほかにも収入があることは間違いない。

いずれにしても、こうした公式な家計で処理される収入以外に、土地投機の収入も含め、以下に例示するように、適宜臨時収入があったように思われる。

大隈の資金源として、当時鉄道建設ブームであり、その本免状の下付などに関して、黒田内閣の外相時代は副総理格の大物として、大隈に仲介の謝礼収入があった可能性が推定される。一八八八年一月中旬から同年八月上旬まで残っている、前掲の密偵情報によると、大隈邸訪問者中の職業のわかる範囲で、閣僚や公使らに交じって、鉄道・鉄道馬車・運送・水運会社関係者が延べ二二四人もいることが目立つ（「三島通庸文書」五四〇−二八）。

また同年八月に『東京朝日新聞』は、甲信《こうしん》鉄道会社（御殿場−甲府−松本間）に対し同鉄道の本免許下付について、同鉄道委員長であった前島密が辞めてしまったので、同会社発起人一同は、当初より株主であった大隈外相の屋敷を訪れ、種々協議に及んだとの話を載せている。大隈は、前島が辞めるのはしかたがないので、ほかの発起者が一致して速やかに下付の件を願い出るように、と述べたので、発起者一同は早速手続きを行うという（『東京朝日新聞』一八八八年八月三日）。翌年二月には、本免許下付が間近ということで、同社株が急騰している（『東京日日新聞』一八八九年二月一六日）。しかし、鉄道局は御殿場－甲府間については、地形が急峻で、鉄道建設が困難であると認可せず、甲府－松本間のみ本免許を下付した。甲信鉄道会社の本免許下付について、株主でもある大隈外相への異様な期待と、ある程度の影響力が推定される。

また『東京朝日新聞』（一八八九年六月二五日）には、大隈外相は官設鉄道払下げ論を以前から持っており、黒田首相も賛成したので、閣議でもとうとう可決したらしい、との記事が掲載された。最初、伊藤博文（班列〔無任所〕大臣）・山田顕義（法相）は反対を唱えていたが、強い議論ではなく、右のような結果になったという。

すでに述べたように、一八七五年に大隈は官営鉄道を払下げて民間に任せる考えを建議している（第6章）。そこで、大隈外相の閣内での権力の強さ、とりわけ鉄道問題での影響力の大きさをイメージさせる効果があり、大隈への期待が高まる。

また時期は一〇年以上後になるが、日露戦争前、日本の勢力圏になりつつある韓国で、大隈が在野にもかかわらず仲介者として大きな影響力を持っていた、との林権助《はやしごんすけ》（駐韓国公使）の回想もある。

当時、日本人グループが韓国皇帝（高宗《コジョン》）から利権を一切ひっくるめて承認させ、見返りに相当の金を払うという動きがあった。このグループの「背後《バック》」には大隈がいた。林公使は小村寿太郎《こむらじゅたろう》外相から相談を受け、これを止めさせることになった。実業家の渋沢栄一からも同じ相談を受け、林・小村の合意のうえで、渋沢は大隈に会って企てをやめさせたという（林権助述『わが七十年を語る』一六〇～一六二頁）。

なお、大隈と改進党系の資金といえば、岩崎弥太郎《いわさきやたろう》が創業した三菱との関係が一般によく言われる。しかし、矢野文雄は、当時「三菱が我々の金庫のやうに云ひ囃《はや》されたが、我々は少しも三菱の御蔭は蒙《こうむ》って居りはしない」、改進党員は大体地方の「中産階級」以上の人々だから各々が資金を負担していた、という（矢野文雄「補大隈侯昔日譚」八四、八五頁『大隈侯昔日譚』所収）。尾崎行雄も、三菱との財源関係はほとんどない、と回想している（「尾崎行雄氏談話速記」）。一八八八年（三島通庸警視総監宛）や九〇年前後の密偵情報（山県有朋首相宛）の中にも、三菱と大隈の関係を特に強調したものはない（「三島通庸文書」、「中山寛六郎文書」）。

大隈や改進党に三菱から資金提供があったとしても、この時期においては多額のものではなかっただろう＊。

＊木下謙次郎は一九〇二年総選挙に当選し、その後憲政本党・国民党・立憲同志会と大隈系政党の大石《おおいし》正巳《まさみ》系（反犬養毅系）に所属する。木下の証言によると、日露戦争後の一九〇七年一月に大隈が憲政本党総理を辞任したのは、桂太郎らに接近しようとする党内勢力が勢いを増して不愉快だったことに加え、三菱からの党資金の問題で「行き違ひ」があり、大隈が困り抜いたことも原因だった、と聞いたという（「木下謙次郎氏談話速記」）。日露戦争後には矢野が死去、尾崎は同党を離党していることから、この時期には三菱からの資金もそれなりにあった可能性がある。

なお、これらの大隈が直接手にした資金のほかに、大隈の口利きにより他の人物が得た資金も重要である。たとえば大隈の死去の直後に、大隈と親しいジャーナリストの三宅雪嶺《みやけせつれい》は、大隈は寄付金を出させることについてはかなり無遠慮であり、どこでも出しそうなところに依頼状を出すのをはばからない、と証言している。また関係事業で寄付金が集まっているのは、何ほどか大隈の力によっているにちがいない、とも述べている（『東京朝日新聞』夕刊、一九二二年一月一八日〔一七日夕方発行〕）。海外留学の費用や選挙資金など、当事者が大隈の世話になったと感謝したとしても、その金は大隈から直接出たものというよりも、大隈の口利きによるものの場合の方が多かったようである。

むしろ大隈は、明治十四年政変で下野するまでや黒田内閣に外相として入閣した際の権力・情報・人脈や、持ち前の交渉能力・決断力を活かした収入源を作っていたのだろう。つまり、日本の近代化に関連し、発生する様々の新しい事業の、認可問題などに影響力を及ぼし、また自らも株を保有し、また先に述べたように土地の投機で、かなりの資金を得ていたと思われる。その資金を、自らの信条の実現のために投入したのである。

第10章　初期議会の可能性を探る―「責任内閣」論と日清戦争

第一議会への道

前章から話を少し戻すと、大隈による条約改正が大きな政治争点となっていく約三ヵ月前、一八八九年（明治二二）三月二二日、後藤象二郎《ごとうしょうじろう》が黒田清隆内閣の逓信《ていしん》大臣として入閣すると、大同団結運動は河野広中《こうのひろなか》（福島県の民権活動家、前福島県会議長）らと大井憲太郎《おおいけんたろう》（関東に基盤を持つ民権活動家）らのグループに分裂した。後藤の入閣は、運動を衰退させようとする黒田内閣の策略であった。

翌一八九〇年に帝国議会開設を控え、板垣退助は河野と大井の二人に、かつての自由民権運動を基礎とした政党結成を訴えた。とりあえず、旧自由党系で一つの政党を作るという板垣の意図は実現しなかったが、旧自由党系の三つの政派が五月までに作られた。すでに作られていた大同倶楽部《だいどうくらぶ》（河野広中ら東北地方中心）、自由党（解党した板垣退助らの旧自由党と区別して再興自由党《さいこうじゆうとう》ともいう。大井憲太郎ら関東中心、一八九〇年一月結党）、愛国公党《あいこくこうとう》（板垣退助が中心で、近畿・中国・四国・北信・関東など幅広い地域に勢力を持つ、五月に創立大会）である

（伊藤之雄「第一議会期の立憲自由党」）。

この頃までに、大隈は爆弾による傷から回復していた。しかし大隈も大隈側近も、大隈がただちに表に出ると、条約改正問題への反感から、第一回総選挙で立憲改進党を中心とした政派の連合に負の影響を与えることを恐れ、大隈の復帰の方法を慎重に探ったようである。第一回総選挙が数ヵ月以内に近づいても、大隈に最も近い『郵便報知新聞』が大隈の発言を特に掲載していないことは、その一つの裏付けとなる。

他方、同年三月中旬には、大隈がアメリカのニューヨークの製造業者に注文していた高性能の義足が届いた、との記事が載った。また療養中に、しばしばお見舞いの勅使を派遣された御礼に、五月一三日に大隈が参内し、明治天皇と皇后に拝謁した、との記事も出た（『郵便報知新聞』一八九〇年三月一九日、五月一五日）。こうして、片足を失っても大隈は十分に政界に復帰できるし、天皇の信任も厚い、とのイメージを発信し、少しずつ大隈を再登場させている。

すでに述べたように、大隈の条約改正による混乱を収拾すべく、前年一二月下旬に山県有朋が薩長勢力を結集して組閣していた（ただし大物の伊藤博文・黒田清隆らは入閣せず）。山県内閣は初めての議会に向けて、政党結成の動きを警戒した。立憲改進党系についても、一八九〇年五月に動きが出て来たことを、山県首相宛の田中光顕警視総監の密偵情報が次のように伝えている。黒田内閣の逓相や文相であった榎本武揚が黒田を訪れると、黒田が榎本に大隈や立憲改進党を助ける気はないかと聞き、その後、旧改進党の河野敏鎌（枢密顧問官、前農商務卿）も榎本を訪ねて来た。ただし政党の話はなかったという（「探聞」一八九〇年五月二二日、「中山寛六郎文書」）。大隈も黒田も条約改正問題で無念を抱いて内閣を退いたので、二人には連携意識が存続していたようである。

立憲改進党の孤立

一八九〇年七月一日、山県内閣の下で第一回総選挙が行われた。一九二五年（大正一四）に成立する男子普通選挙による選挙まで、総選挙は立候補制ではなく、有権者は被選挙資格を持つすべての者に投票できるので、各政党別の当選者の数ははっきりしない。とりわけ、政党の所属が流動的な第一回総選挙では、その傾向が強い。

比較的正確に状況を把握していたと思われる『国民新聞』を概観してみよう。議席定数三〇〇人中で当選者数は、藩閥政府に批判的な民党系では、旧自由党系が大同倶楽部五五人・愛国公党三四人・自由党一六人の合計一〇五人、改進党は四六人、旧自由党と改進党の両系が混在している九州同志会は二一人、未詳が七人であった。立憲改進党は旧自由党系の半数以下であり、改進党の敗北は明らかだった。このほか、藩閥政府系の当選者が、八月二一日に六三名で大成会《たいせいかい》を組織している。

帝国議会は、衆議院とほぼ対等な権限を持つ貴族院からなる。貴族院は華族を代表する有爵議員や旧次官級の官僚が任命される勅選議員が中心で、藩閥政府支持であった。しかし、予算や法案は両院を通過しないと成立しないので、衆議院は藩閥政府に大きな圧力をかけることができた。

第一議会へ向け、愛国公党・大同倶楽部・自由党・九州同志会に立憲改進党も加えて民党系を大合同しようという動きが八月に入って具体化し、大合同を目指して改進党以外の政派は解散した。八月二二日に、大合同を目指す会議が開かれたが、主義・綱領に関し、旧愛国・旧自由・旧九州同志の代表は「自由主義」を主張したのに対し、改進党の代表の島田三郎(毎日新聞系)・加藤政之助(報知新聞系)らは「進歩主義」を主張、改進党の代表は退席した。こうして、改進党を含んだ大合同の可能性は、事実上なくなった(伊藤之雄「第一議会期の立憲自由党」)。

この二日後、大隈の腹心の矢野文雄(報知新聞系)は、民党系の大合同について、「改進派」の諸氏は「破談に相傾き」(壊そうとする傾向で)、とても嘆かわしい状況であるとみた。このままでは「改進派」の未来はなく、一、二年もせずに四分五裂になるだろうから、合同を拒むなら一切「世話」をしない、と申し聞かせてください、と大隈に頼んだ(大隈宛矢野書状、一八九〇年八月二四日、『大隈重信関係文書』五巻)。

矢野は前年に政界引退を声明していることもあり、報知新聞系の党員にも影響力が十分でない。大隈が藩閥系の黒田内閣に外相として入閣し、同内閣の主導権すら一時的に握ったことを考慮すると、おそらく大隈の気持ちは矢野と同様で、改進党は大合同に参加するため、主義にこだわるべきでないというものだったと考えられる。大合同さえできてしまえば、薩摩系など藩閥勢力に顔のきく大隈が、大合同政党を背景に、藩閥との交渉をリードすることで、党への主導力も確立することができると考えていたのであろう。

しかし、大隈が大合同に向けて改進党系に強く働きかけた形跡はない。無理をして党がさらに分裂して少数になってしまっては元も子もない。しばらく見守り、時期が熟するのを待つしかない。これが、抱いている理想よりも現実を重視する大隈の判断であり、矢野と異なるところだろう。

八月二五日、旧愛国・旧大同・旧自由・旧九州同志などを中心として、立憲自由党を組織することが決められ、主義を「自由主義」とした。当分は党首（総理）を置かず、党名に「立憲」を付けたのは、公式名称が立憲改進党の「立憲」を党名に加えることで、改進党からの入党の余地を残したからである。立憲自由党は、九月一五日に結党式を行った。

一〇月二七日の山県首相宛田中警視総監よりの密偵情報によると、改進党では議員以外の党員は党勢の拡張について尽力する者がなく、今日となっては改進党の名を掲げて運動してもむしろ「骨折り損」と思っているという。また、立憲自由党と合同するか、「〔主義と政策で結合した〕純然たる欧州風の政党」に改組しようと望んでいるかであるという。矢野の予想通り、大合同に参加しなかった少数党の改進党は、さらに衰退し始めた。

少数党の存在感を示せるか

一八九〇年（明治二三）一一月二五日、初めての議会に臨み、開院式当日に行われた衆議院議長・副議長の選挙では各党派内部でも錯綜した投票が行われた。結局、議長に中島信行（立憲自由党）・副議長に津田真道《つだまみち》（藩閥系の大成会）が最高得票を得、翌日、天皇から任命された。改進党が主導権を握る余地はなかった。

一二月六日、山県首相は日本の「主権線」（国境）と「利益線」（安全保障のための勢力圏）を守るために、陸海軍の経費に重点を置いた予算を作成したと衆議院本会議で演説した。同日、衆議院では予算委員会が設けられ、予算案削減をめざし査定《さてい》を始めた。この重要な委員六三名中改進党員は一六名にすぎない。

改進党は予算を厳しく削減して存在感を示すしか道がない。尾崎行雄（報知新聞系）は、予算委員会でも本会議でも予算の約一割、「八〇〇〇万円」を削減する査定案で政府と対決し、大隈の考えなどを聞かずに自分の意見で反対したと回想している（尾崎行雄『咢堂回顧録』上巻、一六三、一六四頁、憲政史編纂会「尾崎行雄先生談話速記」第二回、一九三八年五月一〇日）。しかし、一二月二四日の密偵情報では、これは改進党が解散によって勢力回復することを狙ったもので、大隈が後ろ盾となって改進党を誘導していると見ている。

八〇〇〇万円は、田畑の地租を地価の二・五％から二％に軽減するために必要な金額であった。この方針に立憲自由党系なども賛成し、一二月末に約八〇六万円を削減する査定案が作成された。

地租軽減に加え、第一議会に対する改進党のもう一つの主張は、地価修正に反対することであった。地租改正によって、地租の基準となる地価が決められてから十数年経っており、当初は生産力が低かった東北地方などは農業技術の改良によって生産力が向上し、相対的に地租の負担が減少していた。そこで地租改正時に生産力が高かった近畿・中国などの地域から、東北地方などの地価を上げ、近畿・中国などの地価を下げるよう、地価修正要求が出ていた。

大隈は「某伯爵」という形で自分の名前を伏せて、『読売新聞』（一八九一年一月七日、八日）に、地価修正は実施のためあらためて地価を厳密に算定するのに費用がかかりすぎるので実行すべきでないと論じた。三ヵ月後の密偵情報によると、東北地方の人々は地価修正の問題が争点となってくると、改進党に接近してくる者が出てきたので、島田三郎ら改進党員が宮城県・岩手県など東北地方遊説を計画しているという。

大隈は地租〇・五％の軽減が可能な予算査定で議会解散に導き、地価修正反対で東北地方などを取り込み、改進党の議席を大幅に増やそうと考えたのだろう。おそらく、そのうえで藩閥勢力と交渉し、少なくとも大隈と藩閥勢力による連立内閣を目指したと思われる。まず天皇と議会に責任を持つ（議会を尊重する）「責任内閣」を作り、イギリス風の政党政治に少しても近づけていこうとしたのである。

改進党員も地価修正に反対の者が多数であった。一八九一年一月八日の田中警視総監の密偵情報は、「某伯爵」が大隈であるとつかみ、山県首相に報告していた。

第一議会の教訓

この翌日の一月九日、予算委員会が作成した査定案を支持する民党側の声が高まってくる中、松方正義蔵相は査定案に不同意の旨を予告した。こうして山県内閣と民党側は正面対決をするようになり、二月に入ると内閣は解散も辞さない強硬姿勢を考えるようになった。しかし、内閣と議会側双方に、第一議会だけは大きな混乱なく終え、列強に日本が議会を運営する能力がある「文明国」であることを見せたいという願いがあった。査定案を支持する民党系議員の中にも、その願いを持った者が少なくなかった。

事態は二月一九日から大きな変化を遂げ、二〇日の衆議院本会議で、天野若円《あまのじゃくえん》（大成会）が政府に有和的な姿勢をとる憲法解釈の動議を出し、大成会など政府支持派と立憲自由党から二四名の賛成を得て、一三七対一〇八で可決された。賛成した立憲自由党員は二月下旬に脱党し、片岡健吉・林有造《はやしゆうぞう》ら土佐出身の議員を中核としていたので、土佐派と呼ばれるようになる。天野動議可決をきっかけに、山県内閣と衆議院側の予算の妥協が進み、結局、六五一万円削減で妥協が成立した。こうして一八九一年（明治二四）度予算は、衆議院の修正通り貴族院も通過し、第一議会は解散されることなく、三月八日の閉院式を迎えた。民党側は妥協したとはいえ、査定案の約八一％もの大幅な予算削減に成功したのである（伊藤之雄『立憲国家の確立と伊藤博文』第一章）。

この間、改進党は査定案を支持し続けたが、衆議院の大勢を変えることができず、すでに述べたように妥協が成立した（山県首相宛田中警視総監の「探聞」一八九一年二月一九日、二四日、三月九日、「中山寛六郎文書」）。

衆議院の少数派であっては改進党の活動に限界があり、政府は大隈にも働きかけてこないというのが、大隈が第一議会を通して得た教訓であろう。第一議会を無事終了すると、山県首相は勇退し、薩摩出身の松方正義が次の藩閥内閣を率いるようになった。

人材難

第一議会で十分な成果を挙げられなかった大隈や改進党にとって不幸なことは、自由党の星亨《ほしとおる》のような有力なリーダーがいなかったことであろう。

星は陸奥宗光の書生などをして英語を習得した後、一八七四年九月から七七年一月まで約二年間イギリスに留学して弁護士の資格を取得して帰って来た。これだけでも当時の日本においては、語学力をともなった欧米体験として群を抜いていた。さらに星は、議会開設後の政党指導を考えるため、一八八九年四月から翌年一〇月まで欧米に再渡航し、実際の政党政治や議会を視察してきた。この体験を活かし、星は第一議会中に自由党を議員中心の政党に再編した。その後は、象徴的な存在として利用する形で板垣退助と連携し、自由党を政府と政策論を闘わせることができる近代的な政党へと、少しずつ脱皮させていく。この間、伊藤博文・井上馨に支持されて藩閥政府に入った陸奥（農商相、外相を歴任）とのつながりを活かし、星は藩閥内閣と自由党の提携交渉にも力を発揮した（有泉貞夫『星亨』、伊藤之雄『立憲国家の確立と伊藤博文』）。

星亨

尾崎行雄の星評価も高い。星が再渡航したとき、尾崎は一年以上前からイギリスに滞在していた。星は尾崎を訪ねて、新しく出版された本のことを熱心に質問した。尾崎が星の下宿を訪問すると、部屋の中は本だらけで、購入予定の本の目録が散乱していた。尾崎は星を「〔乱暴な言葉遣いや物腰の〕見かけによらぬ男」だと思ったという（尾崎行雄『咢堂回顧録』上巻、一四〇頁）。

大隈の周囲に、星のような有能な政治指導者はいただろうか。すでに述べたように小野《おの》梓《あずさ》は死去していた。矢野文雄は英語ができ、遅ればせながら一八八〇年代半ばに一年半近く渡欧経験もあったので、大隈は彼にブレーンだけでなく腹心として期待した。しかし、明治十四年政変までの過程や大隈の黒田内閣への入閣過程に見られるように、理想に走りすぎる傾向があり、大隈は矢野の提言を取捨選択して使うしかなかった。この矢野も改進党の将来に展望が見えず一八八九年に政界引退を表明してしまった。

矢野に代わって大隈が最も期待したのは、尾崎行雄である。一八八八年一月、尾崎が初めての渡欧のため横浜を出発するとき（資金は実業家の朝吹英二《あさぶきえいじ》提供）、大隈はわざわざ見送りに行き、横浜元町の料亭富貴楼《ふきろう》で送別会を開いた（尾崎行雄『咢堂回顧録』上巻、一三八頁）。大隈が外相として入閣する直前の多忙な時期である。大隈が尾崎の渡欧にいかに期待していたかがわかる。しかし、英語が読めたとはいえ、尾崎の二年に満たない初渡欧で得た知識は、欧米の歴史・文化を背景とした政治への理解や政党・議会の運営について、星にはとても及ばなかった。

大隈の晩年の回想によると、尾崎は目上の者でも誰に対しても食って掛かって反抗する気性で、学校を出たての頃でも福沢諭吉のような「大先生」にも反抗していた。また尾崎は「少々気まぐれ者」で、河野敏鎌・前島密・北畠治房が藩閥政府に復帰した際にも、「学校〔東京専門学校〕を叩き潰してやる」と言って大隈までも威嚇したという。大隈は、これが尾崎の尾崎たるところで、実に「無邪気な面白い」人物だと評している（『大隈侯昔日譚』二九三～二九八頁）。

晩年の大隈は、尾崎を含め小野梓・矢野文雄・犬養毅ら自分の配下にあった者を、皆好意的に回想している。しかし尾崎への評価には、改進党の発展に関わる表現がない。たとえば小野については、なかなか奇才があって臨機の策もあり、「謹直」な男で当時の改進党は小野の力で「大分円満」に発達した（同前、二七八頁）などの言及がある。これは、大隈が尾崎に対し、大隈の代理として党を任せられるような人材でないと見ていたことを示しているのだろう。

また島田三郎ら（毎日新聞・嚶鳴社《おうめいしゃ》系）と、尾崎（報知新聞・東洋議政会系）や高田早苗・天野為之（鷗渡会《おうとかい》系）との党内対立が一八九二年になっても続き、総選挙のときに煽動された東京専門学校生が毎日新聞系を攻撃するなどの事件が起きるほどであった（大隈宛田中正造書状、一八九二年一月六日、五月二日、『大隈重信関係文書』五巻）。

大隈に代わって改進党を実質的に指導できる人材がいないとなると、改進党の党勢の維持と拡大のためには、大隈が在野であってもある程度表に出ざるを得なくなってくる。

党を緩やかにまとめる

これまで述べてきたように、大隈は黒田内閣に外相として入閣しているときを除いて、改進党の指導者、あるいは事実上の指導者としてほとんど表に出なかった。後年のように遊説をすることもなかった。

一八九一年（明治二四）一一月、大隈はそれまでの行動様式を変え始める。改進党の党勢拡大を目指して、政党との距離を縮め、藩閥政府に圧力を与えようと公然と動き始めたのである。一一月九日、板垣退助（自由党総理）が大隈を訪問するのは、大隈の行動の変化を表している。

ところが、大隈は外相辞任と同時に枢密顧問官に任命されていたので、当時の通念では政党に関わることができない。このため、公然と政党に関与したことが松方正義内閣から追及され、板垣が大隈を訪問した三日後、一一月一二日に枢密顧問官の辞表を提出せざるを得なくなった。大隈は自分に天皇の信任がないことを知り、政権復帰が遠ざかったと失望した。また枢密顧問官として相当あった収入を失い、生計や政治活動の費用に影響が出たという（五百旗頭薫『大隈重信と政党政治』一四〇、一四一頁）。

さて、民党側は、第一議会を無事に終え、列強に日本の議会運営能力を示したので、第二議会こそは藩閥政府に民党側の要求を呑ませる決戦の場ととらえていた。そこで、一八九一年一二月に第二議会に臨んだ松方内閣は、衆議院で多数を占める自由党・改進党など民党（野党）と正面対決する形となった。それは藩閥政府が、民党の求める地租軽減を予算に含めず、言論・集会・結社の自由を取り締まる法令の緩和などの有和姿勢も示さなかったからである。

枢密顧問官を辞任したことで、大隈は政党の指導者として表に立って行動する自由を得た。一二月二五日、衆議院は政府提出の予算中で八九二万円余りも大幅に削減したので、同内閣は衆議院を解散した。この三日後、大隈は改進党に再入党し、三〇日の代議士総会で代議総会長に就任した。改進党では、緊急の場合に評議委員（三〇名）で代議総会を開き、党大会と同一の権限で諸事を議決できることになっていた（一八九〇年九月一日の規則改正）。大隈はその代議総会の会長になったのであり、事実上の党首就任である。

代議総会長就任の前に、党内には大隈が党総理に就任すべきとの声があった。だが、大隈は爆弾で負傷して以来体のバランスが崩れ、すわることも思いのままでなく、自ら陣頭に立って大任に当たることができないし、名のみの総理となって責任を人に委ねたくもない、と断ったという（『佐賀新聞』一八九二年一月四日）。大隈は負傷の後遺症を党総理に就任したくない理由としたようだが、それは言い訳の要素が強いであろう。たしかに古傷の痛みは後年まで残るが、日清戦争後はむしろそのようなそぶりは見せず、元気を強調して活動するからである（第Ⅳ部以下）。

党総理就任を引き受けなかったのは、大隈が力の源泉の一つとして、藩閥内閣に有力閣僚として入閣して政策や人事で影響力をふるうことを重視していたからであった。それまで政党党首が入閣した例はなく、党総理となることは入閣を阻害する可能性があったからだ。

当時の改進党は、大隈に近い報知新聞系（尾崎行雄、犬養毅ら）と、当初より大隈から自立している毎日新聞系（島田三郎ら）の二つに大きく分かれており、報知新聞系ですら尾崎に見られるように、必ずしも大隈に従って動くわけではない。また、これら両系統の相互や、二つの系統内ですら内政・外交両政策ともに十分主張が一致しておらず、改進党として、明確な大系的政策を打ち出せずにいた。たとえば、大陸政策で植民地拡大などの強硬論を主張する者が報知新聞系には多く、毎日新聞系には少なかった。

約一〇年前、一八八二年四月から八四年一二月まで大隈が党総理を務めたときにも克服できなかった状況が続いていたのだ。大隈は党と少し距離をとって、党を緩やかにまとめて分裂を避けようとしたのだろう。

表に出るスタイルの形成

さて、一八九二年（明治二五）二月一五日の総選挙では、政府から品川弥二郎内相による民党系候補者に激しい選挙干渉があったが、民党側の勝利に終わった。

佐賀県ではまだ自由党系と改進党系の分離がなされておらず、武富時敏《たけとみときとし》は自由党に籍を置いていた（西山由理花『松田正久と政党政治の発展』第七章）。大隈は、佐賀県の有力者に「密書」を送って武富の支援を訴えたという（『佐賀新聞』一八九二年一月三〇日）。しかし、武富は落選する。大隈は改進党の党勢拡大と地元佐賀県の基盤作りに意欲的で、武富を地元の機軸にしようとしたようである。武富はその後は当選を続け、地元の中心になり、のちに第一次大隈内閣で内閣書記官長（閣僚ではないが、現在の官房長官）、第二次大隈内閣で逓相《ていしょう》、蔵相に就任する。

話を一八九二年の総選挙後に戻す。改進党は三八名しか当選させられず、第一党の自由党

(九六名)に大差をあけられたままであった。三月二九日、大隈邸に評議委員や現職・前職の衆議院議員が集合して、改進党の綱領・趣意書の改正原案を作成した。それは四月三日の党臨時大会で承認され、結党後初めての綱領・趣意書改正となった。新しい綱領は、「責任内閣」・冗費省減・税法改良・内外の形成に応じた国防・対等条約・言論集会結社出版の自由・地方自治など八項目である。これに対し、政府系新聞は「漫然」としていると批判した。

大会の翌日、四月四日に大隈は自邸で園遊会を開き、初めて自ら演説して党の方針を示した。今までは「正理に訴へ」ることを主眼としてきたが、今回の干渉選挙で「正当防衛の手段」が必要であると痛感した、と大隈は述べる。しかし具体的な組織強化の方法は明言できなかった。この大会でも大隈の総理就任を求める声が事前にあったが、健康不安を理由に辞退した。なお党の運営は、大隈邸での会合、幹部間の非公式の話し合いなどに実質的に委ねられていった(五百旗頭薫『大隈重信と政党政治』一四七、一四八頁)。

一八九二年四月の大隈演説は、大隈の演説の早いものの一つであろう。二五年後であるが、大隈の近親者は、大隈は一八八七年(明治二〇)頃までは座談は巧みであったが一度も演説をしたことがないので、果たして大隈は演説ができるのだろうかと、誰もが思っていたと回想している。しかし「早稲田の校友会大会の時でしたか」、初めてやったときが案外上手であったので、(「私達は」)「アット驚かされました」とも証言する(「隈侯の処女演説」『佐賀新聞』一九一七年八月二六日)。

話は変わるが、四月下旬には親しい鍋島直彬《なおよし》（旧佐賀藩支藩の旧鹿島藩主、貴族院子爵議員）が大隈の「腸胃」が不調らしいのを心配している（大隈宛鍋島直彬書状、一八九二年四月二八日、『大隈重信関係文書』〈早〉八巻）。改進党の党勢が拡大せず、大隈は胃腸が悪くなる状況にあったのだろう。

その後、第三回総選挙（一八九四年三月）を経ると、議会に臨んだ改進党代議士の数は五二名になり、第一議会に臨んだ四三名の一・二倍になった。わずかながら党勢が伸びたとはいえ、大隈が期待するような、新しい気運を呼び起こすにはほど遠かった。

維新前後を回想し始める

一八九三年（明治二六）三月二五日、『郵便報知新聞』（報知新聞）は、四月一日より自社の場所を京橋区三十間堀に移転し、紙面改革を行うことを「社告」として出した。そこで挙げられた一一点のうちの一つが、「大隈伯昔日譚《おおくまはくせきじつたん》」の連載である。大隈の八太郎時代に体験した「維新前後の物語」を連載し、読者が大隈の声と姿に接し、座して話を聞く気分を味わえるような記事にするという。また四月一日から阿部興人《あべおきと》を社長に、村井寛を編集主任（主筆）とすることも示した（『郵便報知新聞』一八九三年三月二五日）。

「昔日譚」は予定通り四月一日から連載が始まった。一回目は、大隈への「昔日譚」の依頼の話などの前書き的部分と「佐賀藩の学制」の話から始まった。その後、「昔日譚」は約一年半続き、翌年一〇月一三日に「征韓論」(征韓論政変)の話で終わる。

「昔日譚」の連載開始にあたって、若干の混乱もあった。村井主筆は「昔日譚」の記述を同新聞記者でアメリカ留学の経験もある矢部五洲(本名は新作)に依頼したが、矢部はたまたま病床にあったので四月一日から最初の一〇回の連載は「某氏」が代わりに行った。四月一六日の第一一回連載から矢部が担当するようになった。矢部は、大隈伯には豊富なる経歴と思想があり、その談話に対し私がたとえ十分に注意を払うとしても、その半分も伝えることができないと思う、と読者に許しを求めている(同前、一八九三年四月一六日)。このように、「昔日譚」は矢部記者による大隈へのインタビュー記事である。

「昔日譚」の第一回に、「編者」が三月のある日に早稲田邸に大隈を訪れて、「昔日譚」を依頼した際の大隈の様子が書かれている。おそらく依頼者は村井主筆であろう。大隈は喜んで承諾し、「得意の雄弁を揮って快談」した。そこには、維新以来の激動の時代を生き抜き、五五歳になった大隈の人生観がよく表れているので、主要部分を現代語に訳して示す。

一般に人生を振り返れば功績と過失が半々くらいである。したがってややもすれば功績が過失を償うことができず、ただ過失と失敗を残すだけの場合もある。自分も過去三〇年から四〇年の間にしてきたことを回顧すると、実に情けなくやりきれない思いがすることが多い。あるいは偶然小さな功績として記録されるべきものがないわけではないが、特に世間に誇る値打ちのあるものはない。しかしながら、私のさまざまな体験の中には、世の人々には知られておらず新鮮に感じるものもあるかも知れない。〔大した功績はなく〕仕方がないのですが、乱暴な少年時代から最近にいたるまでの概略を語りましょう。

（同前、一八九三年四月一日）

「大隈伯昔日譚」の特色

大隈による「昔日譚」の始まりで、第一に注目されることは、自分の人生には功績よりも失敗の方が多いと述べていることである。この後も別の所で、人生で数多くの失敗をしてきた云々と、公然と述べている。これは大隈が自分の過去の判断と行動を厳しく反省しているとも見えるが、そう公言できるのは自分の生き方に対する自信の表れ、ととらえることができる。

大隈とその一派は、明治十四年政変で、伊藤らから予想を超えた反撃を受け、政府を追放された。しかし大隈は、黒田内閣で副首相格の外相として復活し、内閣を主導した。ところが、せっかくの復活も条約改正問題で失敗した。その後、改進党は初期議会で民党第二党の地位しか確保できなかったが、一応安定するまでになり、機会が来れば大隈には藩閥内閣の有力閣僚として入閣する可能性があった。

政界の浮き沈みとは異なり、大隈がイギリス風の政党政治や、それらを支える政治体制と社会を作るための人材養成機関としての意味も含めて創立した東京専門学校は着実に発展し、この一八九三年七月に第一〇回卒業式を控えていた。七月一五日に行われた卒業式（東京専門学校では「得業式」と称す）には、法律科・行政科・文学科・邦語政治科・英語政治科・専修英語科合計一六九名（兼修英語科を含めると一八〇名）の卒業生を送り出した。来賓や父兄らも一〇〇〇余名も参列している（『郵便報知新聞』一八九三年七月一六日）。大隈が明治十四年政変後に行ってきたことは、着実に根付きつつあったともいえる。

佐賀藩出身のかつての同輩を見ると、維新直後には大隈より格上であった副島種臣は、征韓論で下野し、大隈が外相のときに枢密顧問官として政府に復帰、松方内閣が勢いをなくしたときに内相に三ヵ月就任したのみで、再び枢密顧問官に戻った。盟友であった江藤新平はこの世にいない。

藩外に目を向けても、土佐藩のリーダーとして維新直後に自分より格上であった板垣退助は民党第一党自由党の党首であるが、党は星亨らに主導され実権はあまりない。後藤象二郎も、黒田内閣・山県内閣・松方内閣と逓相として入閣したが、主要閣僚としての存在感はない。自由党への影響力も、星の台頭につれてほとんどそれを失いつつある。大久保・木戸・西郷隆盛はこの世の人ではない。

長州系は伊藤、薩摩系は松方・黒田が中心で、藩閥全体では伊藤がリーダーとなっている。しかし、大隈には強い自負心があった。イギリス風の政党政治を作り「輿論《よろん》」＊を政治に反映させ、東アジアに安定した秩序を作り、清国や列強と貿易を拡大して日本を通商国家として発展させることができるのは、伊藤ではなく自分であると。達成感をそれなりに持ち、自分の可能性に賭け、半ば無意識のうちに、『昔日譚』において一般的に自分を大きく見せる脚色をしていくのであろう。

＊大隈は、国民のよく考えぬかれた理性的な意見である「輿論」と、むしろ気分や感情に影響された意見である「世論《せろん》」を区別している。以下で論じていくように、大隈は輿論にもとづいた政治を理想とし、中産階級以上の自立した個人がリードしているイギリス風の政党政治をめざした。しかし、世論の力も知っており、世論に流されないように、さらに世論をできる限り味方に付けようと試みながら、理想の政治をめざした。なお、近代日本において、福沢諭吉『文明論之概略』（一八七五年）は、責任ある輿論と、世上の雰囲気である世論の区別をしており、それ以降に輿論と世論の使われ方が定着していったようだ。その後、明治末期には輿論が世論化し始めるが、第二次世界大戦後の一九五〇年代までは輿論と世論は違うという意識は残っていたものの、一九六〇年代以降その区別はあいまいになっていく（佐藤卓己『輿論と世論』）。

「昔日譚」の始まりで第二に注目されるのは、当初は「維新前後の物語」を連載するということで、大隈自身も「近時にいたるまでの経歴の概略を語」ると述べていることである。これは、一八七三年（明治六）の征韓論政変以降も語ろうと漫然とであるが考えていたからであろう。

ところが、『昔日譚』の大隈の征韓論政変の語り口は、自分の行動のブレに触れないように、また嘘を言わないように苦心した末からか、あいまいなものとなった。伊藤や黒田・副島、吉井友実《よしいともざね》・徳大寺実則《とくだいじさねつね》など中枢で政変に関わった生き証人が複数生存しているからである。明治十四年政変となれば、生き証人はさらに多く、その語りは初期議会期の同時代につながる意味でもさらに難しくなる。おそらく大隈は、征韓論政変について語っているうちに、そこで打ち切ることを決めたのだろう。

「昔日譚」の始まりで第三に注目されることは、大隈が「得意の雄弁を揮って快談」したと、記者が書いていることである。これまで述べてきたように、明治十四年政変で藩閥政府を追放されてのちも、大隈は多数の人々を前に演説することはなく、また新聞や雑誌に個人名で意見を表明することもなかった。

しかし、数人の訪問者を前に「雄弁」をふるうことは有名であった。この時期の少し前頃から、大隈はもう少し多い人数を前に演説を始めていく。早い時期のものでは、先述した一八九二年(明治二五)四月四日の大隈伯邸での園遊会や、九三年一月五日の大隈邸での年始会(改進党の衆議院議員ら党関係者五〇余名来会)での演説(挨拶)などがある(『郵便報知新聞』一八九二年四月五日、九三年一月六日)。

大隈は一八九六年半ば以降、一般実業家層などもっと多数を対象に演説し、彼らを魅了していくのであるが、困難を感じることはほとんどなかっただろう。

「責任内閣」論

松方内閣は、すでに述べた一八九二年（明治二五）二月の第二回総選挙の選挙干渉問題以降勢いをなくして総辞職し、八月八日に第二次伊藤博文内閣ができた。伊藤は条約改正を重要課題としていたが、大隈の条約改正交渉に不信感を持ち続け、数年前のように大隈が外相などで入閣する余地はなかった。伊藤内閣の外相には陸奥宗光が就任し、自由党の幹部星亨（かつての陸奥の書生）らを通し自由党と伊藤内閣の連携が強まっていく。

在野の大隈は、改進党に再び積極的に関わり始め、日清戦争の始まる一八九四年七月までの間に、政策体系を深めていく。製糸業など軽工業分野で産業革命が始まるなか旧来の改進党の政策を、議会が開かれた一八九〇年代の状況に適応させるためである。それは「責任内閣」論、独自の財政論、自由貿易論の三つとなった。

まず第一に「責任内閣」論をみてみよう。すでに述べたように、これは一八九二年四月の党臨時大会で決まった新しい党の綱領の重要な柱である。

ここでいう「責任内閣」とは、天皇と国民の代表である議会の双方に「責任」を持つ内閣で、大日本帝国憲法の運用の当面のあるべき姿ととらえる考え方である＊。大隈は、現在の藩閥政府は議会の意向をないがしろにしているので「責任内閣」とはいえない、と、藩閥政府の姿勢を批判した。

＊大隈は一九一二年二月段階でも、大日本帝国憲法（立憲政治）下にあっては、内閣は君主（天皇）への「直接の責任」を負うばかりでなく、同時に議会に対しても「間接の責任」を有すると（「内閣責任論」『新日本』一九一二年二月、木村毅監修『薩長劇から国民劇へ』一〇八、一〇九頁）、同様の「責任内閣」論を述べている。

大隈が、理想とするイギリス風の政党内閣を主張しなかったのは、日本には主義と政策で結びつき、政策を立案して政権を担当する能力がある二大政党が存在せず、藩閥の勢力と比較しても政党内閣が当分は実現できないという現状を認めていたからである。「責任内閣」論なら、藩閥政府が政党（衆議院）側の要望を十分に取り入れた政策を実行するか、政党から何人か入閣者を出して政党側の要求を取り入れても、「責任内閣」と呼べる。「責任内閣」はイギリス風の政党内閣への一段階であり、「責任内閣」の究極が、政党内閣であった。

第二次伊藤内閣下で、一八九三年一月五日、大隈邸で改進党の年始会が開かれた（改進党の現・前衆議院議員、評議員〔かつての評議委員〕ら五〇余名出席）。そこで大隈は、「責任内閣」について注目すべき演説を行う。

大隈は、これまでの「三十年」間を見ると、日本は「形式上」では驚くほど進歩したが、「精神上」の発達においては、「代議」制度の発達が完全でないように「遺憾」の点が少なくない、と論じる。このため、「国家の頭脳」である行政は不振で、内閣の信用はまったくない。緊急に必要な新規事業でさえ否決されたものがある。

内治の改良を行い、憲法の運用を敏活にして、「国権を拡張して国威」を揚げようとすれば、一日も早く「責任内閣」の制度を実施するのみである。「責任内閣」を組織する方法は、「輿論の代表」である議会に多数を占める者に担当させるべきである。

しかし目下、「民党と称する大団結」は議会に多数を占めているが、民党は一党派のように「敏捷活達」に動けず、十分な「責任内閣」を組織できない。将来に「責任内閣」の実績を挙げるためには、改進党が議会に多数を占め、結合力を強くし、「正理」（正しい道理）を固持して勇敢に進むべきである（「大隈伯の演説」『立憲改進党党報』第三号、一八九三年一月二〇日、『東京朝日新聞』一八九三年一月七日）。

大隈は、維新前後からの日本の近代化の成果を評価しながらも、「代議」制度など政治の内実が不十分と見た。また、そのような状況では国民の力も結集できず、政党政治の展開など日本よりも国民の力を結集している列強に遅れを取るので、「責任内閣」が必要であるとする。

大隈は、目標とすべき政党内閣をあえて論じていない。すなわち、ここで大隈が当面の現実的な目標とする「責任内閣」は、大隈のような政党を背景としたリーダーたちが首相または重要閣僚として入閣し、議会（と天皇）に責任を持つ内閣である。しかし、改進党も含め現在の民党には「責任内閣」を作る力すらない、ととらえていた。

きわめて冷静な分析である。また、イギリス風の政党政治を実現しようという、十数年来の目標を継承している。大隈は様々な戦術や、ときには謀略も使いながら、核となる改進党を強化し、「責任内閣」を作る気運が来るのは近いと信じて待っていた。

柔軟な「小さな政府」論

大隈は「責任内閣」論に加え、政策体系の第二のポイントとして、「小さな政府」論を唱えた。大隈は「小さな政府」という用語を使っていないが、民間の創意工夫を重視し、政府の事業を限定的にして増税や正貨の裏づけのない不換紙幣の乱発を避ける論を展開しており、そのように呼ぶことができる。たとえば、一八九二年四月に大隈は、鉄道国有に反対し民営を主張する意見を述べている(『報知新聞』一八九二年四月二日、六日)。

また、第一議会以降に民党が政府予算を削減した結果、国庫に使われない金、剰余金が蓄積されてきた。その金を安易に使うと使い方が放漫になるので、それよりも、現状では重い税負担を軽減すべきと主張する。一八九三年一一月五日の大隈邸の園遊会において、大隈は次のように演説する。

議会で予算を削減して生じた剰余金が、減税に回されず蓄積されているので、「政府及一種の政論家」は新事業を計画しようとし、また「民間の企業家」も政府の保護に頼ろうとしている。もし国庫に剰余金がなく増税をして新規事業をするのであれば、計画する者の責任は重く、議会も責任を負って可否を決する〔が、剰余金があると使い方が放漫になる〕。したがって、国庫に生じた剰余金は、ことごとく「民力休養」に向け過重の租税を軽減し、不当の租税を廃止すべきである。これが実行されるなら〔経済は成長し〕、将来において、国家が富んで成長するためや、軍備・教育などのために国費を投じる政策を行えるようになる。

（『東京朝日新聞』一八九三年一一月七日）

このように大隈は、常に減税せよという、単純な「小さな政府」論者ではない。もちろん増税や公債で積極的な事業を常に行えという「大きな政府」論者でもない。税負担が重すぎて国民が疲弊しているときは、①剰余金がある場合には、減税して「民力」の回復をしばらく待ち、そのうえで増税して国家に必要な事業をするか、②剰余金がない場合には、公債を発行して事業を行い、「民力」（景気）の回復を待って公債を償還していく、という現実主義的で柔軟な独自の財政観を持っていた。この場合、すでに述べたように（一八八〇年の外債五〇〇〇万円募集計画、第7章）、外債を発行する条件があれば＊、在外正貨（金）が入ってくるので、国内の通貨発行量を増加させてもインフレーションにはならず、景気の回復を促進できるとも見ていた。また、その状況判断は、自らのようなすぐれた大物財政家が行うべきだと考えていた。

＊一八九三年から翌年にかけ大隈は、外債を募集して鉄道を敷設すること。治水事業のため外債を募集すべきとも発言している（五百旗頭薫『大隈重信と政党政治』一六二、一八五頁）。この事実も大隈の独自の外債論の枠に入る。

大隈の考えは、経済活動は原則として民間の創意・工夫に依るべきという意味では、「小さな政府」論者といえる。こうした財政観は、維新期に不換紙幣を大量に発行する柔軟な財政政策で財政難を乗り切り（第2章）、状況が落ち着いた大阪会議下の一八七五年初頭に建議として萌芽的に出したものを（第6章）、立憲改進党創立の際に明確にし（第8章）、展開させたものといえる。これ以降、大隈は一貫してそれを持ち続ける。

自由貿易論

政策体系の第三のポイントは、自由貿易論である。大隈は列強と強気の交渉をして条約改正を行い「国権」を伸張し、自由貿易を展開するべきだと考えていた。

強気の交渉姿勢は、大隈が幕末から維新直後にかけての外交交渉を経験して形成したものである。黒田内閣の外相時代にも条約廃棄論を行おうとした姿勢にも表れている。大隈の意図は無謀な交渉をするというのではなく、列強にひるまずギリギリのところまで強気を示すことで、交渉を妥結にもっていくことであった。

第二次伊藤内閣下で陸奥外相が条約改正を進め、第四議会（一八九二年一一月〜九三年二月）で条約改正上奏書が奉呈された後で、一八九三年八月、大隈は体系的な条約改正論を公表する。

大隈は民党側の条約改正案にことごとく賛同するものではないとする（「条約改正談」「大隈伯爵時事談」『自由党党報』一四号、一八九三年八月）。それは対等条約は求めるべきだが、「内地雑居」を禁じるのは列強を恐れる意気地なしの気持ちにすぎず、交渉を不利にするだけである、と批判する。さらに大隈は、〔外国人が居留地を離れて自由に活動できる〕「内地雑居」さえ認めれば、列強は治外法権維持に固執せず、撤去しても「自由及利益」が拡充することを期待するだろうとも見ていた。

「内地雑居」は、大隈の外相時代の条約改正案にも列強への見返りとして含まれていた（第9章）。また、日本が列強に負けないように同じスタンダードの国になることは、大隈が一貫して持ち続けていた目標であった。この点は伊藤首相や陸奥外相も同様で、彼らの条約改正交渉も、「内地雑居」を前提に進められていた。

さらに大隈は言う。関税自主権を回復して、重い関税を輸入品に課そうとするのは愚かな議論である。関税が重ければ、日本人の負担となり、また外国も日本の輸出品に対し重い関税を課すことになり、結局、日本と相手国の双方が不利益になる。

すなわち、大隈の主張する関税自主権回復は、日本からの輸出品に対し重い関税を列強にかけさせないようにすることが目的である。これまで国内の産業の発達が不十分で地租以外に税源が見い出せない状況の中、大隈は関税自主権を回復し関税を税源とし、また関税の力で輸入を抑圧して正貨の流出を防ぐべきと論じてきた。この考えを捨てたのは、一八九〇年代に入って日本の綿糸輸出が急増するなど、国内産業が成長してきたからである。大隈は柔軟な自由貿易論者であることがわかる。

さて、その後、同年一二月一九日、第五議会で改進党も加わった対外硬六派《たいがいこうろっぱ》は現行条約励行建議案を上程した。これは、現行条約に違反して、居留地外に居住したり、許可なく旅行したりしている外国人を咎《とが》めることで、列強に圧力をかけ、完全な条約改正を実現しようとする建議である。対外硬派は藩閥政府支持であった大成会の流れを汲む国民協会などのグループが中心であるが、伊藤内閣と自由党が提携したことへの反感も加わり、改進党も条約改正をめぐって強硬姿勢をとった。陸奥外相は、このような行為は現在進行している条約改正交渉にとって著しい障害であると見ていた。伊藤内閣の要望で、一二月三〇日に衆議院は解散された。

翌一八九四年三月の総選挙の結果、改進党は四八名と少し議席を増やしたが、一一九名という自由党の半数以下であることは変わらなかった。衆議院の解散への反感もあって、改進党は再び対外硬派に参加、自由党も加わって、五月三一日に衆議院は伊藤内閣に対し、内閣弾劾上奏案を可決した（六月二日、天皇は宮相を通し不採用と伝える）。

五百旗頭薫によると、大隈は対外硬運動に対し冷淡だったという（『大隈重信と政党政治』二〇七頁）。これは改進党創立以来変わらない姿勢である。おそらく大隈は、「責任内閣」を実現するには対外硬的姿勢は克服しなくてはならない課題と思いつつも、この流れを当分変えることはできないと判断し、党を分裂させないために黙認したのであろう。

最後に、この時期の大隈は、朝鮮国などを植民地として獲得するといった議論をまったく述べていないことに注目したい。条約改正論に見られるように、大隈は自由貿易論者である。大隈は、朝鮮国が自国の防衛や治安維持すら不十分な状況にあることに鑑み、清国の属国としての地位から離脱させ、日本が主導して近代化させて安定させ親日的な国にしようとした。またそうすることで、ロシアの朝鮮侵入と占有の恐れをなくし、日本の安全保障を図ろうとした。それは朝鮮国にとっても利益になると考えていたのであろう。

このことは、一八九三年六月に朴泳孝《パクヨンヒョ》（朝鮮国の親日派・改革派の有力者）が、大隈の再度の入閣を期待し、入閣して朝鮮国のことを十分に考えたうえで「一段相片付」るようご尽力を望む、と大隈に期待していることからもわかる（大隈宛朴泳孝書状、一八九三年六月一二日、『大隈重信関係文書』五巻）。もちろん、大隈と朴の間で日本の主導性と朝鮮国側の自発性のバランスの合意がどの程度あったのかは不明である。

これらの大隈の構想の大枠が一貫していたことは、日清戦争の過程で打ち出されるようになった東アジアの秩序論や、戦後の経済論を含めて検討するとよくわかる。

朝鮮国改革論と日清開戦

まず日清戦争の簡単な経過を見て、次いで、その下ではっきりしてきた東アジアの秩序に関する大隈の論を検討しよう。

一八九四年（明治二七）春に朝鮮国の農民の反乱が拡大していくと、六月二日に伊藤内閣は、朝鮮国への出兵を決定、混成一個旅団、数千人の派兵を始めた。朝鮮国は一応独立していたが清国の属国でもあった。さらに六月一五日に、清国に日清共同で朝鮮国を改革することを提案し、清国が応じないなら日本単独でも改革する方針を決めた（高橋秀直『日清戦争への道』）。伊藤内閣は、内乱を利用してロシアなどが朝鮮国に侵入しないよう安定した秩序を作り、日本の安全保障を確保しようとしたのである。

他方、七月一六日には日英通商航海条約が調印され、日本は領事裁判権（治外法権）を撤去、主要品目について関税自主権を得ることができるようになった（施行は五年後の一八九九年七月一七日から）。大隈が大審院に限って外国人判事を任用するという不完全な形で達成しようとしてできなかったものが、ライバルの伊藤首相・陸奥外相のコンビでより完全な形で実現したのだ。軍事力も含めた日本の国力の向上をイギリスが認めた結果である。当時イギリスは世界最強の国とみなされていたので他の列強もイギリスに続くことは間違いない。大隈は結果自体を喜ばしくとらえても複雑な気持ちであったと思われる。八月二七日に改正条約の内容が公布されても何も発言していないことが大隈の気持を示している。

話を日清戦争にもどすと、清国が日本の朝鮮改革要求に応じないので、伊藤内閣は日清開戦を覚悟しその準備を推進した。イギリスとの条約改正の成功にも自信を得、七月二三日に日本軍が朝鮮王宮を占領、二五日に豊島沖で清国軍艦を攻撃、日清戦争が始まった。その後、日本陸軍は九月一五日から一六日の平壌《ピョンヤン》の戦いに勝利、また海軍が一七日の黄海海戦に圧勝して、日本の勝利がほぼ確定した。

この間大隈は、六月一一日と一三日に、朝鮮国の組織を改革し、人心を「鼓舞奨励《こぶしょうれい》」して「世界の進勢」に追いつかせれば、朝鮮国の発展と繁栄につながるのみならず、日本の大きな利益になると論じている。もし清国が朝鮮国を併合するか、併合しないまでも「内事に干渉」するようなことがあれば、日本の不利・不面目である。東洋の「安危」は日清両帝国が責任を持つのであり、朝鮮国の独立は日本に利益をもたらすと同時に、清国の安全を保障する。清国でも英・露でも、日本の利害に「抵触」するものは、日本国民は決して見過ごしてはならない（「大隈伯の朝鮮談」『郵便報知新聞』一八九四年六月一一日、一三日）。大隈はこのように論じた。

大隈の論は、清国が単独で朝鮮国の改革を行うことを認めないものだ。朝鮮国の改革は日清共同でか、または日本単独で行うべきで、日本の利害に触れる場合は相手が英・露でも見過ごしてはならないとの強硬である。伊藤内閣も、清国が日清協同の朝鮮国の改革に応じるとはほとんど思っておらず、大隈と大差なかった。英・露に関連した話は、政権を担当していないときにおける、改進党内の対外硬論を多少満足させるための強がりの発言にすぎない。また、戦争に訴えてもとまでは述べていない。大隈の論は、日本の安全保障のため日本が単独でも朝鮮国を改革し、そのためには日清戦争も辞さない、朝鮮国の改革は同国の利益にもなる、という伊藤や伊藤内閣の方針（伊藤之雄『伊藤博文』）と同様である。

その後、大隈は外交や戦争および東洋の国際秩序に関する発言をしなくなる。日清両国の開戦過程や戦争の行方を慎重に見守っていたのであろう。

日清戦争と東アジアの秩序

ようやく一八九四年一〇月一〇日の改進党代議総会（神戸市）で、大隈は代議総会長として、病体で遠方に行くことができないからと大隈英麿《ひでまろ》（娘熊子の夫）に演説を代読させた。それは、今起こっていることは「東洋永遠の治和興廃」に関係することで、戦場の将兵に対して財政を豊かにして軍資金や食糧を十分に提供すべきである、といった一般的な戦争支援の話であった。これに対し、同大会の宣言は、「東洋永久の平和を確保する」ことを目的と言い、「姑息《こそく》」の講和は「深憂長患」を他日に残す、と政府の外交を拘束するような強硬論を述べた（『郵便報知新聞』一八九四年一〇月一三日）。約一年前の条約励行論と同様に、大隈は常に党内の対外硬論と調整を図りながら党勢を維持しているのである。

次いで一一月の某日に、大隈は改進党党報の記者の求めに応じ、日清戦争の方針について注目すべき談話をする。それは、現在の占領地は盛京《せいきょう》省の一部にすぎないので、盛京・直《ちょく》隷《れい》両省（満州南部）から北京周辺の要所を占領する以外に、一方で威海衛《いかいえい》を攻撃して山東省を占領し進んで江蘇《こうそ》省に入り、「揚子江」（長江）畔の土地を占領、また一方で第三軍を組織して台湾を占領する、というものであった。さらに最終的には北京を占領し、講和（「城下の盟」）を行うとも言う。

この理由は、アロー号戦争で英・仏軍は天津から北京を占領して講和を行ったが、南部の人は気にしていないほど清国は大きく、報道も不十分であるからだ。長江流域まで占領するのは、清国人を日本の「威武」（威信と軍事力）に従わせて、再び戦争を起こさせないようにするためである。

また大隈は言う。講和の際に、「兵略上」で必要な土地を日本に割譲させるためには、占領しておかねばならない。また講和の際に必要でない土地を清国に返還する分量が大きければ、清国人は日本の恩恵の大きさを感じ、日本の「公義」を世界に知らしめる一段階ともなる、と（「大隈伯時事談」『立憲改進党党報』第三五号、一八九四年一二月八日）。

大隈の論は一見すると、戦勝に乗じて軍事力を背景に植民地を拡大していくという、帝国主義の時代の一般的な議論のようにも見える。とりわけ、台湾を新たに占領することについては、そうした一面がある。

台湾については、この二ヵ月後、大隈とのつながりを重んじていた加藤高明駐英公使が、イギリス政府の機関紙デイリー・ニュースの社説が日本は台湾を領有すべきと唱えたことを示し、それを不当と考える論調がないことを伝えた。もし日本が清国との講和条約交渉で、この要求をしないなら、少なくともイギリス人は意外だと思い、日本の「少〔小〕胆」〔気が小さく勇気がないこと〕を笑うことであろう、と加藤は述べている（大隈宛加藤書状、一八九五年二月一二日、『大隈重信関係文書』五巻、四八〇頁）。

このように、帝国主義の時代に列強と対抗して日本の安全保障を確保するためには、戦争に圧勝したら列強から見くびられない程度に領土を獲得しなければならなかった。この意味で、加藤公使に提言されるまでもなく、大隈は台湾領有の必要性を自覚していたといえよう。

しかし大隈の言では、戦略上の必要な土地以外は清国に返還し、清国と日本の精神的つながりを深め、列強に日本の「公義」を示せ、という部分が重要である。大隈は、日清戦争後に日本と清国との連携が深まり、日本に敗けた刺激によって清国が立憲国家の形成などの近代化を本格化させることを望んでいた。また、清国から戦略上必要な土地を日本が得て、日本の安全保障を確保し、清国の独立が侵犯されないよう、日本が東アジアの秩序形成をリードしようと考えていたのである。

伊藤首相・陸奥外相らも、日本が朝鮮国を近代化し秩序を与えていかねばならないことを、大隈同様に考えていた。しかし、大きな清国の行く末を日本が考えるのは今の国力では現実的でないと、大隈のような論を行ってはいない。大隈の方が、外交戦略や東アジアの秩序形成に少し背伸びをして論じる傾向が強い。

大隈の対清意見は、今日の感覚からすると、清国の自主性を重んじない抑圧的なものにも見える。しかし、帝国主義の時代の列強のスタンダードから見ると、収奪をめざしてやみくもに植民地、あるいは保護国・勢力圏を拡大しないという点で、むしろ穏健なものといえる。同じ党報に改進党幹部の尾崎行雄は、以下のようにもっと高圧的な対清策を主張している。日本は欧州列強に手を貸して清国を滅亡させ、アジアを分割させる道もあるが、それは次は日本の滅亡という順になる。しかし、今の中国人には一つの帝国を維持していく力がない。そこで「日本国の家来となり日本国の制馭を受けて其下に立って己れの有り様を保って往くには恰《あた》かも適当なる人種である」（同前、「大隈伯時事談」）。尾崎は、中国人の可能性を認めない、決めつけ的な人種論の立場から、日本の下に中国を服属させるとまで論じるのである*。尾崎の論は日本が清国をすべて保護国化、あるいは勢力圏化しようという点で、東アジアにおける当時の列強のスタンダードを大きく逸脱していた。

＊なお、一八九四年一二月一日の『東京朝日新聞』には、「大隈伯の意見」として、一一月の某日の大隈談話と類似した清国占領構想を掲載していたが、それが清国人に刺激を与えるためであることや、占領地の多くを返還することにはまったく触れていない。これは、この当時に対外硬派的論調の強い『東京朝日新聞』の論調に合わせて大隈談話を要約したからであろう。本書では、大隈の意見・構想を論じ

る際には、大隈系の『郵便報知新聞』（のちの『報知新聞』）や改進党の党報など大隈のコントロールの及ぶものを重視し、他の媒体に掲載されている大隈の論は、慎重に当否を判断して使う。

台湾など占領地の統治構想

一八九四年（明治二七）一二月頃までに大隈は占領地の統治も構想している（「大隈伯時事談」『立憲改進党党報』第三六号、一八九四年一二月二八日）。それは、占領地の統治には、植民地として治めるものと、日本の領土として治めるものとの二種類があり、後者がよく、日本の「郡県」（中央から地方官を派遣して統治させる制度）として支配すべきとするものであった。

また大隈は、北海道や「琉球」におけるように、その「風俗習慣」はほとんど「打破」し、「日本化」させるべきという。この談は、まだ占領していない台湾を対象にしているもので、占領地の中国人を「一洗する」とともに、日本国民を居住させて、日本の文化を新領土に広めれば、先住民は日本になびくとも言う。

大隈は自らの体験に照らして、人間が向上し変わり得るという価値観を持っている。しかし、欧米はおろか清国・朝鮮国も含め、海外に行ったことがないので、原住民の日本への同化に関して楽観的でありすぎる。また同様に、強引にでも「近代文明」を広めることは善であるという、当時の西欧列強の価値観に強く影響されていた。

大隈はこの一〇ヵ月後の一八九五年一〇月に、大枠は同じであるが、原住民との関係で植民地統治の困難さにもう少し配慮した、さらに具体的な台湾統治論を述べている（この時点では、講和条約で台湾領有は決定していた）。その要点は第一に、台湾に「大総督府」のようなものを設立して植民地と同一視して統治するのは良くなく、日本の内地の延長で統治すべきというものであった。台湾統治はイギリスのアイルランドと同じくすべきであり、インド統治のようにすべきではない、というものである。

第二に、台湾に日本の内地人が移住し、時間が経てば原住民と結婚が行われるなど、交流が頻繁になれば、全島が自然に日本化していくと見通すものであった（『読売新聞』一八九五年一〇月四日）。

アイルランドはイギリスの植民地であったが、一九世紀以降、アイルランドの選挙区からイギリス本国の議会の庶民院（下院）に議席を持つようになっていた。実際には、その後藩閥政府は、大隈の提言のように台湾を内地の延長とするのではなく、総督府の軍人と官僚によって植民地的に統治していく。これに対し大隈は総督府による統治様式を批判し続けていく。

母三井子の死

明治二年（一八六九）に大隈が二番目の妻となる綾子と結婚した後、母三井子《みいこ》は大隈の娘熊子を連れて佐賀から東京に出て来て、大隈と同居するようになった（第2章）。

大隈三井子

三井子は当時としては異例の長生きをし、一八九三年（明治二六）三月七日に米寿を祝った。その後も健康であったが、翌九四年一〇月頃より糖尿病を患った。池田謙斎（宮内省侍医局長）・橋本綱常（日本赤十字社病院長）ら、大隈が爆弾で負傷した際と同様に最高の医師の治療を受け、一時は回復した。しかし年末に容態が悪化、ベルツ（東京帝大医科大学御雇外国人教師）まで呼んで診察させたものの、九五年一月一日に死去する。三井子は文化三年（一八〇六）三月六日の生まれなので、満八八歳であった。三井子は大隈を含め二男二女を生んだが、大隈の弟と姉の一人は他家に行きすでに死去しており、大隈と他家に嫁した姉が最期を看取った（『報知新聞』一八九五年一月二日、『読売新聞』一八九五年一月三日）。

三井子の葬儀は一月六日に護国寺（現・東京都文京区）の神殿で行われた。千家《せんけ》尊弘《あつひろ》を祭主とする神式であるが、永平寺住職代理らの僧侶も出席する神仏混淆のものであった（同前、一八九五年一月八日）。これは義祭同盟に参加した大隈の思想を反映している。

会葬者は、伊藤内閣の閣僚では黒田清隆（逓相、前首相）、芳川顕正（法相）・陸奥宗光（外相）・榎本武揚（農商相）が、ほかに松方正義（前首相）、佐賀藩関係では旧藩主家の当主鍋島直大（侯爵）・佐野常民（前大蔵卿、佐賀藩出身、明治十四年政変で下野）ら、この他皇族の名代・華族・各国公使などの名士、東京専門学校の学生らも含め、一万人以上に及んだという。

三井子の死と葬儀を通し、在野であるにもかかわらず、この頃の大隈への期待とその影響力の大きさがわかる。とりわけ、黒田と松方という薩摩系の大物の出席は、自由党と提携した伊藤内閣の次の政権を考えるうえで重要である。

第Ⅳ部

力闘編

第11章 ポピュリズム的手法——日清戦後の経済論・対外硬と進歩党

三国干渉

日清戦争に日本が勝利し、一八九五年（明治二八）四月一七日に講和条約として下関条約が結ばれる。日本は旅順・大連などを含む遼東半島・台湾と賠償金二億両《テール》（約三億一〇〇〇万円）などを得た。また清国は朝鮮国を属国とする特殊な権利を放棄し、沖縄すべてが日本の領土であることも認めた。

ところが四月二三日にロシアの主導のもとドイツ・フランスの三国は日本が遼東半島を領有することは清国の独立を危うくするとして、返還を勧告する三国干渉を行った。日本にはロシアを中心とする三国に対抗できる軍事力はなく、五月四日に勧告の受諾を決定、翌五日に列強に通告した。

陸奥宗光外相や伊藤博文首相らは、戦勝によって政界や国民の領土欲が異様に高まったことに対応して、むしろそれらを抑制する形で、列強の動向を警戒しながら講和条件を決めていた。伊藤内閣の外交に落ち度はない。

ところが、五月四日には大隈が党首格の立憲改進党・立憲革新党など対外硬派と、伊藤内閣と連携している自由党、藩閥系の国民協会なども含む衆議院の九派の代表が出て、三国干渉に対する伊藤内閣の責任を追及し始める。この集会を主導したのは、尾崎行雄（改進党）・犬養毅（中国進歩党）ら大隈の腹心ともいえる改進党系の衆議院議員であった。

伊藤内閣はこれら対外硬派系の新聞の発行停止や、集会を禁ずるなどの弾圧を加えた。この結果、自由党と国民協会は責任追及運動から離れていったが、遅くとも八月末までに、反伊藤内閣を唱える政党である改進党と革新党（第八議会閉会時にそれぞれ五二名と四二名）などから、対外硬派を合同して大政党を作ろうとする動きが生じてきた。

他方、日清戦争後の軍備拡張をめぐって、松方正義蔵相は財政を引き締める健全財政を主張するなど、伊藤首相と対立し、八月二七日に辞任した。松方は遼東半島の領有についても、列強の干渉を招くと初めから反対し、代わりに一〇億円の賠償金を要求すべきと主張していた。

対外硬派に好意的な『大阪朝日新聞』は九月初頭になると、大隈が松方に好意を寄せており、また一一月中旬には伊藤内閣が議会開会前に辞任し、松方が首相、大隈が外相に就任すると観測する者がいると報じた。同じ頃、山県有朋（前首相）らにも松方を首相兼蔵相、大隈を外相とするといった松方・大隈内閣の構想があり、大隈は六十余名の関係者を府県そのほかに採用することを求めているといった話が、伝えられていた（伊藤之雄『立憲国家の確立と伊藤博文』、室山義正『近代日本の軍事と財政』、同『松方正義』)。このように三国干渉の責任追及問題を起爆剤として、松方・大隈内閣への期待も加わり、大隈の求める非自由党系の大政党が形成される空気が強まってきた。

他方、陸奥外相の結核が悪化して西園寺公望が外相臨時代理を務める中、一〇月八日に伊藤首相が大隈を訪問する(『報知新聞』一八九五年一〇月二三日)。大隈は松方を主としながらも、伊藤からも政権参加を期待されているとのイメージが強まってきた。

ところで、こうした状況下で、大隈とその腹心の犬養毅(のちに文相、首相)の関係がわかる二通の書状がある。一一月末に犬養は、伊藤が辞職を思いとどまらないなら、黒田内閣ができ大隈が入閣を誘われそうであるなどの見通しと、私の同志が最も心配するところは、大隈が自分の能力への自負から単独で入閣問題を決断するのではないか、と書いている。また翌年一月一八日には、万一政党合同がうまくいかなかったら、自分(犬養)を「罪人」とすれば大隈には責任が及ぶ心配はないとも書いている(大隈宛犬養書状、一八九五年一一月二六日、一八九六年一月一八日、『大隈重信関係文書』〈早〉一巻、二五四〜二五六頁)。

犬養毅

この一七年後ではあるが大隈は、犬養君は時々狼のように食ってかかるが世の中には狼も必要である、と述べている。

犬養は大隈の命に単に従うだけの人物ではないが、大きな迫力と責任感を持っていた。大隈好みの頼りになる腹心の一人だったといえる。

対外硬派に同調しない外交論と財源の模索

大隈の配下には、反藩閥を唱える対外硬派の人物も少なくなかったが、大隈は、伊藤内閣の責任を追及する動きに一切関わらず、またそれを支持する発言もしなかった＊。責任追及の動きは非合理的で後ろ向きであり、国民の憤りを煽ることによって、たとえ一時的に支持を拡大しても、日本のためにならないと判断したのであろう。

＊これまでも尾崎行雄らを例に示してきた。ほかにも、後述するように大隈は、対外硬派の武富時敏に佐賀県選挙区の候補者選定の調整役を任せ、選挙情報を得ている。また、対外硬派のジャーナリスト徳《とく》富蘇峰《とみそほう》に目をかけた。蘇峰は一八九六年四月から九七年六月まで一年あまり欧米を周遊した際の費用は、大隈の「御高配」「高顧」のおかげであると感謝している（大隈宛徳富書状、一八九四年八月二五日～一八九七年一一月七日、『大隈重信関係文書』〈早〉八巻、三一～三七頁）。大隈は、帰国した徳富を在野から、しかも三四歳の若さで、自分が外相（副総理格）の第二次松方内閣の内務省勅任参事官（次官級）に登用している。対外硬派の徳富を優遇したのは、徳富が三国干渉の責任論は主張しながら、「政府案であっても」日清戦後に向けての軍備拡張案は否決すべきでないと考える現実主義者であったこと、外交上は大隈と同じ日英連携を重視していたこと、また何よりも大隈に期待しており、大隈の「御辛抱強さ」を「驚嘆する」と表現したように大隈の本質をよくわかっていたこと、英語に堪能で欧米事情に

精通しており、当時の有力紙の一つ『国民新聞』を主導していたこと、等の理由からであろう。以下に示すように、外相となる第二次松方内閣、首相兼外相となる第一次大隈内閣で大隈は対外硬的外交を行っていないことからも（第11章、12章）、大隈が対外硬派的考えを持っていなかったことは確認される。なお徳富は、大隈が期待したにもかかわらず、第一次大隈内閣ができると、イギリスの政党政治をモデルとした理想論から、同内閣と与党憲政党を批判し、大隈から離れていく（第12章）。

対外硬論に加担しなかった大隈は、清国に勝ってのぼせ上がっている対外硬派や国民に、列強と比べた日本の国力の実情を理解させようとした。大隈は七月下旬、日本の国力と世界の一等国を比較すると、なお「一と十の差」があり、軍備・富力・知識・商業・貿易・学術・工芸・信用の制度の一つとして及ぶものがなく、日本ははるかに「後進の国」である、と論じた（大隈伯「戦後経済談」〔一〕〔二〕『読売新聞』一八九五年七月二九日）。

加えて、国民をいたずらに悲観させないため、多少楽観的な外交論を提示して、三国干渉の屈辱で傷ついた国民を元気づけて癒そうとする。

八月八日、『報知新聞』は大隈をイメージさせる「某伯の外交談」と題した外交論を掲載した。それは、三国干渉を行ったロシア・フランスは、今や熱心に日本の歓心を買おうとし、同時に日英同盟を妨げようと努めている。ドイツも日本に対し、できるなら日独英の三国同盟でも作ろうと言わんばかりの有り様である。今やイギリスそのほかの一、二ヵ国は日ごとに日本の肩を持つようになっており、日本の「外交の好時機」である。日本が取るべき方針は、英・露・独・仏のいずれとも結ばず、「厳正中立」を守り、「正義」の行動を取るべきである、と。

この時期、イギリスが日英同盟を求めていた事実はない。露・仏・独が特に日本に好意を寄せていた事実もない。しかし、列強との戦争を煽らない限り、この外交論は日本国民を未来に向けて元気づけるもので、それ自体で害悪のあるものではない。

また大隈は、同じ七月に二ヵ国以上の列強の東洋における連合艦隊に対して優勢を得るため、二〇万トン以上の軍艦が必要で、今後五年から七年のうちに一二万から一三万トンの建艦が必要である、と論じた。陸軍も二個師団（一個師団は平時編制で約一万人）以上の増加と砲台の建設が必要であるとしたが、明らかに海軍軍拡を優先させている。これらのため経費の増加は避けられないが、地租増徴や地価修正はせず、国税としての営業税を新設するのがむしろ必要である、これはそれまで地方税であった営業税の内容を刷新して国税にすることである、とも述べた（『立憲改進党党報』第四五号、四七号、一八九五年七月一五日、八月五日）。

しかし、国税としての営業税の新設は、もっと商工業が発達した段階での将来的な理想といえよう。ほんの少し後に、大隈は別のところで、陸海軍の経常費の増加の年二〇〇〇万円を含め、日清戦後の経費の増加は四五〇〇万円から五〇〇〇万円であるとし、その分を、酒税を清酒一石四円から一〇円に上げるなどの増徴（ただちに二三〇〇万円以上の増収）を中心に、煙草税の改革（三五〇〇万円から五五〇〇万円の収入）などで補うことを論じている。また条約改正が〔一八九九年に〕実施されれば、関税収入の増加も期待できる、とした（大隈伯「戦後経済談」〔一三〕〔一五〕『読売新聞』一八九五年七月三一日、八月二日）。いずれにしても、衆議院議員の選挙地盤の中心である地主層の嫌う地租増徴を当面は避ける、という路線であった。

揺れる中国観

日清戦争後しばらく、大隈は清国・中国人の可能性を信じていた（『東京朝日新聞』一八九五年一一月八日）。ところが、翌一八九六年五月になると、多少楽観的な極東秩序論すらを主張できない状況になっていることを自覚する。それは、欧州列強が「例の弱肉強食」を試みようとし、あるいは国力の平均を保とうとするためアジアに干渉しつつある、と考えるようになったからである。この状況下で、中国は「豪傑」が出て「大革命」を行わなければ滅亡を免れず、中国は自ら滅ぶという。

また中国を亡ぼすべき「敵」が出現するのは決して遠い将来ではなく、〔現在五八歳の〕私の一生の中に体験するであろう。そのときになったら、日本は「天皇陛下」を中心に中国を救うのか、また〔列強とともに〕滅ぼすのか、日本の運命はこのときをもって定まる、と見ている（「大隈伯演説」〔一八九六年五月二二日の大阪ホテルでの大阪実業者の歓迎会〕、『東京朝日新聞』一八九六年五月二六日）。

大隈は、これから一年半もしないうちに起きる列強の「中国分割」への動きを予測しているかのようである。また可能性は少ないと見るが、中国が自ら改革して近代国家になることが日本の安全保障にとって良いことである、と中国が連携できる状態になることを望んでいる点が注目される。さらに、列強の「中国分割」への動きがあった際、中国を救うのか否かは、そのときに日本の国力や国際環境によると、大隈が極めて現実的で慎重な外交論を述べていることも重要である。これからも見ていくように、外交に関して、大隈は日本の国力や国際環境も考えずに、国民を煽動する政治家ではなかった。

厳しい朝鮮国観

すでに述べたように、伊藤内閣の日清戦争の目的は、朝鮮国を近代化して国の秩序を安定化させ、日本の安全保障を図ることであり、大隈も支持していた。

開戦後の一八九四年一〇月に、井上馨が内相を辞任して一介の朝鮮公使（現在の大使）となり、朝鮮改革のためソウルに赴任することについても、大隈は次のように歓迎していた。

朝鮮国は「非常の英断」をもって改革すべきで、「人心腐敗」は長年のことであり、「近代的な」教育がなく「文明の何たる」を知らない。朝鮮人がもし「文明の民」であってよく改革を企て独立を保つなら、日本はあえて干渉する必要がないが、そうでないので

「隣国の親《したしみ》」から独立を助け、内政を改革し、「健全の邦国」としようとしている。

（「大隈伯井上伯の渡韓を祝す」『東京朝日新聞』一八九四年一〇月二一日）

大隈は、日清戦争の初期から朝鮮国は中国に比べ自分の力で改革する可能性がない、と厳しく見ていた。これは、大隈が率先して西欧文明を学び日本の近代化に尽力してきたことと、清国も洋務運動など、不十分ながら西欧文明を取り入れようとしてきたことに比べているのであろう。また朝鮮国が「隣国」であることを強調していることから、緊迫化した日本の安全保障に、中国以上に朝鮮国が関係している、と見ていることがわかる。

井上公使は朝鮮国に赴任し、内政改革に努力したが、日本の介入に反感を持っている朝鮮国王室・政府が本気で実行しようとしなかったので、改革は失敗した。朝鮮国での日本の立場を定着させる意味もある下関講和条約を結んでから四ヵ月後、一八九五年八月一七日に三浦梧楼（長州出身、前東京鎮台司令官（陸軍中将））が新たに公使に任命された。

その頃、明成皇后《めいせいこうごう》（閔妃《ミンピ》）がロシアと連携して日本の影響力を削減しようとしていたが、伊藤内閣や陸軍長老の山県有朋も、明確な朝鮮政策を決めかねていた。そこで一〇月七日夜から八日の早朝にかけて、三浦公使は独断で、明成皇后を殺害させる。この策動は、日本の公使館守備隊や武装した公使館員・領事館員の一部が加わって、朝鮮人の服装をして起こしたものであったが、日本人の行為であることはすぐに知られていった。事件の真相を知った伊藤首相や西園寺外相は驚き、憤った（伊藤之雄『伊藤博文』〔文庫版〕三九五〜三九九頁）。

大隈は一〇月一七日付で、この事件について談話した。外国人が日本人の仕業《しわざ》であると主張しているが、日本政府の知らないことを日本政府の処置と言うべきではない。しかし、これら「兇漢」のために諸外国人の感情を害したことは、大変嘆かわしいことである。事件に関わった者は、王妃さえ殺害すれば朝鮮国の「禍乱」がしばらく鎮定すると考えて「兇行」を働いたのであろうが、それは大きな誤りである。

このように大隈は三浦らの行動を、その名前を出さずに批判し、それは日本政府が命じたことでないと論じた。伊藤首相らのスタンスと同じであり、大隈は事件の真相を大体はつかんでいたらしい。

しかし、井上らの公使が失敗した朝鮮改革をどのようにすべきかの構想は、大隈にもなかった。朝鮮国は「不治の病」に罹り治療法がほとんど尽きた患者で、「誠に東洋の厄介者《やっかいもの》」というべし、と批判を強めている（「大隈伯の朝鮮談」『東京朝日新聞』一八九五年一〇月一七日）。伊藤に比べると、朝鮮国の改革ができる可能性を低く評価することが大隈の特色である。それから一五年もせずに、伊藤が韓国統治に失敗して〔韓国〕統監を辞任せざるを得なくなることを考えると、大隈の方が状況の厳しさを直感的につかんでいたともいえる。

とはいうものの、朝鮮人に助言を求められると、大隈は彼らが希望を持てるような話をした。大隈は、朝鮮国を目下は農業の時代と見て、工業の時代に進むにはなお数年を要するという。そこで、まず農業・牧畜を盛んにして、大豆・米・牛などの輸出を図り、次に鉱山の開発をすべきであると論じたという（『読売新聞』一八九五年一一月一八日）。大隈は、可能性が低いと見ても、意欲を持った人間から助言を求められると、生来の話好きもあって元気づけずにはいられなかった。

その翌一八九六年二月、日本に暗殺されることを恐れた朝鮮国王高宗《コジョン》が、ソウルのロシア公使館に逃げ込む事件が起きた。日清戦争で清国が敗北すると、ロシアは清国が弱体とわかり、逆に朝鮮国への勢力拡張を図っていた。王妃殺害事件で、朝鮮国における日本の勢力は大打撃を受けるとも見られた。

この危機に対し、大隈は元来、外交はまず「国民の意志」を一定にし、その手段方法については当局者が臨機応変に対応すべきである（「早稲田伯の朝鮮談」『東京朝日新聞』一八九六年二月二一日）と、独自の外交論を述べる。

幕末の倒幕運動や維新後の近代化過程では、大隈は「国民の意志」を問うよりも西欧の知識を学んだ大隈ら先覚者が主導すべきとの考えであった。しかし、帝国議会が開かれて一八九〇年代に名望家層を中心に国民が成熟してきたと「責任内閣」制を主張していく中で、日清戦争後になると「国民の意志」、すなわち感情に流された「世論《せろん》」ではなく、よく考えられた意見の「輿論《よろん》」を外交の大枠方針形成に反映させるべきとの考えになった。

ところが、三国干渉の責任追及論に大隈が加担しなかったように、外交に反映させることのできる良質な「国民の意志」(輿論)を形成することは簡単ではない。また一八八〇年代からの朝鮮国の動きは、日本や清国、ロシアなどの外部の力や国内の動向に対して、比較的短期的視野で自らの利害を保持していこうとするもので、朝鮮国体験のある日本人にとっても予測が非常に難しかった。まして大隈は朝鮮国に行ったこともない。いくら勘のよい大隈でも、王室も含め朝鮮国の状況をつかみ、動きを予測し、十分な外交構想を提示することは困難であった。

したがって、高宗のロシア公使館逃げ込みに対しても、大隈は朝鮮国のことは日・英・露ぐらいしか利害を強く感じておらず、イギリスも近年は消極的であるので、日本は「東洋の盟主」となるべく「大目的」を持って外交を行うべき、と一般論をいう程度にすぎなかった。

進歩党の創立

日清戦争後の第九議会は、一八九五年(明治二八)一二月二五日に召集され、翌九六年三月二九日に閉会となった。この議会は清国から得た多額の賠償金を前提に、対ロシア軍備拡張など、膨大な日清戦後経営予算を審議する議会であった。

第九議会開院式の時点の衆議院の議席は、伊藤内閣を支持すると予想された自由党一〇六名、藩閥系の国民協会三一名の合計一三七名。これに対し、伊藤内閣批判の対外硬派として結集した勢力が、立憲改進党(大隈系)五二名、立憲革新党四〇名、大手倶楽部二四名、帝国財政革新会四名、中国進歩党（犬養毅が党首で大隈系）四名など合わせて一二四名である。このほか、動向のはっきりしない実業団体や無所属議員が三九名いた。貴族院は藩閥支持であったが、衆議院は伊藤内閣支持派、改進党など批判派のどちらも過半数に達していなかった。大日本帝国憲法下でも、予算は衆議院と貴族院の両院を通過しなくてはいけないので、予算が通過するかどうかは見通しが立たなかった。

一二月二六日、改進党と革新党が中心となり、対外硬派は三国干渉による遼東半島返還と明成皇后（閔妃）殺害のクーデター後の日本の朝鮮における勢力衰退の責任を問う上奏案を上程する検討を始める。翌一八九六年一月九日、上奏案は衆議院に上程されたが、自由党と国民協会らが反対に回り、一〇三対一七〇票で否決された（伊藤之雄『立憲国家の確立と伊藤博文』）。

このことから、代案のない批判のための対外硬論が政治の大勢を制する時期は去ったことがわかる。すなわち、第九議会の予算審議などで、改進党など反伊藤勢力が対外硬論を軸に主導権を握るのは難しかった。これは三国干渉の責任追及など非合理的な対外硬論に加担しなかった大隈にとって、望ましい状況でもあった。大隈は、これまでの対外硬派を結集する大新党結成への動きを背後で支援しながら、少しずつ対外硬に代わる新しい政策を新党に注入し、また大隈や新党への国民の期待を増大させていこうとしていた。

一八九六年一月中旬から改進党を中心に新党結成の動きが加速、新党の名として「進歩党」も登場し、二五日頃までに旧対外硬派は新党組織に合意、二月一五日に、結党式を三月一日に行うことを決定した。

大隈に最も近い『報知新聞』は一月二三日付の「進歩党の大合同」と題した社説で、数年以前より唱道されてきた「合同問題」が成功しようとしていると、大きな期待を示した。そこでは対外硬的な政策には触れず、「政党の力は規律ある協合組織の完成」することにあり、その運用は「大同に就きて小異」を捨てるの「雅量」があるのにもとづくと、融和と団結が論じられた。ほかの外交・内政政策も特に示されていないのは、少しでも大きく合同することが優先されたからであろう。

予定通り一八九六年三月一日、旧対外硬派を結集し、東京で進歩党が結党式を挙げた。参加した衆議院議員の数は、旧改進党五一名、旧革新党三三名、旧大手倶楽部六名、旧中国進歩党五名など合計一〇三名であった。こうして、第一議会以来の大隈の念願であった、衆議院の第一党の自由党に匹敵する政党ができたが、党首は置かれなかった。とはいえ旧改進党系は、大物閣僚（あるいは首相）候補としての大隈を擁していることや、衆議院議員の数、結党の経緯からも、進歩党の中心であった。

また進歩党に党首を置かない方向は、一月下旬には定まっていた（『報知新聞』一八九六年一月二四日）。この理由は第一に、これまでと同様に、大隈自身が入閣する（あるいは将来首相になる）阻害要因と考えたからであろう。この時点まで、政党党首で入閣した者はいなかった。第二に、大隈が党首になることを望まない非改進党の新党参加者に配慮したと思われる。

政綱は、①「政弊を改革し責任内閣の完成を期す」、②「外政を刷新し国権の拡張を期す」、③「財政を整理し民業の発達を期す」などであった。②は対外硬派的にも見えるが、外交力を使って列強に対しても日本の権利と利害を十分に認めさせていく、という大隈の主張の範囲内である。①・③も含めて、大隈の主張を反映していた。また、③の財政整理をして民業の発達をさせる路線は、健全財政を主張する松方正義（薩摩の有力者）と大隈－進歩党が提携できる政策的素地のあるものである。

さらに党の最高幹部である五人の総務委員は、結党後八ヵ月経ってようやく設置され、必ずしも党の有力者の大半を網羅しているわけではない。これは、あえて党の幹部や組織整備を不十分なままにしておき、大隈と側近が主導する余地を残すという改進党の伝統を受け継いでいるといえる。

以下、大隈が商工業者など国民に政策をどのように訴えながら、権力基盤としての進歩党の政策軸を具体化していったのかを見ていく。

都市への期待

日清戦争が終わって一〇ヵ月経った一八九六年（明治二九）一月末、大隈は初めて都市について本格的に論じるようになる。世界の流れから見て、これからの一〇年間に東京市を始め大阪市・京都市・名古屋市などの主要都市が膨張すると見られたからである。

大隈はまず新興国アメリカのニューヨーク・ワシントン・シカゴの膨張を述べ、次いでイギリスのロンドンも人口五〇〇万に達するほど膨張したという。またフランスとの戦争に勝利したドイツのベルリンも戦後に膨張したと説く。日本は、アメリカのような新興国という要素と、日清戦争に勝利したという二つの要素を持っているので、東京はさらに膨張する楽しみがあると見る（『報知新聞』一八九六年一月二五日、「東京市の大膨張」（一））。

次いで大隈は、東京市の膨張の新要素を「軍備拡張」と「経済上」にあると見る。前者は一個師団「一万二〇〇〇名」の将兵が東京に駐屯すれば、衣服・食糧そのほか、軍需品の供給に関連する商人・職人が必要となり、兵器製造所も職工および彼らに必要な物を供給する市民が要るとする。後者は、紡績事業・硫酸製造所・機械工場なども増加し、東京のために「最も好もしき膨張の原因」と見る（同前、一八九六年一月二六日、同（「東京市の大膨張」））。

大隈が、軍備拡張によるよりも、経済上からの膨張を好ましいと見ていることが注目される。ここにも大隈の一八七五年初頭の建議で萌芽が見られ、八一年の明治十四年政変後に展開してゆく、民間の自然な成長による経済発展を最も重視する視点が表れている。

また、大隈は東京の丸の内が通商の中心となり、東京に鉄道などの交通網が集中することによる膨張についても述べる。この結果、特に周辺部の地価が上昇するともし、混乱を防ぐために「市区改正」（東京市の改造事業）を急ぐ必要があると結論づけた（同前、一八九六年一月二八日、「東京市の大膨張」（三））。

東京の改造について、二月上旬に大隈は、東京湾は日本全国が「海洋に出入する唯一の海口なり」と述べた。この時点で、横浜も大阪・神戸も築港が行われておらず、首都東京、さらに全国の港としての東京港（湾）は極めて重要と思われた。

そこで大隈は、東京湾に一万トン以上の船が着岸できる港を造るべきと考え、一〇〇〇万円でも一五〇〇万円でも、また苦しいが二〇〇〇万円（現在の四三〇〇億円ほど）でも出すべきであると主張した。市区改正事業にない本格的な東京築港を提起しているのだ。この巨額の費用は、「主人公」の東京市民は進んで負担する覚悟が必要で、日本全国も東京湾で利益を受けるので、「全国の公費を以て其幾部《そのいくぶ》を支弁」すべきは当然であると論じた（同前、一八九六年二月五日、二月六日、「東京湾築港」（一）（二））。大隈は東京市民が政府に頼る前に、財政負担の面で自立心を示すべきと考えたのである。

東京市の市区改正（改造）事業は、道路拡張・上水道敷設などの計画を中心に、一八八八年から始まっていた。しかし上水道工事は遅れ、第一期水道改良事業は五ヵ年の予定のところを一〇年間かかって、ようやく一八九九年に完成する有り様だった（石田頼房『日本近代都市計画の百年』八一～八七頁）。

市政改革と都市改造事業

大隈は市区改正事業が遅れていることと関連させて、上水道・下水道・道路拡張・ガス・電信電話線架設・市街電気鉄道敷設などを、今後の課題として述べた。また上水道工事が不良鉄管問題*で遅れていることをとらえ、これでは東京築港のような「数倍の大動作」を必要とする事業を始めても、完成は保証できないと論じた。

*不良鉄管問題とは、当時市区改正事業の有力な柱であった上水道改良事業で、一八九三年に輸入品を採用せず、技術力に不安のある日本鋳鉄会社に上水道用鉄管を発注したことに始まる。発注を指導したのは東京市参事会（市長を兼ねる知事とともに市の執行部）であった。ところが日本鋳鉄会社は、納入予定本数を半減されてもその本数を製作できない状態が続き（結局、輸入品で代替）、一八九五年に同社は契約解除を求めた。同社は、請負の補償金約五万円強を没収されることなどを逃れるため、市議の一部を買収し、不良鉄管に様々な細工をして水道改良事務所に納入した。それが判明して、一八九五年一一月に市会に報告され、市会で三浦安知事の辞任要求すら出される事件に発展していた（三浦は内務省により一八九六年三月に更迭される）（中嶋久人『首都東京の近代化と市民社会』二六六～二八一頁）。

大隈は不良鉄管問題のような東京市の行政に問題が生じた理由を、政府が「市の行政機関を解体」させたことに帰し、「速かに市制を改めて百五十万の市民に完全なる自治を許し」、市民を「絶対的に重大なる」責任の上に立たせることが急務である、と主張する（『報知新聞』、一八九六年二月七日、「東京湾築港」（三））。

　これは一八八八年四月に市制が公布されたが、東京市・京都市・大阪市という重要な三都市には特例が適用されるとの法律が公布され、それぞれの都市の府知事が市長の職を兼ね、収入役や書記なども府職員が担当することになったことを批判しているのである。大隈は、この約七ヵ月後に第二次松方内閣に入閣するにあたり、市制特例撤廃を入閣条件の一つとした（飯塚一幸「日清・日露戦間期の地方制度改革構想」）。ちなみに、市制特例は一八九八年六月二八日に廃止され、三都市は同年一〇月からそれぞれ独自の市長と市役所組織を持つようになる。

　話を戻す。一八九六年二月に大隈は、東京市政の民主化を行うことにより、非効率な市政の運用が避けられると、長期的な理想を主張したのである。これは国政における藩閥政府に対して政党内閣が長期的には取って代わるべきであるとの主張と同様であった。

　さらに大隈は、築港も含め都市改造事業（市区改正事業）では、市民を先導するため、商業会議所や工学会のような「専門家の団体」が意見を述べるべきとも論じた（『報知新聞』、一八九六年二月七日、「東京湾築港」（三））。

　大隈は東京のあるべき姿を論じるだけでなく、総選挙に際しては、角田真平《つのだしんぺい》（改進党から進歩党・憲政本党、代言人〔弁護士〕、東京市会議員、総選挙で七回当選）を通して、初期議会から日露戦争前まで東京市の選挙区に影響力を及ぼしていたと推定される（大隈宛角田書状、一八九〇年六月三〇日～一九〇三年一〇月一七日『大隈重信関係文書』〈早〉七巻、三三三～三五一頁)。角田は東京出身で東京市臨時市区改正局長兼水道局長など市区改正事業の責任者を務めたこともあった。東京市部選挙区においては、一九〇〇年に旧自由党系を中心に政友会が創設されるまでは、進歩党系が自由党系に対して常に圧倒的優位を占めていた(櫻井良樹『帝都東京の近代政治史』二一七頁)。

以下で述べるように、本格的な都市論を公表してから三ヵ月後、一八九六年四月下旬から五月末にかけて大隈が佐賀に帰省する際に、実業家と都市を日本の発展の機軸ととらえる視点を、大隈は大阪や関西・西日本の実業家に向かって全面的に訴えていく。

二八年ぶりの佐賀帰省の理由

一八九六年(明治二九)四月二一日、大隈は新橋駅を出発して、神戸・門司を経由し郷里佐賀市に帰省する旅に出た。佐賀県の旧佐賀藩領に滞在したのは、四月二五日から五月一七日までの正味二二日間であった。その後、関西を訪れ、五月二四日には大隈と次期政権を作ることが世評になっている薩摩出身の有力者松方正義(前首相・蔵相)と京都市で会見した。東京に戻ったのは六月一日であった(表11-1)。

郷里を離れたのは、慶応四年(明治元年、一八六八年)一月に大隈が長崎に出て、長崎奉行が引き揚げた後の列強との問題に従事するようになったときである。帰省はそれ以来であり、実に二八年以上が経っていた。

表11－1　大隈重信の佐賀帰省の日程（1896年）

年月日	行事
4月21日	新橋（東京市）を汽車で出発。大隈の一行は「二十余人」。見送りは佐野常民・前島密・鳩山和夫ら約200余名。
4月22日	神戸市三宮駅着。進歩党代議士・実業家ら数十人の出迎え。花火を打ち上げて歓迎。
4月23日	有志者・実業家主催の歓迎会（常磐花壇、来会者100余名。大隈の談話①）。
4月24日	大隈ら「十八名」が神戸港より門司港に向かう。
4月25日	未明に門司港着。門司駅から汽車で午後に佐賀駅着。出迎人と見物人など、「一万以上」。歓迎に3発の煙火を打ち上げる。（途中佐賀県に入る際の駅の鳥栖駅には、県議ら「四五百人」が出迎える）。
4月26日	松原神社（龍造寺隆信、藩祖鍋島直茂、鍋島直正〔閑叟を祀る〕）、佐賀市近郊の本庄村の高伝寺（旧藩主の菩提所）、龍泰寺（大隈家の帰依寺）。
4月27日	勧興小学校（弘道館跡）、佐賀尋常中学校（卒業式、演説②）、佐賀県師範学校（演説③）、好生館、干城学校、池田病院、中島撃剣場、振風教校。
4月28日	実習女学校（演説④）、循誘小学校、成章小学校、日新小学校、厚生舎（旧藩主創立の織物会社）、佐賀市実業家招待の宴会（談話⑤）。
4月29日	川上の淀姫神社（故母三井子が手製奉納した蓮の曼陀羅観世音がある）、川上水力電気、春日高等小学校、飯盛太一宅（所蔵の古器物を一覧）。
4月30日	龍泰寺（母三井子と祖父の法事）。
5月1日	神野お茶屋で送別の園遊会（県下有志が大隈を招待。開会45分前に700名以上が出席、大隈の演説⑥）。
5月2日	梅崎綱吉宅（余興に軽業及び獅子舞）。大隈の旅館に野口健蔵が自家製造の電気器具類（蓄音器、電気車、電信など）を持参。
5月3日	元共興社員の有志約「百名」招待の宴会（願正寺、大隈の演説⑦）。

5月4日	佐賀駅出発（見送り人は武富時敏・江藤新作両衆議院議員、永田暉明佐賀市長ら「百数十名」）。佐賀県武雄に向かう（途中、山口駅に「七百余名」、北方駅に「二千余人出迎」）。武雄本町には「数万の群衆」。昼は50発、夜も十余発の煙火を打ち上げる。夜、歓迎の宴会（「二百余」の会員参加。大隈の演説⑧）。
5月5日	旧武雄支藩主鍋島茂昌の招待（別荘の萩野お茶屋）。人力車で伊万里着、「八九百人」が整列して歓迎。町内には国旗を掲げ、「天長節」のよう。
5月6日	伊万里の有志の招待で、屋形船に乗り、伊万里から海上12km離れた楠久湾七つ島まで舟遊。長者炭鉱（佐賀市の東島猷一の所有）を見学。夜に伊万里銀行頭取本岡儀八・支配人桜井信一ら有力商工業者が大隈を旅館に訪問。
5月7日	不明
5月8日	伊万里の旅館を人力車で出発し、大坪村大坪尋常小学校で休憩（村長前田虎之助以下、校長・村議・職員・生徒らが出迎える）。実業家の招待で、真宗の巨刹教法寺（演説⑨。入口には大きな緑門。伊万里などから約「二百余名」の実業家参加）。有田町までの道筋には、至るところで村長・村議・職員・小学校生徒が大隈を出迎える。有田町では、戸ごとに国旗を立て、幔幕を張り回し、道路に白砂を敷く。旅館に到着後、深川陶磁器製造所を見学。
5月9日	有田高等小学校・同徒弟学校（陶磁器の陳列）。泉山で陶器を一覧、当地有志者による石場の宴〔園〕遊会に臨む（有志者「数百名」出席、演説⑩）。中樽の瀬戸ロ陶器製造所を見学。人力車で鹿島へ。沿道には各村落の有志者・生徒ら「幾千人」かわからないほど。鹿島の入り口に大きな緑門を立て、各戸に国旗。松蔭神社（子爵鍋島直彬の出迎え。大隈の演説⑪。「立錐の地」も残さない聴衆。酒宴の予定だったが、群衆が「六千人」以上押しかけて中止）。鍋島子爵邸に宿泊。
5月10日	祐徳院（礼拝、昼食）。鍋島子爵邸で鹿島地方有志者に談話（⑫、約「百余名」参加）。
5月11日	佐賀中学校鹿島分校（生徒に演説⑬）。人力車で志山田に立ち寄り演説（⑭）。陶器の陳列も見る。武雄村の山口尚芳の墓に参拝。武雄の旅館に町有志者の歌と舞踏。

5月12日	午前に柄崎病院（各室を巡視）、武雄小学校。午後に汽車で武雄駅より佐賀駅に着く。旅館に出迎えは江藤新作（衆議院議員）・永田佐賀市長ら市内有力者「百数十名」。競馬会社員約20名は馬上で送迎。
5月13日	午前に興賀・八幡両社に参詣。また、本行寺の島義勇の墓に参る。江藤新平の墓は来迎寺にあるが参れず、代わりに川原の招魂社に詣で、「十三名士」を弔う。大隈主催の神野の茶屋の留別園遊会（旧鹿島藩主鍋島直彬子爵、旧武雄支藩主鍋島茂昌ら「千三百」人を招待）。
5月14日	午後に牛島神社に参詣。競馬場に行き、城内の招魂社に参拝し、必習学舎を訪れる。
5月15日	仁比山参詣（高雄尋常小学校他小学生約700名、兵庫町有志者200～300名らが整列して迎えるなど、幾千人もの出迎え）。
5月16日	佐賀市の旅館を出て、小城旧藩主鍋島直虎子爵の招待で、清水山の観世音に参詣（綾子の代参）。次いで、小城桜丘公園（現・小城公園）を周遊。
5月17日	佐賀駅午後1時5分の上り列車で帰途につく。「一万以上」の見送り。若松着（出迎え人「二百余名」）。
5月18日	若松港有志者の招待で鉱業倶楽部で歓迎宴、演説（⑮）。船で門司港に行き、高橋新吉九州鉄道会社社長らの歓迎会（有志者「数十名」に経済談⑯）。
5月19日	郵船会社の船で門司港から神戸港に向かう（大隈の帰省より出発まで一日も離れず随従した武富・江藤・二位の三衆議院議員は、大隈を見送って帰郷）。
5月20日	神戸港着。三宮駅から大阪駅着。中之島の旅館「花屋」に投宿し、造幣局・砲兵工廠・水道貯水池を巡覧。
5月21日	大阪築港請願委員らを前に演説⑰。佐賀県人会懇親会（談話⑱）。大阪株式取引所重役ら「花屋」に大隈を訪問。
5月22日	大阪の実業家の招きによる大隈伯歓迎会（出席者300名、大隈の演説⑲）。

5月23日	大阪株式取引所（立ち合いを実見）。東京専門学校出身者20余名と旅館で昼食（談話⑳）。汽車で午後2時23分に京都着。官民の出迎え多い。東本願寺に参詣。。市会議事堂（実業家ら500余名に談話㉑）。夜、京都倶楽部で各実業団体の主催の大隈歓迎の夜会。「俵屋」に宿泊。
5月24日	京都で大隈と松方が密かに会う。
5月25日	二条離宮（現・二条城）・北野天満宮を拝観。西陣織物の伊達虎一の工場を見学。
5月26日	京都より宇治（平等院）を見て、奈良へ行く。春日神社参拝。奈良倶楽部での歓迎会（県官吏ら150名余出席。演説㉒）。「菊水楼」に宿泊。
5月27日	興福寺・東大寺から法隆寺を拝観。大阪に戻り、実業家招待の宴に出て、「花屋」に宿泊。
5月28日	大阪梅田駅発の汽車で出発（見送りは実業家ら100数十名。烟火打ち上げ）。途中の京都駅（七条）・草津駅・柘植駅・亀山駅などで、衆議院議員・部長や地元有力者の歓迎。山田町（現・伊勢市）に着く。衆議院議員尾崎行雄らも出席し宴会（談話㉓）。
5月29日	伊勢神宮の内宮・外宮に参拝。懇親会（尾崎行雄や地元有力者80数名が出席、大隈の談話㉔）。
5月30日	津に行き懇親会（談話㉕）、桑名に行き懇親会（談話㉖）。
5月31日	四日市に行き、懇親会（談話㉗）。夕方に四日市を出発、午後7時55分、名古屋発の列車で東京へ向かう。
6月1日	午前8時15分、新橋着。予定が早まったにもかかわらず、岩村定高・島田三郎その他旧改進党諸氏や近親者ら100余名が駅に出迎え。

出典：『佐賀自由』（『佐賀新聞』）1896年4月9日～5月31日。『東京朝日新聞』1896年4月14日～6月2日。『報知新聞』1896年4月30日～6月5日。『大阪朝日新聞』1896年4月23日～6月2日。『読売新聞』1896年4月22日。『伊勢新聞』1896年5月29日～6月3日。

これほど長く帰省しなかったのは、一八七三年の征韓論政変までは、中央政府での仕事が多忙で、かつ当初の木戸派としての大隈の地位は安泰ではなく（第2章～5章）、遠い郷里にゆっくり戻る余裕がなかったからである。また征韓論政変の翌年に佐賀の乱が起こって鎮圧されてしまうと、旧佐賀藩領内では地域のリーダーである士族の間に、江藤新平（前参議兼司法卿）・島義勇《しまよしたけ》（前秋田県権令〔後の秋田県知事〕）ら乱に参加して命を落とした者の人気が高まった。政府高官の大隈が帰省できる雰囲気ではなくなったからでもある。

今回帰省した一八九六年春という時期は、佐賀の乱から二〇年以上過ぎて、乱の生々しい記憶と大隈ら中央政府の有力者への反感が薄れてきた頃であった。また、自由党にならぶ二大政党の一つとなる進歩党が創設され、大隈は松方と組んで次の内閣を指導することが強く期待される立場になり、政党政治家をめざす権力基盤は強まっていた。

松方と次期政権を作れば、またしばらく佐賀に戻る余裕はなくなる。母三井子の一周忌など先祖の法要がてら佐賀に戻り、途中で関西や門司など九州で実業家たちと会い、次の内閣の経済政策の参考にしたい、と大隈は思ったに違いない。しかし、表向きの理由は次のように墓参りということにした。

地元紙によると、大隈は「縁故あるものに」対して、これまで帰郷しなかった理由を、「佐賀にては動き百文《ひやくもん》」という言葉があるように、旅行には費用がかかるからであるとし、昨年母三井子を亡くして故郷の墓も荒れんとしているので、「百文が二百文」要るとしても

（いくら金がかかっても）帰郷せざるえない、と述べたという（『佐賀自由』一八九六年四月一四日）。

ポピュリズム的手法の始まり

大隈の帰省における言動で最も重要なことは、大隈が実業家や学校生徒たちの前などで積極的に講演（演説）や実質的な講演といえる談話を行い、それが内容も含め新聞で報道されたことである。

すでに述べたように、明治十四年政変で下野した後も、大隈はジャーナリズムにほとんど登場しなかった。これは、再び藩閥内閣に入閣して、イギリス風の政党政治を作る権力基盤を育成しようと考えていたからである。自らの談話という形で、大隈が継続的にジャーナリズムに登場するようになるのは一八九三年四月一日からで、征韓論政変までを回想した「大隈伯昔日譚《おおくまはくせきじつたん》」の連載を通してである。

「昔日譚」が掲載されるようになると、ほかの記事でも、銀行について述べたり（『報知新聞』一八九三年五月一三日）、銀貨について論じたりする（同前、一八九三年八月三一日、九月一日）。また、日清戦争直前の一八九四年六月中旬には、二回にわたり朝鮮政策を論じた（同前、一八九四年六月一一日、一三日）。

「昔日譚」では、長州系・薩摩系の現在の指導者伊藤博文・井上馨・山県有朋・松方正義・

黒田清隆らよりも、維新後の大隈は大物だったこと、三条実美・岩倉具視や木戸孝允・大久保利通・西郷隆盛・板垣退助らとほとんどならんでいたことを、言外に述べている。「昔日譚」の連載は、日清戦争の講和が結ばれた頃、一八九五年六月に一冊の本として刊行され、報知新聞の購読者や地域を超えて、全国の地域有力者に大隈の存在を再度示すことになった。その後、日清戦争後の政界再編成に向けて、改進党を基軸に進歩党を結成する動きが本格化する頃から、大隈は経済について新聞での意見表明を少し多くしていくが、例外を除いて、多数の人々の前で演説することはなかった。

帰省旅行はこの行動様式を大きく変え、確認できただけでも、二七回の講演（演説）や談話を行っている（表11-1）。

これまでの記者とのインタビュー記事を見ると、大隈の明晰な頭脳を反映し、その演説・談話は新鮮な話題にもとづき、論旨がはっきりしており、それなりに聞かせるものであったことは間違いない。しかし、身振りや声の抑揚も含め、並外れて講演上手だったかどうかは確認できない。それが確認できるようになるのは、五月八日、帰省旅行九回目の講演（演説）、伊万里《いまり》などの実業者約二〇〇名を相手に行ったものである。地元紙は、講演を「静粛に傾聴し満場水を打たる」ようで、「感激の低声は頻に商人」の口より漏れ、平易だが痛切に利害を感じるので、「一層の感激」を起こしたようだと報じている（『佐賀自由』一八九六年五月一〇日）。

この日の大隈は演説でまず、維新後に日本で電信・鉄道など文明の利器が発達し、全国の商業は大変動を受け、「富者は貧者となり貧者は富者となりて、盛衰地を易《か》へ人間の一浮一沈に来るべし」と論じる。また日本の経済界は著しく発達しているので、富力でアメリカに負けない「大身代」となるだろう、と予測する。そのうえで、伊万里は昔から代官が統治に困るほどであるのは、「自治の精神」に富んでいる証拠だ、と断言する。伊万里近郊では、石炭なども産出し、陶器を輸出する良港や、「古伊万里」というロシア・ドイツ・イタリアの帝室や宮殿を飾る陶器もある。これらを利用し、「商業上全般の智識」を集めるのは急務であるとも主張する。

大隈の演説は、今後の各地域（国）や個人の貧富の大変動を述べ、争点を単純化する形で日本の可能性や伊万里の可能性をオーバーに述べ、聴衆に自力での創意工夫と努力を求め彼らを魅了した。特定の人々（集団・国）を強く攻撃し、必ずしも一貫性のない論ながら、新たな可能性をオーバーに述べて大衆（世論）の支持を集めるポピュリズムとは異なる。また本書でも述べていくように、大隈は長期的・短期的それぞれに一貫性のある政策を持ち、それらにもとづいて行動する政治家であり、ポピュリストとはいえない。しかし大隈はこの時点で、ポピュリズム的手法を使い始め、身につけていったといえる＊。

改進党創立以来、同党は中産階級以上の自立した個人に理性的に訴える方針を取ってきたが、党勢が伸び悩み、対外硬運動を起爆剤に初めて進歩党として自由党に並ぶ大政党となった。大隈はこの展開を観察し、新しい手法を使いながらイギリス風の政党政治をめざし始めたのである。

＊ポピュリズムとは何なのかの定義について、学会でも合意は十分に形成されておらず、どのような集団の動きをポピュリズム的現象といい、どのような言動をする人物をポピュリストというのかも、様々な解釈がなされている。また、ポピュリズムを民主主義と敵対するイデオロギーとする見方がある一方（たとえば、ヤン＝ヴェルナー・ミュラー〔板橋拓己訳〕『ポピュリズムとは何か』）、ポピュリズムを既成の政党などの組織から排除された人々が自分たちの要求を実現する行動の思想であり、常に民主主義と敵対するわけではない、との見解もある（たとえば、水島治郎『ポピュリズムとは何か』）。共通するのは、ポピュリズムの用語の語源となった一九世紀末のアメリカ合衆国の人民党（People's Party, Populist Party）は現代的な課題としてのポピュリズムに当てはまらないとするものである。

これらとは別に、ポピュリズムを政治スタイルの立場からとらえ、指導者が政党や議会を迂回《うかい》して、有権者に集会やマスメディア、インターネットなどを活用して直接に訴えかけ、カリスマ性を拡大し、固定的な支持基盤を越えた支持を獲得しようとする、ととらえる見解もある。

ジャーナリズムや国民がポピュリズムを警戒するのは、大衆に迎合し一貫した政策がなく政治を混乱させることを恐れるからである。本書は、大隈の生涯を考察することで現代日本のあり方を考えることを意図している。すでに述べたように、大隈は国民のよく考えぬかれた理性的な意見である輿論を重視するが、むしろ気分や感情に影響された意見である世論の支持もできる限り得ようとする。そこで、世論に迎合し、世論の力を背景としたポピュリズムとポピュリズム的手法を区別し、手法は手法でありポピュリズムとしてとらえない。またポピュリズム的手法を使っても、地方自治体や国家権力を掌握したのちに、大衆の支持を過度に気にすることなく、体系的で合理的な輿論にもとづく政策を実施できるリーダーを、ポピュリストとはとらえない。筆者は、現代の望ましいリーダーはポピュリストに対抗するため、ある程度のポピュリズム的手法を身につける必要があると考える。

なお大隈は、佐賀市へ行く途中、四月二三日に神戸市で開かれた歓迎会（有志者・実業家「百余名」来会）を前にした談話でも、大阪は商業の点において、一八世紀の段階ですでに一九世紀のイギリス程度に発展しており、政治都市として発達した東京より優れていると断言する。

そのうえで、東京に導かれつつある横浜よりも、大阪に導かれつつある神戸の方が条件がよいと、世界的・歴史的視野を入れて神戸の条件の良さを語る。さらに、貿易港としての神戸は、いずれ横浜以上に発展するので、世界に向かう貿易港となることを決心して世界に向かって競争すべきだと激励し、地元民を喜ばせ、彼らの努力に期待した（『東京朝日新聞』一八九六年四月二六日）。伊万里の実業者に向けた演説と同様の手法である。

佐賀での大隈

大隈の佐賀帰省旅行は、日常の生活と同様に、「大名旅行」であった。大隈が佐賀市に着いたときの一行は、大隈と夫人綾子、娘熊子や親戚、「従者」五人、医師一人、「女中」四人、「看護婦一人、従僕一人」の一九人であった＊。また大隈の乗る車両は、九州鉄道（現在のＪＲ九州）社長高橋新吉《たかはししんきち》が特別に一両仕立てて「寄贈」したもので、通常の列車に連結して運行された（『佐賀自由』一八九六年四月二六日）。この様子は、在野であっても勢力を十分に持っているとの大隈のイメージを増幅させたといえる。

＊大隈が旅行に多くの随伴者を伴ったのは、爆弾で右脚を失って以来、起居に人手を借りなければならなかったこともある。医者や「看護婦」を帯同し、便器や浣腸《かんちょう》器までも持って行く必要があった（『報知新聞』一九二三年一月二六日「大隈侯の逸話集」〔その九〕）。

また佐賀駅到着と出発時の出迎え・見送りの人数は、市内でいずれも一万人以上であるように、大隈は大歓迎を受けている（駅で出迎えた人は一五〇〇余名という）。農村部でも同様で、たとえば五月九日に有田から鹿島に人力車で移動した際には、沿道には各村落の有志者、生徒ら「幾千人」かわからないほどの人々が、大隈を送迎した（『佐賀自由』一八九六年四月二六日、五月二二日、一九日、『東京朝日新聞』一八九六年四月二八日）（表11－1）。

大隈が旧佐賀藩領で訪れた場所の選定も、よく考え抜かれたものだった。まず大隈が属した佐賀本藩の城下町佐賀市に行き、そこで四月二五日から五月四日まで九日間を過ごし、次に支藩の武雄《たけお》を訪れ（五月四日、五日）、次いで伊万里（五日〜八日）・有田（八日、九日）と佐賀藩の代表的産業である陶器の町、さらに支藩の鹿島《かしま》（九日〜一一日）、いったん佐賀市に戻り（一二日〜一六日）、支藩であった小城《おぎ》を日帰りで訪れた（一六日）。小城は、対抗する自由党の幹部松田正久の出身地で、その地盤である（西山由理花『松田正久と政党政治の発展』）。

翌日の一七日に佐賀駅より福岡県の若松（現・北九州市）に向かい、佐賀県を去った。本藩と支藩のバランスや、佐賀県内の政治状況、代表的産業に関わる実業家と接したいという大隈の志向を、十分に考慮したものであった。

佐賀市では、到着の翌日にまず松原神社（龍造寺隆信、藩祖鍋島直茂や大隈の仕えた鍋島直正〔閑叟〕を祀る）と高伝寺《こうでんじ》（歴代佐賀藩主の菩提寺、佐賀市の南西に隣接する本庄村、現在は佐賀市）に参り、次いで大隈家の菩提寺であった龍泰寺《りゅうたいじ》に参った。その次の日からは、旧藩校弘道館のゆかりの勧興《かんこう》小学校を皮切りに、中学校・師範学校・実習女学校や、ほかの小学校、撃剣場・振風教校《しんぷうきょうこう》などの教育関係機関、病院・織物会社・発電所・炭鉱などを訪れた。また地元の発明家が製造し持参した電気器具類も宿で見た。教育を充実させて、科学も含め豊かな知識と自立した精神を育てることが日本の近代化につながる、という大隈の考えの表れである。

そのほかに大隈は、五月一一日に武雄村で山口尚芳《なおよし》（前大蔵大丞・外務少輔、岩倉使節団副使、大隈の腹心）の墓参りをした。その後再び佐賀市に戻った五月一三日に、本行寺《ほんぎょうじ》（西田代町）の島義勇の墓に参り、江藤新平の墓にも参るはずであったが、墓が来迎寺《らいごうじ》にあったため果たせず、代わりに川原招魂社を訪れて、「嗚呼《ああ》の碑」（「十三名士」の碑）を参拝した（『佐賀自由』一八九六年五月一三日、一六日）。

大隈は腹心でともに近代化を進めた山口の墓には参りたいという強い意思があって武雄村

まで行ったが、佐賀の乱に関わった江藤や島にはそれほどの思いがないことがわかる。墓参が佐賀の一回目の滞在中ではなく、しかも江藤の墓の場所を十分掌握していなかったからだ。大隈は佐賀の乱を支持するような地元の空気を好ましく思っていなかったが、それは郷里に根強く残っているので、不必要な反感を買わないように行動したといえる。

旧佐賀本藩の地のみならず、旧三支藩の地も訪れたことも合わせ、大政党となった進歩党の実質的なリーダーとして、全国に向けた見栄えからも、総選挙で自分の出身県では圧勝すべきだと考え始めたのだろう。

佐賀で行った演説

大隈が佐賀で行った演説の内容を見てみよう。大隈はここで、その後の演説の基本を確立したとも言える。

実業家ら有力者を対象としたものには、すでに述べた伊万里の例にあるように、一つのパターンがある。世界や日本の近代化への大きな変化と盛衰の激しさを述べ、その中で世界を視野に入れて自立心を持って創意工夫していけば、その地域の可能性があるという、かなり壮大な話である。この大枠の中に、その地域の歴史や、産業・資源などの特色や欧米列強の例などを入れるのが、大隈流である。

このバリエーションとして、まずその地域の状況を厳しく批判する手法もある。それが四月二八日、佐賀市実業家招待の宴会で見られる。大隈は佐賀市が旧藩時代と比べても、日本や世界の変化と比べても、「佐賀人は意気地なし」「大病人」であると論じる。さらに、今日は封建時代ではないので、「武士も百姓も町民」も「差別」がなく、この大隈も朝廷に出れば「大臣待遇の公卿」であり、このように時代は変わったので、「佐賀人」は「士族根性を除く」べきだと、新しい産業が育たず衰退している佐賀の気風を批判した。そのうえで、近隣の水力・石炭を利用して発電し、新事業を起こすべきで、商業会議所や工業学校も必要だ。かつ商業上の大勢も知るべき、と論じた（『佐賀自由』一八九六年四月三〇日、五月一日）。

五月一日の神野《こうの》お茶屋園遊会では、七〇〇名以上の県下有志を前に、大隈は北はロシアのウラジオストク・朝鮮・満州、西は中国本土の上海・香港、南は南洋・オーストラリアなどと貿易すべきという。イギリス・スイス・ベルギーなどの国は貿易によって発展したので、九州、特に佐賀県もそうあるべきだと論じる。また「九州人士」が海外に出る「勇気」があることを示すために、倭寇《わこう》の「侵略」や、マレー・安南（ベトナム）・シャム（タイ）・ルソン（フィリピン）との貿易、佐賀藩が一〇隻の大船を所有していた例を挙げる。さらに、中国に最も近いのは九州であると、中国との貿易の可能性を強調した（同前、一八九六年五月三日）。大隈は世界や日本の大勢を知るのみならず、佐賀県人が積極的に海外に進出すべき、と激励したのだ。

大隈は新たな産業を興すのみならず、それを販売する貿易（商業）を重視した。それは、大隈が幕末に佐賀藩の特産品販売に関わって以来の体験にもとづく。大隈の演説は、佐賀帰省の旅行以降に本格的に展開するようになる自由貿易にもとづく通商（貿易）国家論である。

五月九日、鹿島の松蔭神社での演説はさらに具体的な例を示している。大隈は、「世界の進歩するは、農より工、工より商に及ぶものにて」「開化」すれば「開化」するだけ、商業が盛んで中心となると、インドを「占略」した「英国商人」の例まで挙げて論じた（同前、一八九六年五月一二日）。

ここでも、大隈はインドを植民地にしたイギリス商人のように行動せよと論じているのではない。商業（貿易）の発達が今の日本にとって最も大きな課題で、佐賀県人も気力を持って取り組むべきだと、商人が力を持った歴史上の例として「イギリス商人」を取り上げているのである。

軍事力を背景とした植民地獲得を主眼としているわけでないことは、四月二七日に佐賀尋常中学校卒業式で、将来の産業振興の中核となる人材養成を論じた大隈の演説でわかる。いつものように、大隈は幕末には「関東」（箱根の関所より東）は水戸藩、「関西」は佐賀藩が人物養成の中心で各藩より留学生がたくさんあったと歴史を材料に佐賀の可能性を述べ、現在の佐賀県は日本全体で教育の程度はやや「下風」にあると批判する。今の日本は「国勢一変」するほど伸び、人物の必要はますます高まっている。「世界の平和に傾きつゝあれは」、腕力も必要であるが、何より「第一智力の競争を覚悟」すべきだ。この中で、将来多くの困難と失敗は必ずあるだろうが、それに打ち勝って「天下有名の人物」となり「肥前の名誉」を高め、「〔鍋島〕閑叟《かんそう》〔直正〕公」の時代のようにすべきだと主張していた（同前、一八九六年四月二八日）。

佐賀市松原にあり、当時同市の女子の最高学府であった私立実習女学校で四月二八日に行った演説も、地主・大商店主・医師・県庁役人など中産階級以上の家庭に育った女性に対する、大隈の教育観がうかがえて興味深い。大隈は次のようにいう。

婦人が一たび他家に嫁に行けば、その家政を取り仕切る大役を負担しなければならない。国を治めるにも、まず一家を治めるのが根本である。嫁ぎ先の父母への孝養、子供の教育が最も主な仕事であるが、万一にも不幸に出会うかも知れないので、婦人たるものは必ず手芸などの内職の技術を身につけておくべきだ。フランスの手芸品は世界第一だと誇っているが、皆さんが勉強さえすれば、日本人はフランス人より手が器用なので、それを圧倒することもできる。（同前、一八九六年四月二九日）

大正期になるまで、中産階級以上の女性が専門的な職業を持つことは、習慣としてなかったので、大隈の意見もその枠内のものである。しかし大隈は、嫁いで夫や舅《しゅうと》・姑《しゅうとめ》に従うだけの何も考えない女性ではなく、夫と相談しながらであろうが、一家を治める中心となる自立した女性を求めている。また、夫の死など万一の「不幸」が起こったら、手芸などの内職で一家を支える気力のある女性を理想としている。その女性観は当時としては新しい。この元となるイメージは、夫に早く死に別れても一家を支えた母三井子にあったのだろう。二番目の妻綾子もそのタイプの女性であった。

話を佐賀市の状況に戻す。大隈が佐賀を去る日、佐賀の乱に関わった士族の江副靖臣《えぞえやすおみ》が経営する新聞は、次のように論じた。

「佐賀県人士」が大隈を歓迎したのは、大隈が佐賀県出身の「貴顕たり先輩者たる」からで、外相として条約改正を行おうとしたり、「政党の首領」となったりした大隈を支持したからではない。また、大隈は「佐賀人士」は士族が争い意気地がないなどと言うが、郷里を出て「三十年来」一回も帰らなかった者が、佐賀の不振の原因云々を言うのは、郷土に尽くす姿勢にやや欠けるところがある、と（『佐賀自由』一八九六年五月一七日「大隈伯を送る」〔社説〕）。

これらの状況への根本的な解決策はなく、大隈は中央で活動しながら佐賀県でも実業家層が台頭して、佐賀の乱も含めた士族的感情が克服されていくことをもう少し待つしかなかった。しかし次項で述べるように、大隈は何もせずに傍観しているような性格ではない。

江藤新平の息子を支援

大隈は、佐賀の政治・選挙に直接介入するのではなく、佐賀の乱に参加した武富時敏（第一次大隈内閣の内閣書記官長、第二次大隈内閣の蔵相）や、江藤新平の息子の江藤新作を通じて、間接的に影響力を行使しようとした（西山由理花『松田正久と政党政治の発展』一七八頁）。

武富は対外硬派であり、一八九四年九月の総選挙への過程でも、そのことを有力な基準として佐賀県の改進党系の候補者選定を行っていたが、大隈はそれを黙認し、佐賀県の選挙区の調整役としている（大隈宛武富書状、一八九四年七月六日、七月二三日『大隈重信関係文書』〈早〉七巻、一五三、一五四頁）。すでに述べたように、大隈は対外硬に同調していない。佐賀の乱などの影響が残っていた佐賀県内の対外硬派は、克服すべき対象であったが、大隈は改進党の勢力の維持・拡大のために無理をせず漸進的に克服しようとしたのである。

大隈にとって、対外硬を前面に押し出さない江藤新作は、江藤新平の息子というブランドも持ち合わせており、期待すべき次世代であった。

江藤新作は第四回総選挙（一八九四年九月）から第九回総選挙（一九〇四年三月）まで六回連続当選するが、一九一〇年一月に死去してしまう。大隈は一八八九年一〇月までには新作に接触していることが確認され、新作も遅くとも第二回総選挙（一八九二年二月）以降には、佐賀県の選挙事情などを大隈に知らせ、腹心ともいえる関係になっていた。また一九〇二年八月の第七回総選挙などに向け、新作は大隈から推薦状を得たり、借金の面倒を見てもらったり、様々な支援を受けていることがわかる（大隈宛江藤新作書状、一八八九年一〇月一九日、九二年一月一〇日、一九〇二年三月二五日、八月一七日など『大隈重信関係文書』〈早〉二巻）。

大阪・関西財界からの期待

話を大隈の帰省に戻そう。佐賀からの帰途、大隈は大阪など関西に立ち寄った。大阪は天下の台所と言われた江戸時代以来、大正期まで日本経済の中心である。帰省の際、大隈と関西実業家との交流の中で最も注目されるのは、一八九六年（明治二九）五月二二日大阪の実業家が催した歓迎会である（大阪ホテル、出席者有力商工業者約三〇〇名）。

まず発起人総代の鴻池善右衛門《こうのいけぜんえもん》が式辞を朗読した。善右衛門は鴻池家の一一代目当主で、江戸時代の両替商の伝統を受け継ぐ第十三国立銀行（のちの鴻池銀行。その後他行と合併し、現・三菱東京UFJ銀行）頭取である。さらに、関西の財界人が連携して作った日本生命保険の初代社長に就任したように大阪財界のリーダーである。

この式辞で鴻池は、「東洋との盟主」であるべき「大日本帝国」は戦勝国の名誉と実権を維持するため、第九議会で「未曽有の大予算」を決議し、諸国との外交交渉で成果を挙げようとしている、と日清戦争後の国家経営に期待を寄せる。しかし機先を制さないと実権が得られないので、今の「当局者に一任」はできないと、現政府への不信を示す。次いで、大隈は「維新の功臣」であるだけでなく、大蔵卿や外務大臣を務めてきた経験から、「戦勝国民」が研究すべきことを、実際に体験してきているのでお話を聞きたい、と大隈への期待を表明した（『大阪朝日新聞』一八九六年五月二三日）。

大隈は外相として条約改正交渉に失敗したが、鴻池の記憶の中では、財政も外交もできて戦後経営にふさわしい人物というイメージができていたのである。これは大阪・関西財界における一般的な大隈イメージといえよう。

鴻池の式辞に答えて、大隈は、蒸気船や鉄道の発明によって世界が狭くなり、「欧州列強」は「弱肉強食」を試みようとアジアに進出してきていると述べた。そのうえで、イギリスはすでに衰え始めていると指摘したうえで、アジアに対しては、イギリスは「富」をもってロシアは「力」をもって進出しようとしているととらえた。中国は「一大革命」をしなければ滅亡を免れない。中国を滅ぼすべき敵は大隈の生存中に現れるであろうが、そのときまでに日本が「富力を増進」しているかが問題で、日本は中国を救い東洋の盟主になれるかどうか運命を決する、と論じた。

次いで大隈は大阪を称賛する。東京のように政府に依存せず、古くから苦労しながら自立を図ってきたという。さらに江戸時代に蔵屋敷があって商業が発展し、イギリスのように金融でも富を蓄積しており、維新後に新しい工業が勃興しているとも注目する。そのうえで、厳しい国際環境のもとで日本の国力を支えるため、「大阪の繁栄」が必要であり、これまでの経験を活かして、不景気に意気消沈することなく尽力してほしい、と大阪への期待を述べ

た（『大阪朝日新聞』一八九六年五月二四日、『東京朝日新聞』一八九六年五月二六日）。

大隈は自らの歓迎会で一般的なリップサービスをしただけではない。この前日、五月二一日に大阪築港請願委員・大阪市参事会員を前に、大隈は大阪築港が必要なことと、三分の一の国庫補助が下されることに賛成すること、さらに神戸築港や全国の港湾整備が必要なことを表明していた（『大阪朝日新聞』一八九六年五月二三日）。大隈の姿勢は、すでに述べたように、この年の一月下旬から二月上旬にかけて、大隈が東京築港と積極的な市区改正事業（都市改造事業）が必要と論じたことと同様の流れにある。

大阪築港は、同年七月に大阪財界のリーダーである鴻池善右衛門が大阪築港期成同盟会（発起人は有力商工業者ら三六〇人）の会長に就任するように、当時の大阪財界で最も重要な関心事であった。この事業に関し、すでに日清開戦直前の一八九四年六月には、内務省で築港の設計が完成していた。また、今回大隈が大阪に立ち寄る直前の五月一三日に、大阪市会は築港事業予算を可決した（総事業費約一四一三万円、その三分の一は国庫補助を予定）（大阪市役所編『明治・大正大阪市史』第三巻、一〇七一～一〇七八頁）。

大隈は、大阪を褒《ほ》め今後に期待し、築港事業を支持することで、大阪の商工業者たちからの支持を獲得しようとしたのである。

大隈への期待は、大阪や関西の実業家からのみならず、佐賀への帰省旅行で見てきたように、全国の実業家からであると推定される。日清戦争後の実業界で重みを増していった渋沢栄一（東京商業会議所会頭）や渋沢と連携する中野武営（改進党から進歩党、衆議院議員、東京株式取引所委員長）は、大隈と同様に日清戦争前から自由主義経済と民間の自発性にもとづいた経済発展という「小さな政府」論での経済発展観を持っていた（島田昌和「日清戦後期の経済観」同『渋沢栄一』一二六～一五二頁、石井裕晶『中野武営と商業会議所』第二章、四章、佐賀香織『国家形成と産業政策』第三章第一節・二節）。

全国の実業家層は、伊藤博文や藩閥内閣は日清戦争後の国家経営を任せるのにふさわしくない、と見るようになっていったのである。このような現状では、かつて大隈が提携した薩摩系の黒田清隆も保守的であり経済に通じていないイメージが強くふさわしくない。後述するように大隈は、提携相手として、薩摩系で大蔵卿・蔵相歴が長く、政権を担当したこともある松方正義を選ぶことになる。

内心の理想としての地租増徴

すでに述べたように、日清戦争後の一八九五年（明治二八）に大隈は、戦後の財政で海軍の軍備拡張などによって政費が増加するのは避けられないと見ていた。しかし大隈は、清国から今後七年間に入る「償金三億円」（実際には遼東半島返還の代償も含め約三億六〇〇〇万円）は臨時収入の性質があるので、経常の費用に使うべきでない、とする。

償金の使い道は、三年から五年後に世界大博覧会を東京で開き、殖産興業を奨励し、世界各国に「新勝国」日本の実情を知らせたり、帝国大学の基本財産を増殖し、さらに数個の大学を新設するなど、子孫に伝えるべき戦勝の記念とすべきである、と主張する。また大隈は、少なくとも一億円以上は臨時の資産として国庫に蓄積し、いつでも正貨と交換できるように「正確なる」（安全な）外国公債を購入しておくのがよいなどとも論じた（「戦後の財政」〔大隈伯時事談〕『立憲改進党党報』四四号、一八九五年七月三日）。

先に述べたように大隈は、戦後に膨張する財政を賄うためといえども、地租増徴や地価修正はせず、代わりの税源として、国税としての営業税の新設や酒税の増加を中心に煙草税の改革による増税などを提言していた。

その後、第二次伊藤内閣下で酒造税増税法案（第一種の清酒などの税を一石七円に上げるなど）を提言すると〔約四二八万円の収入増が予定〕、大隈は七円は低すぎる感がある、と論じた（大隈は清酒の税を一石一〇円に上げるという提言をしている）。また営業税法案も出されたのに対し〔約七五〇万円の収入増が予定〕、大隈は従来各府県税として徴収し、税率も異なっていたものを国税として統一するのは、課税の主義に適している、と評価した。それに加えて、各地方は収入を減じるので、地租の付加税を増して補うべき、と論じた（『読売新聞』一八九六年一月三日）。

大隈が引き続き酒税をもっと増税せよと提案しているのと同様に、営業税が国税となった補完のため、府県は地租付加税を創設せよと論じているのが注目される。後者は実質的な地租増徴であり、大隈が地租増徴をできるものなら行いたいと内心考えていたことが推定される。

その後大隈は、別のところでは、今日の租税は維新前に比べ軽くなっているが、減税の余地がある、とも述べたらしい（『毎日新聞』一八九六年七月一日）。毎日新聞は改進党系だが大隈にライバル意識を持つ有力者島田三郎系であり、この発言がどこまで信頼できるかという問題がある。しかし、大隈は財政の現状から減税は難しいと考えていたものの、内心は商工業者への減税をしたいと考えており、その本音が商工業者の人気を得るポピュリズム的手法の一つとして、減税すら考慮した発言をした可能性がある。

日清戦争後のこの時期は、企業活動は活発化してきたとはいえ、まだ不十分で営業税はそれほど期待できない。しかし、ロシアなどとの対抗や自由貿易の秩序を作るための軍拡や、築港・都市改造事業の補助金、製鉄所などの事業のための経費が必要なので、減税の余地がないことは、大隈は十分に承知していたと思われる。だから大隈は、地租増徴を絶対に行うべきではないとは主張しないのである。大隈の論理を突き詰めれば、むしろ地租（あるいは酒税）増徴をして、一般の商工業者への負担を増加させないようにして、貿易を振興して商工業の発展を図ることが望ましい、ということであろう。

さらに、経済が発展し物価（米価）が上昇しているにもかかわらず、地価は一定であり、農民が負担する地租は相対的に軽くなっていた。次第に地主層は鉄道・金融や工業にも投資するようになっているので、地主層の地租増徴への反発が弱くなれば地租増徴をしようと、大隈は考えていたと思われる。

しかし、大隈の理想には反するが、衆議院議員の有権者は地主が多い。進歩党の地盤を考えると地租増徴には慎重に対応せざるを得ない。地租増徴という考えを口にしたり、ましてや書いたりすれば、反対党に利用され、政党指導者として自滅する。したがって、それは史料としては残らないのである。

大隈は、経済政策のヴィジョンなしに単に人気取りのため場当たり的に矛盾する様々な政策を述べるポピュリストではなかったことを、次に経済政策の面で確認しておきたい。

自由貿易と日本の経済発展

大隈は、一八九六年（明治二九）四月下旬から五月末までの佐賀への帰省と途中の大阪など西日本での遊説で、争点を単純化して国民に期待を抱かせ、支持を拡大するポピュリズム的手法を確立させたのみではない。この頃、大隈の日本の経済発展観つまりは、「富国」への展望も、ほぼ確立する。

それはすでに述べてきたように、大隈は、国は農業から工業、さらに商業へと発展していくととらえ、商業が発達した国が最も発展した国であるとみる。商業について大隈の主張は、国内での取引もさることながら、海外との取引、貿易に日本の発展の可能性が握られているとみる。このため国民、とりわけ実業家（商工業者・金融業者）が自立した精神と、国際的な視野を持ち、生産と取引に力を発揮し、特にイギリスのように貿易で利益を上げて富を蓄積することを理想とした。

このような大隈の経済発展観がよく表れているのが、伊藤内閣で条約改正が成功して改正条約実施により数年後に「内地雑居」が導入され、欧米人が日本全域で旅行や居住、商業取引ができるようになることへの準備を、帰省の約二ヵ月後に論じたものである（「大隈伯の談話」（一）～（五）、『報知新聞』一八九六年七月二五日～三一日）。

大隈は第一に、「欧米人は鬼神に非ず」というように、欧米に対して大隈の日本人としての自信が見られる。また大隈は、「過去数年の昔」にあっては欧米人は日本人よりも「優等」などと日本人一般に誤解されていたと述べ、今や日本の国力の進展とともに、これらの「迷想」はなくなり日本国民の抱負は大いに高まっていると見る。そのうえで、日本人は十分に欧米人と競争する力量があると断言した（同前、「談話」（一））。日清戦争の勝利で自信がついた国民を、大隈は鼓舞したのである。

第二に、イギリスの商業は自由貿易を主義として「大陸」を相手として世界のいたるところで「競争」してきたので発達してきた、とイギリスを理想のモデルとしてとらえる（同前、「談話」（五））。もっとも実際のイギリスの商業は、イギリスの植民地に対してはイギリス商人に特権的地位を与え、それ以外の地域、たとえば中国などでは自由貿易を掲げて貿易を拡大していった（秋田茂『イギリス帝国の歴史』第一章・第二章）。大隈がこのことを知ったうえで、争点を単純化して述べたのか否かは不明である。

第三に、列強に対抗するためにも、さらなる教育の充実を主張した。読み書きや、国民の「心性を開拓」して知識を啓発する普通教育だけでなく、「専門学の講究」（高等専門教育と研究）も重要だと言う。それは、政治経済法律や商業などと、技術教育、さらに「発明」である。日本の学者は「発明」を欧米に委ねて、その成果を模倣するという姿勢でいるが、もっと発奮すべきであると批判する（同前、「談話」（一）・（二））。

第四に、日本の商業（貿易）の発展のためには日本の商人の道徳を高めるのが必要と見る。大隈は、日本の商人は欧米の商人と比べて、背信や独断的誤りが多く、詐欺と思われる行為も少なくないので、誠実を基礎とし、務め励み、正当な競争を行うべきと論じた。ここでも大隈は「商業は平和の戦争なり」とまで、商業を重視する姿勢を示した（同前、「談話」（三）・（四））。また欧米の商人のほうが日本商人に比べて誠実である、という見方は幕末の佐賀藩時代からのものである（第1章）。

第五に、経営者と労働者の関係についても、労働者の賃金が上昇して、経営者と労働者の双方が繁栄するのが望ましいとし、「社会主義の破壊論」が拡がらないためにも必要だとした。労働者の賃金は、日本は欧米に比べれば低いので、日本の労働者の賃金上昇を憂うべきではないとする（同前、「談話」（五））。労使協調主義は、自由貿易主義とともに大隈がこれ以後も一貫して唱える政策となる。

中国の自由市場との貿易と、その安定のためのイギリスとの連携を重視した大隈にとって、一八九六年九月段階では、加藤高明（駐英公使）は好ましい存在だった。加藤はイギリスとの連携を重視し（理想は日英同盟）、他日の事件に備えるべきといった親英的価値観を持っていた。加藤の夫人の春路《はるじ》（岩崎弥太郎の長女）が渡英する際にも、大隈は気を配り、綾子夫人に加藤邸を訪問させるほどであった（大隈宛加藤書状、一八九六年一月三日、九月二三日、九七年五月五日『大隈重信関係文書』〈早〉三巻、二五八〜二六二、二八一頁）。

おそらく大隈は、日清戦争後のこの時点頃から加藤を後継者候補の一人として注目し始めたと思われる（大隈は、外交上の経験を積むためもう一、二年駐英公使を続けたいとの加藤の希望を、外相として叶《かな》えている）。

政権への戦略

大隈は佐賀からの帰りに関西を訪れた際、五月二四日に京都で松方正義と密かに会見した。これは、進歩党の有力者の犬養毅（旧改進党系、大隈の腹心）と大石正巳（前駐朝鮮国公使、進歩党創設の推進者）らが、大隈・松方の提携を進めようと、大石が三菱の岩崎弥之助に依頼し、岩崎の世話で、西日本を旅行中の松方との密会が実現したという（『八十五年史』第二巻、二一五、二一六頁）。緻密な大隈の性格を考えると、この背後には大隈の意思があったのだろう。松方との密会は六月上旬には、ジャーナリズムに報じられるに至った（『大阪朝日新聞』一八九六年六月三日、『東京日日新聞』九六年六月六日）。なお、大石と大隈との関係はそれほど深くない。こうした異質の分子に重要な役割を与えて、緩やかに束ねていくのが大隈の手法である。

他方、第二次伊藤博文内閣は第九議会で自由党と藩閥系の大成会の協力を得て、ロシアに対抗するための軍備拡張を中心とする膨大な戦後経営予算を通過させた後、自由党からの就官要求に悩まされるようになった。議会後の一八九六年四月、伊藤内閣は自由党総理の板垣退助を内相とし、その他内務省の局長・大臣秘書官・知事など三つの勅任ポストに自由党幹部を任命した。しかし、自由党からの就官要求は収まらなかった。

伊藤首相は内閣を改造し、大隈と松方を入閣させて実業家層の期待に応え、大隈・進歩党と板垣・自由党を競合させることにより、自由党の就官要求を抑制しようとした。八月一七日に伊藤は板垣内相らにこの相談をしたところ、板垣は松方の入閣は支持したが、大隈の入閣には強く反対した。また、この話を翌日に聞いた松方は、大隈の入閣を自らの入閣の条件とする。

松方が自らの入閣の条件として大隈の入閣を提案したことで、大隈と新政権を作りたいという強い連携意識が確認できる。また大隈と薩摩系の連携関係がこの時点まで底流としてあったことがわかる。

結局、伊藤首相は八月三一日に辞任した。伊藤は日清戦争をはさんで四年以上も首相を務めており、辞めどきであった。後任首相は天皇と山県有朋・黒田清隆・松方ら元老の間で選定され、まず山県の名が出たが、山県は病気を理由に辞退した。実際に山県は体調を崩していたが、実業界を中心に大隈と松方が財政・外交を指導することへの期待が盛り上がっていることを意識したためでもあろう（伊藤之雄『立憲国家の確立と伊藤博文』二一二～二一五頁）。

この間八月三〇日まで、大隈は温泉入浴と避暑のため、箱根に滞在していた。八月末には、報知新聞の記者の来訪を受け、居合わせた六、七名の来客を前にして、次のように、「得意の雄弁を振」るった。

伊藤内閣と自由党の連携は、「正式の結婚」ではなく、それだけ損害をもたらしたが、怪我の功名で「多少立憲的に近い政治上の一進歩を示」した。新しくできる内閣については、どのような内閣ができるか断言できないが、新内閣ごとに「多少立憲的な方向に進歩」している。また「日本の周辺」は大いに順境にあり、この順勢は「幾百年間」も持続するだろう（『報知新聞』一八九六年九月一日）。ここでも、伊藤ら藩閥主流も含め元老たちの反感を買わないようにしながら、新しい内閣はこれまで以上に議会（政党）勢力の意向を重んじる立憲的なものになる、と国民に期待を抱かせ、また日本の将来についてオーバーな楽観を語った。

第12章 薩摩派との関係を断つ ―松隈内閣での決断

松隈（第二次松方）内閣の成立

元老たちの推薦があり、一八九六年（明治二九）九月一〇日、薩摩系有力者松方正義（前首相、蔵相）に組閣の命が下りた。進歩党は衆議院の第一党であり、前章で見たように、国民の大隈と松方への期待は大きく、いわゆる松隈《しょうわい》内閣ができる方向が定まったといえる。

松方が首相と蔵相を兼任し、大隈が外相となることが、二人の間で合意された。もともと大隈は、外相か蔵相に就任が期待されていた。しかし財政難で増税の可能性があり、与党の進歩党との関係で難しい選択を強いられる可能性があるので、蔵相は松方に譲り、自らの自由な行動を少しでも確保しようとしたのであろう。松方は、かつて大隈が参議兼大蔵卿であったときの部下であり、いずれにしても、八年半前に発足した黒田清隆内閣同様に、大隈は副総理格として、外交のみならず財政などあらゆる分野に影響力を及ぼすことができるはずであった。

松方内閣は九月一八日に発足したが、大隈も含め半数以上の新閣僚が任命されていなかっ

松方正義

た。翌一九日、松方邸で外相に予定された大隈（九月二二日に就任）と松方首相・樺山資紀《かばやますけのり》（海軍長老、九月二〇日から内相）・高島鞆《たかしまとも》之《の》助《すけ》拓殖務相（陸軍長老、拓殖務相は留任、九月二〇日から陸相兼任）・西郷従道《さいごうつぐみち》海相（留任）・黒田清隆班列相《はんれつしょう》（現在の無任所大臣）（留任、枢密院議長兼任）の薩摩系閣員および予定者が集まり、松方内閣の方針を相談した（『大阪朝日新聞』一八九六年九月二〇日）。薩摩系と大隈という、成立予定の松方内閣有力者が全員出席した点で、この日の会合は重要であった。

この日、大隈が提示した入閣条件は、①閣員の連帯責任、②「新聞の発行停止を全廃」し、かつ特別市制を廃する、③海軍は前内閣の計画より減少せず、陸軍は一二個師団まで拡張し、台湾守備部隊もこの内より派遣する、④財政を整理する、ということであったという（『東京日日新聞』一八九六年九月二五日、『大阪朝日新聞』九八年九月二〇日）。

②は発行禁止という究極の処分は残すが、問題となる記事を掲載した新聞の号のみを発行停止にする処分は廃止する、というものである。市制特例の廃止は、東京市・大阪市・京都市の三都市に市長を置き、本格的な自治権を与えるものである。また、第11章で述べたように、大隈が都市の自治を重視していることが再確認できる。しかし、これらについては、閣議では決定しなかったという。

③については、すでに第九議会で陸軍は一三個師団に拡張することが決定しているので、計画を一個師団削減することである。海軍優先の拡張というのは、通商国家論を唱える大隈の主張とも合致する。陸軍拡張計画の削減については、樺山と高島は反対したという。松方内閣に、山県系の協力を得るため、薩摩系有力者はすでに決まった陸軍拡張計画を縮小することに反対であったのだろう。

①には、薩摩系有力者は同意を躊躇し、④はあいまいなものなので特に異論はなかったという。すなわち大隈は、入閣条件を提示したものの、一つも確言を得られないまま入閣を決断したようである。これも黒田内閣に入閣した際と同様であった。

大隈の腹心であった尾崎行雄の回想によると、この組閣途中で大隈は「怒って」、入閣が難しい状況になったという。尾崎が説得し、綾子夫人の勧めもあってようやく入閣を決めたという（「尾崎行雄氏談話速記」）。大隈は、政党が発達しつつあったにもかかわらず、入閣条件が一つも承認されないことに強い不満を持ったのであろう。

約二〇日後の地方長官会議で松方首相は、財政整理を行い、国力の許す限り軍備の拡張を図る、教育・実業の奨励と貿易の拡大、言論・出版・集会など憲法上の人民の権利と自由は尊重する、行政事務の改良と官紀の振粛を図る、などと述べている（『東京日日新聞』一八九六年一〇月一三日）。松方首相は大隈の強い不満を緩和して大隈・進歩党と連携を続けるため、新聞発行の停止・禁止問題も含め、財源が必要でない言論・出版・集会の自由の尊重、という自由民権運動以来の政党側の要求を尊重しようとしたのだった。問題は、松方が参議（閣僚）になったのが黒田・西郷よりも遅く、首相として前回に成功したとはいえないので、薩摩系閣僚の間でも十分な威信がないことであった。

第二次松方内閣の陣容がすべて整うのは、九月二六日になってからのことである。大隈（外相）と松方首相ら薩摩系の五閣僚の他、山県系官僚から清浦奎吾《きようらけいご》（法相）と野村靖《のむらやすし》（逓信相）の二人、他には蜂須賀茂韶《はちすかもちあき》（文相、元徳島藩主）・榎本武揚（農商務相、元幕臣）が任命された。

このほか閣僚ではないが、進歩党系から、高橋健三《たかはしけんぞう》が内閣書記官長に（九月二〇日就任）、神鞭知常《こうむちともつね》が法制局長官に（九月三〇日就任）任命された。このように松方内閣は発足当初から大隈と所属政党進歩党にポストの面で配慮していた。かつて大隈が外相として入閣した黒田内閣、自由党が提携した第二次伊藤内閣と比べても、就官の早さは顕著だった。

後述するが、高橋健三は、この一ヵ月半後に松隈内閣を大きく揺るがす二十六世紀事件の首謀者である。安政二年（一八五五）に尾張藩士の子として生まれ、東京大学を中退して官界に入り官報局長などを経て、一八九二年に大阪朝日新聞社の客員となった。また後に系列誌として発足した『二十六世紀』を主宰した。内閣書記官長就任に際して、朝日新聞社の客員を辞任している。

神鞭知常は嘉永元年（一八四八）に丹後国に生まれ、大蔵官僚となり、一八八七年に主税局次長で非職になった。その後実業界に入り、第一回から第四回総選挙で出身地を地盤に出馬し当選した。第二次伊藤内閣に批判的な対外硬派であったが、地元では政党アレルギーが強く、進歩党結成に際しても入党しなかった。しかし、進歩党系であり、大阪朝日の高橋健三とは同志的関係にあった（飯塚一幸「『対外硬』派・憲政本党基盤の変容」）。

入閣に際しての展望

ここで、大隈が松方内閣に入閣するにあたって抱いた中期的な権力・内政構想についても考えてみたい。そのヒントになるのが、大隈の腹心の尾崎行雄が第二次松方内閣成立の前後に大隈に提出した構想である。この文書には執筆者の名はないが、進歩党の一流の人物として挙げた鳩山和夫《はとやまかずお》・大東義徹《おおひがしよしてつ》・犬養毅・島田三郎ら一三人の中に尾崎の名がないので、尾崎が書いたとわかる。

その内容は、①将来的には主義・感情の近さを基本として、進歩党・自由党と官吏を一丸とした大政党を組織するため、政府の門戸を広く開けておく、②このために、「人材登用」の名義で諸党各派の有力者を集める、③行政費を一割減少し、陸軍拡張費の中で師団増加に必要な経費を半減、海軍拡張年限を短縮する、④人民に「新税」を課するには、行政費を一割削減して「名義」を立てる、どうしても必要なら増税を行うこと、などであった（「大隈重信文書」マイクロフィルム、R171-A-5027）。

陸軍拡張を抑制して海軍拡張を重視する姿勢は、イギリスをモデルに自由貿易で発展を図るという大隈の論と合致している。また必要なら増税を避けない、という点も同様である。

主義・感情の近さを基本として、自由党系や官吏も含めた大政党を組織する構想は、政権担当能力のある政党を結成し、政党政治を実現する準備である。この後、一九〇〇年に伊藤博文が立憲政友会を創立した構想と類似している。大隈と伊藤は、政党構想が類似しており、この後主導権をめぐって競合していく関係にあったのである。

大隈外相の当面の課題は、言論・出版・集会などの自由の拡大などで成果を挙げ、政策面で進歩党の基盤を強めることである。加えて、党幹部の就官を通して党を強化するとともに、幹部を行政に習熟させることである。そのうえで、どうしても増税が避けられないなら、商工業や都市の発展を促進する、あるいは阻害しないため、農民(地主)に負担を求める地租増徴に踏み切るつもりであったと思われる。その根拠は、大隈には商工業や都市重視の姿勢が見られ、この頃には地租増徴を強く否定する姿勢が見られないからである。

次に大隈の持論となっていた貿易の拡大、すなわちこれまでに見てきたようなイギリスをモデルにした富国のための自由貿易論について、この時期の発言からもう少し具体的に見てみよう。

貿易は国際平和をもたらす

松方内閣ができて約一ヵ月後、一八九六年（明治二九）一〇月一九日に農商務省で農商工高等会議が開かれた。出席者は渋沢栄一・中上川彦次郎（三井合名理事長）ら財界人を中心とした議員と、榎本武揚農商相・大隈外相・野村靖逓相らであった。まず榎本、次いで大隈が演説した（『報知新聞』一八九六年一〇月二〇日）。外相であるにもかかわらず、大隈の実業振興への積極性が確認できる。

大隈は演説の中で、農業から工業、さらに商業へと「文明の進歩」にともなって産業が変化するとの持論を述べる。イギリスやフランスのような「文明国」はすべて商業国である。商業の中で、貿易への注目はこれまでと同様である。貿易には航路を開設し為替業務が必要となる。一九世紀のナポレオン戦争後、今まで大きな戦争が起きていないのは貿易が盛んであるからで、貿易は世界の平和と非常に関係がある、とも言う。また、「東洋の平和」も貿易で得ることができるかもしれない、と見る（同前、一八九六年一〇月二四日、二五日）。

大隈が貿易の拡大を平和と関連づけてとらえた所は新しく、その後も同様の主張をしていく。また大隈は植民地拡大ではなく、自由貿易を中心とした通商国家を理想とすることが確認できる。

貿易のあり方についても、輸出に偏重せず、輸出と輸入の均衡が理想であるとし、極度な保護関税は有害と見る。とりわけ力を尽くせば生産ができる国は、保護税を課す必要がない、と論じた（同前、一八九六年一〇月二七日）。

翌一一月六日に大隈外相は、日韓通商協会の依頼に応じ、日本と朝鮮国の貿易について、次のように演説し、日清戦争前後までと異なり、朝鮮国の可能性を強調した（参加者は大鳥圭介会長〔前朝鮮公使〕・会員と安藤太郎農商務省商工局長ら約三八名）。

朝鮮国は開国以来二〇年で人口を一〇〇〇万人増加させ、貿易額は一〇倍から二〇倍になった。朝鮮国の「進歩は実に侮《あなど》るべからざるもの」がある。また同国は「貧困」ではない。

したがって朝鮮国との貿易には可能性があるが、両国民の感情がうまくいっていないことが問題である。原因の一つは、秀吉の出兵以来の朝鮮人民の感情である。もう一つの原因は、日本人の「乱暴なる行動」であり、ややもすれば朝鮮人民を「強迫し凌虐《りょうぎゃく》し圧迫せんと試むる弊」まであることは、恥ずべきである。今の朝鮮国在留日本人と朝鮮国人民の関係は、二〇年前の外国人と日本人の関係とも同じである。多少「文明の高位置」にある人は、その下の人に接すると、道理が通じず何事も順序立っていないために腹が立つこともあるが、短気は最も戒めるべきで、朝鮮人から「猜忌《さいき》」を抱かれても許すべきだ。「遠大なる意思」をもって「利導」することは、日本国民の朝鮮国民に対して尽くすべき情義である。

欧州の紛争は常に「未開なる」バルカン半島およびトルコなどより起こることを見て

も、朝鮮国が大いに「文化」に進まないといけない。朝鮮国を「利導」して地歩を強固にし、「品位を上進」させ、「独立を保全」すれば東洋の紛争のきっかけをなくし、日本が平和になるのみならず、世界の紛争の一因をなくすことになる。

（『報知新聞』一八九六年一一月八日、一〇日、一二日）

大隈は、朝鮮国の発展が日本の安全保障にも関わると、改めて訴えた。日本と朝鮮国の貿易の拡大を促進することが世界平和につながるとの結論を再論したのである。

ここでも、大隈が日清戦争後も朝鮮国を植民地にしようとしていないことが確認できる。大隈が朝鮮国に可能性を見るようになったのは、同年六月に日本はロシアと山県・ロバノフ協定を結ぶことに成功したので、朝鮮国での日・露の勢力を対等と条文に規定され日露関係が安定し、貿易の拡大で平和を形成できる可能性があると考えたからであろう。

統一と統制の弱い進歩党

松方内閣ができて一〇日ほど経った頃、大隈や進歩党に好意的な『大阪朝日新聞』に、進歩党の一人の衆議院議員の談話が載る。そこには次のように、党の団結の弱さが述べられていた。

我党の大きな欠点は「個人としては尊重すべき人物」が多いが、「団体としては遥に自由党に及ば」ない。とにかく「結合力に乏しく」ややもすれば互いに背いて離れる傾向がある。（『大阪朝日新聞』一八九六年一〇月二日）

翌年の春になっても、大隈の腹心で党幹部の尾崎行雄は、進歩党は州の集まってできたアメリカ合衆国のようで、党内は「複雑」で「異類」の人が少なくない、と言外に統一の悪さを認めている（『進歩党党報』第一号、一八九七年五月一日）。

党としての不完全さは改進党以来克服することができなかった問題である。それは党の最高幹部の人事にも表れている。進歩党は党首を置かないのみか、結党後八ヵ月たった一八九六年（明治二九）一一月一日の党大会で、ようやく最高幹部である五人の総務委員を初めて設置する有様である。しかも、この五人とは、旧改進党系が尾崎行雄・犬養毅の二名、旧革新党系が大東義徹・長谷場《はせば》純孝《すみたか》・柴《しば》四郎《しろう》の三名で、旧改進党系よりも旧革新党系の方が多い。また旧改進党の非主流派有力幹部であった島田三郎や、新参であるが旧改進党有力者だった鳩山和夫は、総務委員に選ばれていなかった。

結局、大隈外相の腹心の尾崎と犬養が、大隈の意思を進歩党に間接的に反映させる役割を担わざるを得なくなるが、党の組織としての意思決定は不安定なものになる。

このため、当時重要なポストとされていた衆議院議長候補をめぐっても、一二月に進歩党内で大東、島田、鳩山の間で激しい争いが起き、結局、鳩山が議長、島田が副議長となった（『東京日日新聞』一八九六年一二月一二日、二二日）。大隈外相はこのような争いに公然とは介入していない。安易な介入が党分裂の原因となると避けたのであろう。

次に大隈外相の置かれた状況を進歩党の政策から見てみよう。一一月一日、進歩党は議会を前に党大会を開き、政策を決める（東京市神田錦輝館）。この特色は第一に、新聞紙条例改正・集会及政社法改正・出版法改正・保安条例廃止など、言論・集会・結社など政治活動の自由の拡大が重視されたことである。

第二に、行政財政整理をして経費を節減するが、海軍拡張の期限を短縮するなど、海軍重視の軍備拡張を行うことである。

第三に、衆議院議員の選挙権の拡大や、府県制・郡制の改正など地方制度の民主化である。また酒造税法・葉煙草専売法・営業税法などの調査と改正も挙げられていた（『大阪朝日新聞』一八九六年一一月一日、三日）。

すでに一〇月中旬に、進歩党大会に代わる党常議員会が「責任内閣」を条件として松方内閣への支持を表明している（『大阪朝日新聞』一八九六年一〇月一六日）。「責任内閣」という大枠の主張も含め、進歩党の政策は、松方内閣が言論・集会・結社の自由など政治活動の自由と政治の民主化、および政費節減に実績を挙げれば、必要なら何らかの形で増税をしてもよい、との姿勢といえる。大隈外相の方針を反映したものといえ、大隈が松方内閣下でこれらの要求を実現できるなら、進歩党全体の大隈への求心力が増し、統合の象徴も兼ねたインフォーマル（非公式）なリーダーから真のリーダーへと進化できるのである。

進歩党の要求を反映する意味で、松方内閣が、どの程度の「責任内閣」であったかは、次に述べるように、「二十六世紀事件」でさっそく試されることになる。

突然の二十六世紀事件

事の起こりは一八九六年一〇月二五日に発刊された『二十六世紀』という小雑誌が「宮内大臣論」を掲載し、伊藤博文の宮中での「専横」を攻撃したことである。その内容は、伊藤は約一一年前に宮相を兼任して以来、後任の土方久元《ひじかたひさもと》宮相らを使って影響力を振るい、天皇をないがしろにしているというものであった（野村治一良『米寿閑話』一七九～一九八頁）。この記事は、土方宮相が天皇を差し置いて宮中の実力者伊藤博文の意向で動いていると論じていたが、事実に反するものである（伊藤之雄『明治天皇』、同『伊藤博文』）。

これが一一月九日、より影響力のある新聞『日本』に転載されたことで問題化する。一一日夜から朝にかけ、山県系の清浦奎吾法相・野村靖逓相（前内相）・田中光顕宮内次官らが会合し、次のような対応方針を決めた。①松方首相と樺山内相には土方宮相から厳しく申し入れて、『二十六世紀』と『日本』に対する処分を促す、②黒田枢密院議長（班列相兼任）も新聞を一読して「いたく憤慨している」とのことなので、黒田から松方・樺山に対して厳しく談じさせるといったものである（野村靖・蜂須賀宛清浦書状、一八九六年一一月一二日、「野村靖文書」）。

二十六世紀事件は、松方内閣内の山県系官僚が中心になり、宮内省や閣内の薩摩系に処分を働きかけることによって、大きくなっていった。

ここで問題なのは、大隈が内閣書記官長に抜擢した高橋健三が深く関わっていた『二十六世紀』の記事に、どの程度関与していたかである。今のところ、大隈とこの記事を関連づける史料は見つかっていない。進歩党結成から八ヵ月、組閣から一ヵ月半ほどで、大隈は進歩党も内閣も十分に掌握していない。大隈は重要な行動に対しては緻密で慎重であり、このような時期に挑発的な記事の掲載を望むはずがなく、「宮内大臣論」は高橋らの独断で載せられたといえよう。

一一月一二日、土方宮相は松方首相・樺山内相・清浦法相に『二十六世紀』と『日本』の処分を求める意見書を送った。樺山・清浦が新聞・雑誌の言論取締りの責任者だったからである。一三日夜には、土方宮相・田中宮内次官が松方首相に会い、「余程激烈に」松方に要求したという（野村宛都筑書状、一八九六年一一月一四日、「野村靖文書」）。このように土方宮相が強硬な姿勢を示したのは、山県系閣僚らとの連携があったからである。これに対し、『二十六世紀』で批判された伊藤博文は西日本周遊中で、批判は「意に介せず」、山県系に同調する行動を取った形跡はない。

一一月一三日、土方宮相よりの処分要請で、臨時閣議が開かれた。樺山内相と大隈は発行停止に反対した。松方首相は「グラグラ」し、高島拓殖相は「沈黙」して一言も発せず、西郷従道海相もほとんど沈黙し、閣議の終了間際に、このうえなお問題を起こす様なら処分するのがよいだろうと発言したのみだった。しかし、清浦と野村逓相の山県系の二人の閣僚と蜂須賀文相・榎本農商相は、停止処分にすべきだと主張した（山県宛清浦書状、一八九六年一一月一四日、『山県有朋関係文書』二巻、六一頁）。

発行停止処分反対は沈黙の高島も含め大隈・樺山・西郷ら四人、賛成は清浦・野村ら四人と同数であった。閣議は多数決で決めず、全員一致を原則とする。結局、意見がグラついていた松方首相を処分反対に誘導し、閣議は発行停止処分を行わず、代わりに官吏侮辱罪および誹謗の訴訟を起こすことで妥協することになった。またそれを土方宮相に返答することに決定した（同前）。

ところが閣議後、清浦ら山県系官僚は待たせておいた自派の田中宮内次官に指図し、土方宮相が松方首相から閣議の報告を聞く前に、閣議では処分をめぐってほぼ半々であったことを土方に知らせ、強い態度を取るよう吹き込ませた。松方が土方に処分しないと報告すると、土方は厳粛な語調で「帝室を重しとするか政党を重しとするか」と「烈しく突込」んだ。そこで松方は土方に、もう少し考えてみる、と述べて別れた。

なお、大隈は閣内で処分反対の意見を述べた以外、この事件で処分反対を貫くための活動をあまり行っていないことも注目される。大隈がそれ以上動いていたら、高橋内閣書記官長の問題への関与や、大隈と高橋との連携を疑われ、外相を辞任せざるを得なくなることも予想されたからだろう。

さて、翌一一月一四日朝になると、松方首相には徳大寺実則侍従長・薩摩の長老黒田枢密院議長そのほかから、大隈には西郷海相から、説得が入る。結局、松方・大隈も処分を承知し、樺山内相も納得した。そこで松方と樺山は、一緒に参内して天皇に報告し、『二十六世紀』は発行禁止、『日本』は発行停止の処分を受けた。

保守的な山県系・薩摩派との戦い

雑誌『二十六世紀』と新聞『日本』に処分が下されたにもかかわらず、一一月二一日の進歩党常議員会では、施政方針を実行するかどうか見守る、と決め、同党支部や党員に通告した（『毎日新聞』一八九六年一一月二二日、「進歩党の通告書」）。

その一方で同党は、当初から処分を強く主張した清浦法相らを攻撃しようとしたらしい（野村宛執筆者不明書状、一八九六年一一月二六日、「野村靖文書」）。おそらく、大隈外相を通して腹心の尾崎行雄らが一一月一三日の臨時閣議の様子などの情報を知り、攻撃対象を山県系閣僚に限定したのであろう。

その後、松方内閣は成立後最初の議会である第一〇議会（一八九六年一二月二二日召集）を迎える。この議会に提出する一八九七年度予算は、組閣後間がなく余裕がなかったため、前の第二次伊藤内閣が編成した予算をほぼ踏襲した。衆議院第二党の自由党は、伊藤内閣の予算編成時の与党であり、この予算案に反対する理由がなかった（実際、松方内閣の予算案はほぼ原案通りに可決される）。

したがって第一〇議会の大きな争点となったのは、松方内閣がどの程度言論・出版・集会の自由を尊重するのかがわかる新聞紙条例改正であった。進歩党は政府による発行禁止・停止の全廃を求め、二十六世紀事件に際して処分に積極的であった山県系閣僚らはその維持を図ろうとした。

一二月二一日の閣議では、発行禁・停止の全廃を求める大隈外相・松方首相と、進歩党との連携に配慮するものの新聞・雑誌への統制を一部残そうとする樺山内相との間で、激論があったようである（『大阪朝日新聞』一八九六年一二月二四日、『毎日新聞』九六年一二月二三日、『東京日日新聞』九六年一二月二二日、二三日）。これまでの経過から、閣僚の中で山県系の野村・清浦ら四人は、樺山内相を支持したと思われる。結局、大隈と松方は押し切られた。

一二月二五日に衆議院に提出された新聞紙条例改正政府案は、内務省の原案通り、内相（内地以外は拓相）に一週間以内の発行停止権を与え、裁判所に発行禁止の権限を与えるといった内容であった。従来は、発行停止には期限がなく、発行禁止も内相や拓相（内地以外）という行政が行えることになっていたので、言論の自由に関しては、かなり緩和された案と

表12－1　第２次松方内閣期の進歩党および進歩党系からの就官者

人名	ポスト	在任期間
大隈重信	外務大臣	1896.9.22-97.11.6
高橋健三	内閣書記官長	1896.9.20-97.10.8
神鞭知常	法制局長官	1896.9.30-97.10.28
武富時敏	農商務省商工局長	1897.4.2-6.12
同	同　商務局長	1897.6.12-8.26
同	大蔵省勅任参事官	1897.8.26-11.2
早川鉄冶	農商務大臣秘書官	未詳
大石熊吉	同	未詳
大石正巳	農商務次官	1897.4.10-11.6
高田早苗	外務省通商局長	1897.4.7-11.5
菊池九郎	山形県知事	1897.4.7-12.29
室孝次郎	愛媛県知事	1897.4.7-11.13
田村（宗像）政	埼玉県知事	1897.4.7-98.1.26
波多野伝三郎	福井県知事	1897.4.7-11.13
肥塚龍	農商務省鉱山局長	1897.4.10-11.2
尾崎行雄	外務省勅任参事官	1897.8.27-11.2
箕浦勝人	農商務省商務局長	1897.8.26-11.2
志賀重昂	農商務省山林局長	1897.8.26-11.2

出典：伊藤之雄『立憲国家の確立と伊藤博文』218頁の表に加筆。就官者の人名は『進歩党党報』1号（1897.5.1）～同５号（1897.11.15）等より拾い、戦前期官僚制研究会・秦郁彦編著『戦前期日本官僚制の制度・組織・人事』などで在任期間を確定。

いえる。

結局、第一〇議会に提案された新聞紙条例改正案は、衆議院で内相など行政権による一般的な発行禁止・停止が削除されたが、外務省・陸海軍・宮内省などの意向で、外交・軍事・皇室などに限定して行政権による発行禁止・停止処分が復活し、政府案程度のものになった。それが貴族院でも認められ成立した。これを言論の自由が緩和されたと見ることもできるが、進歩党には強い不満が残った。

次に進歩党からの就官をみる。大隈は新しくできた進歩党の求心力を強め、党幹部の行政能力を高め、進歩党の政権担当能力を強化するためにも、自らが統制する形で就官を内閣に求めたのであろう。第一〇議会終了後、勅任参事官（次官クラス）・局長・知事・大臣秘書官の職に、一八九七年四月を中心に八月にかけて一三人も就官させた（表12-1）。

このほか、かつての改進党幹部で大隈の腹心であった矢野文雄（龍渓）を駐清公使に就任させた（一八九七年三月〜九九年一二月）。これは清国が秩序ある国となり、そことの自由貿易をめざす大隈が、矢野から清国情勢を直接知りたかったからであろう。公使に就任した矢野は、清国を啓誘して日本と連携するという、大隈と同様の立場から、清国情勢を大隈に知らせ続けた（大隈宛矢野書状、一八九七年一一月一七日〜九九年八月一五日『大隈重信関係文書〈早〉』一〇巻、二七七〜二九七頁）。

「公益」・「私益」と公共性

一八九七年（明治三〇）に入ると、農商務省は足尾鉱毒事件への対応と商業政策の刷新をめぐって、強い批判を受けるようになった。

足尾鉱毒事件とは、栃木県の渡良瀬川の上流にある足尾銅山（古河市兵衛の古河鉱業の経営）から流れ出る有害物質のため、一八九〇年代に入ると流域の農作物の生育が悪くなるなどの被害が表面化したことである。日清戦争後に衆議院議員の田中正造《たなかしょうぞう》（進歩党〔旧改進党〕）が鉱害反対運動に乗り出すと、操業停止請願運動が盛り上がった。田中は一八九七年二月に帝国議会でも質問している（由井正臣『田中正造』）。

このため第一〇議会終了後の三月二九日、山県系と連携していた榎本武揚農商相が辞任し、大隈が外相と農商相を兼任することになった。大隈は同年四月になると、農商務次官に大石正巳（前朝鮮国公使）、商工局長に武富時敏（大隈の出身地佐賀県でのリーダー）、鉱山局長に肥塚龍《こいづかりゅう》（前東京市会議員・同参事会員）と、三人の進歩党幹部を就官させた。

農商務行政に強い関心を持つ大隈の下で改革を推進し、かつ彼らに農商務行政を通して産業政策を学ばせようとしたのである。また、進歩党結成から参加した大石や、大隈からの自立心の強い武富ら、少し扱いにくい人物に恩恵としてポストを与え、しかも自らの配下として従わせようという、常人にはなかなかできない人物掌握の手法も表れている。

松方内閣は、与党議員である田中正造の要求にそれなりに対応し、古河鉱業に足尾銅山の鉱毒改善の厳しい対策を命じたが、採掘は継続させた（伊藤之雄『原敬』下巻、一一〇、一一一頁）。この政策には大隈農商相の考え方が反映されている。一八九七年九月下旬の鉱山監督署長会議で、大隈は次のように演説している。

〔前略〕「公益」と「私権」の衝突は〔鉱山の〕他の行政上にも数々見られるが、近来世人の注意をひいた足尾鉱山の鉱毒事件や、あるいは横浜水道水源における鉱毒のようなものは、今後も続々と発生してくるだろう。もちろん「私益」が「公益」を排除することはできない。「公益」の上には「私権」を制限しなくてはならないといえども、その権利が発生した時期によって大いに区別しなくてはならない。「私権」を得た後に「公益」に関する衝突が生じたときは、全ての「私権」を剝奪《はくだつ》することはできないので、相当の報酬を与えて「私権」を制限するなど、調和の方策を講じなくてはならない〔後略〕。

（『報知新聞』一八九七年九月二八日）

ここで大隈が、「公益」という用語を使い、その前に「私益」「私権」を制限すべきと述べていることが注目される。国家に対比する「私益」「私権」ではなく、生活する多くの人々を意識する「公益」を設定したところに、新しさがある。「公益」という用語は、一九〇〇年代から二〇年代にかけて「公共」という用語に包摂されていく。

話を古河鉱山の問題に戻す。大隈は古河鉱山の「私益」「私権」と鉱毒被害者側の「公益」の「調和」が必要と考え、先述の解決策となったのである。また、大隈にとって「私益」と「公益」の調和されたものが「公共」といえる。大隈自身も、一八九九年頃から地域、特に都市の問題に関連して、その地域全体のことを考慮して行動する必要があるという意味で、「公共」という用語を使うようになっていく（伊藤之雄『「大京都」の誕生』二、四三二頁）。

特に日露戦争以後に大隈は、官学と私学、西洋文明と東洋文明の調和など、一見対立する二つのものの「調和」を論じるのを常とするようになる（第17章）。ここで見た「公益」と

「私益」「私権」の「調和」は、「調和」という考え方を表明した、最も早い例として注目される。

松方・薩摩派と手を切る決断

一八九七年（明治三〇）八月二四日、松方内閣は一八九八年度の予算編成に関し、大蔵省が各省の要求を査定減額した後も、二三三三万円余の歳入不足が生じるため、増税を提案した。これに対し閣員からは格別の異議は出なかった（山県宛清浦書状、一八九七年八月二五日、『山県有朋関係文書』二巻、六六頁）。ここでは増税の内容については言及されておらず、大隈外相と進歩党は松方内閣の出方次第で対応しようとしていたといえる。進歩党から政府への就官は、同年四月に大規模に行われ、八月下旬になされたもので、一段落した（表12－1）。松方首相（兼蔵相）は、それ以上の大きな見返りを大隈や進歩党側に提示できそうになかった。

松方内閣が一〇月中に地租を増徴する方針を固めると、一〇月三一日に大隈外相と進歩党は提携を断絶する方針を決め、大隈外相と就官した進歩党員は辞表を提出した。これ以上の提携は、政党政治に向けての党勢拡大にとって有利にならないと判断したからである。

大隈の外相兼農商相の辞任は一一月六日に認められた。その直後から大隈は意気軒昂《いきけんこう》であった。記者が訪れると、今は全く自由の身になって大いに安心したので、これから「一生懸命に得意の花を培養するさ」と述べ、園芸談を始めた。大隈は、初めから園芸マニアだったわけではないが、次第に上手になりやめられなくなった、「園芸道楽」が進み、今では最初に種をくれた「先輩」より「エラくなった」、などを語った。

さらに大隈の辞職を見舞って黒田清隆枢密院議長が来訪すると、花と草が茂った長椅子に招き、お別れの園遊会が両日とも雨天のため流会になったのは残念でした、と打ち解けて語った（『報知新聞』一八九七年一一月九日）。大隈の園芸趣味は、この頃にはかなりの域に達していた。翌年六月末の新聞記事では、大隈邸に「新築の植物温室」があったことが確認される（『報知新聞』一八九八年六月二九日、「大隈伯談片」）。一方、辞職直後に薩摩の長老黒田の訪問を受けたことは、それまでの薩摩との関係を継続させる含みを示したものであったが、それはその後立ち消えていき、この松方内閣の提携が最後となる。

＊大隈は遅くとも一八七四年（明治七）一二月には、バラに強い関心を示していたようである。大隈と親しい吉田清成（薩摩出身、外務少丞（現在の課長））は、大隈のお好みのバラを少々進呈しますのでご覧下さい、右のうち四、五本は大久保利通（参議兼内務卿、政府と薩摩のリーダー）へ御配分くださるようお願いします、と手紙を書いている（大隈宛吉田書状、一八七四年一二月八日『大隈重信関係文書』〈早〉一一巻、五七頁）。大隈は園芸への関心を薩摩派との関係強化にも役立てている。その後、大隈は一八九六年春から、本格的に菊の名種を求めて栽培しようとしたようである（『読売新聞』一八九六年三月一九日）。

第13章　念願の組閣——隈板内閣の一三二日

第三次伊藤内閣への大隈の政権戦略

一八九七年（明治三〇）一〇月三一日に大隈重信と進歩党が松方正義内閣との提携を断絶すると、松方内閣は衆議院第二党の自由党との提携を模索したが、うまくいかなかった。松方内閣は二大政党のいずれの協力もなく、第一一議会を乗り切らねばならなくなった。一二月二一日に第一一議会が召集され、二五日に進歩党・自由党らにより内閣不信任決議案が上程されると、松方内閣には対応する力が残っていなかった。松方首相は衆議院の解散を上奏し、辞表を提出した。

明治天皇は黒田清隆枢密院議長に下問のうえ、一二月二九日に伊藤博文に組閣を命じた。伊藤は第三次内閣の組閣にあたり、板垣退助に法相、大隈に農商相のポストを提示して両党の協力を求めたが、両者は三一日までに辞退する。

両党とも、総選挙がすぐにあるので、警察を管轄し選挙に影響を及ぼせる内相のポストを得ようとこだわった。もっとも、自由党は伊藤にかなり宥和的で、板垣の内相就任が無理なら、伊藤が内相を兼任し、林有造（自由党土佐派幹部）が内務次官に就任できれば、与党となってもかまわないとまで要求を下げた。他方、進歩党は、大隈が自ら内相となり、進歩党が陸・海軍以外の枢要三大臣を得るという強気の要求を出した。

結局一八九八年一月一二日に、伊藤は二大政党の協力がないまま、第三次内閣を発足させた。伊藤首相を含めて、井上馨（蔵相）・伊東巳代治《いとうみよじ》（農商相）・西園寺公望（文相）・末松謙澄（逓相、伊藤の娘生子の夫）と伊藤系が五名、山県有朋系が桂太郎（陸相）・芳川顕正（内相）の二名、薩摩系が西郷従道（海相）の一名などと、伊藤系官僚を中心とした内閣であった（伊藤之雄『伊藤博文』、同『立憲国家の確立と伊藤博文』）。

この間、ほぼ進歩党から入閣の可能性がなくなった後、大隈は伊藤の組閣に期待する点を語っている。

まず大隈は、日本の憲政の大本として、天皇の信任を得ると同時に議会の「協賛《きょうさん》」（支持）を得て国民のしっかりと考えられた希望（輿望《よぼう》）に則《のっと》って行うことをあげて内閣組織の条件とした（『報知新聞』一八九八年一月六日「大隈伯の談話」）。これは、初期議会以来の、改進党・自由党など民党の「責任内閣」論からの藩閥政府批判の論理でもあった。

次いで大隈は、伊藤がすでにこの要点に着眼した以上は、「内閣は少くとも此基礎に近きもの」となるだろうという。また、伊藤は「若手」で組閣する計画といっている。若手とは年齢が若く頭脳もまた「革新的」な人を指すので、いかなる「若手」が入閣するかわからないが、今日の大勢上からできそこないの内閣を組織することは決してないだろう。「世間の大満足」を得ることはできなくとも、「少くとも多少進歩の色を帯《お》びた」内閣ができるだろう、このように大隈は論じた。

さらに大隈は、伊藤内閣組閣後の一月二〇日頃にも、来客に語る。伊藤も今日は全力で「経営」に当たる覚悟であるから見るべき論策も少なくないだろう。希望するのは、「天下の公器たる議会」を政府所属の機関とするような議会操縦の古いやり方を打破することである。伊藤は十分な経験を積んでその弊害をよく知っているので、それをまったく改め、「白昼公然議会と交渉」してほしい。井上馨が伊藤の「経営」を助けようという「義侠心《ぎきょうしん》」からと思われるが、大蔵大臣として入閣したことも期待できる。伊藤は言うまでもなく、井上も「超然主義」「蛮勇主義」を抱いていないから、「政府が将来の態度に注目」するのがよかろう（『報知新聞』一八九八年一月二二日）。このように大隈は、伊藤・井上に期待した。

大隈の発言には二つの意図が隠されていると思われる。一つは長州系の最有力者であるのみならず、明治天皇の信任が厚く、元老中の筆頭で藩閥最有力者である伊藤への期待である。それは文字通り、伊藤が政党と議会を尊重することで、政党政治への基盤が少しずつできていくということである。また政変の際に元老として天皇に大隈を後継首相として推薦してほしいとの希望もあるだろう。現に伊藤はこの四ヵ月後に、大隈・板垣に組閣させるように上奏した。

二つ目は長期的な戦略からの意図である。前章で述べ以下でも論じていくように、大隈は、いずれ伊藤らとともに進歩党などを背景に自由党系も含め大政党を作り、政党内閣を作る可能性も考えていたと思われるからである。

貿易・経済論の新たな展開

大隈は自らが閣僚となった黒田・松方両内閣では、公的な挨拶で必要な場合以外は具体的な政策について公言せず、慎重な態度を取っていた。

松方内閣の外相を辞任して自由な立場に戻り二ヵ月ほど経った一八九八年（明治三一）一月一七日、日本貿易協会総会に招請された大隈は、さっそく通商国家論の立場から貿易論を演説した。大隈の演説は、一八九六年春に郷里佐賀に帰省した際の各地での演説にみられるように、歴史の大きな流れを説明して現状の理解を促し、未来を予測するのが特色である。ここでは次のように日本の貿易に関し、それをさらに徹底している。

日本の貿易の急成長は欧州諸国の貿易の「進歩」が遅いことと比べると、欧州でもイタリアと匹敵し、日本は将来世界の一つの「富国」の地位を占めるだろう。「大隈が又た例の楽天主義を鼓吹す」と評されるかも知れぬがと断りつつ、大隈は、日本経済の見通しを貿易額の拡大の面から楽観的に論じた＊（『報知新聞』一八九八年一月一八日、一九日）。

＊一九二二年（大正一一）一月に大隈が死去した直後に、山本達雄（前蔵相・農商相・日銀総裁）は、

大隈が実業家たちを元気づける独特の「極めて陽気な性格の持主」であったと回想している。実業家らが事業に蹉跌《さてつ》し大いに悲観して大隈に相談しに来ると、大隈は「一流の楽観論」をまくしたてるので、彼らは帰るときにはまったく心機一転し、心配が消え去って心が清々してくるのだという（『報知新聞』一九二二年一月一二日）。

大隈は、貿易の発展のための国内体制の整備も論じる。その内容は貿易を促進する機関を作る、商店の「番頭より手代」（最高幹部から中堅幹部）まで新知識を取得した商業学校の卒業生などを採用して、貿易の知識を利用する、商業の教育を盛んにしてますます新知識を活用する道を開く、貿易における外国語の能力を向上させる等である（同前、一八九八年一月一九日、二〇日）。

自身は幕末に学んだオランダ語も英語も、ほとんど忘れていたにもかかわらず、外国語の知識の必要性について堂々と論じるのが大隈らしい大らかさである。また、このような発言や外国事情を踏まえた論から、大隈は外国語（英語）が得意で海外情勢を掌握しているとの誤解にもとづくイメージが広がっていく。

さらに大隈は、日本の資本が欠乏しているので外資を輸入すべきとの新しい主張を、維新後に「外資」で三〇〇〇マイルの鉄道や三〇余万トンの造船をしたことなどをあげて論じる（『報知新聞』一八九八年一月二〇日）。外債を外資と言い換えて論じたが、大隈の意図は日本企業への外国人の投資も恐れることはないということだった。この頃になっても日本国内には、西欧から外資が入ってくると日本の産業などが西欧人に乗っ取られてしまうのではないかとの恐怖感が根強く残っていたので、それを抑える意味があった。大隈は、外資を輸入すれば、正貨（金）が日本国内に入ってくるので、通貨発行量を増大させて日本の経済活動を活発にできると考えていた。これまでの大隈の外債によるものと同様、外資輸入は正貨と通貨発行量を関連づける大隈の経済論とも合致していた。

大隈は同じ頃、伊藤首相や井上馨蔵相について論じる中で、ほとんど二倍近くになる事業公債および鉄道公債は外国市場に売り出すほかない、と伝えられていると、井上の外債（外資輸入）策を支持している（『報知新聞』一八九八年一月二二日）。

それから三ヵ月後の四月に、大隈は八回にわたって「大隈伯経済談」を『報知新聞』に掲載し、日本経済が不振である現状と、日清戦争後の経済政策はどうあるべきかについて論じた。

大隈は近年の日本経済の不振について、日清戦争の「病の余症」からまだ完全に回復していないからだ、と見る。経済は不況であるにもかかわらず物価が騰貴していることに対し、日本の中央銀行（日銀）の政策は、金利を引上げ、流通している通貨を緊縮し物価上昇を抑え、正貨が多量に海外に出ていくことを防ごうとしているが、かえって物価は騰貴し輸入はますます増進していると批判する（『報知新聞』一八九八年四月一〇日、一二日、一三日）。

経済不振の対応策は、「各事業の改良進歩」しかなく、製造業では生産費を減じ、原料の仕入方法を改め、製品販路の拡張を図り、新進の人物を登用する改革しかない。また、日清戦後の日本の実力を超えた不自然な膨張を是正する必要もあるとする（同前、一八九八年四月一六日、一七日）。

しかし、軍備は国の「生存上」一定程度は必要で保険料を支払うようなものであり、原料や船舶・機械類のような「生産的の輸入」も抑制すべきでなく、また「労銀」も生産に害があるほど騰貴することはないので、上昇を恐れるべきでないとする（同前、一八九八年四月一七日、一九日）。

このように大隈は、日本の経済不振に対し、中央銀行による通貨の緊縮政策の効果に疑問を示し、むしろ実業家層が自立的に創意工夫して、労働者と調和しながら生産効率をあげ、海外に販路を拡張すれば経済はよくなると提言した。これは、外債など外資を輸入して正貨を得、通貨発行量を増大させて、通貨の信用を落とさずに経済を回復する、との大隈の経済論と連動している。その大隈が、船舶や機械類等の輸入という多少の正貨流出も覚悟するような提言をするのは、日清戦争の賠償金は毎年入り、そのおかげで一八九七年末で九八二六万円もあったからであろう（なお、戦争直後の一八九五年は約六〇〇〇万円にすぎない）。

大隈の経済論と地租増徴

「小さな政府」による、実業家層の創意・工夫を重視する大隈の経済論からすると、財源がないのなら地租を増徴し、地主層が利益の上がらない農業ではなく、商工業に投資するように仕向けるのが自然である。商工業がさらに発展すれば、商工業者からの営業税などで税収がさらに安定する（第11章）。

一八九八年五月中旬、発言に慎重な大隈が地租増徴に絶対に反対というわけではないことを、自派系の新聞記者に公言する。それは、「国の経費を借金で」賄《まかな》うというのは、決して取るべき政策ではない、「吾輩は絶対的に地租増徴に反対はせぬが」、その前に政府は経費の支出に「過算」（誤った計算）がないことを明らかにすると同時に国民の「充分な信望を継ぐに足る行政上の能力」を示さねばならないというものであった（『報知新聞』一八九八年五月一四日）。

大隈がこれまで地租増徴を明言せず、ここでも慎重な言いまわしをしているのは、改進党や後身の進歩党の地盤が地主層だったからである。これは、日本に商工業が十分に発達していなかった初期議会期の選挙制度の関係からで、対抗する自由党も同様である。地租増徴は一般的に当面のやむを得ない政策であるが、党勢の維持・拡大を考慮すると危険な賭けでもあった。

地租増徴反対に舵を切る

一八九八年（明治三一）三月一五日に総選挙が行われた。前年末に第二次松方内閣が総辞職する前に衆議院を解散したことにともなうものである。総選挙では、第三次伊藤内閣の野党となった進歩党・自由党ともに、有権者の中心である地主層の支持を得るため地租増徴法案反対を掲げた。

この結果、五月一四日召集の第一二特別議会に臨んだ衆議院議員の数は自由党九八名（解散時八二名）、進歩党九一名（同八七名）、山下倶楽部四八名（商工業者層を中心に創立）、国民協会二六名（同二三名、藩閥政府支持）であった。自由党が進歩党に比べ少し議席を増加させ第一党となったが、過半数の一五〇名に遠く及ばなかった。

特別議会に向け進歩党は、五月三〇日の代議士総会で行政整理をともなわない増税に反対する党議を確定した。だが現実は行政整理のみでの財源の見通しはなく、歳入不足であった。五月三〇日、伊藤内閣は地租増徴法案を議会に提出した。これは地価の二・五％であった地租を地価の三・七％とする増税法案である。結局地租は四八％も上昇する。

自由党も、六月七日の代議士総会で地租増徴反対を決議した。とはいえ、両党の衆議院議員たちは、ロシアに対する安全保障のため軍拡は必要と考え、何らかの増税も避けられないと認識していた。

伊藤内閣は地租増徴法案を通すため、地価修正を行い西日本の地価を下げ地租増徴による増税感を緩和し、西日本の衆議院議員を地租増徴賛成に切り崩そうとした。これは、東北地方など東日本の米の生産力が農業技術の改良で上昇し、相対的に西日本の地租負担が重いという不公平感が高まっていたことを利用しようとしたものであった。

ところが六月一〇日、地価修正案の建議は一二七対一六五の三八票差で否決された。失望した地価修正支持派の多くは地租増徴反対に回り、地租増徴法案は二七対二四七の大差で否決されたので、伊藤内閣は衆議院を解散した。

他方、同日に自由党では地価修正建議案に賛成した四一名の衆議院議員のうち、三〇余名が脱党届を出した。これは自由党議員の三〇%以上に及ぶ数で、自由党は崩壊の危機に直面した。進歩党には地価修正で利益を受けない東北地方など東日本の議員が多かったのに対し、自由党には相対的に西日本の議員が多かったからである。

自由党崩壊の危機を防いだのが六月七日から進んでいた進歩党・自由党を中心とした政党合同への動きであった。これは地租増徴法案への反発を背景に、進歩党が自由党に政党連合の結党を提案したもので、進歩党がやや自由党をリードしていた。合同は一〇日の衆議院の解散で弾みがつき、一一日に進歩党の党議員会と自由党の評議員会で承認され、公式な問題となった。このように合同問題が熟してくると、自由党に脱党届を出した三〇余名の衆議院議員の大部分は、一二日に復党した（伊藤之雄『立憲国家の確立と伊藤博文』二三六～二四一頁）。

大隈が進歩党・自由党合同の動きにどの程度関わったのかは、今のところ史料上では確認できない。以下で示すように、これ以降もしばらくは大隈直系ともいえる尾崎行雄らが合同問題の主導権を取っているようには見えない。おそらく大隈は、当初は受身の対応だったのだろう。

ところで大隈は、六月九日に『報知新聞』の記者への談話で、次のように地租増徴への反対を表明している。

まず大隈は、米価が地租改正当時に比べ二倍以上に上ったといっても、固定された地価の二・五％という税率を高めてもよいという論理にはならないという。それは、地租改正の当時に定めた税率は当時でも適当とは認められておらず、長い年月がたって商工業が発達すれば、「物産税」からの税収増を待って、地価の一〇〇分の一まで下げるべきとの詔勅が発せられたほどであるからである。

また大隈は、農民は商工業者とともに進んで、衛生・教育・徴兵や地方自治のために力を尽くすべきであるが、地租負担が重く、興すべき必要な「地方公共の事業」を興すことができないものが多いとも述べる。

大隈は地租に代わる税として酒税を挙げ、清酒一石につき一〇円にすれば、一年に二七〇〇～二八〇〇万円に達すると予測する。また伊藤内閣は三五〇〇万円の増税が必要というが、そのうち一〇〇〇万円は「政費節減で」削減でき、緊急に必要な増税は約二五〇〇万円とみて、酒税の増税のみで十分であろう、という（『報知新聞』一八九八年六月一〇日、一一日、一二日）。大隈は日清戦争後に、一つの有力財源として提案した酒税増徴を、地租増徴を避ける切り札として持ち出したのであった。

すでに述べたように、地租増徴反対は大隈の本来の論ではなかった。大隈はこの談話が発表された六月九日には、地租増徴反対で進歩党・自由党の合同をめざし、あわよくば一気に政党内閣を作ろうと考え始めたと推定される。なお、「物品税」が二〇〇万円になったら地租を地価の一〇〇分の一まで下げるという話は事実であるが、その後大隈はこのような構想を、積極的に公言したことがない。また酒税は、好況・不況など経済状態により消費量が左右される不安定な財源であり、額に限度があり、一、二年ならともかく、長期的な財源を保証するものではない。

六月九日の大隈談話は、大隈の知識と論理性を全力で動員して、地租増徴反対を正当化しようとした、こじつけ的要素が大きい。大隈は進歩・自由両党内で地租増徴反対の空気が高まる中で、それを軸に政党の力を藩閥側に見せつけて政権に近づこうと地租増徴反対に舵を切ったのである。

隈板内閣の成立

一八九八年（明治三一）六月一二日、新党の宣言書・綱領・申合書草案が竹内正志（進歩党）・栗原亮一（自由党）によって作成され、楠本正隆（進歩党、前衆議院議長）邸の会合で多少修正された。そのときの進歩党からの出席者は、尾崎行雄・鳩山和夫・大東義徹（旧立憲革新党系）の総務委員（党最高幹部）と、柴四郎（前総務委員）・中村弥六・竹内正志である（「憲政党勃興の始末」『憲政党党報』第一号、一八九八年八月五日）。大隈の腹心ともいえる者は尾崎のみで、しかも竹内らが主導権を握っていると推定されるので、合同への最初の動きは大隈の指示から始まったものではないようだ。

この点では、明治十四年政変の『横浜毎日新聞』の開拓使官有物払下げ批判、雑誌『二十六世紀』の伊藤博文・土方久元宮相批判と同様である。自ら仕掛けたわけではないが、慎重な大隈は少し距離を取りながら、状況をどのように利用するのかを決断する。

板垣退助

他方自由党からは、松田正久・片岡健吉・杉田定一の政務委員（党最高幹部）と林有造・西山志澄《にしやまゆきずみ》・栗原亮一が参加した。片岡・林・西山らの土佐派が参加しているので、自由党の方には、党首格で土佐派の板垣の意思が反映されているといえよう。このほか、河野広中（同志倶楽部、旧自由党幹部）など進歩、自由両党以外からの参加もあった。

その後、進歩・自由両党は、それぞれの前代議士総会（衆議院は解散された）の賛成を得、六月一五日に大隈と板垣の公式な賛同を得て、二二日に新党である憲政党の結党式を挙行した。

伊藤首相は進歩党・自由党の合同の動きに対抗し、渋沢栄一ら大商工業者の協力で、藩閥系の国民協会、地価修正を求める衆議院議員、商工業者を結集して大政党を組織しようとした。大隈も伊藤も将来の日本を支える商工業者の支持を得ようとしており、この章の冒頭で述べたように、大隈は伊藤との将来の連携すら婉曲に表明していた。しかし、今回は政治の流れの中で、大隈が地主層の利害を重視する伝統的な路線に舵を切ったので、両者は路線上で対立したのである。

さて、伊藤の新党構想に対して、藩閥内で伊藤に並ぶほどの実力者に成長していた山県有朋（前首相、陸軍の長老で山県系官僚閥の盟主）が反対であり、財界で最有力の三井・三菱も参加しなかった。伊藤・山県の両方から中立を保ったのである。こうして伊藤の政党組織計画は失敗した。

そこで伊藤は議会で予算や法案を通す見通しをなくし、辞意をもらすようになった。六月二四日、天皇は伊藤・黒田清隆・山県有朋・西郷従道・井上馨・大山巌らの元老を召して、政局の善後策を相談させた（松方正義〔前首相〕は関西から帰京が遅れ参加できず）。結局、伊藤は辞表を提出した。

その後、天皇に大隈と板垣に政権を担当させるよう上奏し、天皇は大隈・板垣が入閣して、伊藤内閣が存続するものと誤解し裁可した。翌六月二五日に天皇は誤解に気づくが、すでに伊藤が二人を推薦し裁可されたことが大隈・板垣にまで伝わっていたので、大隈・板垣に組閣を命じることになった。二五日夜、伊藤は大隈と板垣を官邸に招き、二人を推薦したことを告げ、天皇の命があれば組閣するように勧めた。

こうして六月二七日、天皇から大隈と板垣二人に組閣の命があった。大隈と板垣のいずれが首相になっても良かったが、板垣が外交上の儀式典礼に通じていないことを理由に内相を選んだので、大隈が首相（兼外相）に就くことになり、六月三〇日第一次大隈内閣（隈板内閣）が成立する。

この内閣は、憲法上で政党員の就任はできないと理解されている陸・海軍大臣以外のすべての閣僚を憲政党員から採用した。形式上は、日本で初めての政党内閣の誕生である。ほかの閣僚は、進歩党系が大東義徹（法相）・尾崎行雄（文相）・大石正巳《おおいしまさみ》（農商相）の三人、自由党系が松田正久（蔵相）・林有造（逓相）の二人であった。大隈と板垣を含めると、それぞれ四人と三人で、自由党系が一人少ない。

板垣は、土佐派と関係の深い伊東巳代治《いとうみよじ》を外相にしようとした。伊東は前農商相で、第二次伊藤内閣では内閣書記官長として伊藤首相の信頼を得、同内閣と自由党の連携などを担当し、並の閣僚以上の実権をふるっていた。他方、旧自由党系では、土佐派と対抗している関東派は星亨《ほしとおる》（駐米公使〔現在の駐米大使〕）が外相となることを期待していた。星はまだアメリカから帰国していないので、大隈はこの対立を利用し、外相を大隈が兼任し、進歩党系四名対自由党系三名という閣僚数の差で閣議をリードしようとした。これは進歩党と自由党が合同して憲政党となったとはいえ、旧来の両党の政策のすり合わせすらしておらず、進歩・自由の対立が継続していたからである。

この組閣までの過程で、明治天皇が大隈に不信感を抱いていることが確認された。それは、六月二四日に伊藤が大隈・板垣を後継首相として推薦した際に、伊藤内閣に大隈と板垣を入閣させることと錯覚した天皇が、「自由党」（板垣ら）のみを用いるわけにはいかないか、と伊藤に質問していることからわかる。黒田内閣の外相としての条約廃棄論、第二次松方内閣の二十六世紀事件などで、律儀な性格の天皇は大隈への不信を強めていた。

天皇のみならず、山県や山県系官僚、黒田・松方ら薩摩派も大隈内閣を批判的にみていた。山県系官僚は、政党内閣成立が決まると倒閣のため貴族院の勢力をまとめる動きを始める。

それに加え大隈内閣に対して、当時の最有力紙の一つで、元来進歩党に好意的であった『大阪朝日新聞』ですら、政党内閣（議会に責任を持つ「責任内閣」）ができたことや伊藤の決断を評価したが、松田の蔵相、大東の法相などが情実人事であり、このようなことを続けていると内閣は次の議会まで持たないと批判的であった。ほかの多くの新聞も同様である（伊藤之雄『立憲国家の確立と伊藤博文』二四三〜二四七頁）。

有力紙のうち、徳富蘇峰が主導する『国民新聞』だけは、進歩党と自由党の合同を政党内閣の組織だけでなく、主義政策の融和を図るべきだと注文をつけたが、大隈・板垣の組閣については、憲政党の状況に気兼ねせず、組閣すべき、と好意的に論じた（『国民新聞』一八九八年六月二一日、二八日)。ここまでは、大隈がかつて徳富の欧米周遊などの世話をした効果が現れているように見える(第11章)。ところが、七月下旬にかけて、『国民新聞』は大隈内閣への批判を強めていく(同前、一八九八年七月二〇日など)。

第一次大隈内閣の前途は多難だったのである。

大隈の長期的展望

大隈は、創立間もない不安定な憲政党を与党とした内閣と、その後の政治に対し、どのような展望を持っていたのであろうか。大隈の発言から探ってみよう。

一八九八年(明治三一)六月二七日に天皇から大隈・板垣に組閣の命があった後に、大隈は記者に対して、伊藤が自分に向かって疲れきったので隠居する、もう世事に関したくない、と言ったが、私は伊藤はまだ「老いられた人」ではないので隠居するには早いと思う、と語った。さらに、伊藤はまた立ち上って政治のことを論じるだろうし、私はそれを望む、伊藤が「吾輩〔大隈〕と共にやらるるか」、「別に相《あい》反対してやらるるかは知らず、兎《と》に角《かく》伊藤侯の如き人が我《わが》政界に立って貢献さるる所のあるのは吾輩の望む所である」、とまで論じた(『報知新聞』一八九八年六月二九日)。

翌日、記者が大隈に、伊藤と大隈は争うべき論点はないのではと聞くと、大隈は、「ソーダ、侯〔伊藤〕は殆《ほとん》ど極端の進歩主義者である」、政党の効用は政策を民心の動向を考慮して行うばかりでなく、反対党が政府の行動を監視すれば、政府が腐敗するのを防ぐので、「立憲制」の円滑な運用と健全な発達には政党は欠くことができないものであると応じた。大隈は伊藤が「透明なる頭脳の人」だから、政党が一夜で作れるものでないことをすぐに悟り、憲政党に政権を渡したともつけ加えた（『報知新聞』一八九八年七月一日）。

伊藤が大隈・板垣（と憲政党）に政権を与えるよう上奏したことを割引いても、この年の一月以来の大隈の伊藤への期待を含めて考えると、大隈の発言からは、近い将来に伊藤と連携して大政党を作りたいという構想が根強くあったことが推定できる。すなわち、この約二年後に伊藤と旧自由党系や伊藤系官僚が中心となって作る新党立憲政友会の大隈版である。

近代的内閣制度ができた一八八五年以来、政権を伊藤・黒田・山県・松方・伊藤・松方・伊藤と藩閥系内で交代で担当してきたように、大隈と伊藤ら「進歩主義者」による政党内閣と、藩閥系の保守派が交代で政権を担当することは可能性のある話である。また、その過程を通して政党側が政治力と政権を担当する実行能力を強め、最終的に藩閥勢力を退けて、イギリス風の政党政治が実現できる。大隈はこのような可能性も一つの有力な選択肢として考えていたと思われる。

さらに四ヵ月後、後述するように、隈板内閣が旧進歩党系と旧自由党系の内紛で倒れた後にすら、大隈は、わが党と政綱主義を一にするものは、今日たとえ「分離するも他日必ず手を握るの時あるべし」と演説している（『報知新聞』一八九八年一一月一日）。演説のみではなく、隈板内閣倒閣後まもなく、鳩山和夫（前外務次官、憲政本党幹部）は大隈の意を忖度《そんたく》して、清国巡遊から急遽日本に戻った伊藤の意向を探るため、下関・神戸まで出向いている（大隈宛鳩山書状、一八九八年一一月二〇日『大隈重信関係文書』〈早〉九巻、四、五頁）。

これらのことから、大隈が旧進歩党系を中心とし、旧自由党系の一部も含め主義・政策を同じくする者による大政党を作ることを目標としていることがわかる。おそらく大隈は、偶然のチャンスを活かしてできた憲政党と、同党を背景とする隈板内閣を、できる限り存続させるつもりであったのだろう。そうして大隈と憲政党の基盤を強めたうえで、大隈が主導する形で場合によっては伊藤と協力して政党再編を行い、政権担当能力のある本格的な政党を創設して、イギリス風の政党政治に近づけるという道を構想していたのではないか。

見せる大隈

先述のように、大隈は板垣とともに一八九八年（明治三一）六月二七日午前一〇時に参内して、組閣の命を受けた（『東京朝日新聞』一八九八年六月二八日）。この重大な日に、五、六日前の依頼を受けて、大隈が午後三時半から「東京専門学校校友会横浜支会」で講演を行うことが決まっていた。大隈は断らねばならぬかと心配していたが、午後四時半からに一時間遅らせて実施した。このことについて、参内して組閣の命を受けたことにはふれず、演説の中で次のように述べた。

私は約束をした事はそむいた事はない、年来「不性者《ぶしょうもの》」で人の前に出ないが一たび約束したならばどんな事があっても、あるいは「少しの病気を推しても」私の身体の許す限りは決して約束にそむく事は出来ない、この約束を守ることが出来ないというような時には「最早《もはや》大隈の生命は死んで仕舞《しま》ふ」のである（拍手起る）。（『報知新聞』一八九八年六月二八日）

大隈は、組閣を拝命するという極めて重要な事に対応せざるを得ない日でも、東京専門学校の校友会に約束した講演を予定通りに行うという意志の強さをアピールした。これは、大隈が約束を守る人物であることと、東京専門学校の校友会をいかに大切にしているかを一般に見せようとした行動でもある。大隈自ら創設した同校の卒業生は、各地域の幹部として、大隈の政治基盤を形成するために重要だったからである。

なお演説の内容自体には特に目新しいものはない。大隈は当時の日本の不景気について、日清戦争が原因の「病気」であるとし、西南戦争やアメリカの南北戦争の後にも同様のことが起きているなどと述べたにすぎない。

また翌六月二八日に『報知新聞』記者のインタビューの求めに応じ、次いで七月一日に党出身の大臣を紹介する憲政党の会合における演説を行った（憲政党本部で前代議士と党員らが参加)。ここで大隈は、これまで出してきたものとは別のイメージも売り込んでいる(『報知新聞』一八九八年六月二九日、「大隈伯談片」、七月一日「同上」、七月二日「大隈伯演説大要」)。
その一つは、就官熱が高く、進歩党系と自由党系の対立が激しい憲政党の実態を、次のように隠そうとするものである。

新内閣の閣員は、多くの希望者から選ぶというのではない。互いに謙譲して各人が徳の高さを示しているので、彼らの心持ちが「清高醇正《せいこうじゅんせい》」であることは、国を愛し君を愛する一念のすばらしさを見る以外の何物でもないので誠に敬服の至りである。内閣を組織するについては、別に面倒はない。

二つ目は、大隈自身も「静閑」な境遇を楽しんでいたいのに、首相になったのは残念である、と政党政治の定着をめざす政治改革も含めた権力欲を否定するイメージを出そうとしたことである。しかし、記者の質問に答えるうち、次のように首相になってとてもうれしいという本音が出てしまった。

閑地に居《お》り、朝夕園林の間に清気を呼吸して居れば精神も自然に清浄になる。此《この》境を出で身体の境遇を変えるのは残念であるが、国のため君のため辞すべからざることである

（記者が口を挿んで、政治家としては本懐の至りであると言ひ終らないうちに、記者がまず笑ったら、大隈伯の口元が二三分崩れるのが見えた）。

三つ目は、政党が台頭して隈板内閣が成立したことを、天皇の意向であると強調することである。大隈はまず一八九三年の「和協の詔勅」（天皇の意思）で第二次伊藤内閣と政党側が妥協したことから始め、板垣が内相となり同内閣と自由党と提携が成立したこと、第二次松方内閣と進歩党の提携が成立し大隈が外相となったことを挙げる。そのうえで、憲政党内閣ができたのは伊藤の「忠君愛国の至誠」が「近因」を作り、亡くなった人々も含め政党員のこれまでの活動が「遠因」を作ったといえるが、何よりも天皇の「御聖断」にもとづくので、「祖宗の神霊と　聖上陛下とに感謝」せざるを得ない、と論じた。

おそらく、大隈には伊藤あたりから、天皇の大隈不信の事実がそれなりに伝わっていたと思われる。それにもかかわらずこのような演説が堂々とできるところに、大隈の精神力の強さと独特の能力を見ることができよう。

就官

憲政党は組閣直後の七月四日に鈴木充美を内務次官にしたのを皮切りに、高等官一等から二等クラス（次官・参事官・局長・知事）や三等から六等クラス（大臣秘書官）の高級官僚への就官を、七月中に大半を終了させた。最終的に一〇月末の倒閣までに、延べ四三人を就官させた（伊藤之雄『立憲国家の確立と伊藤博文』、清水唯一朗『政党と官僚の近代』）。

この特色は第一に、就官者数が自由党系一九名、進歩党系一七名（延べ一八名）、そのほか四名と、衆議院議員の数を反映して自由・進歩党系が中心であった。

第二に、進歩党系は、内閣書記官長・法制局長官・次官・東京府知事など最高級ポスト七（延べ八）を押さえたのに対し、自由党系の最高級ポストは内務次官と北海道長官の二つ程度であったことである。自由党系は県治局長・警保局長・警視総監や各府県知事など、選挙に関わる内務省の重要ポストを押さえたとはいえ、大臣の数が一つ少ないことと合わせて不満を残した。

これも大隈が首相として政治力をふるったことが大きい。すでに述べたように、廃藩置県後に板垣が参議として「入閣」したが、同じ参議の大隈とその時点で政治力で大きな差をあけられていた。その二年三ヵ月後に板垣は征韓論政変の結果下野し、大隈は明治十四年政変まで一〇年以上政府にとどまっていた。さらに、内閣制度ができてからも、板垣は伊藤内閣の内務大臣に五ヵ月ほど就いたにすぎないが、大隈は第一次伊藤内閣・黒田内閣の外相、第二次松方内閣の外相として合計三年近く働いている。元来の能力や経験のいずれからも、大隈が板垣を圧倒するのが当然といえた。

第三に、大臣の出身政党系に対応し、進歩党系が外務省・司法省・農商務省のポストに就官したのに対し、自由党系は内務省のポストに就官したことである。ただし、大蔵省・文部省・逓信省は、重要ポストである次官と他の就官者の人数のバランスで、進歩・自由両党系のいずれが押さえているとはいえない。

旧進歩党系と旧自由党系の競争

さらに、進歩党系と自由党系が、党と内閣の関係で分離していたことも問題であった。たとえば、自由党系の中堅幹部の龍野周一郎（党幹事）は、日記に記された限りであるが、大隈内閣期に、板垣内相または内務省・内相官邸を三七回、松田蔵相または大蔵省・蔵相官邸を二七回、林逓相または逓信省・逓相官邸を一五回も訪れている。これに対し、進歩党系に関わる人や場所は、尾崎文相を党本部に一回、大東法相を官邸に一回、首相官邸を一回訪れるにとどまった（「龍野周一郎日記」一八九八年七月二日〜一〇月三一日）。

進歩党系と自由党系が融合できないのは、地方組織でも同様であった。憲政党ができると各道府県の多くに支部が設立されたが、種々の紛争が党本部へ持ち込まれた。

第三次伊藤内閣が衆議院を解散したため、組閣後一ヵ月少しの八月一〇日に実施された総選挙でも、公認候補者の決定をめぐって両党系の対立が増大した。この選挙の終盤になると、両党系が秘密に別々の選挙事務所を設けるようになり、本部には相手方をごまかすために時々顔を出すだけになった。このような内紛に、元来進歩党に好意的であった『大阪朝日新聞』ですら、総選挙に際して憲政党内閣が主義方針を明らかにしないまま党内で同士討ちの泥試合を演じている、と組閣時以上の失望感を示した。

総選挙の結果は、進歩党系・自由党系に対し中立的である『国民新聞』によると、憲政党の当選者数は、進歩党系一〇三名、自由党系九六名と進歩党系が少し優位を占め、そのほかの系列五六名を加えて、合計二五五名であった（全議席三〇〇名）。他の新聞も同様の傾向を報じている。

大隈首相が閣内を主導し、就官ポストや総選挙の結果も進歩党系が優位となった。黒田内閣・松方内閣に入閣した際の大隈の動きなどを含めて考えると、前にも述べたように、大隈は憲政党内の融合ができないとはいえ、この内閣をできる限り存続させて本格的な政党政治に向けて政党の基盤を強めようと考えていたのであろう。

ところで、大隈内閣は次の第一三議会に向けて一八九九年（明治三二）度の予算を作成し、議会会期中に承認を得なければならなかった。大隈を中心に、元来改進党・進歩党系は民営鉄道論者が多く、自由党系は鉄道国有論者が多く、両党系は民間資本中心か、国家の介入を相対的に重視するかにより、経済政策の基調が違っていた。

たとえば自由党では、一八九八年春から板垣退助・林有造ら土佐派の有力者により、不況下の経済界を救済するため外債を発行して幹線鉄道を国有化しようという意見が高まった。さきの第一二特別議会に鉄道国有建議案を提出することになったが解散のため提出できなかった。

他方で予算作成の責任者である松田蔵相（自由党系）は組閣直後から、地租増徴を避け、酒税や砂糖消費税など間接税を増税することを考えていた（『大阪朝日新聞』一八九八年七月八日、一八日）。これは、六月に進歩党・自由党内に地租増徴反対が高まった際に、地租増徴の代わりに酒税増加を決断した大隈の枠に従ったものといえよう。大隈は財政に余り自信がない生真面目な松田を蔵相にすえることで、大蔵官僚を通して大枠を統制し、財政問題での自由党との対立を避けようとしたのであろう＊。進歩党系であった『大阪朝日新聞』が、松田の蔵相としての能力への疑問から、松田を蔵相に就任させたことを批判したのは、大隈の意図と表裏一体のものといえよう。

＊最新の松田研究によると、松田は地租増徴を避けるという方針の下で、大蔵官僚と協調しながら熱心に予算案を作成した。松田も大隈内閣をできるだけ存続させるのが政党政治の発展につながると考えていたという（西山由理花『松田正久と政党政治の発展』七〇〜七五頁）。自由党系の最高幹部の一人ながら、松田は大隈の構想の枠内で動く結果となった。

こうして、一〇月末段階で、大隈内閣は酒造税増加を中心に、葉煙草《はたばこ》専売価格引上げ・砂糖消費税などの導入方針を決めた（坂野潤治『明治憲法体制の確立』一七五〜一七六頁）。大隈内閣は予算など財政政策で、将来はともかく、当面は行き詰まることはなかったのである＊

＊。

＊＊第一次大隈内閣の際に日本銀行総裁として大隈に接した山本達雄（のちに蔵相・農商相）は、大隈の死の直後の回想で、大隈は「放談的な」議論をする人であるから経済上の意見も随分ずさんなものと「思われる」向きがあるが、極めて「緻密周到」なもので大いに感心させられた、という（『報知新聞』一九二二年一一月一二日）。

内閣を維持するため予想される障害は、山県系官僚閥が貴族院を主導し、予算の通過を妨害するなどで倒閣を図る可能性があることだ。しかし、山県や薩摩派の黒田・松方も衆議院で圧倒的多数の憲政党を相手に組閣する勇気があるとはあまり考えられない。それ以上に危惧されたのは、憲政党の内紛である。自由党の「大隈」ともいえる星亨が、隈板内閣は自由党系に利益がないと見て、剛腹な性格から倒閣の策動を実行しかねないことだった。

星との闘いの始まり

駐米公使であった星亨は、第一次大隈内閣が成立したとの報を受けると、遅くとも七月一〇日には米国から帰国することを決意していた。大隈外相（兼首相）の許可も得ず、七月二〇日にワシントンを発ち辞意を電報で示し、八月一五日に横浜に上陸した。星の帰国に最も憤ったのは星を恐れる大隈で、星をアメリカへ追い返せと言って公使の辞表受理を拒んだ。

星の正式な辞任は、帰国一ヵ月後の九月一三日であった（有泉貞夫『星亨』二四二〜二四五頁）。

他方、大隈首相は、板垣内相に対し星を入閣させると内閣を破壊すると説き、松田蔵相・林逓相ら自由党系の閣僚も、大隈に説得されていたという。しかし八月下旬頃までに、自由党系では、板垣内相が政治能力が大隈首相に劣るので大隈に利用されるのみであるとの批判が高まってきた。こうして、板垣を支持する土佐派を排斥し、帰国した星を外相に就任させようとする要求が強まってきた。

星は、憲政党のような自由党系・進歩党系が対立して融合できない政党がいくら政権を担当していても政党政治への道につながらないと考えた。そこで、できる限り早く大隈内閣を倒し、新たな政権構想を展開しようとした。大隈とはまったく異なる発想である。

また星は、のちの批判さえ招かなければ、倒閣のためどんな手段を使ってもよいと考えた。こうして、九月上旬から一〇月上旬にかけ、就官を規制する法令である文官任用令の全廃要求、大隈の腹心でもある尾崎行雄文相の「共和演説」問題、横田国臣《よこたくにおみ》検事総長懲罰問題（進歩党系の大東義徹法相を攻撃）を取り上げた。

この中で倒閣の手段として効果があったのは尾崎文相の「共和演説」問題であった。これは八月二一日、帝国教育会の夏期講習会に始まる。尾崎はそこで、「日本に仮《か》りに共和政治ありと云ふ夢を見たと仮定せられよ、恐らく三井、三菱は大統領の候補者となるであろう」と、少し過激な言葉を使って日本の拝金熱の拡大を批判した。

外相候補にもなっていた伊東巳代治の経営する『東京日日新聞』などは、八月末～九月中旬にかけ、「若《も》しも吾国が千百歳の後共和政体」などと述べたとして尾崎文相の辞任を要求した。しかし、このときは大きな問題とならなかった。

だが星による大隈内閣倒閣の動きが自由党系で支持を得ると、一〇月五日から『東京日日新聞』は再び尾崎の「共和演説」などを取り上げ、大隈内閣の辞任を求めるキャンペーンを始める。その日から自由党系で種々の協議が行われ、一三日に進歩党系との提携断絶を決定した。

板垣内相は閣議で「共和演説」問題で尾崎文相を責めたてた後、一〇月二一日（あるいは二〇日）に尾崎を弾劾する上奏を行ったので、天皇は尾崎を辞めさせる決意をしたという。首相でなく内相である板垣が尾崎の罷免を求める上奏ができるのは、板垣が大隈とともに組閣の命を受けているので、首相と同様に閣僚の罷免を求めることができると考えたからである（伊藤之雄『立憲国家の確立と伊藤博文』二五三～二五八頁）。

大隈の「鉄面皮」と天皇観

一〇月二二日、天皇は岩倉具定《ともさだ》侍従職幹事を大隈のもとに派遣し、速やかに尾崎の辞表を提出させるよう命じた。組閣の命を下した大隈・板垣の間で意見が異なっているであろう中で、天皇が大隈首相に尾崎を辞任させることの可否について問い合わせなかったのは、大隈と、すでに軽率な行動について前歴のある尾崎に対する、天皇の不信感のためであった。松方内閣時代に、尾崎は外務省勅任参事官在職のまま進歩党本部の会議に列席し、同内閣を攻撃したことで懲戒免職となっていた。それにもかかわらず、わずか七ヵ月後の今回の組閣にあたり、大隈が尾崎を文相に推薦した。やむなく天皇は大隈首相の保証で懲戒を特別に免除する裁可を行った。実直な性格の天皇は、それにもかかわらず「共和演説」問題を引き起こすような尾崎を嫌い、大隈への不信を増したのである。

板垣からの尾崎罷免を求める上奏に対し、天皇が大隈首相に可否を問い合わせなかったことで、大隈が自らへの天皇の強い不信を感じたことは間違いない。

結局、尾崎文相は同日、大隈に辞表を提出した。一〇月二四日に大隈は、病気を理由とする尾崎の辞表を天皇に差し出した。気の弱い首相だったなら、天皇の不信任と前途多難を悲観し、板垣と相談のうえで内閣総辞職を願い出る可能性もあるが、大隈は辞任する気はまったくなかった。

後任文相について、進歩党系と自由党系の妥協が成立しなかったので、大隈は首相の職権を使って旧進歩党系の犬養毅を推薦し、天皇の裁可を得た。犬養は改進党以来の政治家で、憲政党幹部であり、進歩党系を代表する働きをしていた。天皇が犬養を文相にすることを裁可したのは、板垣内相の意向に従い尾崎を辞任させることで大隈への警告は終わっているので、衆議院を二分する勢力である進歩党系を背景とする大隈の立場に配慮したバランス感覚からであろう（伊藤之雄『立憲国家の成立と伊藤博文』二五七、二五八頁）。
一〇月二七日に犬養の就任式が行われた。この剛腹な大隈の行動について、大隈と対立する山県有朋の腹心清浦奎吾（前法相、後に首相）は、前日に、ただ驚くべきは「大隈の鉄面皮」なり、大隈の「脳中には一点も責任徳義」などという思想はない、と山県に手紙を書いて批判している（山県宛清浦書状、一八九八年一〇月二六日、『山県有朋関係文書』二巻、六七、六八頁）。

のちの話になるが、約一三年後、大隈は、国務大臣は天皇を輔弼《ほひつ》（補佐）すると憲法にあり（第五十五条）、法律勅令や国務に関わる詔勅に副署をするので、天皇の思し召しといっても国務大臣が国家のためによくないと確信すれば、副署を遠慮して諫めるべきであると述べている。また君主（天皇）は「正義の本源」であり、「道徳の本源」であるので、失政の責任をとることができないため、国務大臣が副署などを通して責任を取らねばならぬ、とも論じている（『新日本』一九一二年二月一日、木村毅監修『薩長劇から国民劇へ』一〇六、一〇七頁）。

大隈は藩閥勢力が強い時代の政党のリーダーとして、国民に対する「責任徳義」から、内閣を存続させ本格的な政党政治への道筋を確かにするのが正しいと考え、この行動を取ったのである。清浦の批判は必ずしも当たっていない。しかし、天皇からの暗黙のものも含め、あらゆる批判を甘受して行動するという点で、「鉄面皮」であることは間違いない。

隈板内閣の崩壊

自由党系の了解を得ていない犬養の文相就任に対し、自由党系は同系の三閣僚を辞任させた後、その補充が進歩党系で行われないよう、星を中心に内閣総辞職への工作を急いで行うことにした。星は山県系の桂太郎陸相らから山県に話をつけ、山県は岩倉侍従職幹事らを動かし、板垣と大隈の連帯責任で内閣総辞職となるよう宮中の空気を作ったという。またこの過程で、星と桂の間に、山県内閣ができたら自由党系が支援するという密約ができた。

一八九八年(明治三一)一〇月二九日、自由党系は進歩党系に連絡せず自派のみで憲政党大会を開き、憲政党を解党し、新たに自由党系だけで同名の憲政党を組織した。このようなことができたのは、政党の許可は内務省(警察)が担当していたからである。自由党系が板垣内相をはじめとして内務省を掌握し、自由党系土佐派幹部の西山志澄が警視総監だったことによる。

その後、板垣・林・松田ら自由党系(新しい憲政党)の三閣僚は辞表を提出した。大隈首相は三閣僚を補充して進歩党系の大隈改造内閣を作ろうとしたが、天皇はその意向を認めなかった。これは、組閣の命が大隈・板垣両名にあったこと、大隈や進歩党系に対して、藩閥勢力・自由党系などの包囲網が形成され、ジャーナリズムなどにも内閣が見放されていたことから、自然な選択であったといえる。

かつて大隈が渡欧米の世話をした徳富蘇峰の『国民新聞』も、一〇月一九日には分裂前の憲政党を自滅に近づいたと論じ、尾崎文相が辞表を出すと、一〇月二六日に、尾崎は辞任すべきだがその前に大隈が辞任すべきなどと大隈や内閣を攻撃していた。

一〇月三一日、大隈首相ら進歩党系の閣僚も辞表を提出し、日本で最初の政党内閣は、ほとんど成果を挙げることなくわずか四ヵ月で崩壊した。

大隈内閣倒閣後には、山県系官僚閥の盟主として藩閥系で伊藤に並ぶまでになった山県が、薩摩派の協力も得て組閣することになる。

大隈内閣の辞表提出から二週間ほどして、大隈は記者の質問に答え、憲政党は「天下の進運」がやすやすと産み出した「安産の子」で前途は「勇健」である、と組閣時に予言したが、この予言がまったくはずれ、この「健康の子」が五ヵ月に満たずして急死したのは非常に「不面目」であると述べた（『報知新聞』一八九八年一一月一三日「大隈伯の談話」）。おそらく大隈は、星さえいなければこの内閣を少なくとも二、三年は存続させ、各省の官僚に政党勢力を植えつけ、本格的な政党内閣への基盤を拡大できただろうに、と悔やしく思いながら、少し無理な冒険をしたことへの反省もしたのであろう。

次いで大隈は、日本はあたかも一〇年昔に退却したようにも見えるが、過去三〇年を追想すれば、国の富、教育の進歩、知識の普及など明らかである、今回の現象は「一部面の一小波瀾《はらん》」のみで、大勢はついに前進するのである、と強気の姿勢を示した。

中国再生への協力論

話は少し戻るが、自由党系の倒閣への動きが明らかになった一八九八年一〇月二〇日に、大隈は東邦協会で清国の現状と将来への危惧について演説した（『報知新聞』一八九八年一〇月二一日、二三日、二五日、二六日、二七日「大隈伯の演説」）。

この時点で中国（清国）では、光緒帝《こうしょてい》によって近代化に向けた体制の改革である戊戌《ぼじゅつ》の変法《へんぽう》が同年六月に始まり、九月二一日に西太后《せいたいごう》のクーデターによって中止となっていた。このため、清国が自ら改革して再生する可能性は当面なくなっていた。

大隈は演説の中でまず、清国には潜在力があるが列強による分割の危機に直面している、と日清戦争後以来の見解を述べる。今回はこれまで以上に、中国を「全く開放して」「物質的の学術」（進んだ機械と技術）を利用して「従順なるレボール〔労働者〕」と合わせて「世界の製造所」としたならば、原料を得やすく労賃が安いので、中国が世界市場を支配するようになる、と中国の生産拠点としての可能性を具体的に評価する。また大隈は、これはヨーロッパの最も恐れるところであるとも指摘する（同前）。

大隈は、中国を日本との自由貿易の対象としてだけでなく、将来日本が中国に企業進出して中国を工業化する可能性を述べるようになったのである。

こうした魅力ある中国に分割の危機が迫っていることに対し、従来の大隈は、そうならないほうがよいと一つの中国への希望を述べるにすぎなかった。しかし、今回は、日本が清国に対して「侵略主義を執らず」、日本人には「義勇」があり清国を「扶植《ふしょく》する」（助けてたてる）以外のことはしない、と清国を助けることまで論じるようになった。また、世界のいかなる強国でも日本ほど中国に利益を持っていないし、中国と親しくないとも述べる（同前）。
大隈は、中国が一つの中国として存続し、日本が貿易や工場などの経済進出することにより、日中が発展することを理想とし、そのためには日本が中国を助けるという。これは、戊戌の変法が失敗し、清国（中国）が自ら再生する可能性が見出せない中で、大隈が日本は清国に介入せざるを得ないと考え始めたからである。一八九八年に生まれたこの議論は、大隈の長期的な中国政策（中国保全論）の源流であり、本当に日本が国力に自信を持った日露戦争後に全面的に展開していく。

（以下、下巻）

伊藤之雄（いとう・ゆきお）

1952（昭和27）年福井県生まれ．76年京都大学文学部史学科卒．81年京都大学大学院文学研究科博士課程満期退学，名古屋大学文学部助教授等を経て94年京都大学大学院法学研究科教授．2018年京都大学名誉教授．
専攻・日本近現代政治外交史．博士（文学）．
著書『立憲国家の確立と伊藤博文』（吉川弘文館，1999年）
『昭和天皇と立憲君主制の崩壊』（名古屋大学出版会，2005年）
『明治天皇』（ミネルヴァ書房，2006年）
『元老西園寺公望』（文春新書，2007年）
『山県有朋』（文春新書，2009年）
『伊藤博文』（講談社，2009年〔講談社学術文庫，2015年〕）
『昭和天皇伝』（文藝春秋，2011年〔文春文庫，2014年〕，司馬遼太郎賞受賞）
『原敬』上・下（講談社選書メチエ，2014年）
『元老－近代日本の真の指導者たち』（中公新書，2016年）
『「大京都」の誕生－都市改造と公共性の時代』（ミネルヴァ書房，2018年）他多数

大隈重信《おおくましげのぶ》（上）
中公新書 *2550*

2019年7月25日初版

著者 伊藤之雄
発行者 松田陽三

本文印刷 三晃印刷
カバー印刷 大熊整美堂
製本 小泉製本

発行所 中央公論新社
〒100-8152
東京都千代田区大手町 1-7-1
電話 販売 03-5299-1730
編集 03-5299-1830
URL http://www.chuko.co.jp/

Published by CHUOKORON-SHINSHA, INC.
Printed in Japan ISBN978-4-12-102550-0 C1221

中公新書刊行のことば

いまからちょうど五世紀まえ、グーテンベルクが近代印刷術を発明したとき、書物の大量生産は潜在的可能性を獲得し、いまからちょうど一世紀まえ、世界のおもな文明国で義務教育制度が採用されたとき、書物の大量需要の潜在性が形成された。この二つの潜在性がはげしく現実化したのが現代である。

いまや、書物によって視野を拡大し、変りゆく世界に豊かに対応しようとする強い要求を私たちは抑えることができない。この要求にこたえる義務を、今日の書物は背負っている。だが、その義務は、たんに専門的知識の通俗化をはかることによって果たされるものでもなく、通俗的好奇心にうったえて、いたずらに発行部数の巨大さを誇ることによって果たされるものでもない。現代を真摯に生きようとする読者に、真に知るに価いする知識だけを選びだして提供すること、これが中公新書の最大の目標である。

私たちは、知識として錯覚しているものによってしばしば動かされ、裏切られる。私たちは、作為によってあたえられた知識のうえに生きることがあまりに多く、ゆるぎない事実を通して思索することがあまりにすくない。中公新書が、その一貫した特色として自らに課すものは、この事実のみの持つ無条件の説得力を発揮させることである。現代にあらたな意味を投げかけるべく待機している過去の歴史的事実もまた、中公新書によって数多く発掘されるであろう。

中公新書は、現代を自らの眼で見つめようとする、逞しい知的な読者の活力となることを欲している。

一九六二年一一月

日本史

d3